LE MARKETING STRATÉGIQUE DES UNIVERSITÉS

Universités catholiques,
universités privées et universités publiques

Sous la direction scientifique du Centre de Recherche sur les Relations entre le Risque et le Droit (C3RD), Faculté Libre de Droit, Université Catholique de Lille.

Ont vocation à être publiés dans cette collection, des ouvrages essentiellement universitaires, traitant des réactions de la société contemporaine face aux diverses sortes de risques. Ils peuvent appartenir aux disciplines juridiques, mais aussi économiques, de science politique, voire psychologiques.
Les risques envisagés peuvent être naturels ou technologiques, mais aussi sociaux, économiques, juridiques, politiques ou autres. Ils entraînent, selon leur nature, des réactions juridiques et sociales diverses allant du principe de précaution à la répression pénale, des mécanismes de stabilisation des marchés boursiers aux validations législatives, pour ne prendre que quelques exemples non exhaustifs.
Les ouvrages sont sélectionnés en fonction de leur originalité, de leur qualité scientifique, et de leur contribution au débat d'idées sur la place et le traitement du risque dans la société contemporaine. Dans le cas des thèses de doctorat, il sera exigé que le jury en ait autorisé la publication.

Les manuscrits seront adressés aux Professeurs Placide M. MABAKA et Françoise DEKEUWER-DEFOSSEZ, Laboratoire C3RD, Faculté libre de Droit, 60 Boulevard Vauban, B.P. 109- 59016 Lille Cedex.

Dernières parutions

Alicia MÂZOUZ, *Le prix du corps humain,* 2020.
A. MAZOUZ, E. GARDOUNIS et A. DUMERY, *Les évolutions contemporaines du préjudice*, 2019.
Bernadette DUARTE (dir.), *Les pratiques religieuses alimentaires : limiter le risque discriminatoire*, 2015.
Sylvie HUMBERT et Franck LUDWICZAK (dir.), *Juste victime dans le procès pénal*, 2015.
Lina WILLIATTE-PELLITERI (dir.), *La médecine à l'épreuve du risque pénal*, 2014.
Alexandre DUMERY (dir.), *Les antennes-relais*, 2013.
Sophie MOREIL et Franck LUDWICZAK, *La rémunération des dirigeants,* 2013.

Éric OLSZAK

LE MARKETING STRATÉGIQUE DES UNIVERSITÉS

Universités catholiques, universités privées et universités publiques

Préface de François MABILLE

Postface de Patrick SCAUFLAIRE

L'Harmattan

5-7, rue de l'École-Polytechnique, 75005 Paris

www.editions-harmattan.fr

ISBN : 978-2-343-24506-5
EAN : 9782343245065

REMERCIEMENTS

À l'heure où s'achève la rédaction de cet ouvrage, je tenais à remercier un certain nombre de personnes sans qui cet ouvrage n'aurait jamais vu le jour, tout d'abord, je tenais en tout premier lieu à remercier, mon collègue et ami, François Mabille, Secrétaire général de la FIUC qui m'a incité à entreprendre la rédaction de cet ouvrage et qui m'en a donné les moyens.

Je tenais à remercier ensuite , Monsieur Patrick Scauflaire, Président-Recteur de l'Université Catholique de Lille et le Père Thierry Magnin, Président-Recteur délégué pour leurs écoutes attentives au regard de mon projet.

Je tenais à remercier également, Monsieur Ioannis Panoussis, Doyen de la Faculté de Droit pour la confiance qu'il m'a toujours accordée, pour son écoute et ses encouragements tout au long de la rédaction de cet ouvrage.

Mes remerciements vont ensuite à l'ensemble de l'équipe projet Études Prospectives Développement Croissance de l'Institut Catholique de Lille en commençant par mon collègue et ami Jean-Marc Assié, Directeur du Développement et de la Stratégie de l'Institut Catholique de Lille et dont la lecture critique des différentes parties de cet ouvrage m'a été d'une aide essentielle pour parfaire ce travail. Je tenais également à remercier respectivement : Matthieu Bergot ; Stéphanie Lamarche-Palmier ; Aurélie Carette et Denis Vinckier pour la richesse de nos échanges sur les questions relatives au marketing au cours de ces derniers mois.

Et bien sûr, mes remerciements s'adressent à tous mes collègues de l'Université Catholique de Lille notamment et plus particulièrement à ceux de la Faculté de Droit pour leur complicité permanente, les échanges depuis plusieurs années sur l'application du marketing stratégique au champ universitaire et à celui de la Fac et sait pouvoir compter sur eux pour les réflexions que nous aurons sur ce sujet dans les années à venir.

Pour terminer, je tenais à remercier ma mère qui m'a toujours soutenu dans ce marathon de l'écriture qui a commencé au début de l'année 2021 et qui voit à présent son achèvement.

PRÉFACE

Le milieu universitaire connaît de très profondes et rapides mutations, ce qui oblige les universités à être très vigilantes et réactives. On peut dater de 1999 l'émergence d'une véritable mondialisation de l'enseignement supérieur et de la recherche (ES-R). Avec la Déclaration de Bologne (1999), les pays européens créent un espace européen de l'ES-R (Espace européen de l'enseignement supérieur EEES), ce qui leur permet d'entrer en interaction et en concurrence avec l'espace nord-américain. S'amorce alors un processus d'échanges, de mobilité, d'harmonisation des calendriers et des normes ; les autres continents suivant progressivement ce processus, se crée alors un véritable marché international de l'ES-R.

Comme tout marché, celui-ci connaît des instances plus ou moins contraignantes de régulation. Nous pouvons en citer les principales : l'OCDE, l'UNESCO (non pas comme institution globale, mais avec certains de ses départements très qualifiés et prescripteurs), certaines organisations régionales comme l'UE, quelques États bien sûr, mais aussi le *Word Economic Forum*. S'y ajoute bien sûr une quinzaine d'universités de rang mondial, qui font la course en tête des rankings, l'émergence de ces derniers étant révélatrice des processus de « coopétition » (coopération-compétition) qui régissent les relations internes au monde universitaire.

Ce marché de l'ES-R est ordonné autour de **5 processus principaux** :

1 : La mobilité étudiante et enseignante.

2 : L'influence mutuelle des systèmes d'enseignement supérieur, thématique globale qui intègre trois sous thématiques : le système ES-R comme modèle qui doit être repris (ex : modèle nord-américain) par l'ensemble des pays, la convergence européenne à travers le processus évolutif de Bologne, les relations enfin entre pays de l'OCDE et pays dits « du Sud ».

3 : L'internationalisation de l'enseignement, de la pédagogie et de la recherche : il s'agit de l'importance croissante de l'internationalisation des parcours, de la qualité des programmes internationaux, de l'importance de la maîtrise d'une langue étrangère, etc.

4 : Les stratégies institutionnelles d'internationalisation : mise en place de Rankings (classements des universités), démarche qualité (agence nationale, associations régionales et internationales), management de l'internationalisation, « marketing of provision » pour les étudiants internationaux.

5 : Le souci d'un « transfert de connaissance » : il s'agit de la problématique traditionnelle de l'employabilité, approche qui comprend des sous-thèmes : nouvelle production de connaissances (Intelligence artificielle, Big Data notamment), impact de *l'International Learning*, changement de régime de connaissance, etc.

Ce marché est affecté de variables qui le mettent aujourd'hui sous tensions ; on doit tenir compte :

- de l'évolution démographique prévisible des effectifs (« demographic disruption ») et de leur composition (quels types de famille : quelles valeurs, quel bagage culturel, quelle hétérogénéité),
- des changements économiques (economic disruption),
- des changements culturels relatifs aux perceptions de l'enseignement supérieur (values disruption : narration transformative, quelle expérience vécue, croissance personnelle et intellectuelle, de l'émergence de « mentalité comptable »)
- des possibilités et incertitudes introduites par le « online », qui a un impact sur la pédagogie, la matérialisation des campus, l'internationalisation des études ;
- des nouveaux entrants dans le champ de l'ES-R que sont les entreprises et les starts up dédiées au Edtech.

Dans ce contexte, nos systèmes d'enseignement supérieurs sont traversés par 5 grands défis qui sont affectés également par la révolution du numérique :

a. la question de l'accès (accessibility) à l'enseignement supérieur ;

b. la question du coût (affordability) de l'enseignement supérieur ;
c. la question de la responsabilité (accountability): quelles sont les attentes des étudiants et de leurs parents, quels résultats sont-ils en droit d'attendre (what kinds of outcomes ought students, parents and society expect of higher education ?)
d. la question de la durabilité (sustainability) de nos modèles qui devient également celle du sens des études pour les étudiants, donc des types de formation proposés avec des métiers également affectés par cette question du sens ;
e. la question enfin de la différenciation entre nos modèles (logiques contradictoires d'homogénéisation et de compétition internationales)

Nouvelles technologies de l'information et de la communication : les nouveaux enjeux

Alors que le numérique transforme actuellement en profondeur le fonctionnement des villes, non pas tant par l'action des décideurs publics, mais notamment par les activités de Google, Uber, Amazon ou encore CityMapper, qui transforment les pratiques, il s'agit désormais de penser la gouvernance de l'université numérique du 21e siècle.

Cette problématique remet la disruption en perspective. Elle pointe le rôle prépondérant actuellement de « l'innovation Startup » et en contrepoint la légitimité pour les acteurs académiques d'être davantage impliqués dans une gouvernance de l'innovation numérique, qui soit inclusive, fixe le cap, oriente l'évolution de l'université dans ses évolutions, plutôt que d'être dans une attitude de réaction à l'égard de la pression technologique. Le défi est donc bien de trouver les modalités adéquates pour orienter l'innovation académique et, en ce qui concerne les universités catholiques, de savoir si elles entendent trouver des solutions à la fois individuellement, mais aussi collectivement à travers leur appartenance à la FIUC.

Les questions ne sont pas seulement techniques et pédagogiques. Elles soulèvent aussi des questionnements éthiques : au profit de quels étudiants et de quels groupes l'innovation numérique se met -elle en place ? Et, dans les méthodes de travail et le management qui soutiennent les activités de recherche et d'enseignement, comment anticiper et discerner la place que doivent occuper ces innovations technologiques ? Comment faire face au management universitaire à l'heure du numérique, à l'heure où nos universités membres sont appelées à s'interroger sur leur responsabilité sociale ?

Prospective de l'enseignement supérieur et de la recherche

L'un des enjeux majeurs est désormais celui des nouveaux modes de production des connaissances, donc de leur transmission et, partant, des formations que l'on propose à nos étudiants. Suivant les auteurs, les approches ou les pays, on peut globalement identifier quatre grands défis dans l'ordre des mutations dans la production des connaissances, mutations qui font système et donc causent problème :

1. La transition technoscientifique
2. La révolution des neurosciences : explosion des connaissances que l'on a du fonctionnement du cerveau.
3. La révolution de la génétique
4. La révolution de l'intelligence artificielle et du deep learning.

Ce que l'on appelle également la 4e révolution industrielle remet en cause les modes d'agencement des disciplines dans les processus de production des savoirs, la nature des acteurs impliqués dans ces processus, l'équilibre entre les acteurs publics et privés. Elle concerne l'Enseignement Supérieur et la Recherche car son impact sur l'emploi est à ce jour incalculable, mais certain, à la fois en termes de déstructuration d'emplois, mais également en termes de création d'emplois nécessitant des profils professionnels et cognitifs différents. Et c'est également *l'université comme acteur* qui est concerné, éventuellement marginalisée ou concurrencée par d'autres acteurs, devant revoir le socle des connaissances proposées, leur articulation et donc les cursus, et enfin *l'université comme lieu* : c'est le thème, au sens large, du campus numérique.

Une synthèse des expérimentations en cours dans le monde universitaire concernant les nouvelles formes de gouvernance de ces mutations technologiques extrêmement rapides montre l'émergence de 5 pôles dûment identifiés dans le cadre d'une gouvernance multi-acteurs :

- un pôle « Politique de l'innovation » : les responsables de l'université intègrent l'innovation dans leurs programmes, se situent par rapport à cette question et en font une priorité dans la création de nouvelles formations ;

- un pôle « Stratégie de l'innovation » qui fixe, dans un objectif temporel précis les objectifs à atteindre pour cette politique de l'innovation ;
- un pôle « Agora de l'innovation » qui met en confrontations, discussions et dialogues les différentes parties prenantes de l'innovation au sein et dans l'environnement de l'université ;
- un pôle « Innovation participative » qui favorise ceux (individus et institutions) qui, au sein de l'université, prennent le risque de se lancer dans l'expérimentation de l'innovation.
- un pôle « innovation pédagogique » qui 1- favorise le travail collaboratif entre étudiants et enseignants, entre étudiants, entre enseignants ; 2- intègre progressivement la réalité virtuelle notamment dans la pédagogie (nombreuses évolutions par exemple dans l'enseignement dans le domaine de la santé), 3- se penche sur l'apprentissage adaptatif qui personnalise au mieux, avec l'usage des données et de l'intelligence artificielle, l'enseignement, 4- gère différemment à l'avenir la mobilité des étudiants et le recrutement des enseignements au bénéfice des enseignements professés à distance.

L'université du futur se doit donc d'investir dans l'empowerment numérique, politique et collectif et le rôle de la direction est amené à évoluer, s'enrichir d'une nouvelle mission : celle d'être un *médiateur* entre les différentes parties prenantes et ce d'autant plus que ces parties prenantes (public étudiant, starts up et entreprises de l'innovation, investisseurs, pouvoirs publics, etc.) connaissent eux-mêmes des évolutions rapides de leurs identités : cette médiation s'effectue autour des enjeux de gouvernance des données (big data), de réflexion sur la mobilité enseignante et étudiante, sur le rapport au territoire à l'heure de la dématérialisation possible du campus, sur la différenciation budgétaire en fonction d'une prime donnée à l'innovation et donc à la prise de risque, sur le référentiel de la Responsabilité Sociale de l'Université. Quelques critères éthiques permettent, à ce stade, d'encadrer cette gouvernance : l'accès équitable au numérique, à la fois en termes de technologie et de capacité d'usage ; l'appropriation des enjeux et de la matérialité (enjeux de la traçabilité par exemple) du numérique ; la transparence dans la politique poursuivie enfin (ainsi de la réglementation générale sur la protection des données – RGPD.

Pour être moins simpliste, précisons que les spécialistes de l'enseignement supérieur travaillent aujourd'hui sur 4 à 6 scénarios préfigurant les types possibles d'universités du futur. C'est dire l'importance qu'il y a à associer aujourd'hui démarche prospective et démarche stratégique dans la conduite des universités. Et c'est renforcer le constat, valable pour aujourd'hui et plus encore pour demain, d'une concurrence réelle entre universités ; et donc d'énoncer l'enjeu que représente le marketing universitaire, qui est une réalité déjà ancienne aux États-Unis.

La description faite ici du monde universitaire et de ses tendances à venir souligne l'intérêt et l'importance que prend la recherche d'Éric Olszak, professeur à l'université catholique de Lille (France). Ce livre résulte d'une demande de la Fédération internationale des universités catholiques (FIUC), laquelle a entrepris de nombreux travaux de prospective depuis 2017, et souhaite proposer, notamment à ses membres, une réflexion renouvelée sur le monde universitaire. Le travail d'Éric Olszak prend appui sur la lecture approfondie de la littérature nord-américaine spécialisée en ce domaine ; il se fonde également sur sa connaissance et sa pratique du marketing universitaire au sein de l'université catholique de Lille, sur les échanges avec les responsables de nombreuses universités rencontrés lors des formations au management universitaire proposées par la FIUC. Cet ouvrage, l'un des premiers sur ce sujet en milieu francophone, apporte donc un point de vue complémentaire à l'approche nord-américaine puisqu'il s'inscrit tout à la fois dans le monde francophone et dans la culture européenne continentale, avec des comparaisons internationales implicites. Et c'est également dans une perspective comparative que l'on invite le lecteur à lire cette étude : comparaison avec d'autres universités, afin d'enrichir encore l'analyse, de nuancer le propos selon les lieux de comparaison. Gageons que cette belle étude sera à l'origine de nombreux débats et riches d'autres travaux à venir !

François MABILLE
Secrétaire général
FIUC - Paris

INTRODUCTION GÉNÉRALE

« Shakespeare, Einstein and the Bottom Line, The Marketing of Higher Education », tel est le titre un peu provocateur d'un ouvrage écrit par Kirp (2003) portant sur le marketing stratégique des universités. Provocateur dans la mesure où l'on considère notamment en France que l'enseignement supérieur ne peut être assimilé à un bien marchand à l'instar des autres biens qui s'échangent sur un marché. En outre, établir un lien entre l'un des plus grands auteurs anglais comme Shakespeare et l'un des plus grands scientifiques de tous les temps comme Einstein et le chiffre d'affaires d'une organisation reviennent à dire que des disciplines comme la littérature ou la physique sont susceptibles de contribuer à la prospérité d'un établissement de l'enseignement supérieur. Si l'on rajoute à cela le fait que le marketing stratégique serait un élément essentiel de la gestion d'une université alors la thèse développée par l'auteur ne manquerait pas de susciter de profondes controverses et des discussions animées par ailleurs.

Le sous-titre de cet ouvrage provoquerait sans doute encore plus de débats si l'on se focalisait essentiellement sur les établissements de l'enseignement supérieur catholique, quelles que soient leurs localisations à travers les cinq continents. En effet, si l'on se réfère au document qui fixe les règles de fonctionnement des universités catholiques, en l'occurrence la Constitution Apostolique « Ex Corde Ecclesiae » publiée le 15 Aout 1990 sous le pontificat du Pape Jean-Paul II, celle-ci affirme dès le départ qu'une université catholique est « De par sa vocation, l'*Universitas magistrorum* qui se consacre à la recherche, à l'enseignement et à la formation des étudiants, librement réunis autour de leurs maîtres dans le même amour du savoir ». « Elle partage avec toutes les autres Universités ce *gaudium de veritate*, si cher à Saint Augustin, c'est-à-dire la joie de rechercher la vérité, de la découvrir et de la communiquer dans tous les domaines de la connaissance ». La lecture de cette constitution ne laisse aucun doute sur le caractère presque sacré attenant à l'existence même d'une université catholique qui ne laisse pas de place à la notion de profit dans leur gestion. Cette même constitution définit par ailleurs ce que doit être une université catholique à travers les points suivants :

- « garantir sous une forme institutionnelle une présence chrétienne dans le monde universitaire face aux grands problèmes de la société et de la culture » ;
- « avoir une inspiration chrétienne de la part non seulement des individus, mais aussi de la Communauté universitaire en tant que telle » ;
- « avoir une réflexion continuelle, à la lumière de la foi catholique, sur le trésor croissant de la connaissance humaine, auquel elle cherche à offrir une contribution par ses propres recherches ;
- « être fidèle au message chrétien tel qu'il est présenté par l'Église » ;
- « être engagé institutionnellement au service du peuple de Dieu et de la famille dans leur itinéraire vers cet objectif transcendant qui donne son sens à la vie » ;
- « l'existence d'une recherche qui comprend nécessairement : la poursuite d'une intégration de la connaissance ; le dialogue entre foi et raison ; une préoccupation éthique et une perspective théologique » ;
- « la théologie doit avoir une place importante dans les formations proposées » ;
- « rendre accessible l'accès à l'enseignement supérieur pour les plus pauvres et les groupes minoritaires » ;
- « favoriser la coopération entre les disciplines académiques au sein de l'université » ;
- « étendre à travers les moyens de la communication, les services en direction des publics extérieurs » ;
- « favoriser les interactions avec les multiples acteurs du voisinage, forces politiques et autres universités publiques » ;
- « établir un fructueux dialogue entre la culture et l'Évangile ».

Même si un certain nombre de ces missions sont spécifiques aux universités catholiques, on peut retrouver des points communs avec les universités publiques et les universités privées non confessionnelles. Au niveau de la stratégie de développement des universités catholiques, il est spécifié au paragraphe 24 de la Constitution apostolique que les dirigeants et le personnel administratif d'une Université catholique doivent promouvoir la croissance constante de l'Université et de sa communauté grâce à une gestion de service. Dans cette optique, il apparaît intéressant dès lors de se pencher sur les travaux précurseurs de Kotler et Fox (1995) portant sur le marketing stratégique des universités. Ces deux auteurs en préambule de leur ouvrage font ressortir sept éléments caractéristiques selon eux du marché de l'université, respectivement :

1. « certains pays comme les pays anglo-saxons, mais pas uniquement peuvent se vanter de posséder un système universitaire très performant à l'instar de n'importe quels autres secteurs d'activités économiques » ;
2. « le fait de posséder un secteur universitaire performant contribue à améliorer la situation de la Balance des paiements de certains pays. En effet, le fait de pouvoir attirer des étudiants du monde entier correspond de fait à une exportation de services pour le pays d'accueil » ;
3. « les effectifs étudiants ont considérablement augmenté depuis un demi-siècle en lien avec l'évolution de la démographie d'une part, mais surtout par le fait que de plus en plus d'adolescents souhaitent désormais poursuivre des études supérieures» ;
4. « le risque de voir une université faire faillite n'est pas totalement exclu, mais apparaît pour l'occasion moins probable que dans nul autre secteur d'activité » ;
5. « seule une université est capable d'attirer autant de talents en son sein sur une période conséquente, c'est vrai du côté des étudiants, mais c'est encore plus évident si l'on se place du côté des personnels enseignants et non enseignants qui disposent d'un très bon niveau » ;
6. « en s'inscrivant à l'université, les étudiants concluent un accord avec elle dans la mesure où cette dernière en échange des frais d'inscription ne leur offre pas uniquement un service d'éducation, mais dans la plupart des cas : un logement ; de la nourriture ; un accès à la culture, aux équipements sportifs, aux bibliothèques, etc. L'ensemble de ces

services qui sont joints au produit initial sont proposés à des prix avantageux » ;
7. « le retour sur investissement d'un étudiant ayant choisi de poursuivre quatre ans d'études supérieures se traduit immanquablement par le fait d'occuper un poste plus important et généralement mieux payé qu'un individu ayant choisi d'arrêter après le lycée ».

Ces sept caractéristiques peuvent s'appliquer à toutes une série d'établissements de l'enseignement supérieur y compris les établissements de l'enseignement supérieur catholique. Toutefois, un huitième et dernier élément apparaît primordial et demeure aujourd'hui la pierre angulaire de toutes les stratégies de développement universitaire matérialisé par le fait que l'ensemble des universités sont aujourd'hui confrontées à une concurrence exacerbée pour attirer les meilleurs éléments en même temps qu'elles se doivent de mobiliser des moyens leur permettant de proposer une offre intéressante. Dans cette optique, l'allusion mentionnée par le Pape Jean-Paul dans « Ex Corde Ecclesiae » portant sur la croissance des effectifs et la gestion des services n'est pas incompatible bien au contraire avec la mise en place des outils de gestion ordinairement appliqués à l'entreprise, simplement c'est le but ultime qui change, la recherche du sens et de l'enseignement de la parole de Dieu se substitue alors à la recherche du profit. Si l'on estime qu'un marché universitaire se matérialise par la rencontre entre des formations offertes confrontées à des demandes exprimées par les étudiants de poursuivre des études supérieures, alors l'utilisation du marketing devient légitime et n'apparaît plus iconoclaste ni même scandaleuse, même au sein d'une université catholique.

Il existe de multiples définitions du marketing que l'on trouve aisément dans la plupart des ouvrages de base de cette discipline, Armstrong, Kotler, Le Nagard-Assayag, Lardinoit (2010) ; Michon et Alii (2010) ; Baynast, Lendrevie et Levy (2017) ; Kotler, Keller, Manceau et Emonnet (2019). En faisant une synthèse de ces derniers, on peut le définir comme étant : un ensemble de techniques utilisées par les entreprises pour vendre aux clients leurs produits ou leurs services de manière rentable en connaissant avec précision leurs attentes et leurs besoins. À partir de cette définition, il apparaît que le marketing implique respectivement de :

- connaître précisément les besoins des clients actuels et des clients potentiels ;
- concevoir une offre qui permet de répondre le mieux possible à ces besoins ;
- être capable de modifier certains aspects de l'offre initiale pour s'adapter à des changements d'attitudes de la part des consommateurs ;
- être en mesure de proposer des biens ou des services qui se différencient de ceux proposés par la concurrence en espérant attirer le plus de clients ;
- savoir garder le cas échéant un avantage concurrentiel en innovant continuellement.

Initialement, le marketing qui est apparu véritablement comme une discipline importante des sciences de gestion au milieu des années 50 aux USA avant de se développer au milieu des années 60 dans les pays européens se cantonnait uniquement à la sphère des biens avant de s'étendre aux services dans les années 80. Si l'on considère qu'une inscription dans une université catholique s'accompagne de frais d'inscriptions conséquents, alors le choix effectué par un étudiant de s'y inscrire peut être comparé de fait à l'achat d'un service marchand. Toutefois, dans certains pays et c'est le cas en France, les universités catholiques ne sont pas des entreprises dans la mesure où les frais d'inscription ne couvrent pas la totalité de leurs frais de fonctionnement, mais sont assimilés plutôt à des institutions sans but lucratif. Cependant, même en introduisant cette nuance, les contraintes de gestion et de développement restent sensiblement les mêmes que pour les universités privées, si l'on remplace le terme « client » par celui d'« étudiant » alors la démarche « marketing » d'une université peut s'énoncer en reprenant les composantes précédentes du marketing :

- connaître précisément les besoins des étudiants potentiels ;
- concevoir des formations qui permettent de répondre le mieux possible à leurs attentes ;
- être capable de modifier certains aspects de l'offre de formation initiale pour s'adapter à des changements d'attitudes de la part des étudiants ;
- être en mesure de proposer des formations et des services annexes qui se différencient de ceux proposés par les autres

universités en espérant attirer le plus grand nombre d'étudiants ;

- savoir garder le cas échéant un avantage concurrentiel sur les autres universités en innovant continuellement.

Traditionnellement on distingue deux branches importantes dans le domaine du marketing : le marketing opérationnel et le marketing stratégique. Si le marketing opérationnel peut se définir comme la mise en application des principes de base du marketing au travers des opérations de communication, le marketing stratégique revient pour sa part à adapter la stratégie de développement d'une entité à l'évolution du marché qu'elle souhaite conquérir. Si cet ouvrage aborde le marketing opérationnel, c'est résolument le marketing stratégique qui sera privilégié. L'intention de l'auteur consiste à transposer les techniques marketing à l'environnement universitaire, respectivement : l'analyse du marché universitaire ; l'utilisation d'outils d'aide à la décision ; la mise en place des éléments du marketing-mix (produits ; prix ; communication et localisation qui se substitue pour l'occasion à la politique de distribution) et pour finir les multiples déclinaisons du marketing stratégique. Dans le même temps, nous mettrons également en lumière un certain nombre de problèmes inhérents à toutes les universités sans pour autant être directement des problématiques marketings, mais qui peuvent influer sensiblement sur les recrutements futurs des étudiants, respectivement : l'influence de la catholicité sur la gestion quotidienne ; les problèmes de ranking et la prise en compte de la RSE par les universités ; les problèmes de la digitalisation des formations et pour finir, la gestion de la crise du Covid 19 par les universités.

Cet ouvrage s'applique prioritairement aux établissements de l'enseignement supérieur catholique à travers le monde en mettant en lumière la situation de l'Université Catholique de Lille[1] pour certains aspects du problème, établissement dans lequel évolue l'auteur du présent ouvrage. Il faut souligner toutefois que toutes les techniques marketings peuvent s'appliquer tout autant aux universités privées non confessionnelles en même temps qu'aux universités publiques, ce qui justifie leur ajout en sous-titre du présent ouvrage. Face à une problématique relativement nouvelle dans le milieu de la recherche en mar-

[1] La loi du 18 Mars 1880 relative à la liberté de l'enseignement supérieur réserve aux seuls établissements de l'État, le nom d'université. Cependant les cinq universités catholiques de : Angers ; Lille ; Lyon ; Paris ou Toulouse constituées antérieurement conformément à la loi du 12 Juillet 1875 déclarant la liberté de l'enseignement préserve leur dénomination.

keting notamment d'un point de vue francophone, cet ouvrage se propose d'éclairer le lecteur à travers le regard d'un auteur évoluant quotidiennement dans un environnement universitaire, mais sensiblement différent du milieu anglo-saxon lequel ayant fait l'objet des seules publications sur le marketing universitaire jusqu'à présent.

Dans cette optique, l'ouvrage se décompose en cinq parties, **la première partie** est consacrée aux outils de l'analyse de l'environnement universitaire en partant d'une dimension que l'on peut qualifier de macro-économique vers une approche méso et micro-économique. Dans cette optique, **le chapitre 1** dénommé « *l'analyse du macro-environnement : le modèle PESTEL* » s'attache à recenser l'ensemble des éléments globaux qui peuvent influer sur la gestion quotidienne d'une université. **Le chapitre 2** appelé «*Le modèle des parties prenantes* » met en lumière l'ensemble et la nature des relations que peut avoir une université avec toute une série d'acteurs au niveau international, national et local. **Le chapitre 3** intitulé *« L'analyse SWOT »* met en évidence les forces, les faiblesses ainsi que les menaces et opportunités auxquelles les universités sont confrontées par ailleurs. **Le chapitre 4** est consacré à *« l'utilisation des matrices de portefeuille d'activités des universités»*, il se propose d'appliquer différents outils d'aide à la décision comme les matrices de portefeuilles d'activités en les appliquant au contexte universitaire.

La deuxième partie décrit les outils d'analyse de la connaissance du marché universitaire et l'étude du comportement de l'étudiant en tant que consommateur, il se décompose en deux sous-parties, la première consacrée à l'étude de marché appliquée au cadre universitaire et la seconde pour sa part est focalisée sur le comportement de l'étudiant. **Le chapitre 5** qui s'intitule « *l'étude du marché universitaire* » utilise les outils de l'analyse concurrentielle et les instruments classiques de l'analyse du marché. **Le chapitre 6** intitulé « *les techniques d'enquête appliquées à l'université* » met en valeur les techniques d'enquêtes utilisées habituellement dans les études marketings traditionnelles. **Le chapitre 7** appelé *« Les concepts de segmentation et de la typologie »* met en évidence à la fois les techniques de segmentation des marchés et d'élaboration d'une typologie pour mieux cerner qui sont les étudiants. **Le chapitre 8** qui s'intitule « *Analyse du comportement de la génération Z* » met en évidence les caractéristiques du comportement de la génération Z celle qui fréquente depuis quelques années les universités et qui continuera à le faire au cours de la prochaine décennie. **Le chapitre 9** dénommé « *L'étude du proces-*

sus de décision poussant l'étudiant à s'inscrire et à rester dans une université »s'efforce de mieux comprendre comment les étudiants sont susceptibles de choisir de s'inscrire dans une formation plutôt qu'une autre et de choisir d'y rester.

La 3ème partie est consacrée au marketing-mix des universités, elle met en évidence les quatre éléments constitutifs du marketing-mix que l'on retrouve pour n'importe quels marchés à l'exception de la politique de distribution qui est remplacée dans le cas présent par la politique de localisation. **Le chapitre 10** intitulé *« la politique de produit »* s'efforce de mettre en évidence les différents éléments constitutifs de la politique de produit d'une université à travers son offre de formation. **Le chapitre 11** appelé *« la politique de prix »* met en évidence la problématique et la fixation du prix d'une formation universitaire. **Le chapitre 12** dénommé *«la politique de communication »* met en lumière les différents moyens de communication utilisés par les universités en même temps que l'étude de l'élaboration de leur message publicitaire. **Le chapitre 13** intitulé *«la politique de localisation »* s'efforce à travers la méthode CERISE RÊVAIT de fournir aux dirigeants des universités une technique visant à optimiser leur implantation dans un site en même temps qu'il met en évidence les différents modes d'administration des cours.

La quatrième partie est consacrée aux éléments constitutifs du marketing stratégique d'une université à travers les éléments constitutifs de celui-ci : l'analyse concurrentielle ; le positionnement ; la marque et les stratégies de développement. **Le chapitre 14** intitulé *«l'analyse du marché concurrentiel universitaire »* s'appuie sur le modèle de Porter utilisé habituellement dans l'analyse sectorielle d'une activité pour comprendre les déterminants des stratégies universitaires. **Le chapitre 15** dénommé « *le positionnement et la marque d'une université catholique* » met en évidence deux éléments importants relatifs à la stratégie d'une université : son positionnement et sa marque. **Le chapitre 16** qui s'intitule « *les stratégies de développement d'une université* » énonce quatre stratégies possibles qu'une université peut emprunter pour se développer : les stratégies de croissance intensive et extensive ; la stratégie de spécialisation et de diversification ; la stratégie d'internationalisation.

La cinquième et dernière partie met en évidence les spécificités des universités catholiques au regard du marketing universitaire à travers un certain nombre de situations comme la place de la catholicité ; la mise en œuvre d'une stratégie de la RSE et des méthodes de ranking ; l'évolution vers l'université digitale et pour finir la gestion des situations de crise. **Le chapitre 17** dénommé « *La place de la catholicité dans la stratégie des universités catholiques* » met en évidence le caractère complexe de la catholicité comme un élément de différenciation. **Le chapitre 18** appelé « *Le ranking universitaire, la mise en œuvre d'une stratégie de RSE et l'utilisation d'une méthode de ranking alternatif* » met en évidence les stratégies de RSE qu'une université peut mettre en place en même temps que les méthodes de ranking alternatif susceptibles de se substituer aux méthodes classiques comme celle du classement de Shanghai.

Le chapitre 19 appelé « *l'université digitale* » met en lumière à travers l'analyse SWOT, les forces, les faiblesses, les menaces et les opportunités de la digitalisation des universités, dans le même temps, il analyse l'impact de cette digitalisation sur les techniques marketing et pour terminer, il met en lumière, l'impact de la crise du COVID 19 sur la digitalisation.

1ère PARTIE

LES OUTILS D'ANALYSE DE L'ENVIRONNEMENT UNIVERSITAIRE

En règle générale, les universités, quelles que soient leurs localisations ne constituent pas des institutions repliées sur elle-même dans lesquelles serait formée une élite privilégiée coupée du monde extérieur. Bien au contraire, elles sont largement ouvertes sur l'environnement extérieur, qu'elles soient publiques ou privées, les universités entretiennent une multitude de relations avec un certain nombre de personnes physiques autant que morales représentées par les assemblées politiques locales, nationales, les administrations, les entreprises et les associations. Dans le même temps, parce qu'elles évoluent dans un monde en mutation continuelle et qui selon tous les observateurs et spécialistes devrait encore se transformer plus encore au cours des prochaines décennies, les établissements d'enseignements supérieurs doivent être conscients de leurs forces et faiblesses en même que de percevoir les menaces et les opportunités auxquels elles devront faire face. De la même manière, il ne faut pas oublier également qu'un établissement de l'enseignement supérieur doit quotidiennement prendre des décisions dans de multiples domaines comme : les investissements matériels ; la gestion des ressources humaines ; la gestion financière ; la mise en place d'une stratégie marketing et l'élaboration des stratégies de développement. Faire des choix implique de disposer d'outils d'aides à la décision qui permet aux dirigeants des universités de choisir à un moment de créer, transformer et éventuellement de supprimer des formations qui seraient jugées peu attractives pour l'occasion.

Prendre conscience des interactions avec le monde extérieur et les multiples acteurs, juger de ses capacités propres à profiter des opportunités et à contrer les menaces et savoir analyser l'offre de formations ne peuvent se faire sans prendre appui sur toutes une série d'instruments ayant été conçu depuis la fin de la Seconde Guerre mondiale pour faciliter l'analyse stratégique des dirigeants d'entreprise. Tout d'abord, les interactions avec le macro-environnement communes à toutes les universités peuvent s'appuyer sur le modèle PESTEL, acronyme signifiant : Politique ; économique ; sociétal ; technologique , environnementale, législative, l'analyse de ces différentes composantes fera l'objet du chapitre 1.

De la même manière, les multiples relations qu'entretiennent quotidiennement les entreprises avec leur environnement à travers les échanges avec les personnes physiques et morales se doivent d'être cartographiées précisément, tel est l'objet du chapitre 2 avec la prise en compte du modèle des « parties prenantes ».

Si l'on se met à la place d'un dirigeant d'université, il doit être capable d'analyser les forces et les faiblesses en même temps qu'il doit être en mesure d'appréhender la capacité de son établissement à profiter des opportunités et à faire face aux menaces, la matrice SWOT dont l'acronyme signifie en français : Forces, Faiblesses, Menaces et Opportunités nous permet de répondre à ces questions, tel sera l'objet du chapitre 3.

Pour terminer , face à une offre importante de formation, le dirigeant de l'université doit être capable de gérer cette offre en s'efforçant de l'optimiser, l'utilisation des multiples matrices de gestion de portefeuilles d'activités sera l'objet du quatrième et dernier chapitre de cette première partie.

CHAPITRE 1 : L'ANALYSE DU MACRO-ENVIRONNEMENT : LE MODÈLE PESTEL

On peut définir le macro-environnement comme les éléments qui peuvent avoir un impact positif ou négatif sur le fonctionnement d'une organisation au sens large du terme (entreprises, associations, établissements d'enseignement, etc.). On distingue respectivement six dimensions : Politique ; économique ; sociétal (sociologique et démographique) ; technologique ; environnemental ; légal. Ces six dimensions ayant donné naissance à l'acronyme caractérisant le modèle PESTEL. Ce chapitre se décomposera en trois parties. Dans la première partie, nous examinerons les caractéristiques de ce modèle, dans la deuxième partie, nous appliquerons ce modèle aux universités catholiques dans leur ensemble et pour finir, nous l'appliquerons à l'Université Catholique de Lille.

Section 1 : Les caractéristiques du modèle PESTEL

La connaissance des caractéristiques générales de l'environnement d'une université est susceptible d'influencer significativement son développement et donc sa stratégie future. L'objectif de ce diagnostic est triple. Il s'agit consécutivement :

- de caractériser et comprendre le contexte actuel dans lequel l'université se développe ;
- d'anticiper ses évolutions futures ;
- d'en déduire les conséquences stratégiques pour l'université et ses concurrentes.

L'analyse et l'identification des interactions présentes et à venir entre les universités et leurs environnements apparaissent donc indispensables. L'analyse PESTEL est la principale méthode d'analyse de l'environnement général d'une université.

Brulhart, Favoreu et Gherra (2015) dans leur ouvrage consacré à la stratégie définissent « le modèle PESTEL comme une méthodologie d'analyse qui permet d'appréhender et d'évaluer à travers six dimensions principales, l'environnement général des entreprises dans le but d'identifier les facteurs susceptibles d'influencer, positivement ou négativement, leur développement et leur performance ». Chaque dimension énoncée en préambule de ce chapitre se subdivise permettant d'analyser et de caractériser de manière plus détaillée les influences du macro-environnement. Les auteurs présentent dans le tableau suivant les six dimensions de manière plus détaillée en les appliquant aux entreprises, mais que l'on pourrait par ailleurs étendre à l'environnement universitaire. En effet, on peut estimer que les universités et sans doute encore plus les universités catholiques subissent l'influence des multiples décisions politiques. Elles voient dans le même temps, leurs activités impactées par l'évolution de la conjoncture économique ; elles peuvent être sensibilisées par les problèmes sociétaux ; elles doivent s'adapter aux évolutions technologiques majeures de ces dernières années ; elles ne peuvent ignorer désormais les problèmes environnementaux et pour finir, elles doivent composer avec les évolutions de la législation en matière d'organisation de l'enseignement supérieur. Il peut être utile avant d'appliquer le modèle PESTEL aux universités de prendre connaissance des éléments que l'on peut y retrouver par ailleurs, Olszak (2021).

§ 1.1) Les six dimensions de l'analyse PESTEL

Le tableau 1 met en exergue les six dimensions de l'Analyse PESTEL

Tableau 1 : Les caractéristiques des 6 dimensions du modèle PESTEL

Dimensions	Caractéristiques
P : Politique	- Stabilité du gouvernement et des institutions ; - Attitude vis-à-vis du secteur privé et de la concurrence ; - Politiques publiques sectorielles ; - Politiques monétaires et budgétaires ; - Politiques en matière de commerce international et d'aide à l'exportation ;

	- Politique en matière de recherche.
E : Economique	- Évolution du PIB ; - Taux d'inflation et de chômage ; - Taux d'épargne et d'endettement des ménages ; - Évolution des salaires et du pouvoir d'achat ; - Taux de création d'entreprises ; - Évolution de la structure économique en termes de secteurs d'activité.
S : Sociologique et démographique	- Évolution de la pyramide des âges ; - Taux de natalité, vieillissement, évolution de la structure démographique ; - Structure des dépenses de consommation ; - Phénomène d'urbanisation et de mobilité ; - Évolution des structures en termes de CSP et de population active.
T : technologique	- Apparition de nouvelles technologies ; - Convergences technologiques ; - Financement public de la RandD ; - Clusters technologiques et pôles de compétitivité ; - Émergence ou confortement de standards technologiques ; - Investissements RandD du privé.
L : légal	- Normes techniques et sanitaires ; - Droit du travail et des sociétés ; - Réglementation fiscale et financière ; - Lois sur la protection de l'environnement et la responsabilité sociale des entreprises ; - Réglementation concernant la concurrence et l'ouverture des marchés ; - Législation sociale.
E : environnemental	- Prise de conscience écologique ; - Montée en puissance des produits et la consommation verte ; - Groupes de pression et lobbying écologiques ; - Préoccupation environnementale en termes de recyclage, de gestion des déchets, d'économies d'énergies.

Brulhart, Favoreu et Gherra affirment que l'analyse PESTEL n'implique pas la description de l'ensemble des caractéristiques environnementales de manière exhaustive au risque de passer à côté des informations sur les enjeux et les questions clés qui se posent à l'université. L'objectif suppose au contraire de se concentrer sur les tendances significatives lourdes et durables (les variables pivots) qui ont une influence majeure sur le développement des universités. En anticipant les futures tendances lourdes et structurantes que l'on appelle les faits porteurs d'avenir, PESTEL doit permettre dans un second temps de dresser des scénarios potentiels d'évolution de l'enseignement supérieur. L'une des méthodes face à la quantité et la diversité des données à prendre en compte, consiste à classer et à hiérarchiser l'information en fonction d'un certain nombre de critères, dont :

- la nature des impacts environnementaux, qui se présentent sous la forme d'opportunités de développement ou de menaces et de risques pour les universités ;
- l'importance de leur impact pour l'université en particulier ;
- l'horizon temporel dans lequel s'inscrit l'impact (impact avéré et immédiat, à moyen terme ou à long terme) ;
- les implications de ces changements environnementaux sur les stratégies des universités.

Ayant présenté les six dimensions du modèle PESTEL, il convient dans un deuxième temps de l'appliquer aux Universités Catholiques dans leur ensemble avant de l'appliquer plus spécifiquement à l'Université Catholique de Lille.

Section 2 : L'analyse PESTEL appliquée aux Universités Catholiques

Dans cette section, nous examinerons les caractéristiques de ces 6 dimensions en les appliquant aux Universités Catholiques dans leur ensemble. Le tableau 2 nous indique les différentes dimensions afférentes plus spécifiquement aux universités catholiques, quelles que soient leurs situations géographiques.

Tableau 2 : Les caractéristiques des 6 dimensions du modèle PESTEL appliquées aux Universités Catholiques

Dimensions	Caractéristiques
P : Politique	- Attitude du Pouvoir vis-à-vis des Universités catholiques ; - Instabilité politique : absence de majorité politique stable, coup d'État ; - Existence de régimes dictatoriaux ; - Influence de l'église dans la vie quotidienne ; - Climat anticlérical ambiant ; - Tensions inter-religieuses.
E : Economique	- PIB par habitant faible ; - Grande pauvreté ; - Présence d'infrastructures ; - Développement des moyens de communication ; - Financement partiel des parcours par une politique d'alternance (l'apprentissage) , par des dispositifs favorisant les jobs étudiants et par une politique de financement par des prêts garantis ; - Intensité de la concurrence avec les autres universités ; - Liens étroits entre l'Université et les entreprises.
S : Sociologique et démographique	- Évolution du nombre de naissances ; - Proportion des jeunes en âge de rentrer dans les universités ; - Évolution du nombre des jeunes voulant accéder à l'enseignement supérieur ; - Existence d'une classe moyenne et aisée importante ; - Poids initial de l'enseignement catholique et perception favorable par la population ; - Impact du COVID 19 et de la diffusion des épidémies.
T : technologique	- Importance du digital et impact sur la vie universitaire ; - Développement des formations à distance ;

	- Développement de formations certifiées en ligne (LinkedIn, etc) - Développement du télétravail.
L : légal	- Statuts juridiques des universités catholiques ; - Possibilité de collation des grades par les universités catholiques ; - Statut des personnels des universités catholiques ; - Conventions avec les universités publiques pour la délivrance des diplômes et pour les écoles doctorales;
E : environnemental	- Prise de conscience des problèmes écologiques par la population ; - Développement de la RSE et intégration aux stratégies de l'université ; - Application des principes du développement durable aux stratégies de l'université.

Le tableau numéro 2 appelle un certain nombre de commentaires, concernant tout d'abord la dimension « Politique » on peut la subdiviser en deux sous-ensembles : les facteurs spécifiquement politiques et les facteurs religieux. Au niveau des facteurs politiques, la présence des universités catholiques sur les cinq continents implique qu'elles soient confrontées à des situations politiques très différentes, il est naturellement plus facile pour une université catholique de se développer dans une démocratie que dans une dictature ou encore dans un État autoritaire. De la même manière que les pays ayant des majorités politiques instables peuvent être source d'incertitude pour la stratégie des universités catholiques : soit en adoptant des politiques qu'elles leurs soient favorables ou défavorables.

Au niveau des facteurs religieux, les situations peuvent être aussi très différentes d'un pays à l'autre, on ne peut ainsi comparer les universités catholiques polonaises et celles du Liban, dans le premier cas, le poids encore important du catholicisme en Pologne bien qu'il soit en légère baisse place les universités dans une position favorable. À l'inverse, les tensions religieuses qui existent au Liban entre les communautés catholiques et musulmanes peuvent légitimement constituer une source d'inquiétude.

Au niveau de la dimension « Économique », on peut également les subdiviser en deux sous-catégories : la conjoncture économique et les conditions économiques d'une part ; les facteurs ayant un impact direct sur la gestion des universités, d'autre part.

Au niveau de la conjoncture économique, on peut estimer que les pays ayant des économies solides avec des taux de croissance élevés sont de nature à développer le niveau de vie de la population constituant alors un facteur favorable aux inscriptions dans les universités catholiques par définition plus onéreuses que les universités publiques. Dans cette optique, les pays les plus pauvres de la planète ont une faible probabilité de voir se développer des universités catholiques même si l'on trouve certaines exceptions comme à Haïti, notamment. Étroitement corrélés avec le développement économique, la multiplication des moyens de communication et le développement des infrastructures contribuent à faciliter le développement de l'implantation des universités catholiques ou pas. Au niveau des facteurs influençant la gestion des universités catholiques, plusieurs paramètres peuvent avoir une forte influence sur leurs stratégies. En tout premier lieu, l'existence d'un financement plus ou moins important des universités catholiques par les autorités publiques. Certaines universités comme les universités catholiques belges sont financées massivement par les pouvoirs publics au contraire de leurs voisines françaises où le poids du financement ne représente pour l'occasion qu'environ 20 % de leur budget global. De la même manière, les relations étroites avec les entreprises peuvent constituer une rentrée complémentaire de ressources à travers les contrats de recherche ou encore le mécénat. Dans le même temps, elles constituent la principale porte d'entrée dans le milieu professionnel pour les étudiants à travers l'octroi de stages dans un premier temps et l'embauche dans un deuxième temps. Pour finir, l'intensité de la concurrence entre les universités catholiques et les autres universités constituent un autre point important influençant leurs stratégies, certains pays ayant un système universitaire reconnu performant comme celui des USA, du Canada et du Royaume-Uni implique que les universités catholiques y sont moins présentes même si celles qui existent sont par ailleurs performantes à l'exemple de l'Université de Georgetown, dirigée par les jésuites.

Concernant la dimension « Sociologique et Démographique », une fois encore on peut scinder celle-ci en deux sous-catégories : l'évolution et les caractéristiques de la population d'une part ; les facteurs sanitaires et religieux d'autre part.

L'évolution et les caractéristiques de la population peuvent avoir un impact significatif sur l'évolution des inscriptions au sein des universités. Dans un premier temps, si l'on effectue une analyse à court terme , le nombre de jeunes susceptibles d'intégrer l'année suivante l'enseignement supérieur constitue une bonne indication du marché potentiel d'un établissement au regard de nouvelles inscriptions. De la même manière, si l'on se place sur le long terme, le niveau des naissances au cours d'une année constitue un indicateur approché du nombre d'inscriptions potentielles 18 ans plus tard. À titre indicatif, les naissances enregistrées en l'an 2000 dans certains pays ont eu un impact significatif sur les inscriptions dans l'enseignement supérieur y compris catholique à partir de 2018. Un autre élément que l'on aurait pu classer tout autant dans la dimension économique et qui peut avoir une influence sur les inscriptions est lié à l'importance des ménages appartenant aux classes moyennes et aisées dans la structure de la population totale , plus celle-ci est élevée plus cela constitue un facteur favorable à l'inscription de leurs enfants dans des formations éducatives payantes.

La deuxième sous-catégorie apparaît plus disparate, car on distingue respectivement un facteur religieux et un facteur sanitaire. Dans un premier temps, on peut estimer que la place importante de l'enseignement catholique dans le système éducatif constitue un élément très favorable à l'évolution des inscriptions ultérieures dans les universités catholiques, les étudiants inscrits initialement dans l'enseignement secondaire catholique ont une forte probabilité de poursuivre leurs études dans l'enseignement supérieur catholique, c'est le cas notamment en France et en Belgique. Dans un deuxième temps, l'irruption inattendue du COVID 19 au niveau mondial a eu un impact sur la gestion quotidienne des établissements d'enseignement supérieur : fermetures partielles ou totales ; obligation impérative d'adaptation des enseignements du présentiel vers le distanciel. Les conditions sanitaires différentes d'un pays à l'autre ont obligé l'ensemble des universités à faire preuve d'adaptations à cette situation inattendue.

Au niveau de la dimension « technologique », cette dernière apparaît à l'inverse des trois premières comme relativement homogène dans la mesure où le dénominateur commun aux trois éléments précités se trouve être l'environnement « numérique ». En effet, le développement du numérique depuis le milieu des années 1990 a considérablement modifié la gestion quotidienne de l'ensemble des établissements d'enseignement supérieur qu'ils soient catholiques ou pas, nous reviendrons dans un autre chapitre sur la prise en compte de l'environnement digital dans la vie de l'universitaire. Dans le même temps, l'évolution des techniques numériques permet aujourd'hui d'envisager le développement de l'offre de formations à distance qui dépasse largement les possibilités d'interaction que proposait initialement l'enseignement par correspondance qui prévalait jusqu'à présent. Pour terminer, la propagation du COVID 19 a bouleversé considérablement les méthodes d'enseignement en présentiel vers un basculement partiel ou total en distanciel, toutes les universités ont été obligées de s'adapter relativement vite et la rapidité d'adaptation a pu constituer un élément de différenciation positive pour l'occasion dans l'esprit des étudiants déjà inscrits ou potentiellement inscrits.

La dimension « juridique » comporte plusieurs sous-dimensions, respectivement : le statut juridique des établissements catholiques ; les relations avec les universités publiques et pour finir le statut des personnels des établissements catholiques.

Concernant le statut juridique, les multiples établissements de l'enseignement supérieur catholique ont des statuts juridiques différents qui varient beaucoup en fonction de la législation des pays, on peut trouver des universités qui ont le statut d'association à l'instar des universités catholiques françaises[1] ou au contraire des universités privées comme les universités américaines. Ces différences de statuts peuvent influer sensiblement sur la mise en œuvre de leur stratégie en les rendant plus ou moins autonomes par rapport aux autorités de tutelles. Le deuxième élément a pour cadre les relations que peuvent avoir les universités catholiques avec leurs homologues publiques. Dans certains pays comme la France, la collation des grades reste aujourd'hui encore non autorisée, car il n'y a pas d'accréditation par l'État des universités catholiques et elles doivent passer une convention avec les universités publiques pour assurer la délivrance de leur diplôme, dans d'autres pays comme la Belgique ou les USA, elles peuvent délivrer directement de leur diplôme. Pour terminer, le statut des personnels de l'enseignement supérieur catholique revêt des formes différentes d'un pays à l'autre : salariés du secteur privé en France et salariés payés par l'État en Belgique. Le fait d'être rémunéré

[1] A titre indicatif, comme nous l'avons mentionné précédemment, l'ensemble des universités catholiques de France au nombre de cinq : Angers, Paris et Lyon créées en 1875, Lille en 1876 et Toulouse en 1877 résultent de la loi du 12 Juillet 1875. Ces établissements ont le statut d'associations à but non lucratif reconnues d'utilité publique.

par l'État implique une tension moindre sur la gestion quotidienne d'une université qui n'a pas à supporter un poids important de la masse salariale.

La dernière dimension « environnementale » peut également se subdiviser en deux sous-parties : la prise en compte des problèmes écologiques par la population d'une part ; la prise en compte des principes du développement durable et de la RSE d'autre part.

La prise en compte par la population des problèmes écologiques se rencontre aujourd'hui dans la plupart des pays du Globe et la sensibilisation aux problèmes de réchauffement climatique devient omniprésente dans les discours politiques. En raison de leurs nombreuses interactions, les universités catholiques ne peuvent ignorer cette dimension encore renforcée par la publication de l'encyclique « Laudato Si » par le Pape François qui exhorte les chrétiens à repenser leur mode de consommation en promouvant le concept d' « écologie intégrale ». Dans la logique de cette encyclique qui fait échos au rapport « Brundtland » paru en 1987, la plupart des universités catholiques ont transposé dans leurs stratégies les principes du développement durable en axant principalement leurs efforts sur la minimisation des activités sur le développement durable. Dans le même temps, la dimension sociale, mais aussi la dimension « gouvernance » se retrouvent dans l'application par de nombreuses universités des principes de la responsabilité sociale et environnementale des entreprises.

Ayant fait cette analyse pour l'ensemble des universités catholiques ,nous nous focaliserons dans la dernière section de ce chapitre sur l'application du modèle PESTEL à l'Université Catholique de Lille.

Section 3 : L'analyse PESTEL appliquée à l'Université Catholique de Lille

L'Université Catholique de Lille, établissement fondé en 1875 est l'une des cinq universités catholiques de France respectivement : Angers, Lille, Lyon, Paris et Toulouse ayant le statut d'EESPIG[2] (Établissement d'enseignement supérieur privé d'intérêt général) depuis

[2] Concernant les EESPIG, l'auteur s'appuie sur le mémoire de fin d'études réalisé par une étudiante du Master 2, Bruat : « *L'éducation privée : un enjeu public, la qualification d'EESPIG, quels enjeux pour l'enseignement supérieur privé ? Illustration au sein de l'Institut Catholique de Lille* », 2016, mémoire de fin d'études en vue de l'obtention du Master 2 Droit Comptable et Financier réalisée sous la direction de Monsieur OLSZAK et de Madame ROUSSELLE, 87 pages.

2015. Elle se compose d'une fédération d'établissement regroupant par ailleurs plus de 32000 étudiants dispersés sur une vingtaine d'établissements (écoles de commerce, école d'ingénieurs, école paramédicales, école de communication, ...).

Le tableau 3 nous indique les différentes dimensions afférentes plus spécifiquement à l'Université Catholique de Lille[3].

Tableau 3 : Les caractéristiques des 6 dimensions du modèle PESTEL appliquées à l'Université Catholique de Lille

Dimensions	Caractéristiques
P : Politique	- Bonnes relations avec le Ministère de l'enseignement supérieur en raison du statut d'EESPIG accordé aux établissements de l'Université Catholique de Lille ; - Coopérations sur de multiples projets avec les Collectivités territoriales (Conseil Régional des Hauts de France) ; - Querelle entre l'enseignement catholique et l'enseignement laïque qui relève aujourd'hui de l'anecdote ; - Relations avec les autorités religieuses de tutelle fonctionnant à travers une confiance mutuelle.
E : Économique	- Situation économique des Hauts de France qui reste difficile ; - Nombreuses incertitudes concernant la sortie de la crise du COVID sur l'évolution des inscriptions ; - Relations très anciennes et très fortes avec le tissu économique local à travers les liens noués au sein des écoles de commerces, des écoles d'ingénieur et des facultés ; - Obligation de bâtir un Business Model durable en raison de la faible contribution des Pouvoirs Publics au budget de l'établissement ; - Nombreuses formations universitaires bâties sur une ouverture vers le milieu professionnel à travers les stages.

[3] Les éléments qui apparaissent dans la tableau 3 sont tirés en partie du rapport d'Autoévaluation de la Fédération et Pluridisciplinaire de Lille (FUPL) HCERES-Vague E, Septembre 2018, 59 pages.

S : Sociologique et démographique	- Présence de nombreux étudiants de religions diverses ; - Fort ancrage territorial avec un recrutement massif des étudiants dans un rayon de 200 kilomètres autour de l'établissement et au-delà pour les écoles ; - Forte concentration des étudiants dans le quartier VAUBAN dans un rayon d'un kilomètre autour de l'établissement ; - Tensions avec certains habitants du quartier en raison de certains débordements liés à la vie étudiante ; - Prédominance d'étudiants venant d'un milieu plutôt aisé mais souhait des autorités universitaires de favoriser l'accès aux étudiants issus des milieux les plus modestes ; - Forte proportion d'étudiants étrangers liés aux échanges avec plus de 498 établissements dans le Monde ; - Forte proportion (50%) d'étudiants issus de l'enseignement secondaire catholique.
T : Technologique	- Développement important des projets liées à l'intégration du numérique dans les enseignements ; - Sensibilisation des enseignants à l'utilisation des techniques d'enseignements à distance en raison du confinement liée au COVID 19 ; - Large diffusion des outils numériques chez les étudiants.
L : Légal	- Obligation pour les facultés de l'Université Catholique de Lille de passer convention avec les universités publiques pour la délivrance des diplômes ; - Statut d'ESSPIG ; - Salariés de l'Université Catholique assimilés totalement à des salariés du secteur privé et non pas à des agents publics ; - Existence d'une école doctorale dans le cadre du partenariat d'Alliance de pro-

	jets avec l'Université Polytechnique des Hauts-de-France ; - Possibilité de délivrer des DU[4].
E : Environnemental	- Prise en compte déjà ancienne des principes du développement durable par l'établissement à travers la création de l'IDDR ; - Participation étroite de l'Université au projet de troisième révolution industrielle REV3 ; - Sensibilisation des étudiants aux problématiques du développement durable ; - Construction de nouveaux bâtiments à énergie positive...

Si l'on examine chacune des dimensions du modèle PESTEL concernant l'Université Catholique de Lille, on peut faire plusieurs commentaires. En tout premier lieu, la dimension « Politique » laisse apparaître un certain nombre d'éléments positifs qu'il convient de souligner. Tout d'abord, les établissements de l'Université Catholique de Lille disposent d'un statut d'EESPIG dont l'acronyme signifie : Établissement d'Enseignement Supérieur Privé d'Intérêt Général. Cette dénomination implique que l'Université Catholique peut prétendre à obtenir des financements en même temps qu'elle se voit reconnue par l'État à l'instar des établissements privés de l'enseignement secondaire qui font l'objet d'un financement public à travers le paiement des personnels assimilés à des agents publics (loi Debré), Bruat (2016).

Dans le même temps, on peut constater à l'échelle nationale l'existence de relations apaisées entre l'enseignement public et l'enseignement privé basées sur des échanges fréquents avec les services du ministère. Au niveau local , l'Université Catholique de Lille a signé une convention d'Alliance de projets avec l'Université Polytechnique des Hauts de France à Valenciennes dans le but de pouvoir inscrire nos étudiants dans une école doctorale. Ces bonnes relations entre les établissements publics et privés se doublent dans le même temps d'une interaction très forte de l'Université Catholique avec les autorités politiques locales à l'instar du Conseil Régional des Hauts de France avec qui de nombreux échanges partenariaux existent notam-

[4] Acronyme signifiant Diplôme Universitaire

ment à travers la recherche et la mise en place de la troisième révolution industrielle. Pour finir sur cette dimension politique, il faut noter également que les relations entre la direction de l'Université et les autorités de tutelle religieuses représentées par Monseigneur ULRICH, Archevêque de Lille et Chancelier de l'Université sont marquées par une autonomie importante accordée à cette même direction reposant sur une confiance mutuelle.

Concernant la dimension « économique », on peut estimer que celle-ci peut se subdiviser en quatre sous-catégories : la première relève de la conjoncture ; la deuxième est liée à l'obligation pour l'établissement d'adopter une stratégie pertinente de développement, la troisième au secteur santé-social avec la dimension hospitalo-universitaire et la quatrième s'attache à mettre en évidence l'orientation « pro-entreprise » de l'établissement et service aux territoires. Si l'on examine la conjoncture économique, on ne peut manquer de souligner que l'Université Catholique de Lille évolue dans une région qui continue à connaître des difficultés au niveau économique qui se manifestent par un chômage plus élevé qu'ailleurs, une désindustrialisation importante encore insuffisamment compensée et des arrondissements qui accumulent de nombreuses inégalités persistantes malgré une attention particulièrement attentive de la Région. Dans cette optique, à partir du moment où de nombreux étudiants viennent majoritairement de la région des Hauts de France, cela pourrait être de nature à constituer un obstacle à un développement important des inscriptions si ces inégalités venaient à persister même si pour l'instant cela n'a pas été observé. Dans le même temps, la sortie attendue de la crise sanitaire liée au Coronavirus en Septembre 2021 selon les hypothèses les plus réalistes laisse toutefois planer un doute sur l'absence d'effets collatéraux liés à cette épidémie sur l'évolution des inscriptions potentielles. L'augmentation du nombre de familles en difficultés suite au ralentissement de l'économie nationale avant l'anticipation d'une éventuelle forte reprise pourrait être de nature à peser plus ou moins fortement sur les futures inscriptions ce qui toutefois n'est pas du tout l'orientation actuelle. Concernant la gestion quotidienne de l'Université, celle-ci doit faire face à des contraintes budgétaires dans la mesure où les subventions versées par l'État ne représentent qu'environ 15% de son budget global. Dans cette optique, afin d'éviter une trop grande augmentation des frais d'inscription , l'Université Catholique de Lille devra diversifier encore davantage les modes de financement si elle veut continuer à assurer le service qu'elle rend, à financer son développement et à subsister sur le long terme. Pour terminer, il ne faut pas oublier qu'elle a été fondée par des chefs d'entreprise catholiques qui souhaitaient disposer d'un établissement capable de former des acteurs jeunes et pétris de valeurs chrétiennes. Depuis la création de l'Université, les dirigeants et à un degré inférieur, les doyens et directeurs d'écoles se sont efforcés de former de bons citoyens et d'adapter leur offre en fonction des besoins attendues des entreprises et plus généralement des besoins du monde du travail. L'exemple le plus emblématique de cette posture repose sur l'obligation pour les étudiants dès le premier cycle d'effectuer un stage d'une durée de 6 à 8 mois sur les trois années de licence. L'inscription des stages dans les maquettes de Master et une affectation des crédits ECTS en proportion de l'effort demandé renforcent encore cette interaction entre les enseignements académiques et l'application des connaissances au milieu professionnel.

Concernant la dimension « sociologique et démographique », on peut la diviser en deux sous-catégories en distinguant d'abord les caractéristiques démographiques des étudiants, en analysant ensuite les interactions entre les étudiants et le territoire. Concernant le premier élément, si l'on se réfère aux statistiques des inscriptions , on peut affirmer que le profil type de l'étudiant présente les caractéristiques suivantes : c'est un étudiant ayant fréquenté un établissement d'enseignement catholique pour 50% environ ; issu d'un milieu familial plutôt aisé et originaire pour une partie non négligeable d'entre eux de la région des Hauts de France, d'autres régions de France et parfois d'un pays étranger. Si nous ne disposons pas de statistiques ethniques et religieuses interdites dans le Droit français, les échanges que l'on peut avoir avec certains étudiants et l'analyse de leurs patronymes laissent entrevoir la présence de nombreuses religions, d'abord chrétiennes mais aussi non chrétiennes pratiquées par ces étudiants en même temps qu'un certain nombre d'entre eux se déclarent athées ou agnostiques. Il faut rappeler mais c'est le cas de très nombreux établissements catholiques que l'appartenance ou pas à la religion catholique ne peut être un critère de sélection et n'est pas de fait obligatoire, de nombreuses législations nationales les interdiraient par ailleurs. Si l'on examine, l'ancrage territorial de la vie étudiante et plus généralement les relations entre le voisinage immédiat et l'établissement, on ne peut que constater une forte concentration des étudiants dans un rayon d'un kilomètre environ autour de l'établissement. Le quartier Vauban pour sa part concentre lui-même la quasi-totalité des établissements à l'exception de l'EDHEC et de certaines écoles paramédicales. De ce fait, de nombreux logements sont disponibles également pour les étudiants. Certains immeubles ont fait l'objet de transformations radicales de la part de leur propriétaire pour y faire apparaître de multiples chambres et studettes, ce phénomène a conduit à l'apparition d'un nouveau mot dans le vocabulaire celui de «vaubanisation» . Cette forte concentration présente des avantages dans la mesure où le quartier est très animé durant les périodes universitaires et fait vivre de nombreux commerces le rendant du même coup très agréable. Toutefois la médaille a son revers dans la mesure où le quartier se désertifie littéralement durant les périodes de vacances d'une part mais cette concentration d'étudiants entraîne aussi des nuisances parfois mal supportées par les riverains lorsque la vie étudiante s'exprime en dehors du cadre académique.

Si l'on examine à présent la dimension « technologique » , on peut également la subdiviser en deux parties en distinguant respectivement les projets relatifs à l'utilisation du numérique au sein de l'établissement et les efforts qui ont été accomplis pour déployer un « campus numérique » particulièrement sollicité et renforcé pour assurer la continuité pédagogique suite à la fermeture de l'établissement suite à l'épidémie du COVID 19. Concernant les projets relatifs à l'utilisation du numérique, la décennie 2010 a vu l'Université Catholique de Lille investir considérablement dans l'achat de nouveaux équipements numériques dans le but de favoriser les méthodes nouvelles en matière de pédagogie. Dans cette optique, un certain nombre de salles équipées en installations numériques ont vu le jour permettant d'être utilisées par de nombreuses filières sur plusieurs Facultés. Dans le même temps, la crise sanitaire liée au COVID 19 a entrainé à l'instar d'autres universités, la fermeture de l'Université Catholique de Lille pendant plusieurs semaines impliquant de fait une rupture des enseignements en présentiel. De fait, l'Université s'est efforcée de développer les instruments d'enseignements à distance en direction à la fois des étudiants mais auprès des enseignants en leur permettant d'assurer la continuité pédagogique en modifiant de fait l'offre proposée initialement aux étudiants lors de leur inscription.

L'analyse de la dimension « juridique » une fois encore laisse apparaître deux sous-catégories : tout d'abord les éléments juridiques liés au statut de l'établissement et d'autre part, ceux liés à la situation des personnels administratifs et des enseignants.

Un certain nombre d'éléments sont de nature à régir le fonctionnement de l'Université Catholique de Lille comme l'impossibilité du fait de la volonté de l'État de l'interdiction pour l'instant de pouvoir délivrer ses propres diplômes si l'on excepte les DU (Diplôme Universitaire). Dans le même ordre d'idée, l'impossibilité d'avoir sa propre école doctorale relève de la même logique, celui de la distinction persistante entre les établissements d'enseignement supérieur publics et privés en France. Cette situation est particulière à la France et ne se retrouve pas dans d'autres pays comme la Belgique notamment. Un élément à souligner réside dans le fait que l'Université Catholique de Lille a obtenu depuis 2015 le statut d'EESPIG lui permettant d'obtenir plus facilement des subsides de l'Etat. Concernant le statut des personnels administratifs et des enseignants, il implique que les personnels sont assimilés à des salariés du secteur privé à l'instar de ceux évoluant dans les entreprises au contraire du statut du personnel de l'enseignement secondaire assimilé à celui d'agent public.

La dimension « environnementale » se décline autour d'une thématique commune celle du développement durable qui a été pris en compte très tôt par l'Université Catholique de Lille à travers la création de l'IDDR[5] en 2007. La sensibilisation des autorités universitaires à la problématique du développement durable s'est matérialisée ensuite par l'implication étroite de l'Université dans le projet de mise en place de la troisième révolution industrielle concrétisé par la construction d'un bâtiment à énergie positive. Une dernière illustration de l'implication de l'Université au regard des questions environnementales se matérialise à travers la sensibilisation de la problématique du développement durable auprès de nos publics étudiants en leur offrant des formations orientées dans ce sens.

Le rapport envoyé à l'HCERES[6] en 2018 détaille minutieusement les principales actions de l'Université Catholique de Lille dans ce domaine qui trouve son origine dès 2012 avec l'identification de la transition énergétique et sociétale comme l'une des percées stratégiques que la FUPL[7] voulait opérer dans les établissements membres de la fédération en cohérence avec les priorités régionales matérialisées à

---

5 Acronyme signifiant Institut du Développement Durable et Responsable et dont la fonction principale consiste à promouvoir le développement durable au sein de l'Université.

6 Acronyme signifiant Hauts Comité d'Evaluation pour la Recherche et l'Enseignement Supérieur.

7 Acronyme signifiant Fédération Universitaire et Polytechnique de Lille qui regroupe les cinq facultés et les écoles.

travers le programme « troisième révolution industrielle » et l'objectif « campus Zéro Carbone ». Ce projet majeur baptisé « L'Université Catholique de Lille en Transition Énergétique et Sociétale » (LIVE TREE).

En 2017, les objectifs stratégiques de LIVE TREE ont été précisés comme suit, afin d'adapter les piliers de la troisième révolution industrielle au contexte de l'université et des orientations du mandat :

1. une cible zéro carbone à 15 ans avec une priorité d'atteindre une consommation énergétique décarbonée et verte sur l'îlot historique ;
2. la création d'un living-labs d'innovation sociétale à l'échelle d'un quartier ;
3. la création de nouvelles formations , la contribution à l'attractivité des formations existantes par leur adossement aux livings-labs, et à la contribution à l'attractivité internationale ;
4. le développement d'une recherche transdisciplinaire entre les Sciences Humaines et sociales (SHS) et les Sciences de l'Ingénieur (SI), ainsi que la création de chaires ;
5. l'action en faveur de l'accélération de la création (entrepreneuriat, start-up, etc).

Si l'analyse PESTEL permet de visualiser les tendances globales qui affectent l'environnement du monde universitaire, elle ne permet pas vraiment de comprendre les relations qu'entretiennent les universités avec l'environnement immédiat, un autre outil le permet plus aisément, celui du modèle des parties prenantes.

CHAPITRE 2 : LE MODÈLE DES PARTIES PRENANTES

Si les Universités catholiques comme publiques subissent directement ou indirectement les effets du macro-environnement que l'on vient de mettre en évidence à travers l'étude des six dimensions du modèle PESTEL, il n'en demeure pas moins que ces établissements entretiennent des relations avec une multitude d'acteurs à la fois en interne et en externe. L'étude de ces relations nous semble importante dans la mesure où la nature de ces relations peut influer sur leurs stratégies. Dans cette optique, notre chapitre se décomposera en trois sections, dans une première section nous examinerons l'importance des parties prenantes dans la gestion des organisations ; dans la deuxième partie, nous mettrons en lumière les relations entre les universités catholiques et leurs parties prenantes ; la troisième et dernière partie sera consacrée aux relations entre l'Université Catholique de Lille et ses parties prenantes.

Section 1 : L'importance des parties prenantes dans la gestion des organisations

Le modèle des parties prenantes est un concept abondamment utilisé dans la littérature des sciences de gestion, de nombreux articles lui sont consacrés mais c'est l'ouvrage de Freeman (1984) qui en fait une synthèse assez complète. Ayadi (2003) pour sa part, nous indique que le concept de « parties prenantes » se réfère à la littérature anglo-saxonne qui distingue souvent les *shareholders* (actionnaires) et les autres *stakeholders* (les parties prenantes). On ne peut véritablement comprendre ce concept qu'en effectuant un retour en arrière en nous plongeant dans l'histoire de la pensée en Sciences de Gestion plus précisément celle relative à la place de la firme et ses relations avec l'environnement. Berle et Means (1932) mettent en évidence le développement d'une pression sociale qui s'exerce sur les dirigeants afin qu'ils reconnaissent leur responsabilité auprès de tous ceux dont les décisions de l'entreprise peuvent affecter leur bien-être. Quelques décennies plus tard, les travaux respectifs de Bowen (1953) et d'Ansoff (1968) viennent en quelques sortes compléter ceux précurseurs de Berle et Means. Bowen que l'on peut considérer comme l'un des pères fondateurs du concept de Responsabilité Sociale et Environnementale plus connu dans le langage courant sous l'acronyme RSE, estime que l'entreprise mais surtout ses dirigeants se doivent de prendre en considération à la fois d'un point de vue moral et social l'impact de leur décision sur des groupes externes. Ansoff reste le premier pour sa part à faire référence à la théorie des parties prenantes en arguant du fait qu'en matière d'organisation, une entreprise se doit d'orienter ses objectifs de façon à fournir à chaque partie prenante une part équitable de satisfactions. Ansoff insiste également sur le fait que la prise en compte des parties prenantes affecte de façon plus ou moins importante la stratégie d'une entreprise en renforçant de fait les contraintes dans sa gestion quotidienne.

Le concept de « parties prenantes » nous montre que les entreprises ne peuvent avoir une vision restrictive axée sur la seule satisfaction de ces actionnaires même si l'on peut penser que dans un système capitaliste notamment dominé par les anglo-saxons, ces derniers ont la prééminence sur n'importe quels autres groupes. L'intérêt d'autres groupes que constituent en grande partie les parties prenantes ne peut aujourd'hui être négligé par les entreprises et plus généralement par les autres organisations. Ce débat apparaît aujourd'hui comme un élément central de la stratégie des entreprises si l'on se réfère aux différentes définitions que donnent un certain nombre d'auteurs. Sans les passer toutes en revue, tant elles sont nombreuses, il apparaît intéressant d'isoler un certain nombre de définitions des parties prenantes données par plusieurs auteurs. Phillips ; Freeman et Wicks (2003) recensent dans un article du *Business Ethics Quaterly,* les multiples définitions que donnent ces auteurs, nous en retiendrons quelques-unes qui nous semblent apporter un éclairage intéressant sur ce concept y compris pour être appliquées au secteur de l'enseignement supérieur.

Ainsi, Freeman (1984) cite la Stanford Research Institute qui définit les parties prenantes comme « les groupes sans le support duquel l'organisation cesserait d'exister ». Derrière cette définition un peu ancienne, on peut constater que les parties prenantes apparaissent vitales pour la survie de toutes les organisations, on pense naturellement aux actionnaires mais les fournisseurs, les clients et les salariés peuvent s'identifier à ces groupes.

Sturdivant (1979) donne une définition plus précise des parties prenantes en affirmant dans un premier temps qu'elles représentent « des individus qui sont affectés par les politiques et les pratiques de l'entreprise et qui considèrent avoir un intérêt dans son activité ». Dans un deuxième temps, ces mêmes parties prenantes prennent la forme suivante « tout groupe dont le comportement collectif peut affecter directement l'avenir de l'organisation, mais qui n'est pas sous le contrôle direct de celle-ci ». Cette définition élargit selon nous le périmètre des parties prenantes en reliant des acteurs subissant les effets de la gestion des entreprises à travers leurs intérêts, si les parties prenantes déjà citées précédemment sont concernées, on peut rajouter à celles-ci, les pouvoirs publics et les organismes de financement. La deuxième partie de la définition se place plutôt du côté de l'attitude de ces mêmes parties prenantes vis-à-vis des organisations dans la mesure où leurs attitudes peuvent affecter d'une manière ou d'une autre la gestion des entreprises sans que celles-ci puissent avoir un contrôle sur leurs actions. On peut regrouper ainsi des associations diverses comme : les associations de consommateurs ; les associations de riverains et d'autres encore qui rentrent clairement dans ce schéma.

Pour terminer, deux dernières définitions précisent encore plus l'importance des parties prenantes. Ainsi, Clarckson (1995) définit les parties prenantes comme celles qui « encourent un risque en ayant investi une forme de capital, humain ou financier dans une firme ». Cette définition insiste encore plus sur l'influence et sur l'investissement de certaines parties prenantes sur la gestion des entreprises, si les actionnaires sont les premiers à qui l'on peut penser, les salariés sont aussi concernés par cette approche et à un degré moindre les pouvoirs publics pour leur rôle de financeurs à travers le versement de subventions. De leur côté, Post, Preston et Sachs (2002) assimilent les parties prenantes à « des individus et éléments constitutifs qui contribuent de façon volontaire ou non à la capacité de la firme à créer de la valeur et à ses activités et qui en sont les principaux bénéficiaires et/ou en supportent les risques ». Cette dernière définition est importante selon nous car elle implique l'influence essentielle des parties prenantes dans la gestion des entreprises en leur permettant de contribuer à son développement et en supportant éventuellement les risques inhérents à cette gestion.

On ne saurait être totalement exhaustif si l'on ne dressait pas une typologie de ces parties prenantes en même temps que de mettre en lumière les variantes de la théorie des parties prenantes. Caroll (1989) distingue dans un premier temps deux catégories de parties prenantes :

- *les parties prenantes « primaires ou contractuelles »* qui ont une relation contractuelle et formelle avec l'entreprise comme les propriétaires, les employés, les fournisseurs et les clients ;
- *les parties prenantes « secondaires encore dénommées diffuses »* qui regroupent les agents situés autour de l'entreprise vers lesquels son action se trouve avoir un impact sans pour autant avoir un lien contractuel, on trouve dans cette catégorie : les médias ; les consommateurs, les groupes de pression, les gouvernements ; les concurrents, le public et la société.

Dans le même temps, on peut distinguer les parties prenantes internes représentées par les salariés et les parties prenantes externes. Parmi ces dernières, Cummings et Doh (2000) en distinguent quatre types en fonction de la nature de leurs relations avec l'entreprise et leurs influences sur le succès ou l'échec d'une stratégie. On trouve ainsi :

- *les parties prenantes économiques* qui rassemblent les fournisseurs, les concurrents, les distributeurs et les actionnaires ;
- *les parties prenantes politiques* qui regroupent les pouvoirs publics, les régulateurs ou les agences gouvernementales qui peuvent exercer une influence sur le déploiement des stratégies ;
- *les parties prenantes technologiques* représentées par les clients, les agences de standardisation ou les détenteurs de brevets ;
- *les parties prenantes sociétales* qui englobent les riverains d'un établissement par exemple ou les représentants des groupes de défense et qui peuvent engager des opérations de boycott par exemple.

Pour terminer, il convient de citer brièvement les différentes dimensions de la théorie des parties prenantes, Cazal (2013) en fait la synthèse dans un ouvrage collectif consacré à la RSE, il distingue ainsi trois dimensions :

- *une dimension instrumentale,* axée sur la portée économique de la prise en compte des parties prenantes ;
- *une dimension descriptive* qui vise à dresser l'état des relations entre les entreprises et les parties prenantes ;
- *une dimension normative* qui définit précisément ce que les entreprises devraient entreprendre à l'égard de leurs parties prenantes.

La description des relations qu'entretiennent les universités catholiques avec leurs différentes parties prenantes que ce soit au niveau des universités en général et plus précisément au niveau de l'Université Catholique de Lille reprennent ces trois dimensions que nous allons développer dans les deux sections suivantes.

Section 2 : Les relations des universités catholiques avec leurs parties prenantes

Prendre en compte les parties prenantes pour une université nous semble fondamental au regard d'une démarche marketing à la fois au niveau du marketing stratégique et des quatre éléments du marketing mix[1], Olszak (2021). Plus généralement, on considérera dans le cas d'une université catholique que les parties prenantes représentent l'ensemble des individus et institutions qui entretiennent des contacts plus ou moins réguliers avec elle. Ainsi, on peut dresser une liste exhaustive de l'ensemble des parties prenantes d'une université catholique[2] :

- les étudiants ;
- les parents ;
- les professeurs ;

---

[1] Respectivement la Politique de Produit, la Politique de Prix, la Politique du Communication, la Politique de Distribution remplacée dans le présent ouvrage par la Politique de Localisation.

[2] Les parties prenantes qui apparaissent dans ce chapitre se retrouvent dans chaque université catholique, il n'est pas impossible cependant que compte tenu des caractéristiques spécifiques à certains pays certaines de ces parties prenantes peuvent ne pas être pertinentes.

- le personnel administratif ;
- les fournisseurs ;
- les entreprises ;
- les décideurs politiques locaux, nationaux et européens ;
- les associations de riverains ;
- les autorités administratives (Rectorat d'Académie, Ministère de l'éducation nationale) ;
- les autres universités catholiques ;
- les universités publiques ;
- les anciens étudiants ;
- les donateurs ;
- les lycées publics et privés ;
- les étudiants des autres universités ;
- les autorités religieuses de tutelle ;
- la Congrégation de l'enseignement catholique ;
- les administrateurs de l'université ;
- les médias (journaux, radios et télévisions).

Dans le cadre d'une démarche marketing, l'intérêt de prendre en compte ces parties prenantes est de nous permettre d'adapter nos actions en fonction des publics. Le tableau 4 nous donne un aperçu des relations spécifiques que les Universités Catholiques peuvent avoir avec chacune des parties prenantes et leur influence sur la politique du marketing.

Tableau 4 : Les relations entre les Universités Catholiques et leurs parties prenantes :

Les Parties prenantes	Relations envisagées et influence sur la politique marketing
Les étudiants	Les étudiants constituent le cœur même de toutes les politiques de marketing, les différents services qui leur sont rendus sont de nature à assurer à l'université sa pérennité à travers leur satisfaction.
Les parents	A l'instar des étudiants, ils représentent une cible importante au niveau du marketing, ce sont eux qui financent le plus souvent les études de leurs enfants, ils vont être particulièrement sensibles au rapport qualité/prix. Ils voudront par ailleurs un retour sur investissement (évalué notamment au niveau de l'insertion professionnelle) qui sera d'autant plus fort que les coûts d'inscription apparai-

	tront initialement élevés.
Les professeurs	Ils constituent l'un des éléments essentiels de la politique de produit, dans la mesure où leurs compétences, leurs disponibilités auprès des étudiants renforceront d'autant plus la qualité du service offert à ces derniers.
Le personnel administratif	Bien qu'ayant une fonction liée plus généralement à ce que l'on qualifie de « Back Office », leur rôle est fondamental dans la qualité du service fourni dans la mesure où les étudiants vont les solliciter très souvent afin d'obtenir des réponses (changements de salle, date d'examen, fourniture d'un certificat, etc.).
Les fournisseurs	Ils peuvent influer sur la qualité du service notamment à travers les équipements (immeubles...) mis à disposition des étudiants, à travers la nourriture offerte dans les restaurants universitaires.
Les entreprises	Les relations qui s'établissent entre les entreprises et l'université sont primordiales à plus d'un titre : - les entreprises vont être sensibles à l'offre de formation et seront susceptibles d'accueillir les étudiants en stage qui pourront déboucher ensuite sur une embauche. Elles contribuent ainsi à faire la réputation d'une université en augmentant son taux de placement qui reste par ailleurs un indicateur fondamental dans le choix final d'une inscription ; - les entreprises peuvent participer à l'élaboration de certains programmes en finançant des chaires (mécénat...) en participant à la taxe d'apprentissage ou en finançant des contrats d'études.
Les décideurs politiques locaux et nationaux	Le fait d'entretenir de bonnes relations avec les décideurs publics locaux et nationaux contribue également à améliorer la qualité du service et cela de plusieurs manières : - au niveau des autorités locales (municipalités, assemblées locales), leur pouvoir d'autoriser de nouvelles constructions de bâtiments universitaires apparaît déterminant. Plus généralement, elles ont un

	pouvoir décisionnel en matière d'aménagements et de grosses rénovations. Pour finir, les autorités peuvent accorder des subventions par rapport à certains projets de recherche qui se traduisent par des flux financiers conséquents. Plus spécifiquement, les autorités locales de proximité comme les municipalités peuvent exercer un pouvoir de police en cas de débordements de la population estudiantine lors des soirées ; - au niveau des décideurs politiques nationaux, de bonnes relations dans le cadre des pratiques de lobbying peuvent les amener à voter des lois favorables au fonctionnement des universités catholiques.
Les associations de riverains	Avoir de bonnes relations avec les associations de riverains témoigne d'une bonne insertion de l'université dans l'environnement local en même temps qu'elle peut favoriser l'existence d'un bouche à oreille positif susceptible d'augmenter potentiellement les futures inscriptions.
Les autorités administratives (Rectorat d'Académie, Ministère de l'éducation nationale)	Les systèmes éducatifs étant très différents d'un pays à l'autre, il n'en demeure pas moins que les relations avec les autorités administratives peuvent influer considérablement sur la stratégie d'une université. Ainsi, les autorités administratives de l'éducation nationale ont un pouvoir réglementaire important pouvant aller dans certains cas jusqu'à interdire l'ouverture de certaines formations conditionnant en partie la politique de produit mise en œuvre par l'université.
Les autres universités catholiques	Les établissements de l'enseignement supérieur catholique entretiennent des relations étroites avec d'autres établissements à la fois nationaux mais aussi internationaux. Ces échanges peuvent contribuer à donner une image encore plus dynamique de l'offre universitaire, par exemple à travers le programme ERASMUS.
Les universités publiques	Une nouvelle fois, les différents systèmes éducatifs au niveau international laissent supposer des relations très différentes d'un pays à l'autre avec les universités publiques.

	Dans certains pays comme la France, les universités catholiques ne possèdent pas la collation des grades et sont de fait obligées de passer une convention avec une université publique. Si tel est le cas, alors l'université catholique peut se voir déposséder en partie des moyens de sa politique affectant sensiblement son offre de formations.
Les anciens étudiants	Les anciens étudiants ont une triple mission au regard de leur ancienne université : - ils peuvent relayer avec bienveillance auprès de leurs relations le fait d'avoir eu une formation de qualité ; - ils peuvent favoriser l'accueil de stagiaires et constituer un réseau important de nature à favoriser le plus souvent des futures embauches ; - ils peuvent devenir ultérieurement des donateurs.
Les donateurs	Entretenir de bonnes relations avec les donateurs constitue un élément essentiel de la réussite des universités catholiques. Ces derniers peuvent contribuer substantiellement au financement de l'activité de l'université et plus spécifiquement en participant à son plan de développement.
Les lycées publics et privés	Ces établissements constituent l'essence même du marché d'une université catholique à l'instar des autres universités, les lycéens constituent de fait la première cible à atteindre.
Les étudiants des autres universités	Les étudiants des autres universités constituent également une cible de choix dans la mesure où ils peuvent choisir ensuite de s'inscrire dans les formations de second et de troisième cycle au sein de l'université.
Les autorités religieuses de tutelle	Si les règles qui régissent les relations entre les autorités religieuses de tutelle présentent le plus souvent un point commun dans la mesure où c'est l'évêque du diocèse dans lequel est située l'université qui s'assure en tant que Chancelier que l'université respecte bien les valeurs chrétiennes, il n'en demeure pas moins que ces relations peuvent être plus ou moins souples. Lorsqu'elles le sont, l'université a plus de latitudes pour élaborer son offre globale de formation.

La Congrégation de l'enseignement catholique	À l'inverse du cas précédent, les relations entre les universités catholiques et la Congrégation de l'enseignement catholique sont régies par des règlements identiques pour tous. Les établissements d'enseignement supérieur doivent rendre des comptes annuels à la Congrégation qui a le pouvoir de contraindre certaines orientations stratégiques de l'université.
Les administrateurs de l'université	À nouveau, la gouvernance des universités catholiques peut varier sensiblement d'un pays à l'autre mais d'une manière générale, les administrateurs ont un pouvoir très important dans l'élaboration et parfois dans l'infléchissement de certaines orientations stratégiques.
Les médias (journaux, radios et télévisions).	Les médias constituent un vecteur fondamental de transmission des messages dans le cadre de la politique de communication. Le plan de communication de l'université doit s'efforcer d'optimiser l'impact de la transmission des messages en direction des prospects potentiels.

Après avoir examiné les relations des Universités Catholiques et leurs potentielles parties prenantes, il peut être intéressant d'examiner les relations qu'entretient l'Université Catholique de Lille avec ses parties prenantes.

Section 3 : Les relations de l'Université Catholique de Lille avec ses parties prenantes :

À l'instar de l'ensemble des Universités catholiques, l'Université Catholique de Lille entretient des relations étroites et parfois spécifiques avec les différentes parties prenantes. Le tableau numéro 5 retrace les relations qu'entretiennent quotidiennement l'Université Catholique de Lille avec ses parties prenantes.

Tableau 5 : Les relations entre l'Université Catholique de Lille et leurs parties prenantes :

Les Parties prenantes	Relations envisagées et influence sur la politique marketing
Les étudiants	À l'instar des autres universités catholiques, l'Université Catholique de Lille entretient des relations d'échange, d'écoute et

	d'interactions très fortes avec les 32000 étudiants. Cette prise en compte des attentes des étudiants que l'on constate dans les tous les établissements se matérialisent par : - la mise en place d'une Maison de l'étudiant qui offre toute une série de services à l'étudiant (consultations médicales, autres types de consultations) ; - existence d'une Direction des études dans chaque établissement et d'une personne dédiée totalement à la vie étudiante ; - encouragement et incitation au développement de la vie associative étudiante.
Les parents	L'Université Catholique de Lille entretient avec les parents des relations étroites en considérant que ce sont eux les principaux financeurs des études de leurs enfants. Ces relations prennent deux formes essentielles : - l'organisation de journées portes ouvertes dans lesquelles les parents peuvent poser un certain nombre de questions en accompagnant leurs enfants ; - l'organisation de rencontres entre les responsables des composantes de l'Université Catholique et les parents notamment en premier cycle afin de leur donner des informations sur le déroulement de l'année universitaire.
Les professeurs	L'Université Catholique de Lille s'est efforcée de procéder à des recrutements massifs d'enseignants au cours de la dernière décennie. Ce recrutement s'accompagne à la fois de la mise à disposition de moyens matériels importants en contrepartie d'un investissement demandé dans leurs activités de recherche.
Le personnel administratif	À l'instar du recrutement des enseignants, l'Université Catholique de Lille a procédé également à l'embauche massive de personnels administratifs notamment comme personnels supports des enseignants responsables de formation. Dans le même temps, d'autres recrutements ont concerné des fonctions transversales en lien avec les services offerts aux étudiants.
Les fournisseurs	L'Université Catholique de Lille entretient des relations déjà très anciennes avec de nom-

	breux fournisseurs qui entrainent de fait un développement des relations de confiance.
Les entreprises	Les entreprises représentent des parties prenantes extrêmement précieuses dans la stratégie de l'Université Catholique de Lille, car historiquement l'établissement a été fondé par des patrons chrétiens souhaitant que les cadres puissent avoir des valeurs chrétiennes. Cette tradition s'est poursuivie à travers les décennies et prend plusieurs formes : - de nombreuses entreprises à la fois locales et nationales accueillent de nombreux étudiants à la fois en stage et ensuite comme jeunes diplômés ; - certaines entreprises financent des chaires au sein des écoles d'ingénieurs et des écoles de commerce ; - de nombreuses entreprises apportent une contribution non négligeable aux différentes campagnes de mécénat lancées par la direction.
Les décideurs politiques locaux, nationaux et européens	L'Université Catholique de Lille entretient des relations étroites avec les autorités politiques locales : Président de Région ; Président du Département, Président de la MEL et Maire de Lille. Ces relations étroites s'expliquent par le fait que l'Université est solidement ancrée dans son territoire et participe à des politiques publiques financées par ces mêmes collectivités.
Les associations de riverains	L'un des symboles de l'ancrage territorial de l'Université trouve sa source dans les relations régulières qu'entretiennent l'équipe du Président-Recteur avec les associations de riverains parfois inquiets de certains débordements d'étudiants nombreux aux alentours du campus.
Les autorités administratives (Rectorat d'Académie, ministère de l'Éducation nationale)	L'Université Catholique de Lille entretient de nombreuses relations avec les autorités administratives multiples. D'abord en qualité d'établissements d'enseignement supérieur , elle échange régulièrement avec le Rectorat d'Académie qui intervient accessoirement à travers la tenue des jurys rectoraux et qui lui donne un certain nombre d'instructions. De la même manière, les échanges sont également fréquents avec le ministère de

	l'Enseignement supérieur en sa qualité d'EESPIG. En lien avec son implantation sur le territoire, l'Université entretient également des liens avec la Préfecture qui peut avoir son mot à dire en cas d'organisations de manifestations publiques, par exemple la visite d'un ministre. Pour finir, l'apparition du COVID a multiplié les échanges entre l'Université et l'ARS[3] en charge de la mise en place des politiques de santé au niveau de la Région lorsque les différents confinements ont été décrétés.
Les autres universités catholiques	L'Université Catholique entretient des relations avec quatre organismes différents regroupant à chaque fois des établissements catholiques d'enseignement supérieur : - au niveau national avec l'UDESCA[4] qui regroupe les cinq universités catholiques françaises ; - au niveau national également avec la FESIC[5] qui regroupe les écoles de commerces et d'ingénieurs catholiques ; - au niveau européen avec la FUCE[6] qui regroupe les universités catholiques européennes ; - au niveau mondial avec la FIUC[7] qui regroupe les universités catholiques dans le monde.
Les universités publiques	Concernant les Universités publiques, l'Université Catholique de Lille entretient deux types de relations : - une relation étroite sous forme d'une convention avec l'Université de Valenciennes en vue de développer des projets en commun ; - une relation contractuelle avec certaines universités publiques dans le cadre des

[3] Acronyme signifiant Agence Régional de Santé qui est une administration chargée de mettre en œuvre la politique de santé du gouvernement au niveau régional et qui tient de fait un rôle important dans la gestion de la crise sanitaire actuelle.

[4] Acronyme signifiant Union des Etablissements d'Enseignement Supérieur Catholique qui regroupe les cinq universités catholiques de France.

[5] Acronyme signifiant Fédération d'Ecoles Supérieures d'Ingénieurs et de Cadres » qui regroupe les écoles d'ingénieurs et de commerce appartenant aux cinq universités catholiques.

[6] Acronyme signifiant Fédération des Universités Catholiques Européennes.

[7] Acronyme signifiant Fédération International des Universités Catholiques.

	conventions signées entre les Facultés de l'Université Catholique et ces universités qui leur délivrent leur diplôme.
Les anciens étudiants	Les anciens étudiants constituent l'une des parties prenantes les plus importantes pour l'Université Catholique de Lille. À l'instar des réseaux d'étudiants des autres établissements de l'enseignement supérieur catholique, les écoles de commerce et les écoles d'ingénieurs ont une tradition déjà ancienne des réseaux d'anciens étudiants. Ce mouvement se développe également au sein des facultés. Comme nous avons déjà eu l'occasion de le souligner précédemment , l'importance d'avoir un réseau Alumni d'envergure permet de : - faire d'anciens étudiants, des donateurs potentiels notamment lors de la perception de la taxe d'apprentissage ; - accueillir des étudiants en stage et éventuellement les engager à la fin de leurs études.
Les donateurs	Les donateurs constituent un élément important pour la stratégie de l'Université Catholique dans la mesure où leurs contributions permettent de financer un certain nombre de projets.
Les lycées publics et privés	Les lycées privés d'abord pour environ 75% des effectifs moyens des facultés et les lycées publics pour le quart restant constituent une grande partie des débouchés de l'Université Catholique de Lille notamment pour les primos inscrits.
Les étudiants des autres universités	Les étudiants des autres universités constituent une cible importante essentiellement pour les admissions en master ou en deuxième année des écoles de commerce et d'ingénieurs en admission parallèle.
Les autorités religieuses de tutelle	L'Université Catholique de Lille échange régulièrement avec l'Archevêque de Lille qui est par ailleurs Chancelier de l'Université. Son évêque auxiliaire est membre du Conseil d'administration de l'Institut Catholique de Lille, pour finir, les quatre évêques de la province métropolitaine de Lille sont membres du Conseil Supérieur, une instance de concertation de l'Université Catholique.
La Congrégation de	Comme tous les établissements catholiques

l'enseignement catholique	d'enseignement supérieur, l'Université Catholique se doit de rendre des comptes à la Congrégation de l'enseignement catholique chaque année.
Les administrateurs de l'université	La distinction entre les facultés de l'Université Catholique d'une part et les autres écoles implique que chaque école dispose de son propre Conseil d'Administration. Les facultés regroupées au sein de l'ICL ont un Conseil d'Administration qui veille au bon fonctionnement de l'Institution et assure des fonctions de contrôle.
Les médias (journaux, radios et télévisions)	À l'ère d'une communication de masse, les établissements de l'Université Catholique entretiennent des relations régulières avec les différents médias locaux, mais aussi nationaux. Ces relations représentent l'un des quatre éléments du marketing mix indispensable au développement des inscriptions.

L'analyse des parties prenantes de l'Université Catholique de Lille nous montre qu'on retrouve un certain nombre de points communs avec les relations qu'entretiennent les autres universités catholiques avec leurs propres parties prenantes, c'est le cas tout particulièrement des étudiants, des parents, des entreprises, des professeurs et du personnel administratif et des autorités religieuses de tutelle. À l'inverse, on peut estimer qu'il existe des différences notables entre les deux entités au niveau des relations avec les entreprises, les donateurs, les autorités administratives et ministérielles, les universités publiques et les administrateurs.

Concernant ces parties prenantes , les différences s'expliquent par des particularités locales inhérentes à l'Université Catholique de Lille. Pour commencer, les relations étroites avec les entreprises sont inscrites dès le départ dans les gênes de l'établissement lors de sa création par des chefs d'entreprise, on peut ajouter que l'arrondissement de Lille disposait de familles catholiques à la tête de grandes entreprises qui ont souvent puisé dans les effectifs d'étudiants leurs futurs cadres. Cette tradition des relations fortes avec les entreprises s'est perpétuée jusqu'à nos jours et constitue un avantage concurrentiel évident sur les autres établissements à commencer par les universités publiques. On peut mettre sur le même point d'égalité les relations avec les donateurs qui demeurent un élément spécifique de l'environnement de l'Université Catholique de Lille à travers le fait que de riches donateurs appartenant à ces mêmes familles ayant contribué au développement industriel trouvent toujours utile d'effectuer des donations à un établissement catholique.

Les relations avec les autorités administratives principalement l'autorité rectorale et le ministère de l'Enseignement supérieur ne peuvent être comparées avec les autres universités dans la mesure où l'Université Catholique de Lille n'est pas réellement considérée comme une véritable université[8] par les pouvoirs publics, car elle ne peut délivrer ses propres diplômes et n'a pas d'école doctorale toutefois son statut d'EESPIG implique qu'elle participe au service public de l'enseignement supérieur, Bruat (2016).

De par son statut particulier, les relations avec les universités publiques sont donc impactées fortement par le fait que seules des conventions passées avec elles permettent la délivrance des diplômes, il existe de fait une sorte de dépendance de l'Université Catholique de Lille que l'on retrouve par ailleurs pour les quatre autres universités catholiques de France. Même si cette dépendance se double le plus souvent d'une autonomie pédagogique accordée aux différentes facultés, il n'en demeure pas moins que sa stratégie de développement n'est pas complètement indépendante pour l'occasion de cette situation particulière.

Pour finir, les administrateurs de l'Université Catholique de Lille sont pour une large part des personnes issues du milieu de l'entreprise, témoignant du poids important de cette dernière dans la vie de l'Institution.

Après avoir examiné en détail les différents éléments confrontant l'université à la fois à son environnement global à travers le modèle PESTEL et à un environnement plus local à travers le modèle des parties prenantes, il convient à présent d'utiliser un autre outil de l'analyse stratégique qui met en avant plus spécifiquement une université confrontée à des problèmes de gestion quotidienne, tel est l'objet de l'analyse SWOT.

[8] À titre indicatif, elle ne peut utiliser légalement le terme d'Université Catholique même si les autorités locales le permettent par ailleurs, on se doit de distinguer de fait l'Institut Catholique de Lille qui regroupe les cinq facultés : la Faculté de Théologie ; la Faculté d'Economie de Gestion et des Sciences ; la Faculté de Droit, la Faculté des Lettres et Sciences Humaines et la faculté de Médecine. Les autres établissements qui composent l'Université Catholique sont représentées par les écoles de commerce et les écoles d'ingénieurs et toutes une série d'autres écoles (communication ; paramédicales, etc.).

CHAPITRE 3
L'ANALYSE SWOT

En 1965, l'école de Harvard considérée comme l'une des pionnières dans l'étude des stratégies des entreprises fut la première à élaborer un modèle permettant de formuler la stratégie, ce modèle connu d'abord sous l'acronyme LCAG qui reprend les noms de ses inventeurs : Learned, Christensen, Andrews et Guth connu plus tard sous l'acronyme SWOT. L'analyse SWOT tient une place importante dans l'analyse stratégique, car elle confronte une entreprise à la fois à son environnement interne et à son environnement externe. Dans une première section, nous mettrons en évidence les caractéristiques de l'analyse SWOT, dans une deuxième section, nous appliquerons l'analyse SWOT aux universités catholiques et pour finir, dans une troisième section, nous transposerons cette analyse à l'Université Catholique de Lille.

Section 1 : Les caractéristiques de l'analyse SWOT :

L'analyse SWOT (acronyme de *Strengths, Weaknesses, Opportunities, Threats)* ou modèle FFOM en français (Forces, Faiblesses, Opportunités, Menaces) fait l'objet de développement intéressant dans de nombreux ouvrages consacrés à la stratégie d'entreprise, Bruhlart, Favoreu et Gherra (2015) en font une synthèse intéressante dans leur ouvrage de vulgarisation consacrée à la stratégie. Ces trois auteurs considèrent que l'analyse SWOT constitue l'étape intermédiaire entre la phase de diagnostic et celle de la formulation stratégique en permettant de passer de la première à la seconde. Celle-ci s'appuie sur le postulat suivant : la performance de l'entreprise suppose une adéquation entre ses caractéristiques internes (les forces et les faiblesses) et ses caractéristiques externes (les opportunités et les menaces). Dans cette optique, une entreprise qui optera pour une stratégie cherchera à gérer le mieux possible les évolutions environnementales en mobilisant ses capacités. La performance d'une entreprise découlera de sa maîtrise des facteurs clés du succès du secteur et des enjeux environnementaux à partir de ses forces et tout minimisant dans le même temps ses faiblesses. Le tableau 6 met en lumière l'analyse SWOT d'une entreprise en posant certaines questions.

Tableau 6 : L'analyse SWOT

FORCES	FAIBLESSES
- Quels avantages concurrentiels possédez-vous sur vos principales concurrentes ? - Quels sont vos points forts ? - Comment vos concurrents perçoivent-ils vos forces ?	- Quels sont les aspects de votre entreprise que vous pouvez améliorer ? - Quelles sont vos faiblesses ? - Quels sont les écueils à éviter ?
MENACES	**OPPORTUNITÉS**
- Quels sont les obstacles auxquels vous devez faire face ? - Votre entreprise dispose-t-elle des forces suffisantes pour lutter contre la concurrence ?	- Quels sont les éléments positifs liés à l'environnement qui s'offrent à vous ? - Quelles sont les évolutions favorables liées à l'environnement que vous êtes susceptibles d'intégrer dans votre stratégie ?

En fonction de l'état des forces et des faiblesses et des menaces et opportunités inhérentes aux entreprises, deux types de stratégies apparaissent possibles :

- une stratégie que l'on peut qualifier d'offensive et qui s'efforcera d'exploiter les évolutions environnementales favorables aux entreprises. Cette dernière axera son développement à travers la mise en place d'actions en utilisant ses forces et ses sources de différenciation. La prise en compte des éventuelles opportunités passe par une augmentation des ressources à la fois du point de vue quantitatif et qualitatif et ainsi par une réduction de ces faiblesses ;
- une stratégie que l'on peut qualifier de défensive et qui implique qu'une entreprise doit se prémunir des évolutions défavorables liées à l'environnement. Elle devra alors mobiliser sa capacité stratégique existante (ses forces et compétences) et développer éventuellement des moyens internes afin de réduire ses faiblesses et faire face plus facilement à l'existence de menaces.

L'intérêt de l'analyse SWOT nous permet ainsi d'avoir une vision plus microéconomique d'une entreprise par opposition au modèle PESTEL d'inspiration plus macroéconomique et du modèle des Parties prenantes que l'on pourrait qualifier de mésoéconomique. Dans cette optique, l'utilisation de cette analyse SWOT nous parait intéressante à la transposer aux universités catholiques dans leur ensemble et à l'Université Catholique de Lille plus spécifiquement.

Section 2 : L'analyse SWOT appliquée aux universités catholiques

Les universités catholiques à l'instar d'autres établissements de l'enseignement supérieur se trouvent de plus en plus confrontées à une concurrence intense à la fois de la part des universités publiques et des universités privées. Dans ces conditions, l'utilisation de la matrice SWOT apparaît tout à fait pertinente pour répondre aux défis actuels en même temps que d'appréhender les défis de demain. Le tableau numéro 7 laisse apparaître les quatre composantes de l'analyse SWOT pour les Universités Catholiques.

Tableau 7 : L'analyse SWOT des Universités Catholiques

FORCES	FAIBLESSES
- Existence d'universités vieilles de plusieurs siècles ayant une réputation internationale ; - Réputation d'excellence de l'enseignement dans les établissements catholiques de l'enseignement supérieur ; - Réputation d'excellence dans des disciplines comme la théologie ; la philosophie, l'histoire et les sciences humaines : - Capacité des universités catholiques pour développer des stratégies de différenciation avec succès ; - Motivation des salariés dans l'accomplissement de leurs tâches.	- Manque de moyens par rapport aux universités publiques et privées ; - Différences de statuts juridiques des universités catholiques suivant les pays ; - Existence d'une certaine dépendance par rapport aux établissements publics ; - Existence d'une hostilité plus ou moins forte vis-à-vis de l'enseignement catholique dans certains pays ; - Image de l'Église partiellement dégradée dans l'opinion mondiale ; - Obligation pour les universités de se conformer aux Constitutions apostoliques ;
MENACES	**OPPORTUNITÉS**
- Concurrence très forte entre les	- Obligation pour les universités

établissements de l'enseignement supérieur : catholiques, privés ou publics pour la récolte des fonds en lien avec les difficultés économiques actuelles ; - Tensions importantes entre les communautés musulmanes et catholiques dans de nombreux pays ; - Montée de certaines formes de populisme hostiles au catholicisme.	catholiques d'adapter leur offre en s'efforçant d'être innovantes afin de lutter contre une concurrence exacerbée ; - Proposer des formations à un coût moindre dans la mesure où la recherche du profit n'est pas l'élément essentiel de la stratégie des universités catholiques.

Si l'on examine les forces des universités catholiques, on doit mettre en exergue dans un premier temps le fait que ces établissements bénéficient traditionnellement d'une excellente réputation en matière d'éducation , qu'elles soient sous le contrôle des jésuites, des dominicains ou d'autres ordres religieux, tout le monde s'accorde à dire que l'enseignement dispensé y est de qualité. Cela est particulièrement vrai pour la théologie, la philosophie et plus généralement les sciences humaines, les nombreuses publications émanant des professeurs qui enseignent dans ces disciplines sont nombreuses et disposent depuis longtemps d'une notoriété internationale. Cette réputation acquise dans ces disciplines internationalement reconnues est liée également au fait que de nombreuses universités ont une existence vieille de plusieurs siècles, cette ancienneté leur a conféré le statut d'Institution aujourd'hui encore non démentie par les faits. L'excellente de l'enseignement s'accompagne également d'une volonté de la part de ces établissements d'opter pour des stratégies de différenciation par rapport aux autres établissements en concurrence. Cette stratégie de différenciation est rendue d'autant plus facile que les universités catholiques ont bien souvent la réputation d'avoir du personnel motivé et focalisé sur l'excellence de leur tâche tout en étant conscientes que le fait d'avoir certains moyens financiers limités les oblige à faire preuve d'innovation pour adapter leur offre en conséquence.

Au niveau des faiblesses, on constate souvent que les universités catholiques n'ont pas pour la majorité d'entre elles les moyens dont disposent des universités publiques émargeant au budget de l'État par ailleurs, c'est encore plus vrai si on les compare avec les universités privées non confessionnelles. Cette faiblesse des moyens est accentuée encore par le fait que les statuts juridiques des universités catholiques varient fortement d'un pays à l'autre allant dans certains cas jusqu'à créer une dépendance de ces établissements vis-à-vis des universités publiques notamment à travers la délivrance de leur diplôme ; l'acceptation préalable de leur maquette et leur obligation de faire intervenir certains enseignants des universités publiques au sein de leurs formations, telles est le cas des universités catholiques françaises.

Un autre élément important qui souligne les faiblesses des universités catholiques trouve sa source dans l'identité « catholique » de ces institutions. On peut en énumérer trois. Le premier élément est lié à l'hostilité plus ou moins importante d'une partie de l'opinion en même temps que celle émanant d'une fraction du personnel politique, celui-ci généralement orienté à gauche et réservé vis-à-vis du catholicisme et par extension envers les établissements qui s'en réclament ouvertement ! Dans un deuxième temps, l'image d'une église catholique qui tend à se dégrader au cours des vingt dernières années liée en partie à des scandales l'affectant directement contribue par ricochet à donner une mauvaise image des universités catholiques auprès d'une certaine partie de l'opinion. Pour terminer, le fait de se déclarer « université catholique » implique que celles-ci se doivent de se conformer aux constitutions apostoliques comme « Ex Cordae Ecclésiae » qui on a pu le souligner en introduction ne promeut pas véritablement l'idée d'un mode de gestion des établissements catholiques qui s'appuierait sur celui des universités privées.

Concernant les menaces qui sont susceptibles de se concrétiser dans les années à venir, elles peuvent se subdiviser à travers trois facteurs, respectivement : économique ; religieux et politique. Au niveau du facteur économique, le ralentissement de l'activité économique au niveau mondial, la stagnation du pouvoir d'achat et l'accroissement inexorable des coûts de fonctionnement implique que les universités catholiques à l'instar des autres établissements privés et publics se doivent de trouver de nouvelles sources de financement autres que les seuls frais d'inscription, de là en résulte une concurrence exacerbée.

Le facteur religieux se matérialise par une augmentation des tensions constatées dans plusieurs pays entre certains éléments de la communauté musulmane dérivant vers l'islamisme par principe très hostile au catholicisme et qui impacte forcément les universités catholiques. Par rapport au facteur politique, de nombreux pays voient la montée de mouvements populistes qui remettent en cause l'appartenance à un courant religieux et en tout premier lieu, le catholicisme.

Les opportunités que pourraient exploiter les universités catholiques dans un proche avenir, trouvent leur origine dans l'obligation pour ces dernières de rechercher toujours plus de sources de différenciation à apporter à leur offre. L'un des éléments clés demeure l'innovation à la fois au niveau de la manière d'enseigner, par rapport à l'utilisation du numérique dont on ne mesure pas encore totalement les possibilités et leurs impacts sur l'offre universitaire.

De la même manière, le positionnement des établissements au regard des nouvelles formations qui devront se trouver en adéquation avec les besoins des entreprises pourrait constituer une opportunité réelle pour les établissements catholiques qui ont souvent fait l'objet d'une adaptation plus rapide au changement que leurs concurrentes publiques. Pour finir, si le fait d'être un établissement catholique peut se révéler être un handicap au niveau de sa gestion, car il se doit de respecter un certain nombre de règles qui l'éloignent d'un mode de gestion que l'on pourrait qualifier de « lucratif », il peut y trouver un avantage dans la mesure où l'obligation de faire du profit n'est pas le but recherché en tout premier lieu. Même si l'existence de ce même profit peut apparaître indispensable, celui-ci est toujours réinvesti dans la modernisation des équipements et l'achat de matériels visant à améliorer la qualité du service rendu. Dans le même ordre d'idée, on peut estimer que cela pourrait avoir un impact sur la politique de fixation des frais d'inscription qui pourraient rester à un niveau acceptable pour une bonne partie de la population et conduire finalement à redéployer des effectifs vers ces mêmes universités.

Section 3 : L'analyse appliquée à l'université catholique de Lille

Après avoir effectué l'analyse SWOT des Universités Catholiques, il apparaît utile de se focaliser sur une université en particulier : l'Université Catholique de Lille. Le tableau numéro 8 nous montre les quatre éléments.

Tableau 8 : L'analyse SWOT de l'Université Catholique de Lille

FORCES	FAIBLESSES
- Université regroupant 21 établissements comme des facultés, des écoles d'ingénieurs, des écoles de commerce et autres écoles ;	- Absence d'accréditation pour la collation des grades ; - Dépendance plus ou moins forte des facultés de l'Université vis-à-vis des universités publiques à tra-

- Relations étroites et anciennes avec le monde professionnel ; - Présence de trois hôpitaux et d'établissements d'hébergement de personnes âgées dépendantes ; - Dynamique de développement de la part des Recteurs successifs depuis le début des années 1980 ; - Motivation très forte des salariés de l'Université Catholique de Lille ; - Ancrage territorial très fort ; - Excellente réputation des établissements composant la Fédération ; - Offre importante de formation ; - Fort taux de réussite ; - Fort taux de placement à la sortie du cycle d'études.	vers le système de convention ; - Business Model qui reste fragile ; - Statut des enseignants et du personnel administratif qui relève du secteur privé et non pas du statut de fonctionnaire ; - Salaire moins élevé que dans le secteur public ; - Moyens moins importants pour la Recherche ; - Absence d'écoles doctorales ; - Peu de formations orientées vers la recherche ; - Transversalité pas encore assez développée entre les facultés de l'Université ; - Risque de cannibalisation entre les facultés et les écoles.
MENACES	**OPPORTUNITÉS**
- Évolution du statut juridique de l'Institution qui peut dépendre de l'évolution du pouvoir politique en place ; - Situation économique tendue liée aux effets du COVID 19 ; - Montée en puissance des universités publiques qui deviennent de plus en plus performantes ; - Baisse de la subvention publique dans un cadre de réduction des dépenses publiques ; - Montée de l'islamisme et tensions potentielles entre les religions ; - Besoin de trouver de nouveaux locaux en cas d'augmentation sensible des inscriptions durant la prochaine décennie.	- Augmentation potentielle des inscriptions liée à une perception favorable des parents face à la continuité pédagogique lors des deux confinements liés au COVID 19 ; - Positionnement volontaire vis-à-vis de la troisième révolution industrielle ; - Développement des formations en lien avec la lutte sur le réchauffement climatique et à la mise en application des principes du développement durable ; - Modernisation des équipements en lien avec le développement du numérique ; - Mise en place du dispositif PRELUDE[1] visant à optimiser la formation des jeunes diplômés ; - Développement des softs skills dans les activités d'enseignements ; - Possibilité de développer les enseignements à distance ; - Importance du statut d'EESPIG à l'encontre de l'Université Catholique de Lille.

[1] Acronyme signifiant Parcours de Réussite en Université à Développement Expérientiel

L'examen des forces de l'Université Catholique de Lille peut se décomposer en trois grands sous-ensembles : la structure de l'université catholique ; la gestion passée et présente de l'Université et les caractéristiques de l'offre de formations. L'une des forces reconnues de l'Université Catholique de Lille réside dans la structure particulière de son fonctionnement. En effet, l'existence d'une fédération d'établissements, 21 plus précisément qui se partage entre l'ICL d'une part qui regroupe les cinq facultés et d'autre part : les écoles de commerce ; d'ingénieurs et paramédicales. Ces établissements offrent aux étudiants une panoplie de formations couvrant la quasi-totalité des champs disciplinaires pour l'occasion.

Une autre particularité trouve sa source dans le fait que l'Université possède également trois hôpitaux et des établissements paramédicaux, ce qui constitue par ailleurs une particularité dans le monde universitaire catholique en France, il faut le souligner. La structure particulière de l'Université se double par ailleurs d'une excellente réputation nationale pour de nombreux établissements qui la composent. Une autre caractéristique des forces de l'Université Catholique de Lille réside dans le mode de gestion dynamique que l'on peut constater depuis plusieurs décennies à travers le dynamisme des multiples Présidents-Recteurs qui se sont succédé depuis plus de 40 ans et qui se sont efforcés chacun à leur manière de la développer.

Les relations historiques entretenues avec les entreprises depuis la création de l'établissement en 1875 contribuent à renforcer cette dynamique de développement en facilitant les débouchés des étudiants à la fin de leur cycle d'études. Cette gestion dynamique de l'établissement implique par ailleurs une forte motivation des salariés qui pour une grande partie d'entre eux adhèrent totalement à la stratégie prônée par la direction. Cette stratégie dynamique couplée à la structure organisationnelle particulière impacte fortement sur la qualité des formations qui attirent de fait de bons étudiants. La conséquence de ce dynamisme se traduit à la fois par de forts taux de réussite dans chaque filière et un excellent taux de placement à la sortie du cursus universitaire.

Si l'Université Catholique de Lille possède des avantages, elle possède également un certain nombre de faiblesses que l'on peut également subdiviser en trois sous-catégories respectivement : la structure juridique de l'établissement ; l'existence du business model et les caractéristiques internes de la concurrence entre les établissements. Concernant la structure juridique de l'établissement, le fait que l'Université Catholique de Lille à l'instar de ces quatre autres consœurs françaises dispose d'un statut associatif, mais qui n'est pas reconnu comme Université, mais plutôt comme un Institut. À titre anecdotique, la dénomination même d'Université suscite encore aujourd'hui encore en France contrairement à la situation dans la plupart des pays, des crispations avec les enseignants des universités publiques qui ne conçoivent pas de l'accepter. De cette spécificité des statuts découle une forme de « mise sous tutelle » des universités catholiques qui ne pouvant délivrer leur propre diplôme, doivent passer convention et ainsi rendre des comptes aux universités publiques seules accréditées à délivrer les diplômes des universités catholiques. Cette mise sous tutelle se traduit également par l'absence d'écoles doctorales liée à l'impossibilité de délivrer des doctorats entrainant un effet collatéral sur l'offre de formations qui n'est pratiquement pas orientée vers les activités de recherche. De fait, un autre effet collatéral se matérialise par des moyens moins importants affectés à la recherche dans les différents établissements même si on peut noter par ailleurs que certains laboratoires sont labellisés nationalement. Le statut un peu particulier des universités catholiques constitue un autre handicap dans le sens où les salariés de l'Université ne sont aucunement assimilés à des fonctionnaires ou à des agents publics comme leurs collègues de l'enseignement secondaire, de ce fait, la masse salariale constitue une part importante du coût de fonctionnement de l'université. Ce poids important de la masse salariale oblige l'Université Catholique de Lille à une gestion rigoureuse au quotidien, il n'est pas alors étonnant que les salaires du personnel à la fois enseignant et administratif soient moins élevés que dans le secteur public alors qu'en règle générale c'est le contraire que l'on constate. De ce constat découle une obligation pour l'Université Catholique de Lille d'élaborer un « business model » viable sur le long terme et surtout compatible avec une volonté de poursuivre la mise en œuvre d'une politique de développement ambitieuse. Pour terminer, un autre élément lié indirectement à la structure juridique de l'établissement trouve sa source à la fois dans une concurrence importante entre les établissements de l'université en même temps que dans un certain cloisonnement qui existe entre les différentes facultés alors qu'elles sont pourtant situées sur des champs académiques différents et par essence pas en concurrence frontale. Concernant le premier aspect, la cohabitation des facultés à côté des écoles au sein d'une même université peut entrainer des phénomènes de cannibalisation des écoles envers les facultés en puisant dans ces dernières des effectifs non négligeables à la fin du premier cycle d'études. Un certain nombre d'étudiants ayant achevé leur premier cycle sont attirés par ces écoles à travers les admissions parallèles qui leur permettent ainsi d'éviter le passage obligé la plupart du temps par les classes préparatoires très exigeantes en matière de travail. Dans un deuxième temps, même si l'on peut considérer qu'une certaine émulation entre les établissements peut être considérée comme une bonne chose, il n'en demeure pas moins que l'on constate encore une certaine forme de cloisonnement entre les facultés qui se traduit par une quasi-absence de formations communes à deux ou plusieurs facultés alors qu'une certaine transversalité pourrait se révéler intéressante pour étoffer encore plus l'offre de formation globale.

Si l'analyse interne nous fournit des éléments intéressants pour juger de la stratégie de l'Université Catholique de Lille, l'analyse externe avec la mise en lumière des menaces et des opportunités laisse entrevoir d'autres éléments intéressants qu'il convient de commenter.

L'examen des menaces potentielles de l'Université Catholique peut se subdiviser en deux grandes catégories : la première que l'on pourrait qualifier de politico-économique, la seconde liée à l'évolution de la gestion de l'Université durant les prochaines années. Concernant la catégorie politico-économique, on peut estimer qu'il existe aujourd'hui un certain nombre d'incertitudes concernant l'avenir de l'Université Catholique de Lille. Tout d'abord , personne actuellement ne peut dire quelle sera la nature des relations entre l'Université Catholique de Lille et les autorités administratives dans le futur, celles-ci découleront de la majorité au pouvoir et de son idéologie vis-à-vis de l'enseignement catholique. Même si l'on ne peut parler d'Épée de Damoclès trônant au-dessus de la tête de l'Université Catholique, on ne peut exclure à l'avenir que l'autonomie actuelle de l'établissement soit remise en cause, mais surtout on ne peut éliminer le risque de voir l'État choisir un jour de supprimer la subvention annuelle octroyée à l'Université et qui représente environ 15% de son budget global. Cette baisse potentielle bien qu'hypothétique en termes de financement public pourrait se produire en cas de contraintes budgétaires liées par exemple à une volonté gouvernementale de redresser les comptes publics dégradés en grande partie par la crise sanitaire. Cet aspect des choses nous permet de faire une passerelle avec la situation économique qui demeure incertaine en fonction de l'évolution du COVID 19. En effet, les impacts généraux sur l'économie liés à l'arrêt de certaines activités en raison des mesures sanitaires occasionnent ou occasionneront de nombreuses répercussions sur la situation personnelle de nombreux ménages en leur amputant une partie de leur pouvoir d'achat. Lorsque l'on connaît le montant des frais d'inscription dans les établissements de l'Université Catholique, cela pourrait aboutir à une réduction des effectifs même s'il est vrai que ce n'est pas la tendance observée en ce moment. Un dernier point que l'on peut difficilement appréhender à l'heure actuelle, mais qui pourrait se révéler être une menace potentiellement dangereuse est lié à la montée potentielle de l'islamisme radical en France. Certains observateurs politiques insistent de plus en plus sur le fait que l'on constate une fracture de plus en plus importante entre les communautés diverses de notre pays et surtout une augmentation du communautarisme islamique. Même si cela ne constitue qu'une infime minorité, elle apparaît de plus en plus radicale et son éventuelle montée en puissance pourrait avoir comme impact indirect de dissuader un certain nombre de parents d'inscrire à l'avenir leurs enfants dans des établissements ayant un caractère religieux, cela est vrai pour les établissements d'enseignement secondaire, mais aussi supérieur pour l'occasion.

Pour finir, une dernière catégorie de facteurs jouera un rôle important et primordial dans un avenir proche sur la manière de concevoir les stratégies ultérieures de développement, celui de la concurrence avec les offres de formations des universités publiques d'une part et l'obligation en cas d'augmentation des effectifs de trouver les moyens et les financements nécessaires à l'accueil des nouveaux étudiants. Concernant le premier élément , on constate depuis le début des années 2000, un changement d'attitude radicale de nombreuses universités publiques. Celles-ci ont été amenées à envisager leurs formations sous une forme plus pragmatique en les adaptant progressivement aux besoins du monde professionnel. L'époque où les formations des universités publiques étaient considérées comme trop théoriques et décalées par rapport aux besoins apparaît désormais révolue et oblige les responsables des formations de l'Université Catholique de Lille à faire preuve d'encore plus d'imagination en optant pour des innovations majeures. Dans un second temps, cette prise de conscience de la concurrence désormais importante des universités publiques qui a entrainé une augmentation continue ces dernières années des effectifs obligera l'Université Catholique de Lille dans un proche avenir à s'interroger sur l'extension ou pas de ses capacités d'accueil qui atteignent progressivement un niveau de saturation même si des marges de manœuvre existent par ailleurs.

Pour finir, l'examen des opportunités qui pourraient se présenter à l'Université Catholique de Lille mérite toute notre attention, ces opportunités se subdivisent en quatre catégories : les facteurs économico-juridiques, l'impact du numérique, le développement de nouvelles formes de pédagogie et le positionnement vis-à-vis de la troisième révolution industrielle. Concernant le premier point, deux éléments peuvent être soulignés, le premier a trait à l'octroi du statut d'EESPIG à l'Université Catholique de Lille qui lui confère et lui conférera probablement un rôle incontournable dans l'évolution de l'enseignement supérieur en France dans les années à venir. Le statut d'EESPIG reconnait à l'établissement un rôle dans la mise en œuvre du service public de l'éducation, même s'il est trop tôt pour affirmer que cela entrainera une augmentation significative de la subvention publique dans le budget global ayant mis en lumière certaines menaces potentielles sur l'évolution des relations avec les pouvoirs publics, on peut estimer toutefois que le bon sens l'emportera toujours sur l'idéologie dans un proche avenir. Un autre élément ayant lui un caractère résolument économique a pour cadre une évolution potentielle importante du nombre d'inscriptions au sein de l'Université Catholique de Lille dans les prochaines années, d'abord en raison d'une évolution démographique favorable jusqu'en 2028 environ, mais surtout par rapport à un bouche-à-oreille positif lié à la gestion de la continuité pédagogique durant les deux confinements rendus obligatoires à cause de la propagation du virus du COVID 19. Cette tendance déjà observée cette année semble à nouveau se confirmer à travers l'observation de premières intentions d'inscription depuis le début de l'année civile.

Une deuxième catégorie de facteurs a pour cadre le choix d'opter pour la promotion de nouvelles formes d'enseignements en s'appuyant sur les outils numériques. Dans cette optique, le développement des outils numériques laisse entrevoir un marché potentiel jusqu'alors peu exploité par l'Université Catholique de Lille, celui des formations totalement à distance et porteuses de fortes valeurs ajoutées si elles se mettent en place.

Le troisième élément est relatif à l'innovation pédagogique, mais par rapport à un aspect orienté vers le fond et non pas uniquement sur le mode d'administration de l'enseignement. En effet, le choix de l'Université Catholique de s'engager dans un premier temps dans le dispositif PRELUDE et qui devrait encore accentuer la professionnalisation des enseignements pourrait être de nature à rendre encore plus attractives nos formations. Cette attractivité pourrait également être renforcée par la mise en place des « softs skills » notamment dans les seconds cycles d'enseignements, ces « softs skills » ont pour but essentiel de donner aux étudiants des outils leur permettant d'augmenter leur potentiel personnel sur le marché du travail. Le dernier élément qui renferme un certain nombre d'opportunités est lié à l'orientation affirmée vers la prise en compte des mesures par l'Université afin de lutter contre le réchauffement climatique en participant à la troisième révolution industrielle, celle-ci implique un certain nombre d'investissements en vue d'une meilleure utilisation de l'énergie avec comme conséquence essentielle de l'économiser. Dans le même ordre d'idée, le développement de formations en lien avec la lutte contre le réchauffement climatique et l'application des principes du développement durable seraient de nature à faire des établissements de l'Université Catholique des modèles au regard de ce champ académique.

Ayant procédé à l'analyse SWOT, il nous apparaît important d'introduire un quatrième et dernier outil nous permettant ainsi d'orienter notre stratégie marketing en fonction du positionnement de l'université au regard de chacune de ses formations, tel est l'objet de l'utilisation des matrices d'analyse stratégique.

CHAPITRE 4 : L'UTILISATION DES MATRICES DE PORTEFEUILLE D'ACTIVITÉS

La gestion d'une université qu'elle soit catholique ou non implique que ses dirigeants connaissent parfaitement l'environnement dans lequel elle évolue en même temps que ses propres forces et ses faiblesses. Cependant, les dirigeants doivent prendre annuellement un certain nombre de décisions concernant l'offre de formation proposée aux étudiants, quelles formations se doivent d'être renforcées, quelles autres se doivent d'être transformées et en dernier ressort quelles formations se doivent d'être supprimées ?

Si l'on rajoute à ces contraintes, le fait qu'une université peut avoir en son sein d'autres activités rémunératrices comme des activités de conseil à travers la prestation de ses laboratoires de recherche, mais également lorsqu'elle gère des établissements hospitaliers et d'autres établissements de gériatrie notamment, il convient alors de disposer d'outils performants d'aide à la décision. Si l'on part du principe qu'il peut toujours y avoir à la tête des universités des stratèges qui prennent leurs décisions sur des intuitions à l'instar de ce qu'on fait de nombreux capitaines d'industrie à l'époque où les sciences de gestion n'existaient pas encore, il apparaît aujourd'hui difficile de décider sans s'appuyer sur des outils solides. Les différents cabinets de consulting qui sont apparus aux États-Unis à la fin de la Seconde Guerre mondiale et qui se sont développés au cours des décennies suivantes ont clairement ressenti ce manque en élaborant successivement des outils simples en s'appuyant sur des variables binaires plus ou moins facilement calculables, c'est ainsi que les matrices de portefeuille d'activités sont nées. Allouche et Schmidt (2020) en font une synthèse complète dans un ouvrage consacré aux grands auteurs en stratégie. Plusieurs matrices de portefeuille d'activités sont utilisées massivement par les dirigeants d'entreprise, respectivement : la matrice Bcg 1 ; la matrice Bcg 2 ; la matrice Adl et la matrice Mac Kinsey.

Au regard de ces quatre matrices, il convient d'en ajouter une cinquième qui n'est pas à proprement parler une matrice de portefeuille d'activés, mais qui reprend les mêmes principes de construction que les quatre précédemment citées : la matrice d'Ansoff. Cette matrice élaborée par Ansoff en 1957 qui permet à un dirigeant d'élaborer des stratégies de développement dans un monde concurrentiel nous semble pouvoir s'appliquer également à la gestion de l'Université.

Depuis leur apparition, les matrices de portefeuille d'activités ont fait l'objet de nombreux articles et occupent une place de choix dans les ouvrages consacrés à la stratégie et au management stratégique des entreprises. Pour l'occasion, nous nous appuierons sur quelques ouvrages abondamment diffusés en France et à l'étranger pour étayer la description que nous ferons des différentes matrices, Garette, Durand, Dussauge et alii (2019) ; Johnson, Whittington, Scholes, Frery (2019) ; Giboin (2019).

Dans une section 1, nous étudierons la matrice Bcg 1 en la modifiant quelque peu pour l'adapter à l'enseignement universitaire, nous ferons de même dans une deuxième section pour la matrice Bcg 2, dans une troisième section, nous appliquerons un processus identique pour la matrice Mac Kinsey, nous procéderons de la même manière dans une quatrième section pour la matrice Adl, mais également pour la matrice d'Ansoff dans une cinquième et dernière section. Après avoir pris soin d'adapter la matrice au milieu universitaire qui pourra nous conduire le cas échéant à changer quelques paramètres, nous examinerons les implications en matière stratégique que cela implique pour les universités.

Section 1 : La matrice Bcg 1

Initialement, le Boston Consulting Group qui a été créé en 1962 par Henderson a élaboré au début des années 70, un outil d'aide à la décision à disposition des chefs d'entreprises par rapport aux positionnements respectifs de leurs domaines d'action stratégique encore appelés DAS, cet outil connu mondialement sous le nom de matrice Bcg se proposait de croiser deux paramètres : la croissance d'un secteur d'activité d'une part ; la part de marché relative de l'entreprise par rapport à ce secteur d'activité d'autre part.

La part de marché relative se définit comme la part de marché de l'entreprise comparée à celle de son principal concurrent, par exemple si une entreprise dispose d'une part de marché global de 20 % et que son principal concurrent dispose de 10 % de part de marché, alors la part de marché relative est égale à 20/10 soit 2. Toute part de marché relative supérieure à 1 implique que l'entreprise est en position dominante, à l'inverse, toute part de marché relative inférieure à 1 suppose que l'entreprise est en position de suiveuse. Dans un premier paragraphe, nous verrons comment la matrice Bcg 1 peut s'appliquer au domaine universitaire, dans un deuxième paragraphe, nous examinerons en détail la matrice afin d'en tirer les conséquences sur la gestion de l'université.

§ 1.1) La transposition de la matrice Bcg 1 au monde universitaire :

Lorsque l'on prend en considération les paramètres de la matrice Bcg 1 que sont le taux de croissance de l'activité et la part de marché relative, il apparaît dans un premier temps difficile de l'appliquer au milieu universitaire ou tout du moins de l'adapter en partie. Trois questions se posent dans le cas présent.

Tout d'abord , quels sont les domaines d'activités stratégiques d'une université, l'enseignement uniquement ? l'enseignement et la recherche fondamentale ou appliquée si cette dernière donne lieu à des contrats ? On peut avoir un troisième cas de figure lorsqu'une université possède en son sein un ou plusieurs établissements hospitaliers et de gériatrie. Dans ce dernier cas, on peut distinguer quatre domaines d'activités stratégiques différents qui peuvent faire l'objet d'une étude à l'échelle universitaire. Pourtant, le cas le plus fréquent dans une université suppose de n'avoir que l'offre de formations comme activité donnant lieu à une rémunération effective indépendamment des autres sources de revenus comme les dons et les subventions perçues.

Dans cette optique, lorsqu'une université ne dispose que d'activités d'enseignement comme rémunération directe alors les domaines d'activités stratégiques se matérialisent dans le cas présent par les différentes disciplines académiques qui sont enseignées, on peut éventuellement remplacer les champs académiques par les facultés qui composent l'université ou encore par les départements. Si l'on poursuit notre analyse, on peut estimer que la matrice puisse être appliquée à un niveau plus fin au niveau de chaque champ disciplinaire, si l'on prend comme exemple le droit, alors les domaines d'activités stratégiques peuvent être respectivement : le droit privé ; le droit public ; le droit des affaires ; le droit pénal , le droit fiscal, etc.

Ayant fait cette première constatation, une deuxième question apparaît , celle liée à ce que l'on entend par le taux de croissance. Le premier cas de figure est peut-être le plus problématique, car quel taux de croissance prendre en considération lorsqu'il y a des activités aussi différentes que les activités d'enseignement et les activités hospitalières, dans le cas présent par défaut, on prendra ce que les créateurs de Bcg 1 préconisent dès le départ, le taux de croissance du PIB. Pour contourner ce problème, la solution envisagée consiste à prendre séparément chaque élément du domaine d'activité stratégique et d'adapter le taux de croissance à ce domaine. Ainsi, si l'on prend comme exemple les seules activités d'enseignements alors on peut prendre comme taux de croissance, celui du taux d'accroissement global des inscriptions au niveau national, si l'on se focalise sur un champ disciplinaire, on ne prendra alors en considération que les seules inscriptions dans le champ disciplinaire, par exemple , le nombre d'inscriptions annuelles en droit.

Une troisième et dernière question qui se pose a trait à la part de marché relative, si la notion de part de marché relative ne pose pas de problèmes dans sa conception, la délimitation du marché global apparaît pour sa part plus complexe. Si l'on prend en compte les universités , doit-on considérer l'ensemble des universités sur un territoire national ? Sont-elles directement en concurrence ? Rien n'est moins sûr, certes on pourrait faire cette comparaison en prenant en compte les plus prestigieuses universités comme celles de la Ivy League aux États-Unis, mais transposer cette règle aux autres pays est plus compliqué. Selon nous, si l'on se positionne au niveau des seules activités d'enseignement, le niveau géographique pertinent nous semble être le niveau régional. Il convient par ailleurs de préciser ce que l'on entend par niveau régional, s'agit-il de la région envisagée d'un point de vue administratif ou d'une région plus grande d'un point de vue géographique. En fait, la réponse réside dans le rayonnement de l'établissement au regard de son environnement, on admettra que les établissements situés dans un rayon de 200 kilomètres sont en concurrence directe pour l'ensemble des disciplines académiques, si l'on se place par contre à un niveau plus fin par exemple une formation en droit des affaires, on peut alors élargir le marché global à l'ensemble des universités d'un pays proposant la même formation. Après avoir examiné les conditions d'application à l'université, il convient à présent d'analyser les conséquences des différentes situations sur la stratégie de l'université, tel est l'objet du second paragraphe.

§ 1.2) Les conséquences stratégiques de l'utilisation de la matrice Bcg 1

La matrice Bcg se présente sous la forme d'un tableau à double entrée avec en ordonnée le taux de croissance des inscriptions et en abscisse la part de marché relative qui pour l'occasion se lit de manière décroissante, tel est l'objet du tableau numéro 9.

Tableau 9 : La matrice Bcg 1

Taux de croissance annuel des inscriptions	**10%**	+ **Rentabilité** - ←←←←←←←←←←←←←←←←←←←←←		↑ ↑	**Besoins financiers**
	5%	**Vedettes** Flux financiers = 0	**Dilemmes** Flux financiers = -	↑ ↑ ↑	
	0%	**Vaches à Lait** Flux financiers = ++	**Poids morts** Flux financiers = 0	↑ ↑ ↑	
		10 **1**	**0**	↑	
		Part de marché relative (PMR)			

L'examen du tableau 9 nous montre quatre situations possibles entrainant quatre réponses possibles en faisant apparaître quatre types de produits :

- *Les produits vedettes ;*

Dans cette catégorie, on trouve des disciplines académiques qui voient la croissance de leur inscription évoluer plus vite que le taux de croissance annuel ou encore des filières au sein d'une discipline académique en particulier qui évoluent plus vite que les inscriptions dans cette discipline, par exemple le droit des affaires par rapport aux inscriptions globales en Droit. Dans le même temps, le nombre d'inscrits dans ces disciplines et filières est le plus important au niveau régional considéré. Ces produits vedettes nécessitent la mobilisation de nombreux moyens afin d'assurer une qualité constante, ces moyens importants entrainent une augmentation des besoins financiers qui sont rendus nécessaires par l'obligation de maintenir une offre de qualité, cette augmentation des moyens est compensée par un nombre d'inscriptions important qui vient contrebalancer cette hausse des coûts, la conjonction des deux phénomènes entraine un flux financier égal à 0.

- *Les dilemmes ;*

Dans cette catégorie, on trouve à nouveau des disciplines académiques qui voient la croissance de leur inscription évoluer plus vite que le taux de croissance annuel ou encore des filières au sein d'une discipline académique en particulier qui évoluent plus vite que les inscriptions dans cette discipline, mais à la différence du cas précédent, l'université n'est pas forcément considérée comme étant la plus attractive, car d'autres ont des parts de marché plus importantes. Dans cette optique, la stratégie consiste soit à surinvestir pour rattraper l'université leader soit accepter le rôle de suiveuse au risque à terme de voir décliner le nombre d'inscriptions dans un délai très bref. Les besoins financiers sont conséquents si l'on veut rattraper l'université leader, mais les inscriptions ne sont pas suffisantes la plupart du temps pour compenser cette hausse des coûts, il s'en suit des flux financiers négatifs.

- *Les vaches à lait ;*

Dans cette catégorie, on trouve des disciplines académiques qui voient la croissance de leur inscription évoluer moins vite que le taux de croissance annuel ou encore des filières au sein d'une discipline académique en particulier qui évoluent moins vite que les inscriptions dans cette discipline. Dans le même temps, l'université est considérée comme leader dans le champ disciplinaire ou dans la filière. De ce fait, à partir du moment où le champ académique ou la filière apparaît moins attractive que la moyenne, il n'est pas forcément utile de beaucoup investir ou tout simplement d'innover, en outre le nombre d'inscriptions permet alors de dégager des marges bénéficiaires importantes.

- *Les poids morts ;*

Dans cette catégorie, on trouve une fois encore des disciplines académiques qui voient la croissance de leur inscription évoluer moins vite que le taux de croissance annuelle ou encore des filières au sein d'une discipline académique en particulier qui évoluent moins vite que les inscriptions dans cette discipline, mais à la différence du cas précédent, l'université n'est pas considérée comme attractive. Dans le cas présent, nous sommes en présence de disciplines sur le déclin face auxquelles l'université apparaît mal positionnée. Bien que les investissements à réaliser soient faibles pour l'occasion, le faible nombre d'inscrits ne permet pas de dégager un quelconque flux financier. On préconise parfois à une entreprise et dans le cas présent à une université d'abandonner à plus ou moins court terme la filière voire purement et simplement de fermer un département correspondant à un champ académique. Parfois, on peut préconiser le maintien de ces activités si elles existent depuis longtemps au sein de l'université et qu'elles témoignent d'une certaine mémoire.

Bien que la matrice Bcg 1 soit intéressante et fournit un outil facile à utiliser pour un dirigeant d'université, nous avons pu constaté qu'elle peut dans certains cas se heurter à quelques problèmes d'application. Consciente de certaines limites, le BCG a élaboré ensuite une deuxième matrice qui présente un caractère plus qualitatif, tel est l'objet de la matrice Bcg 2,

Section 2 : La matrice Bcg 2

La matrice Bcg 2 présente les caractéristiques de croiser à la fois l'avantage concurrentiel que peut se procurer une université en même temps que les sources de différenciation qu'elles soient multiples ou au contraire faibles. Le fait que la matrice Bcg 2 ne soit pas véritablement une matrice de portefeuille d'activités la rend intéressante, car elle permet plus facilement de positionner les multiples champs académiques, mais encore plus les filières au sein de ces mêmes champs. Dans le cas présent l'application de la matrice Bcg 2 à l'université nous oblige préalablement à définir ce que l'on entend à la fois par « avantage concurrentiel » et par «sources de différenciation ».

§ 2.1) Les conditions d'application de la matrice BCG 2 à l'environnement universitaire :

Les sources d'avantage concurrentiel d'un champ académique ou d'une filière pour une université peuvent se matérialiser de plusieurs manières, on peut citer respectivement :

- le nombre d'inscrit ;
- la croissance du nombre d'inscriptions ;
- le taux de réussite à l'examen ;
- le taux de placement à la sortie du diplôme ;
- le salaire moyen à l'embauche ;

- la notoriété ;
- la nature des relations avec le monde professionnel ;
- la qualité des enseignants ;
- les moyens mobilisés pour optimiser l'offre ;
- l'organisation interne.

L'un des moyens de mesurer cet avantage concurrentiel consisterait à attribuer une note à chacun des items cités et à les additionner.

Au niveau des sources de différenciation, on peut mettre en avant également une série de critères :

- le nombre de filières proposées au sein d'un champ académique ;
- le nombre de parcours proposés au sein d'une filière ;
- le nombre d'heures de cours proposés au sein de chaque filière ;
- l'existence de cours utilisant les nouvelles formes de pédagogie ;
- l'utilisation des technologies numériques dans les enseignements ;
- l'existence de « softs skills » dans les cours ;
- l'ouverture sur l'international ;
- la mise en place de cours en adéquation avec le milieu professionnel ;
- la mise en place de l'alternance ;
- le tutorat ;
- la qualité des relations entre les enseignants et les étudiants ;
- la mise en plage de stages d'application.

Ayant défini les sources de l'avantage concurrentiel et les sources de différenciation, il convient à présent d'examiner la matrice Bcg 2.

§ 2.2) L'application de la matrice Bcg 2 à l'université et ses implications stratégiques :

La matrice Bcg 2 se présente sous la forme d'un tableau à double entrée avec sur l'axe vertical les sources de différenciation qu'elles soient multiples ou faibles, sur l'axe horizontal l'avantage concurrentiel qu'il soit faible ou élevé. Le tableau numéro 10 nous montre l'ossature de la matrice Bcg 2.

Tableau 10 : La matrice Bcg 2

	Avantage concurrentiel faible	**Avantage concurrentiel élevé**
Sources de différenciation multiples	Fragmentation	Spécialisation
Sources de différenciation faibles	Impasse	Volume

Il apparaît intéressant d'expliciter plus en détail les quatre situations qui apparaissent suite à la conjonction des deux critères, ainsi pour :

- *Les activités fragmentées ;*

Elles se caractérisent par des sources de différenciation nombreuses, mais l'avantage concurrentiel obtenu par une université est faible. Dans le cas présent, cela illustre le fait que l'université offre à ces étudiants des cursus pour lesquels elle n'apparaît pas plus performante que ceux offerts par les universités concurrentes, mais l'existence de multiples sources de différenciation lui permet d'attirer quand même des étudiants sensibles plus ou moins à certaines de ces sources. Par exemple, le fait de proposer un cursus semblable aux autres, mais en y introduisant de l'innovation pédagogique !

- *Les activités de spécialisation ;*

Elles se caractérisent par de multiples sources de différenciation générant un avantage concurrentiel potentiel élevé. On peut illustrer ce cas de figure par le fait qu'une université propose des cursus spécifiques qui bénéficient d'une excellente réputation et parfois situés sur des « niches », ces cursus ont la particularité de pouvoir introduire beaucoup de sources de différenciation, ce qui renforce encore plus leur attractivité !

- *Les activités de volume ;*

Elles se caractérisent par un avantage concurrentiel élève, mais aussi par un nombre limité de possibilités de différenciation. Pour l'occasion, il s'agit de cursus le plus souvent classiques sur lesquels de nombreux établissements se positionnent en offrant à peu près les mêmes services que la concurrence, mais l'université y apparaît plus performante dans l'esprit des étudiants qui la choisissent massivement. Ces cursus attirent généralement beaucoup de monde et représentent pour l'université un poids important dans l'effectif total !

- *Les activités d'impasse ;*

Elles se caractérisent par des sources de différenciation limitées et par un faible avantage concurrentiel potentiel. Pour une université, cela suppose qu'elle propose des cursus à peu près semblables aux autres universités, mais pour lesquels elle ne bénéficie pas forcément d'une bonne image. La question se pose alors du maintien ou pas de ces formations qui peuvent être coûteuses avec une faible rentabilité voire une perte dans le cas présent.

L'utilisation de ces deux outils permet d'avoir une vision intéressante des choix stratégiques concurrentiels d'une université, élément essentiel s'il en ait d'une démarche de marketing stratégique. D'autres instruments utilisent les mêmes principes que les deux premières matricent, mais présentent un caractère plus qualitatif, tel est l'objet de la matrice Mac Kinsey.

Section 3 : La matrice Mac Kinsey

La matrice du cabinet de consulting Mac Kinsey présente la particularité de croiser deux variables, l'une qui a un caractère plutôt quantitatif dans le cadre d'une université et qui se matérialise par la valeur de l'activité présente dans la matrice initiale, mais que l'on peut remplacer ici par le champ académique ou la filière. La valeur se mesure ici naturellement par l'évolution annuelle du taux d'inscription : forte si elle est au-dessus du taux d'évolution moyen ; moyenne si égale au taux moyen et faible si inférieure au taux de variation, voir même négative. L'autre variable qui a plutôt un caractère qualitatif, mais que l'on peut mesurer à l'instar de ce que l'on a pu faire pour la matrice Bcg 2 est caractérisée par la position concurrentielle de l'université dans un champ académique ou dans une filière. On peut estimer que la position concurrentielle dans le cas présent regroupe à la fois les paramètres que l'on a mis en évidence pour définir à la fois l'avantage concurrentiel en même temps que les sources de différenciation dans la matrice Bcg 2 (cf infra). Les notes attribuées à chaque item permettront de donner une note globale et positionner l'université dans ce cadre. Le tableau numéro 11 nous montre la matrice Mac Kinsey.

Tableau 11 : La matrice Mac Kinsey

Valeur du champ académique ou de la filière (attrait)				
Position concurrentielle (atouts)		**Forte**	**Moyenne**	**Faible**
	Forte	Maintenir la position coûte que coûte	Maintenir la position Suivre le développement	Rentabiliser (traire)
	Moyenne	Améliorer la position	Rentabiliser prudemment	Se retirer sélectivement (segmenter)
	Faible	Doubler la mise ou abandonner	Se retirer progressivement et sélectivement	Abandonner (désinvestir)

L'analyse du tableau laisse entrevoir plusieurs cas de figure possibles en matière de stratégies potentielles de la part des universités, on distingue ainsi :

- Maintenir la position en cas de position concurrentielle forte face à une valeur du champ académique forte ou moyenne. Cette situation caractérise les filières qui sont attractives et dans lesquelles l'université est bien positionnée pour l'occasion. Face à ce type de situation, l'université se doit de déployer toujours beaucoup de moyens pour maintenir ses positions ;
- Améliorer la position lorsque l'université n'est pas en situation de leader face à des formations qui connaissent une forte croissance des inscriptions ;
- Rentabiliser prudemment ou rentabiliser lorsque l'on est en position moyenne dans une filière ayant une attractivité moyenne ou lorsque l'on est en position de leader dans une filière devenue peu attractive. Dans le cas présent, l'université peut ne pas investir beaucoup dans ces filières et profiter d'un nombre important d'étudiants ;
- Doubler la mise ou abandonner lorsque l'on se trouve dans une position faible, mais face à une filière qui devient très attractive. Dans ces conditions, l'université est face à un défi, soit elle ne prend pas de risque et abandonne la filière ou au contraire, elle investit beaucoup de moyens pour rattraper son retard au risque de gaspiller des ressources qui seraient mieux utilisées ailleurs ;

- Se retirer progressivement ou sélectivement lorsque la position concurrentielle est faible dans une filière ayant une attractivité moyenne ou dans le cas d'une position concurrentielle moyenne dans une filière ayant un faible attrait. Dans le cas présent, si l'université se trouve dans une situation où elle se rend compte qu'elle ne pourra pas rattraper son retard ou que cela ne vaut pas la peine de surinvestir alors que la filière n'est plus attractive ;
- Abandonner lorsque la position concurrentielle est faible dans une filière peu attractive. Le choix de ne plus offrir une formation peut être évident en théorie mais peut-être plus difficile à mettre en pratique, car dans ces conditions, on risque de donner une mauvaise image chez certains étudiants potentiellement intéressés par une inscription dans l'établissement.

Une autre forme de matrice est construite selon le même principe que la matrice Bcg, il s'agit de la matrice Adl.

Section 4 : La matrice Adl

La matrice Adl à l'instar des autres matrices se construit à partir de deux paramètres avec sur l'axe vertical, la position concurrentielle que l'on a déjà eu l'occasion de définir dans le cadre de la matrice de Mac Kinsey et que l'on peut réutiliser dans le cas présent. À l'inverse, sur l'axe horizontal, un nouveau paramètre apparaît, celui de la phase de maturité que l'on emprunte en l'occurrence à la théorie du cycle de vie du produit de Vernon (1966) qui expliquait qu'en fonction de son stade de développement un produit à l'instar d'un individu passait par quatre stades, respectivement : le démarrage, la croissance, la maturité et le déclin. Dans le cas présent, on peut définir les quatre phases en fonction de l'évolution du pourcentage d'inscription dans une filière sur le long terme. Ainsi, lorsqu'une formation apparaît, elle connaît le plus souvent une évolution lente au début avec un taux de croissance des inscriptions qui reste modeste pendant quelques années. La phase de croissance se matérialise elle par une croissance beaucoup plus forte souvent entre 5 et 10%. La phase de maturité pour sa part peut s'appréhender lorsque le taux de croissance se ralentit et pour finir la phase de déclin apparaît lorsque le taux de croissance des inscriptions devient négatif. En utilisant cette matrice, on peut alors positionner chaque champ académique ou chaque filière voire une formation dans ce tableau. Le Tableau numéro 12 nous présente la matrice ADL.

Tableau 12 : La matrice ADL

Phase de maturité → Position concurren-tielle ↓	**Démarrage**	**Croissance**	**Maturité**	**Déclin**
Dominante	Développe-ment naturel	Développe-ment naturel	Développe-ment naturel	Développe-ment naturel
Forte	Développe-ment naturel	Développe-ment naturel	Développe-ment sélectif	Développe-ment sélectif
Favorable	Développe-ment naturel	Développe-ment sélectif	Développe-ment sélectif	Abandon
Faible	Développe-ment naturel	Développe-ment sélectif	Développe-ment sélectif	Abandon
Marginale	Développe-ment naturel	Abandon	Abandon	Abandon

L'examen de la matrice laisse entrevoir trois stratégies possibles de développement :

- *Le développement naturel ;*

Dans cette optique, une université peut utiliser cette stratégie lorsqu'une filière ou une formation se trouve en phase de démarrage quelle que soit sa position concurrentielle, le fait que l'on se trouve dans cette phase avec un taux de croissance des inscriptions qui démarre faiblement implique que l'avantage concurrentiel initial qu'une université peut avoir sur ses concurrentes n'est pas irréversible à ce stade. On optera pour le développement naturel également lorsque l'on est en position dominante pour les autres stades du cycle de vie du produit, la stratégie consistera alors à toujours innover pour garder la position de leader. On peut faire la même remarque lorsque l'on est dans une position forte dans un marché en croissance.

- *Le développement sélectif ;*

Le développement sélectif ne s'impose que lorsque l'on est déjà en phase de croissance et dans les phases suivantes et que la position n'est pas dominante. La stratégie consiste ici à repenser une partie de l'offre qu'elle soit globale ou plus ciblée sur des filières dans lesquelles on est capable de lutter contre la concurrence. De la même manière, lorsqu'un produit est en phase de déclin alors on n'essaye de garder que les produits susceptibles de dégager des flux financiers positifs.

- *L'abandon ;*

L'abandon est préconisé lorsqu'une université se trouve dans une position marginale dès l'apparition de la phase de croissance. Dans ces conditions, il apparaît évident que l'université n'arrivera pas à offrir un produit de qualité par rapport à la concurrence et la fermeture d'une filière au sein d'un champ académique semble alors la solution de sagesse. De la même manière, on préconise l'abandon lorsque l'université n'est pas en position dominante ou forte en période de déclin.

Pour finir, il nous apparaît utile de prendre en considération une cinquième et dernière matrice qui n'est pas à l'instar des deux précédentes matrices, une matrice de portefeuille d'activités, mais qui nous montre un angle intéressant dans l'élaboration des stratégies de développement, il s'agit de la matrice d'Ansoff.

Section 5 : La matrice d'Ansoff

La matrice d'Ansoff comme les autres matrices est toujours construite à partir de deux paramètres respectivement sur l'axe vertical : les caractéristiques du marché qui peut revêtir alors trois formes. Tout d'abord , on trouve un marché existant qui peut se caractériser comme le marché réel à un moment donné à la fois au regard de l'origine géographique des étudiants, mais également par rapport à leur milieu social d'origine. On trouve ensuite le marché élargi qui se caractérise par le fait que les étudiants inscrits proviennent de zones plus étendues territorialement. Pour finir, il existe un marché nouveau qui peut prendre deux formes : l'une géographique et matérialisée d'une part par la pénétration de nouveaux territoires jusque-là peu explorés par l'université, d'autre part à travers l'accueil de nouveaux étudiants issus du territoire initial, mais qui pour des raisons financières et philosophiques ne fréquentaient pas l'établissement auparavant.

Sur l'axe horizontal, on trouve les produits offerts que l'on peut remplacer dans le cas d'une université par les formations proposées et qui se décomposent respectivement en : formations existantes ; formations modifiées à travers son contenu et pour finir, les nouvelles formations. En croisant ces deux paramètres, la matrice d'Ansoff nous montre neuf situations possibles correspondant à neuf stratégies différentes pouvant potentiellement être mises en œuvre par les universités, tel est l'objet du tableau 13.

Tableau 13 : La matrice d'Ansoff

	Produits (formations)			
Marchés		**Existants**	**Modifiés**	**Nouveaux**
	Existants	Augmentation de la pénétration du marché	Amélioration des produits	Extension de gamme ; développement de nouveaux produits
	Élargis	Expansion géographique standardisée	Expansion géographique adaptée	Expansion géographique avec de nouveaux produits
	Nouveaux	Extension de segments de clientèle	Extension adaptée	Diversification marketing

L'analyse de la matrice d'Ansoff permet de mettre en avant plusieurs situations possibles.

- *Augmentation de la pénétration du marché ;*

L'augmentation de la pénétration du marché se justifie lorsqu'une université offre ses formations dans son marché habituel, l'idée simple en théorie consiste à augmenter son nombre d'inscriptions par rapport à l'existant ;

- *Expansion géographique standardisée :*

L'utilisation de cette stratégie existe lorsque l'offre de formation n'est pas modifiée, mais que la notoriété de l'université finit par s'étendre au-delà de sa zone géographique habituellement ciblée ;

- *Extension de segments de clientèle* ;

L'extension de segments de clientèle s'applique lorsque l'offre de formations n'est toujours pas modifiée, mais qu'un certain nombre de facteurs comme l'extension des bourses de l'enseignement supérieur ou l'octroi facilité de prêts aux étudiants modestes qui souhaitent intégrer des établissements coûteux laissent apparaître un nouveau segment jusque-là inexploré par l'université ;

- *Amélioration des produits ;*

Cette stratégie d'amélioration des produits s'inscrit dans la volonté d'une université de modifier les produits existants dans un marché identique, c'est le cas pour de nombreuses formations qui finissent par se modifier afin d'intégrer de nouvelles matières ou d'en supprimer d'autres de façon à mieux correspondre aux exigences du monde professionnel ;

- *Expansion géographique adaptée ;*

Cette stratégie ne diffère pas fondamentalement de la précédente dans la mesure où l'on propose des formations ayant subi quelques modifications, mais l'on espère dans le cas présent que ces modifications les rendront plus attractives en attirant des étudiants venant de régions jusque-là peu impactées, tel est le cas, notamment des masters et autres formations de deuxième cycle ;

- *Extension adaptée ;*

Cette stratégie est une variante assez proche de la précédente, mais qui se distingue ici par le fait que le contenu de la formation peut être modifié pour attirer un public spécifique qui initialement n'est pas intéressé par l'université, mais qui pourrait accepter de consentir des sacrifices pour venir, par exemple en lui offrant des formations orientées vers l'environnement ou le secteur de l'économie sociale et solidaire ;

- *Extension de gamme et développement de nouveaux produits ;*

L'extension de gamme et le développement de nouveaux produits constituent une stratégie « naturelle » de la part des universités qui par ce biais sont susceptibles d'acquérir de nouveaux étudiants. D'une manière générale, plus l'offre de formations est diversifiée plus le nombre d'étudiants est important. À titre d'exemple, les facultés de l'Université Catholique de Lille ont constaté une augmentation de leurs inscriptions en étendant progressivement leur offre ;

- *Extension géographique avec de nouveaux produits ;*

Dans le cas présent, cette stratégie varie légèrement par rapport à la précédente dans la mesure où il s'agit de proposer des produits nouveaux et suffisamment innovateurs pour attirer des étudiants venant de régions éloignées, l'innovation demeure l'élément majeur pour l'occasion :

- *La diversification marketing ;*

Cette dernière stratégie apparaît peut-être comme la plus originale à première vue dans la mesure où il s'agit de proposer des produits nouveaux à des publics nouveaux, un exemple particulièrement emblématique

tique de cette situation réside dans le développement des formations totalement dématérialisées qui peuvent intéresser un public très différent de celui des étudiants qui fréquentent habituellement l'université pour y suivre des formations en présentiel.

CONCLUSION DE LA PREMIÈRE PARTIE

L'université de par son ouverture sur le monde se doit de prendre en considération dans sa stratégie les relations qu'elle entretient avec un certain nombre d'acteurs en même temps qu'elle ne peut ignorer les influences du macro-environnement. Cette influence du macro-environnement et sa nécessaire prise en compte dans la gestion quotidienne par un établissement de l'enseignement supérieur lui permet d'envisager les menaces et les opportunités qui se présenteront à elle dans un avenir proche. De la même manière, le choix de développer tel champ académique , telle filière ou telle formation ne peut se faire qu'en utilisant des outils appropriés élaborés en leur temps par de grands cabinets de consulting.

L'analyse PESTEL nous montre à quel point une université qui plus est lorsqu'elle est catholique peut être fragile face au macro-environnement à travers sa composante politique en raison de l'instabilité de certains régimes et d'une hostilité clairement affichée envers la religion chez certains décideurs. Elle est par ailleurs vulnérable à travers sa composante économique qui influe sur le niveau des inscriptions en cas de mauvaise conjoncture, à travers la composante sociétale, facteur de tensions entre les communautés et à travers sa composante technologique l'obligeant à s'adapter continuellement aux nouvelles technologies. Pour finir, la composante légale peut être de nature à influer considérablement sur sa stratégie en affectant plus ou moins ses choix en cas d'obligation de conventionnement avec les universités publiques. La composante environnementale pour sa part est peut-être la moins prégnante sur sa stratégie même si la lutte contre le réchauffement climatique ne peut être occultée dans une stratégie d'ensemble.

Le modèle des Parties prenantes nous a montré à quel point une université catholique doit composer avec des acteurs aussi divers que les autorités religieuses, les autorités politiques et administratives , les étudiants, les parents et le monde professionnel.

Si l'analyse PESTEL relève du champ macroéconomique, le modèle des Parties prenantes du champ mésoéconomique, l'analyse SWOT introduit une forme de passerelle avec l'analyse microéconomique en mettant en évidence les forces et les faiblesses d'une université catholique en même temps qu'elle fait apparaître les menaces et les opportunités

Pour finir, l'utilisation des outils respectifs comme les matrices : Bcg 1 ; Bcg 2 ; Mac Kinsey ; Adl et Ansoff facilitent la prise de décision chez les dirigeants des universités en leur indiquant précisément quelles disciplines, quelles filières ou quelles formations spécifiques doivent faire l'objet d'investissements ou au contraire être progressivement délaissées voire même abandonnées. Les matrices de Mac Kinsey, Adl et d'Ansoff laissent pour leur part entrevoir la possibilité de développer des stratégies globales pour les deux premières et plus ciblées pour la dernière.

Ayant mis en évidence dans un premier temps, les différents outils susceptibles de mieux comprendre l'environnement d'une université catholique, ayant fait apparaître dans un deuxième temps, l'utilité d'outils d'aide à la décision, il convient à présent de nous pencher sur le marché universitaire qui se compose d' étudiants. Il nous faut définir plus précisément ce qu'est un marché universitaire, comment on peut l'analyser en utilisant certaines techniques comme la segmentation, mais en essayant également de comprendre plus précisément les caractéristiques du comportement des étudiants, tel est l'objet de la deuxième partie.

2ème PARTIE

LES OUTILS D'ANALYSE DE LA CONNAISSANCE DU MARCHE UNIVERSITAIRE ET L'ÉTUDE DU COMPORTEMENT DE L'ÉTUDIANT EN TANT QUE CONSOMMACTEUR

Nous venons d'analyser dans la première partie à travers plusieurs éléments les caractéristiques de l'environnement des universités à travers les influences du macro, du méso et du micro-environnement. Nous avons également mis en évidence, l'utilité de certains outils qui aident les dirigeants des universités à mieux gérer leur offre de formation à travers l'utilisation des matrices. À présent, il convient de nous pencher sur les caractéristiques du marché universitaire qui représente l'élément essentiel de toute stratégie marketing reposant sur le démarchage des étudiants potentiels dans un premier temps et sur le travail de persuasion pour les encourager à s'inscrire dans un deuxième temps. Les éléments de connaissance du marché universitaire nous conduisent dans un premier temps à analyser ses composantes en nous attachant à la fois à mettre en valeur le marché sous l'angle quantitatif et qualitatif, en prenant en considération également un certain nombre de critères qui nous permettent d'analyser plus finement ce marché, tel est l'objet du chapitre 5. Une bonne connaissance du marché nous oblige également à mettre en lumière les différentes techniques d'analyse du marché à travers notamment l'administration des questionnaires qu'ils soient liés aux motifs d'inscription des étudiants et à leur satisfaction au regard des services fournis par l'université ensuite, tel est l'objet du chapitre 6. Les études de marché lorsqu'elles s'appliquent à n'importe quels types de produits ou services supposent au préalable de bien segmenter le marché potentiel, le choix des critères de segmentation se fait ordinairement dans un processus séquentiel inhérent à l'étude d'un marché d'un point de vue quantitatif. L'obligation de cerner précisément qui sont les étudiants nous conduit à consacrer un chapitre à part entière sur ce concept en même temps que de mettre en évidence le concept de typologie, tel est l'objet du chapitre 7. La connaissance du marché universitaire d'un point de vue quantitatif n'est pas suffisante si on ne l'accompagne pas d'une analyse qualitative de ce qui constitue la population en âge de s'inscrire à l'université que ce soit en premier ou en second cycle universitaire. La génération que l'on appelle couramment la génération Z qui est née à partir de 2000 et qui fréquente déjà l'université depuis trois ans et qui continuera à la fréquenter durant les dix ou quinze prochaines années présente des caractéristiques bien spécifiques qu'il convient de mettre en évidence pour modifier et adapter l'offre en conséquence, tel est l'objet du chapitre 8. Pour terminer, toujours d'un point qualitatif, il importe de connaître les éléments qui influent sur la décision des étudiants de s'inscrire dans une université plutôt que telle autre. Mettre en avant les différents facteurs qui permettent de mieux comprendre le comportement de l'étudiant avant de s'inscrire nous conduit à mieux cerner les différentes phases qui s'étendent de la prise de conscience du besoin de s'inscrire jusqu'à l'inscription finale. Dans le même temps, l'analyse des motifs qui poussent les étudiants inscrits à poursuivre l'ensemble de leur cursus au sein d'une même université est également examinée, tel est l'objet du chapitre 9.

CHAPITRE 5 : L'ÉTUDE DU MARCHÉ UNIVERSITAIRE

L'étude du marché universitaire ne diffère pas beaucoup d'une étude de marché que l'on réalise habituellement pour un produit ou un service quelconque. Analyser un marché peut se faire de deux manières : d'un point de vue quantitatif d'abord en caractérisant un marché à travers l'importance, la structure et les tendances d'évolution des ventes d'un produit que ce soit un bien ou un service. D'un point de vue qualitatif en définissant le marché comme l'ensemble des publics susceptibles d'influencer les ventes d'un produit. Les principaux ouvrages consacrés au marketing font cette distinction entre ces deux approches même si leurs présentations divergent plus ou moins, Boulocher, Flambard et Jean (2003) ; Baynast, Lendrevie et Levy (2017) ; Kotler, Keller, Manceau et Hemonnet (2019) ; Mayrhofer (2020). Ce chapitre se décomposera en quatre sections : dans une première section, nous analyserons le marché universitaire d'un point de vue quantitatif ; dans une deuxième section, nous mettrons en lumière, l'aspect qualitatif ; dans une troisième section, nous analyserons la structure du marché universitaire et pour finir dans une quatrième et dernière section, nous mettrons en lumière certains indicateurs essentiels permettant de mieux comprendre les caractéristiques du marché universitaire.

Section 1 : L'étude du marché universitaire d'un point de vue quantitatif

Boulocher, Flambard et Jean (2003) définissent un marché d'un point de vue quantitatif en fonction de « l'importance, la structure et les tendances d'évolution des ventes d'un produit, que ce soit un bien ou un service ». Dans cette optique, il se décompose en trois phases suivant un processus séquentiel, respectivement : la définition du marché pertinent ; l'étude du marché en volume et en valeur et l'étude du marché réel et du marché potentiel.

§ 1.1) La définition du marché pertinent universitaire du point de vue de l'offre et du point de vue de la demande :

Il y a plusieurs manières d'appréhender un marché pertinent, De Baynast, Lendrevie et Levy (2017) définissent le marché pertinent d'un produit comme « l'espace de marché dans lequel il est en compétition avec d'autres produits que l'acheteur juge substituables ». Pour notre part, dans le cas du marché universitaire, nous estimons qu'il peut s'appréhender suivant les deux dimensions du marché : celui de l'offre et celui de la demande. D'un point de vue de l'offre , on peut considérer que le marché pertinent d'une université représente toutes les formations susceptibles de répondre aux souhaits des étudiants de suivre une année d'étude dans l'enseignement supérieur. D'un point de vue de la demande, le marché pertinent représente tous les étudiants susceptibles ou pas de s'inscrire dans l'université. Si l'on se place du côté de l'offre, une université qui cherche à analyser un marché sur lequel elle est présente ou sur lequel elle souhaite entrer, a tout intérêt à définir ce marché d'une manière très large en y incluant, non seulement, les formations concurrentes des siennes, mais également celles qui sont susceptibles de s'y substituer parce qu'elles répondent aux mêmes besoins, on peut définir ainsi plusieurs niveaux de concurrence, ainsi, on distingue d'abord :

- *La concurrence directe ou concurrence inter-produits ;*

La concurrence directe qui se dénomme également la concurrence interproduits implique que l'université est en concurrence frontale avec d'autres universités qui proposent à peu près les mêmes formations et qui possèdent par ailleurs une palette sensiblement identique de formations. On peut estimer ainsi qu'une université apparaît plus ou moins en concurrence avec l'ensemble des autres universités présentes dans son pays ;

- *La concurrence indirecte ou concurrence inter-segments ;*

La concurrence indirecte encore appelée concurrence inter-segments met en concurrence des formations ayant des caractéristiques différentes, mais qui présentent toutefois certaines similitudes avec les universités au niveau de leur cycle d'études et de leur durée, tel est le cas des écoles d'ingénieurs et des écoles de commerce qui peuvent se trouver indirectement en concurrence avec les masters des universités proposées par les facultés de sciences économiques et de gestion et par les facultés des sciences[18].

- *La concurrence générique ;*

On peut définir la concurrence générique comme celle résultant de l'offre de formation proposée à des étudiants qui souhaitent entamer un cursus dans l'enseignement supérieur, mais sur des formations présentant des différences notables avec celles proposées par les universités. On trouvera dans cette catégorie, les formations courtes qu'elles soient commerciales ou scientifiques, c'est le cas en France des BTS et des IUT qui se font en deux ans après l'obtention du baccalauréat, c'est le cas également des écoles ouvrant aux professions paramédicales comme celles d'infirmières, de sages-femmes ou de pédicures-podologues notamment. Cependant le processus en cours d'universitarisation de ces parcours va conduire à gommer la différenciation sauf peut-être du fait de localisations différentes, à savoir dans des lycées ou dans des établissements répartis sur le territoire et donc plus proches du domicile familial.

Si l'on se place à présent du côté de la demande, il convient de mettre en avant les multiples situations qui peuvent exister et aboutir ensuite à une inscription, Kotler, Keller, Manceau et Hemonnet (2019) distinguent ainsi huit cas de figure possibles :

- *La demande négative ;*

Hostiles à l'idée de s'inscrire dans une université catholique, les étudiants potentiels ne cherchent même pas à glaner de l'information sur les formations proposées par les universités l'objectif des responsables des politiques marketings consistera à étudier les sources de l'hostilité des étudiants envers l'université et à s'efforcer alors de renverser la tendance.

- *L'absence de demande ;*

Dans ce cas précis, les étudiants potentiels sont ignorants de l'offre proposée par l'université ou encore parce qu'ils ne reconnaissent pas la qualité de la formation. L'objectif sera alors double : faire mieux

[18] Dans certains pays, on ne fait pas forcément la distinction entre les écoles de commerce et d'ingénieurs et les formations universitaires dans la mesure où les MBA (Master of Business Administration) ; les MS (Master of Science) et les MA (Masters of Arts) sont enseignées dans toutes les universités. Ce n'est pas le cas en France où l'on fait cette distinction de manière très nette.

connaître l'université en tout premier lieu et mettre en avant l'intérêt de s'y inscrire pour y suivre des formations de qualité pouvant ouvrir à un avenir professionnel plus assuré.

- *La demande latente ;*

De nombreux étudiants potentiels ne trouvent pas de formations correspondant parfaitement à leurs souhaits ou de nombreux étudiants n'auraient pas envisagé au cours des générations précédentes d'accéder à l'enseignement supérieur du fait de leurs origines socio-culturelles. Si l'on anticipe cette demande latente, une évolution de l'offre de formation peut capter cette demande.

- *La demande déclinante ;*

On observe une diminution du nombre d'inscriptions globales voire plus précisément une diminution importante dans certaines formations ciblées. Les responsables du marketing doivent analyser les raisons de cette chute des inscriptions et si possible mettre en œuvre des solutions visant à relancer ces inscriptions ou à opter en dernier ressort pour la fermeture de certaines formations.

- *La demande irrégulière ;*

Certains départements voire certaines formations connaissent des variations à la hausse ou à la baisse sur plusieurs années obligeant ainsi les responsables du marketing à trouver des solutions pour stabiliser ces variations d'effectifs. Les solutions résident le plus souvent dans les processus d'innovation.

- *La demande soutenue ;*

Certaines formations connaissent un nombre croissant d'inscriptions, l'objectif du service marketing consistera à mesurer régulièrement la satisfaction des étudiants pour s'assurer que l'évolution des effectifs n'entraine pas de dégradation qualitative, voire améliore l'offre, afin de mieux résister à la concurrence de formations similaires.

- *La demande excessive ;*

Certaines formations connaissent un excès de demande qui rend ainsi difficile l'octroi d'un service de qualité par l'université. La solution réside dans le fait de pratiquer une sélection rigoureuse ou d'introduire un numérus clausus pour certaines formations, avec cependant le risque de devenir trop élitiste.

- *La demande indésirable ;*

Ce dernier cas de figure peut paraitre un peu surprenant dans le cas d'une université, car elle supposerait que celle-ci découragerait certains étudiants à s'inscrire dans certaines formations, ce qui n'est pas logique à première vue. Toutefois, un tel cas de figure peut se présenter lorsqu'une université souhaite à terme abandonner une formation qui verrait ses effectifs diminuer régulièrement jusqu'à se situer en dessous du point mort au bout d'un certain laps de temps. De fait, on s'efforcerait alors de faire le moins de publicité sur cette formation.

Ayant défini, le marché pertinent d'une université à travers le prisme de l'offre et de la demande, il convient dans un deuxième temps, d'étudier le marché universitaire sous l'angle du choix des unités de mesure, c'est ce que nous allons étudier dans le paragraphe suivant.

§ 1.2) L'étude du marché en volume et en valeur :

Le choix des unités de mesure du marché universitaire est un élément important dans la mise en œuvre des politiques marketing. Il existe deux possibilités d'appréhender le marché universitaire soit à travers son volume soit à travers sa valeur.

Si l'on prend en considération le marché en volume, cela revient à analyser l'évolution du niveau des inscriptions d'une année à l'autre. Plusieurs niveaux d'analyse sont possibles :

- au niveau de l'université à travers son offre globale de formations proposées par tous ces départements ;
- au niveau d'un département ou d'une faculté, voire d'une école si celle-ci est intégrée au sein d'une université ;
- au niveau d'une filière ;
- au niveau d'une formation spécifique.

Pour chaque niveau d'analyse , en examinant le nombre d'inscrit, on peut faire apparaître trois cas de figure concernant le taux de croissance des inscriptions :

- un marché en croissance avec un nombre d'inscriptions qui augmente ;
- un marché en stagnation avec un nombre d'inscriptions qui reste stable ;

- un marché en déclin avec un nombre d'inscriptions qui diminue.

L'étude du marché en valeur s'intéresse pour sa part à l'évolution du chiffre d'affaires réalisé par les universités à travers les quatre niveaux d'analyse que l'on a mis en évidence pour le marché en volume. De la même manière que pour le marché en volume, on aboutit aux mêmes conclusions quant à l'évolution du taux de croissance du marché en valeur.

L'intérêt de distinguer le marché en volume et le marché en valeur prend tout son sens lorsque l'université ne pratique pas les mêmes tarifs en fonction des étudiants ou en fonction des formations offertes. En réalité, trois cas de figure peuvent se présenter :

- *Le marché en volume évolue de la même manière que le marché en valeur ;*

On rencontre habituellement ce type de situation lorsqu'une université choisit d'appliquer une seule et même politique tarifaire, quelle que soit l'origine des étudiants inscrits et la nature de la formation proposée. Dans la réalité, on observe rarement cette situation, car le plus souvent les étudiants inscrits en premier cycle d'études s'acquittent généralement de frais d'inscriptions plus faibles que pour les d'inscriptions en second cycle. De la même manière, on peut estimer que les formations en sciences qui nécessitent l'acquisition d'équipements coûteux pour les travaux pratiques coûtent en général plus chères que les formations en sciences humaines. Pour finir, on peut estimer que les universités et plus particulièrement les universités catholiques s'efforcent de favoriser l'accès à leur formation aux personnes les plus modestes en modulant de fait leurs frais d'inscription en conséquence.

- *Le marché en volume évolue plus vite que le marché en valeur ;*

Ce cas de figure se rencontre lorsqu'on observe une augmentation importante du nombre d'inscriptions dans les formations les moins onéreuses ou encore lorsque la structure de la population étudiante est composée massivement d'étudiants issus des milieux plus modestes payant de fait des inscriptions moindres. Face à ce type de situation , il existe un risque financier dans la mesure où des effectifs en hausse nécessitent par ailleurs la mobilisation de moyens matériels et humains conséquents qui augmentent les coûts globaux alors que le chiffre d'affaires ne suit pas le même rythme.

- *Le marché en volume évolue moins vite que le marché en valeur ;*

Dans ce cas précis, cela implique que les étudiants se sont inscrits massivement dans les formations les plus onéreuses ou alors que les étudiants sont issus prioritairement de milieux aisés payant les frais d'inscription les plus élevés. Face à ce type de situation, l'université se trouve dans une position favorable dans la mesure où les effectifs augmentent moins vite que le chiffre d'affaires ce qui lui permet d'accompagner cette évolution des inscriptions en y affectant des ressources financières importantes. Le problème est surtout d'ordre éthique lorsque l'on se trouve au sein d'une université catholique qui se doit de favoriser l'accès des étudiants les plus modestes aux formations, le fait d'avoir une forte proportion d'étudiants issus de milieux aisés plus à même de s'inscrire dans des formations onéreuses pose question.

Après avoir analysé le marché en volume et en valeur, il convient à présent de distinguer le marché réel et le marché potentiel, tel est l'objet du paragraphe suivant.

§ 1.3) Le marché réel et le marché potentiel universitaire :

Distinguer le marché réel du marché potentiel universitaire nous conduit à distinguer au préalable les subdivisions du marché d'une entreprise que l'on peut ensuite aisément transposer au milieu universitaire. Richard-Lanneyrie (2015) subdivise n'importe quel marché en quatre dimensions :

- le marché de l'entreprise ;
- le marché de la concurrence ;
- le marché des non-consommateurs relatifs (NCR) ;
- le marché des non-consommateurs absolus (NCA).

Si l'on transpose cette grille de lecture à l'environnement universitaire en adoptant un vocabulaire adéquat, on obtient alors la grille suivante

- le nombre d'étudiants inscrits au sein de l'université au cours d'une année ;
- le nombre d'étudiants inscrits au sein des autres universités au cours d'une année ;

- le marché des non-étudiants relatifs (les NER) ;
- le marché des non-étudiants absolus (les NEA).

L'analyse de cette grille de lecture nous conduit d'abord à définir le marché réel de l'université qui se traduit par le nombre d'étudiants inscrits au sein de l'université au cours d'une année. Pour passer d'un marché réel à un marché potentiel, il faut ajouter le nombre des étudiants inscrits dans les universités concurrentes et le nombre des non-étudiants relatifs (NER). Le marché des non-étudiants relatifs se compose des étudiants qui ne se sont pas inscrits dans des universités, mais dans des établissements comme les écoles d'ingénieurs ou de commerce, mais qui seraient susceptibles sous certaines conditions (une plus grande attractivité par exemple ou la création de nouvelles filières, etc.) de s'y inscrire. Pour finir, on distingue également les non-étudiants absolus (NEA) qui sont des étudiants qui pourraient éventuellement s'inscrire dans l'établissement, mais qui ne le feront jamais pour de multiples raisons (religieuses, politiques et économiques, notamment).

Pour agrandir son marché et faire correspondre le marché réel au marché potentiel, une université se doit attirer les étudiants inscrits dans les autres universités et dans les autres écoles, ce qui constitue alors le marché potentiel encore appelé le marché théorique de l'université.

Dans les faits, on distingue plusieurs notions relatives au marché d'une université, tout d'abord : le marché potentiel d'une université qui se compose de son propre marché et qui est susceptible de s'étendre d'abord vers le marché de la concurrence et ensuite vers le marché des NER. Le marché potentiel implique que les actions de prospections de l'université doivent se faire en direction de ce marché.

Si l'analyse du marché universitaire d'un point de vue quantitatif nous apporte un éclairage intéressant, il convient de nous pencher sur ce même marché, mais à présent d'un point de vue quantitatif.

Section 2 : L'étude du marché universitaire d'un point de vue qualitatif

Étudier le marché universitaire d'un point de vue qualitatif implique de prendre en considération l'ensemble des publics qui sont susceptibles d'exercer une influence sur les ventes du produit. Mayrhofer (2020) distingue quatre catégories : les clients finaux qui sont représentés dans le cas présent par les étudiants ; les acheteurs qui sont représentés par les parents d'étudiants ; les influenceurs et les distributeurs.

§ 2.1) Les étudiants :

Nous avons eu l'occasion de montrer dans la première partie, la place centrale occupée par les étudiants dans la stratégie universitaire, ce sont en effet les premiers consommateurs d'un service universitaire et ce sont eux qui choisiront en dernier lieu de s'inscrire ou pas au sein d'une université et plus spécifiquement au sein d'une formation. Nous nous efforcerons de mettre en lumière dans d'autres chapitres, les caractéristiques des étudiants à travers les techniques de segmentation et de la typologie, en étudiant également le comportement des étudiants de la génération Z.

§ 2.2) Les parents :

Dans un marché traditionnel , on distingue habituellement les acheteurs qui dans certains cas sont les mêmes que les consommateurs par exemple pour des achats routiniers comme le pain et les cigarettes. Dans le cas présent, les acheteurs sont remplacés par les parents qui sont considérés lors du processus de décision relatif à l'inscription comme ceux qui finalement seront les vrais décideurs. En effet, en tant que principaux financeurs, les parents vont être sensibles à la qualité de l'offre proposée par les universités : des éléments comme la sécurité des étudiants sur le campus ; la qualité des logements proposés ; l'environnement autour de l'université ; la mise en place éventuelle d'un tutorat dans certaines matières ; les modalités de financement des études ; les interactions avec l'environnement professionnel , les taux de réussite et pour finir le taux de placement. La distinction entre les étudiants et les parents rend plus difficile la mise en place de la stratégie, car elle oblige l'université à atteindre deux cibles pas forcément situées dans le même axe avec une seule et même offre. On peut estimer en effet que les attentes des étudiants puissent différer de celles de leurs parents, la différence de perception entre les deux acteurs oblige ainsi l'université à mettre en avant un certain nombre de points forts susceptibles de satisfaire les deux acteurs.

§ 2.3) Les influenceurs :

Dans un marché classique, on distingue habituellement trois types d'influenceurs : les prescripteurs, les préconisateurs et les leaders d'opinion auquel on rajoute un quatrième élément qui est plus diffus : le bouche-à-oreille. Dans le cas d'un marché universitaire, le prescripteur pourrait prendre la forme d'un proviseur de lycée ayant une forte influence à la fois sur les lycéens et les parents. Le fait d'avoir fréquenté un établissement catholique peut encore renforcer le rôle d'un directeur des études ou d'un directeur général dans le choix de poursuivre les études dans un établissement d'enseignement supérieur catholique, mais les conseils d'orientation sont avant tout formulés au regard de la notoriété des établissements et la qualité des parcours en vue d'une insertion professionnelle facilitée. Les mêmes valeurs inculquées dans l'enseignement secondaire peuvent se retrouver plus facilement dans l'enseignement supérieur catholique plutôt qu'auprès des universités privées et publiques non confessionnelles. Si l'on examine le cas du préconisateur, on peut avoir plusieurs personnes qui présentent ces caractéristiques. Tout d'abord, on peut retrouver les mêmes personnes que dans l'exemple précédent, mais leur influence se fera plus discrète, on peut ranger également dans cette catégorie, les anciens étudiants qu'ils soient de la famille ou pas. Certains amis fréquentant le cercle familial peuvent également jouer ce rôle parce qu'ils occupent des fonctions importantes et qu'ils ont eu l'occasion de côtoyer des étudiants issus de ces établissements.

Un autre influenceur important se matérialise à travers le leader d'opinion qui prend la forme d'un individu qui dispose d'une certaine compétence dans une multitude de domaines et qui bénéficie d'un grand charisme, il peut être un chef d'entreprise ayant réussi, un leader religieux ou alors un éminent chercheur. Ces personnes peuvent faire une forte publicité si elles ont fréquenté l'établissement auparavant et apparaissent ainsi capables de drainer un certain nombre d'inscriptions.

Le dernier acteur que l'on peut ranger dans la catégorie des influenceurs n'est pas quelqu'un que l'on peut matérialiser vraiment de manière physique bien que son action nécessite pourtant l'intervention d'un tiers : c'est le bouche-à-oreille. Le bouche-à-oreille est un élément essentiel dans la stratégie d'une université, car il se peut qu'en fonction de la nature du message proféré qu'il soit positif ou négatif, cela peut entrainer alors une augmentation ou une diminution substantielle des inscriptions. Le problème rencontré par les universités est d'autant plus complexe que le bouche-à-oreille représente un moyen de communication qui ne peut faire l'objet d'aucun contrôle par cette dernière.

§ 2.4) Les distributeurs :

Dans un marché traditionnel, les distributeurs positionnés entre les producteurs et les consommateurs ont un rôle important dans les ventes d'un produit, on parle à leur propos de « Trade marketing » pour désigner les actions marketings mises en œuvre par les producteurs et destinées à les influencer. Dans le cadre d'une université, les distributeurs représentent tous les organismes qui servent de supports de communication extérieure à l'université et qui présentent les offres de formations aux prospects potentiels, on trouve respectivement les plateformes électroniques sur lesquels les futurs étudiants se doivent de faire un choix entre plusieurs établissements à l'instar de PARCOURSUP en France. On trouve également dans cette catégorie, les centres d'orientations et les autres organismes d'informations en direction des étudiants.

Ayant fait l'analyse du marché universitaire sous l'angle quantitatif et qualitatif , il convient à présent de faire l'analyse de la structure du marché.

Section 3 : L'analyse de la structure du marché universitaire

Analyser la structure du marché universitaire nous fournit un éclairage intéressant sur l'intensité de la concurrence entre les universités d'une part et plus spécifiquement sur la concurrence entre les formations, on distingue respectivement : un marché ouvert et un marché fermé ; un marché concentré et un marché fragmenté ; un marché de masse et une niche.

§ 3.1) Marché ouvert et marché fermé :

Mayrhofer (2020) définit un marché ouvert comme « un marché qui est peu structuré et facile d'accès, les barrières à l'entrée étant limitées. Les barrières à l'entrée peuvent être multiples à la fois commerciales, financières, réglementaires et technologiques ».

Dans le même temps, Mayrhofer (2020) définit un marché fermé comme « un marché qui est structuré et difficile d'accès en raison des positions dominantes acquises par les concurrents présents et en raison de multiples barrières à l'entrée ».

La distinction entre un marché ouvert et un marché fermé si on l'applique à l'université entraine deux niveaux d'analyse : d'une part au niveau de l'université dans sa globalité, d'autre part, au niveau d'une formation en particulier. Si l'on place l'analyse au niveau universitaire, on peut estimer que suivant les pays, le marché universitaire peut être tantôt ouvert et tantôt fermé. Dans des pays où il n'existe que quelques universités souvent anciennes et qui accueillent une grande partie de la population, on peut estimer que le marché est fermé, car il sera très difficile pour une université privée ou une université catholique s'il n'en existe pas déjà une de s'y implanter et de s'y développer[19]. À l'inverse, si l'on prend en considération des grands pays dans lesquels il existe beaucoup d'universités plus ou moins jeunes, alors l'ouverture d'une université pourrait être plus facile. Dans les faits, on peut penser que l'importance des moyens que l'on doit mobiliser pour créer et développer une université rend assez difficile l'apparition de nouveaux acteurs laissant ainsi un marché figé.

À un niveau plus restreint, on peut transposer la dichotomie marché ouvert et marché fermé à une formation en particulier. En effet, au niveau de chaque faculté, on s'efforce de créer de nouvelles formations susceptibles d'attirer de nouveaux étudiants contribuant ainsi à augmenter les effectifs globaux. Dans cette optique, il est indispensable de voir si le marché d'une formation spécifique est ouvert ou fermé. Lorsqu'il s'agit de formations généralistes comme des licences de droit ou de sciences économiques, on peut considérer que l'on évolue dans un marché ouvert, car l'offre ne présente pas un caractère spécifique. À l'inverse, certaines formations parce qu'elles ont un caractère spécifique et très ciblé évoluent dans un marché fermé dans la mesure où les formations déjà existantes bénéficient souvent d'une grande réputation et parce qu'elles font appel à des enseignants réputés parfois issus du milieu des affaires. Dans ces conditions, la créa-

[19] En France, un certain nombre d'universités ont été créées au début des années 1990 de façon à mailler le territoire et à limiter l'éloignement des étudiants de leur domicile. Trente ans plus tard, ces universités existent toujours, mais pour la plupart d'entre elles, elles n'ont pas beaucoup développé de formations de types Masters en se contentant pour la plupart d'offrir des licences. On peut ajouter également que ces universités sont toutes des universités publiques dont la création fit l'objet d'un financement entièrement public.

tion d'une formation spécifique risque de se heurter à des obstacles et court le risque de ne pas voir beaucoup d'étudiants s'y inscrire.

§ 3.2) Marché concentré et marché fragmenté :

En fonction du nombre d'universités présentes sur un territoire national ou par rapport au nombre de formations disponibles dans un champ académique, un marché universitaire peut être fragmenté ou concentré. Mayrhofer (2020) définit un marché fragmenté comme « un marché qui se caractérise par la présence de nombreuses marques, chacune détenant une part de marché limitée ». De la même manière, cet auteur définit un marché concentré comme un « marché dominé par un faible nombre de marques, voire par une seule marque ».

À l'instar de la distinction précédente, on peut appliquer la dichotomie marché fragmenté, marché concentré à l'échelle d'une université ou plus spécifiquement à l'échelle d'une formation. Dans ces conditions, à l'échelle d'un pays, le marché universitaire peut être fragmenté si les étudiants se répartissent sur de multiples établissements, dans ce cas précis, la prise en compte du marché en volume nous apparaît plus pertinente que le marché en valeur, car une université qui pratiquerait des frais d'inscriptions élevés se retrouverait en position dominante alors qu'elle n'aurait par ailleurs qu'un faible nombre d'étudiants. La distinction marché en volume et marché en valeur peut cependant avoir du sens si on l'applique à des pays où les frais d'inscription dans les universités sont notoirement très élevés, tel est le cas, des USA et du Royaume-Uni, notamment. À l'inverse, le marché universitaire sera considéré comme concentré si quelques universités attirent la majeure partie des étudiants, on rencontre essentiellement ce cas de figure dans les petits pays. Si l'analyse à l'échelle d'une université nous parait intéressante, il nous semble pertinent de l'étendre à un champ académique et plus précisément à un type de formation. Au niveau d'un champ académique comme le Droit par exemple, l'analyse de la répartition des étudiants inscrits dans ces facultés nous apporte un éclairage intéressant sur leur importance de certaines facultés sur un territoire national. Un nombre important de facultés de Droit peut orienter le marché vers un marché fragmenté de fait, mais l'analyse des parts de marché peut signifier que certaines facultés soit en raison d'une excellente réputation dont elles jouissent soit parce qu'elles ont la capacité d'offrir une multitude de formations sont susceptibles d'attirer beaucoup plus d'étudiants. On peut faire la même remarque pour une formation spécifique, la répartition des parts de marché peut occasionner un marché concentré ou au contraire fragmenté.

§ 3.3) Marché de masse et niche :

L'analyse d'un marché passe également par la distinction entre un marché de masse et une niche. Un marché de masse peut se définir comme un marché avec beaucoup de consommateurs si on l'évalue en volume ou réalisant un gros chiffre d'affaires si on l'évalue en valeur. À l'inverse, De Baynast, Lendrevie et Levy (2017) définissent une niche comme « un marché étroit, qui bénéficie de barrières à l'entrée et dans lequel les entreprises sont relativement protégées de la concurrence ».Cette distinction nous semble tout particulièrement pertinente lorsque l'on raisonne au niveau des formations dans la mesure où le marché universitaire pris dans son ensemble peut être de fait assimilé à un marché de masse. Si l'on raisonne au niveau d'une formation au sein d'un champ académique alors le fait d'offrir une formation qui se retrouve dans de nombreuses autres universités en fait également un marché de masse, tel est le cas par exemple des licences en droit, en sciences économiques ou en psychologie. Dans un tel marché, les sources de différenciation peuvent apparaître nombreuses et ce sont elles qui influent fortement sur le nombre d'inscriptions. Dans le même temps, lorsqu'il existe des formations très spécifiques, une université peut se constituer un avantage absolu par rapport à ces dernières, les sources de différenciation peuvent exister à priori dans la mesure où l'on choisit de se positionner sur une formation qui par principe présente un caractère tellement spécifique que d'autres établissements n'envisagent pas de l'inclure dans l'offre. Les conséquences de la présence d'une niche impliquent qu'un nombre important d'étudiants à l'échelle d'un pays peuvent choisir de candidater alors que le nombre de places est limité, ce qui laisse envisager que le niveau des étudiants qui fréquentent cette formation apparaît élevé.

Après avoir analysé la structure du marché, il apparaît important pour terminer de mettre en lumière certains indicateurs utiles à l'analyse du marché universitaire.

Section 4 : Les indicateurs essentiels de l'étude d'un marché universitaire

Il existe de nombreux indicateurs utilisés pour analyser un marché, dans le cas du marché universitaire, nous nous attacherons à mettre en évidence trois catégories d'indicateurs : le taux de croissance du marché en volume et en valeur ; la valeur à vie d'un étudiant et la part de marché absolue et la part de marché relative.

§ 4.1) Le taux de croissance du marché en volume et valeur :

On définit traditionnellement le taux de croissance du marché en volume du marché universitaire de la façon suivante :

Taux de croissance du marché universitaire en volume :

Inscriptions au cours de l'année N– Inscriptions au cours de l'année N-1 x 100
Inscriptions au cours de l'année N-1

L'utilisation du taux de croissance en volume peut s'appliquer à différents échelons d'une université , respectivement : le nombre total d'étudiants inscrits dans les universités, quelles que soient les filières ; le nombre total d'étudiants par facultés ou départements ; le nombre total d'étudiants par filières au sein d'une faculté ; le nombre total d'étudiants par formations spécifiques.

Taux de croissance du marché universitaire en valeur :

Chiffre d'affaires au cours de l'année N – Chiffre d'affaires au cours de l'année N-1 x 100
Chiffre d'affaires au cours de l'année N-1

L'utilisation du taux de croissance en valeur peut s'appliquer à différents échelons d'une université , respectivement : le chiffre d'affaires global d'une université ; le chiffre d'affaires par facultés ou départements ; le chiffre d'affaires par filières au sein d'une faculté ; le chiffre d'affaires par formations spécifiques.

La prise en compte du chiffre d'affaires nous conduit à introduire un deuxième indicateur : la « valeur à vie d'un étudiant ».

§ 4.2) La « valeur à vie d'un étudiant » :

De Baynast, Lendrevie et Levy (2017) définissent la « valeur à vie » d'un client comme « la valeur de l'ensemble des achats d'un type de produit qu'un client fait, en moyenne pendant toute sa vie ». Si l'on applique ce concept au milieu universitaire , cela suppose que l'on calcule le montant consolidé des frais d'inscriptions moyens pour un étudiant lorsqu'il s'inscrit dans une université. Par exemple, si l'on estime que les frais moyens d'inscription d'un étudiant dans une université sont de 5000 euros et que celui-ci passe cinq ans dans l'université alors la valeur à vie est de 25000 euros.

Ce chiffre est intéressant à deux titres, tout d'abord il permet de faire une prévision sur un chiffre d'affaires potentiel à moyen terme par rapport au nombre d'étudiants inscrits au cours d'une année. Il nous permet ensuite d'insister sur le fait qu'une université a intérêt à pratiquer une politique de fidélisation de ces étudiants en développant par ailleurs des stratégies marketing.

Après avoir examiné le concept de « valeur à vie » , il convient pour terminer de prendre en considération la notion de part de marché qu'elle soit absolue ou relative.

§ 4.3) La part de marché absolue et la part de marché relative :

On définit habituellement la part de marché absolue de la manière suivante :

$$\textbf{Part de marché Absolue} = \frac{\text{Nombre d'étudiants inscrits dans une université} \times 100}{\text{Nombre d'étudiants inscrits dans toutes les universités}}$$

Par rapport à la part de marché absolue, on doit se poser plusieurs questions. La première d'entre elles est liée au choix de mesurer la part de marché en volume ou en valeur. Dans le cas présent, nous pensons qu'il est plus pertinent de ne prendre en compte que la part de marché en volume en nous focalisant sur le nombre d'étudiants inscrits au sein de l'université.

La deuxième question qui se pose également est liée au périmètre géographique que l'on doit prendre en considération. Si l'on veut mesurer le poids de chaque université alors on peut raisonner dans un cadre national, si l'on se place à l'échelle d'un champ académique alors il nous semble plus pertinent de se placer dans un cadre régional, on peut faire la même remarque si l'on raisonne au niveau d'une filière. La dernière question que l'on doit se poser, c'est le niveau d'analyse interne que l'on peut faire. Ainsi, au sein d'une Université, on peut calculer d'abord la part de marché absolue des facultés ; la part de marché absolue d'une filière au sein d'une faculté et pour finir la part de marché absolue d'une formation au sein d'une filière.

Si l'on prend en considération la part de marché relative alors on peut la définir de la façon suivante :

$$\textbf{Part de marché Relative} = \frac{\text{Nombre d'étudiants inscrits de l'université} \times 100}{\text{Nombre d'étudiants inscrits dans la principale université concurrente}}$$

Dans le cas présent, la part de marché relative revient à positionner l'université par rapport à ses principales concurrentes, ainsi au niveau national si votre université représente 10 % de la part du marché total et que la part de marché de votre principale concurrente est de 5% alors la part de marché relative est de 2.

Les questions que nous avions évoquées pour la part de marché absolue se posent de la même manière pour la part de marché relative. Il convient de prendre en considération la part de marché en volume, de choisir le cadre géographique adéquat et le niveau d'analyse interne. Ainsi, on peut calculer la part de marché relative d'une faculté par rapport à une autre au sein de l'université, de calculer également la part de marché d'une filière par rapport à une autre et pour finir de calculer la part de marché d'une formation par rapport à une autre.

L'analyse du marché universitaire nous permet de mettre en avant les données importantes permettant à leurs dirigeants de prendre les mesures adéquates dans l'adoption des stratégies marketing. Il convient à présent de nous pencher sur les techniques d'enquêtes qu'une université peut mettre en place pour connaître les informations indispensables à la mise en place d'une politique marketing.

CHAPITRE 6 : LES TECHNIQUES D'ENQUÊTES APPLIQUÉES A L'UNIVERSITÉ

L'analyse du marché universitaire comme nous le venons de le voir est un passage obligé pour tous les recteurs des universités préalablement à l'élaboration d'une stratégie marketing efficace. Toutefois, les présidents/recteurs de ces mêmes universités se doivent de connaître plus précisément d'autres informations relatives aux étudiants qui choisissent de s'inscrire à l'université et d'y rester ensuite pendant plusieurs années. En effet, il apparaît important dans un premier temps d'étudier les motivations et les influences qui poussent les étudiants dans leur choix initial, dans un deuxième temps de mesurer leur satisfaction lorsqu'ils évoluent au sein d'un établissement. Les techniques d'enquêtes utilisées pour mesurer les motivations et la satisfaction des consommateurs sont multiples et sont mises en œuvre régulièrement par les services marketing et études des entreprises. Ces enquêtes peuvent être soit quantitatives en s'appuyant sur des questionnaires, soit qualitatives, en s'appuyant sur la mise en œuvre d'entretiens en profondeurs. Dans le même temps, les enquêtes nécessitent au préalable de collecter un certain nombre d'informations internes et externes à l'organisation.

Les techniques utilisées par les entreprises peuvent sans problème s'appliquer au milieu universitaire, c'est ce que nous examinerons dans ce sixième chapitre. Dans une première section, nous analyserons les sources d'informations internes et externes à l'université, dans un deuxième temps, nous mettrons en évidence les différentes enquêtes à la fois quantitatives et qualitatives que l'on utilise habituellement , dans un troisième temps, nous examinerons un questionnaire type de motivation poussant l'étudiant à s'inscrire dans un établissement et pour terminer nous analyserons un questionnaire type de satisfaction.

Section 1 : Les sources d'informations internes et externes à l'université

Appliquer les techniques d'enquêtes à l'université revient à rechercher un certain nombre d'informations utiles dans le cadre de l'aide à la décision finale.

On distingue habituellement trois catégories d'informations que l'on retrouve dans toutes les études marketing, Giannelloni et Vernette (2019) les définissent de la façon suivante :

- *Les informations primaires ;*

« Les informations sont obtenues par interrogation ou observation directe d'individus. Ces données de « première main » sont collectées durant la phase de terrain d'une étude quantitative ou qualitative ad hoc ».

- *Les informations secondaires ;*

« Les informations résultent de l'accumulation de connaissances antérieures au problème étudié. Elles préexistaient à l'étude, d'où leur appellation de données de « seconde main ». L'analyse documentaire se nourrit d'informations secondaires.

- *Les informations paramétrées ;*

« Les informations simulent différentes réalités possibles. Introduites dans des modèles, leurs variations permettent de juger les résultats de plusieurs scénarios ».

Dans le cas présent, nous nous concentrerons sur les deux premières catégories d'informations en nous focalisant d'abord sur les informations secondaires avant d'aborder les manières d'obtenir les informations primaires dans un deuxième temps.

Une université dispose de deux types d'informations secondaires : respectivement les informations internes et les informations externes. Ces informations sont obtenues à travers l'existence d'un Système d'Information Marketing connu sous l'acronyme SIM que l'on peut définir comme un « réseau de relations structurées qui vise à engendrer un flux d'informations pertinentes, provenant de sources internes et externes à l'entreprise et destinées à servir de base aux décisions marketing », De Baynast, Lendrevie et Levy (2017) ; Giannelloni et Vernette (2019) ; Kotler, Keller, Manceau et Hemonnet (2019) ; Mayrhofer (2020). Nous examinerons dans un premier temps, les sources d'informations internes à l'université à travers la mise en valeur de certains indicateurs pertinents pour la mise en place des politiques marketings.

§ 1.1) Les sources d'information internes à l'université : le choix des indicateurs pertinents :

Une gestion efficiente d'une université s'accompagne d'une bonne remontée des informations de certains services vers la Présidence. Dans cette optique, trois directions ou services transversaux que l'on retrouve habituellement dans toutes les universités peuvent être mobilisés, respectivement :

- le service des inscriptions ;
- le service administratif et financier ;
- le service communication.

Par rapport à ces trois services, on peut rajouter les facultés ou autres départements d'une université qui peuvent contribuer à enrichir son système d'information marketing.

Le service des inscriptions peut nous fournir les informations suivantes :

- *Le nombre d'inscriptions globales, par facultés, par filières et par formations ;*

Ces informations permettent de juger du poids représenté par l'université au niveau national et régional, plus l'effectif global est important plus l'université peut avoir un pouvoir de négociation important vis-à-vis des autorités notamment politiques, mais aussi financières. Ces mêmes informations mettent également en lumière le poids respectif de chaque faculté dans l'effectif global de l'université en faisant apparaître la part de marché de chacune d'entre elles et à l'intérieur de chacune d'elles , le poids des filières et à un niveau plus fin, le poids de chaque formation au sein des facultés.

- *Le taux de variation des inscriptions globales, par facultés, par filières au sein des facultés et par formations au sein des filières ;*

L'analyse du taux de variation du nombre des inscriptions permet d'entrevoir une vision plus dynamique de la gestion d'une université dans la mesure où elle nous montre ou pas le dynamisme d'une université à travers le temps, un tassement des inscriptions sur le long terme peut être synonyme de graves difficultés pour l'université en engageant éventuellement sa survie. De la même manière, les taux d'évolution au sein des facultés, au sein des filières et des formations spécifiques pourraient conduire à terme à transformer certaines parties de l'offre de formation voire à en abandonner d'autres.

- *L'origine des étudiants par sexe, par âge, par CSP ;*

L'extraction de ces informations peut permettre à l'université de matérialiser certains profils types d'étudiants en même temps qu'elle peut orienter la communication de l'université vers certaines cibles particulières. Nous reviendrons sur ces paramètres lorsque nous traiterons plus particulièrement du concept de segmentation du marché universitaire dans le chapitre suivant.

- *Le taux d'abandon ; le taux de réinscription dans l'année supérieure et le taux de départ des étudiants entre deux cycles de formation ;*

Ces trois indicateurs nous fournissent des renseignements intéressants à la fois sur l'adéquation de l'offre de formation telle qu'elle est perçue par l'étudiant en amont et celle à laquelle il est effectivement confronté. Ils illustrent également assez bien la fidélisation plus ou moins grande d'un étudiant lors de sa primo-inscription. Ainsi, un taux d'abandon important ou en nette augmentation au cours d'une année doit interroger sur un décalage potentiel entre les caractéristiques de l'offre proposée et les attentes des étudiants. Même si les facteurs d'abandons peuvent être multiples et parfois liés à des chocs exogènes dans la vie de l'étudiant, par exemple : un deuil ; la maladie ou le fait d'être privé subitement de ressources. Par ailleurs, on ne peut bien évidemment pas exclure le fait qu'un étudiant s'inscrive dans un cursus avec une méconnaissance partielle de son contenu pédagogique à l'origine.

Dans le même temps, le taux de réinscription dans l'année supérieure et le taux de départ entre deux cycles de formation témoignent assez bien de la fidélisation d'un étudiant envers l'université. Ainsi, si l'on prend les étudiants qui valident à chaque fois leur année, une fidélisation réussie impliquerait alors que le taux de réinscription devrait se rapprocher des 100 %, un taux inférieur à 90 % constituerait selon nous un signal d'alerte qu'il conviendrait de surveiller. On pourrait faire la même remarque pour les primo-inscrits qui redoublent leur année, un taux de départ important ou encore un taux de réinscription faible pour une deuxième année laisse entrevoir en partie un mécontentement de l'enseignement qui leur a été proposé. Pour finir, un taux de départ important entre deux cycles de formation comme la licence et le master signifie que l'université n'apparaît pas forcément attractive en proposant des offres qui pour la plupart déboucheront sur l'entrée dans la vie active. Naturellement, l'importance de l'offre de formations proposée par les établissements concurrents et l'impossibilité pour une université de proposer une formation de second cycle qui corresponde par ailleurs à des souhaits très spécifiques de certains étudiants engendre forcément un taux de départ plus ou moins élevé, la variation de ce dernier à la hausse ou à la baisse constitue toutefois un bon indicateur de la qualité perçue des masters.

Si le service des inscriptions nous donne des informations importantes à travers certains indicateurs, le service administratif et financier nous fournit d'autres données très intéressantes également.

- *Le chiffre d'affaires global de l'université, le chiffre d'affaires par facultés, par filières et par formations et leurs évolutions annuelles ;*

Connaître le chiffre d'affaires de l'échelon global à l'échelon de chaque formation est utile pour mesurer la contribution de chaque entité de l'université en même temps qu'il nous permet de mesurer également le poids de chaque filière au sein des facultés et le poids de chaque formation au sein de chaque filière au cours d'une année universitaire. La prise en compte des différents taux de variation nous donne une bonne image des secteurs dynamiques et ceux qui au contraire connaissent des difficultés, dans les deux cas, on se doit d'ajuster les politiques marketings sur lesquelles nous reviendrons dans la troisième partie de cet ouvrage.

- *Le chiffre d'affaires moyen par faculté et par formation et la répartition des étudiants par tranche d'inscription au niveau global et au niveau des facultés ;*

Le chiffre d'affaires moyen par faculté et par formation n'a de sens que si l'université pratique des frais d'inscription qui sont modulés en fonction du revenu imposable des parents ce qui est le cas des facultés de l'Université Catholique de Lille. Ce calcul est intéressant également lorsque les frais d'inscription varient indépendamment de l'origine sociale des étudiants, mais en fonction du diplôme délivré, en règle générale un diplôme de master est habituellement plus onéreux qu'un diplôme de licence. Concernant la répartition des étudiants par tranche d'inscription au niveau global et au niveau facultaire, elle nous permet de juger du milieu social d'où sont issus majoritairement les étudiants. Dans le cadre d'une université catholique, la volonté affirmée depuis de nombreuses décennies de favoriser l'accès à des étudiants provenant de milieux modestes rend cet indicateur encore plus pertinent.

- *Le nombre d'étudiants n'ayant pas acquitté une partie ou la totalité de leurs frais annuels d'inscription ;*

Cet indicateur illustre assez bien le fait qu'un certain nombre d'étudiants font des sacrifices pour s'inscrire à l'université, mais finissent par ne pas pouvoir honorer leurs engagements, un grand nombre d'étudiants ne payant pas leurs frais d'inscription peut entrainer des difficultés financières pour une faculté ou pour une université en général.

- *La répartition du chiffre d'affaires global par activités et la répartition du chiffre d'affaires par activités au niveau des facultés ;*

Cet indicateur n'est véritablement pertinent que lorsqu'une université intervient comme prestataire de services indépendamment de son activité d'enseignement par exemple en répondant à des appels d'offres pour des contrats de recherche ou encore lorsque l'université perçoit des subventions des autorités publiques ou des ressources liées au mécénat et aux contributions versées par les Alumnis. Une analyse plus fine au niveau de chaque faculté pourrait permettre une analyse benchmarking afin de faire apparaître des politiques différentes de développement d'une faculté à l'autre.

- *La répartition des dépenses par grands postes au niveau global et au niveau des facultés, des filières et des formations au sein des filières ;*

La prise en compte des dépenses dans le budget global d'une université jusqu'au stade d'une formation en particulier est utile lorsque l'on est face à l'obligation de faire des économies en cas de difficultés liées à un volume des inscriptions en baisse que ce soit au niveau global ou à l'échelle d'une formation.

Le service communication de l'université peut également nous fournir des indicateurs indispensables pour la mise en œuvre d'une stratégie marketing efficace.

- *Le nombre de prospects globaux et le nombre de prospects par faculté et son taux de variation annuel ;*

Ce chiffre est important dans la mesure où il nous renseigne en grande partie sur la notoriété de l'établissement dans son ensemble en même temps qu'au niveau de chaque faculté. Une augmentation du taux de variation constitue un signe évident d'une plus grande efficacité des politiques de communication mise en œuvre les années précédentes, une diminution ne manque pas d'interroger et peut conduire à modifier certains aspects de cette communication.

- *Le nombre de participants aux journées portes ouvertes organisées par l'université et sa variation annuelle ; le nombre de participants aux salons de l'étudiant et sa variation annuelle et le nombre de participants aux journées portes ouvertes dans les lycées et les autres établissements de l'enseignement secondaire ;*

Le nombre de participants aux journées portes ouvertes organisées par l'université témoigne d'un intérêt encore plus marqué des étudiants potentiels pour l'université et pour ses formations. En effet, le fait de se déplacer sur le lieu même d'un futur établissement d'accueil montre une motivation plus forte chez l'étudiant même si l'on ne peut exclure une influence non négligeable des parents sur laquelle nous reviendrons ultérieurement. On peut faire la même remarque sur la participation des étudiants aux différents salons et autres portes ouvertes organisés par les lycées.

- *Le pourcentage d'inscription par rapport aux prospects ;*

Cet indicateur nous montre l'importance de la perte du nombre d'étudiants potentiels après de premiers contacts plus ou moins prometteurs , plus le taux est faible plus on peut estimer que pour de multiples raisons les étudiants choisissent finalement de renoncer à s'inscrire, une étude plus poussée pourrait être envisagée pour expliquer ces renoncements. Dans le même temps, un taux élevé laisse apparaître que le choix de l'étudiant se fait en grande partie en amont du premier contact avec l'université et que cette dernière ne fait que confirmer une volonté déjà forte au départ. Pour terminer, il pourrait être intéressant dans une optique de benchmarking de faire des comparaisons entre les différentes facultés de l'université au regard des pourcentages d'inscription.

- *Le nombre de lycées envoyant des étudiants dans l'université ; la proportion d'étudiants venant des lycées catholiques et le nombre moyen d'étudiants inscrits par lycée d'origine ;*

Le premier indicateur nous donne un aperçu du recrutement géographique plus ou moins étendu de l'université en même temps qu'au niveau des facultés, plus le nombre des lycées d'origine est important, plus le rayonnement de l'université est grand.

Le deuxième indicateur met en évidence l'influence de l'université auprès des établissements catholiques d'enseignement secondaire qui constituent le premier vivier de leurs futurs étudiants qui partagent les mêmes valeurs. Pour autant même si la proportion des étudiants en provenance des lycées catholiques est majoritaire, le chiffre d'étudiants venant des lycées publics peut être élevé et peut représenter jusqu'à un tiers des effectifs inscrits. Une forte proportion d'étudiants venant des lycées publics est un symbole fort de l'attractivité d'une université catholique indépendamment de son caractère confessionnel.

Pour finir, le nombre d'étudiants inscrits par lycée d'origine permet d'obtenir un chiffre moyen qui nous permet de juger de la concentration des étudiants sur un certain nombre de lycées, plus la moyenne est élevée plus l'université recrute sur un faible nombre de lycées.

Pour finir, les différentes facultés peuvent également fournir des informations internes importantes pour la mise en place d'une stratégie efficace.

- *Le taux de réussite aux examens par faculté et le taux de placement des étudiants six mois après l'obtention de leur diplôme ;*

Les deux indicateurs restent deux éléments essentiels dans le choix d'un étudiant de s'inscrire dans un établissement plutôt qu'un autre. Le taux de réussite, car il montre l'efficacité de l'offre de formation choisie par les étudiants. Dans le même temps, le taux de placement des étudiants six mois après l'obtention de leur diplôme plus encore que le taux de réussite constitue l'élément qui va être scruté encore plus par les parents qui sont les premiers financeurs des études de leurs enfants.

Si les informations internes sont essentielles pour la mise en œuvre des politiques marketings efficaces, d'autres sources complètent les informations déjà obtenues en interne, ce sont les sources d'information externes que nous allons examiner dans le paragraphe suivant.

§ 1.2) Les sources d'informations externes à l'université :

Il existe de multiples sources d'information externes à l'université, Giannelloni et Vernette (2019) en distinguent plusieurs à l'échelle d'une entreprise, dans le cas d'une université, il apparaît plus pertinent de ne prendre en compte que quelques sources, respectivement :

- *Les informations provenant des organismes mondiaux et communautaires, les ministères de l'Enseignement supérieur et de l'Éducation nationale et les organismes statistiques ;*

Les informations provenant des organismes mondiaux comme l'UNESCO, l'Union européenne, les ministères de l'Enseignement supérieur et de l'Éducation nationale fournissent à travers la publication de rapports un certain nombre d'informations sur les caractéristiques des étudiants, les formations privilégiées actuellement et les métiers de demain qui nécessiteront une adaptation des offres existantes. À l'échelle d'un pays, des données concernant l'évolution de la démographie étudiante sont aussi disponibles. De la même manière, le ministère de l'Éducation nationale publie annuellement des statistiques sur la répartition des lycéens dans les différentes filières, cela constitue un élément important, car les universités connaissent parfaitement l'origine des étudiants selon les filières suivies lors du passage du baccalauréat.

- *Les informations provenant de la FIUC[20] et de la FUCE[21] ;*

La Fédération internationale des Universités Catholiques et la Fédération des Universités Catholiques Européennes parce qu'elles regroupent pour la première, 215 universités réparties dans 56 pays du globe sur les cinq continents, pour la seconde , 56 universités regroupées dans 14 pays dont le Liban présentent l'avantage de regrouper des établissements très divers qui évoluent également dans des systèmes éducatifs très différents. Ces deux fédérations ont pour but entre autres d'échanger sur les grands problèmes qui concernent directement les universités catholiques et leur gestion en même temps qu'elles publient régulièrement un certain nombre d'études sur des domaines aussi variés que la recherche, la prospective, la responsabilité sociétale et environnementale des universités et la formation continue en autres problématiques universitaires.

- *La Congrégation pour l'Éducation Catholique et les conférences nationales des évêques ;*

Ces deux organismes ont une grande importance pour les universités catholiques dans la mesure où ils publient à intervalle régulier des documents qui ont une influence sur la gestion de toutes les universités catholiques. Au niveau des conférences nationales des évêques,

[20] Acronyme signifiant Fédération internationale des Universités Catholiques ;
[21] Acronyme signifiant Fédération des Universités Catholiques Européennes ;

certaines de ces conférences diffusent parfois des documents qui précisent la teneur des propos qui figure dans les encycliques relatives à l'enseignement catholique.

- *L'information fournie lors des salons d'étudiants ;*

Les salons d'étudiants en raison de la forte concentration d'établissements d'enseignements supérieurs constituent une source abondante d'informations à travers les brochures que tout le monde peut se procurer à commencer par les responsables des universités concurrentes. De la même manière, les échanges possibles entre les responsables des stands peuvent affiner les informations obtenues dans un premier temps à travers la distribution de brochures.

- *Les informations fournies par les sociétés de conseils ;*

De nombreuses universités sont amenées souvent à s'adresser à des sociétés de conseils qui sont sollicitées pour apporter des réponses à des questions précises sur la gestion des universités. Les études réalisées par les sociétés de conseils constituent ainsi une manne précieuse dans la compréhension de certains problèmes.

Ayant passé en revue les différentes sources internes et externes de l'université , nous allons examiner à présent les techniques d'enquêtes quantitatives et qualitatives utilisées par l'université

Section 2 : Les techniques d'enquêtes quantitatives et qualitatives utilisées par l'université

D'une manière générale, on considère qu'il existe trois modes de recueil de l'information : l'observation ; l'administration d'un questionnaire et les entretiens individuels et collectifs, De Baynast, Lendrevie et Levy (2017). Concernant l'observation, cette technique en apparence simple qui consiste à observer directement les individus en situation dans le cas présent les étudiants sur un campus universitaire se heurte à quelques problèmes d'applications pratiques. Toutefois, une observation que l'on pourrait qualifier d'« informelle » consistant à être attentif à certains moments aux comportements des étudiants pourrait nous rapporter un certain nombre d'informations dans différents domaines : la fréquentation des lieux de restauration ; leurs attitudes lors de la pause ; l'utilisation de certains modes de transports notamment. Cependant, l'obligation de connaître précisément des informations utiles à l'élaboration des politiques marketing nous conduit à privilégier les techniques d'enquêtes. Concernant les techniques d'enquêtes quantitatives, doit-on privilégier une enquête exhaustive ou au contraire une enquête par sondage ? Compte tenu du nombre relativement modeste d'étudiants au sein de certaines universités et des outils numériques permettant une administration des questionnaires rendue plus facile, l'enquête exhaustive doit être privilégiée, même si l'utilisation des sondages reste une solution face à un effectif de grande taille. Dans cette optique, les modalités de l'administration d'un questionnaire méritent quelques éclairages.

§ 2.1) L'administration d'un questionnaire :

Mayrhofer (2020) met en évidence deux éléments essentiels à prendre en considération dans l'administration d'un questionnaire, le premier concerne le choix des informations à collecter et le second est relatif à la structuration du questionnaire.

§ 2.1.1) La nature des informations :

Concernant le choix des informations , on doit prendre en considération trois éléments, respectivement : la nature des informations ; le contenu des informations et le codage des informations.

La nature des informations concerne directement ce que l'on veut mettre en évidence en administrant le questionnaire, s'agit-il d'informations sur le profil sociodémographique de l'étudiant (âge, sexe, lieu d'habitation , professions des parents, etc.) ? s'agit-il d'informations sur leurs comportements ou leurs états mentaux (ce que les étudiants font, ce que les étudiants pensent) ?

Le contenu des informations traduit concrètement les comportements et les états mentaux des étudiants. Par exemple, concernant les comportements, on cherchera à savoir combien de fois les étudiants fréquentent la bibliothèque ? Quelle est la fréquence d'utilisation des installations sportives ? Quel est le nombre de rendez-vous pris avec les responsables du tutorat ? Et bien d'autres questions encore !

Par rapport à la mesure des états mentaux, on cherchera également à mesurer le ressenti des étudiants par rapport à l'offre de formation et plus généralement par rapport à la qualité du service.

Pour finir, le codage des informations suppose de distinguer les variables quantitatives des variables qualitatives. Les variables quantitatives sont par définition plus facilement mesurables , par exemple à travers des pourcentages exprimés, des notes attribuées ou un positionnement sur une échelle de mesure. À l'inverse, les variables qualitatives prennent la forme de mots ou de phrases en lien avec une question précise, dans cette optique, le traitement statistique nécessite l'utilisation de logiciels spécifiques.

§ 2.1.2) La structuration du questionnaire :

La structuration du questionnaire fait référence à toute une série de paramètres techniques que l'on doit prendre en considération pour qu'un questionnaire soit efficace et fournisse les informations attendues. Parmi les éléments à prendre en considération figure en tout premier lieu la longueur du questionnaire. Bien qu'il n'existe pas de normes précises par rapport à la longueur, on estime qu'au-delà de 50 questions , un questionnaire devient beaucoup trop long. Un autre élément a pour cadre les thématiques abordées et l'ordre des questions. Ainsi, dans le cadre d'une enquête de satisfaction administrée auprès des étudiants par rapport à l'offre globale universitaire, il apparaît plus logique de commencer soit par une question sur la satisfaction globale de l'université et d'enchainer ensuite sur des questions liées à la formation fréquentée par les étudiants. Les questions relatives aux services annexes offerts comme le logement, la restauration, les équipements sportifs ou culturels doivent se situer plutôt à la fin du questionnaire dans le cas présent.

Pour terminer sur la structuration du questionnaire, on ne peut occulter la nature des questions suivant qu'elles soient ouvertes ou fermées. Une question est ouverte lorsqu'elle permet à la personne interrogée de répondre librement aux questions posées, à l'inverse une question fermée est une question pour laquelle les personnes interrogées peuvent choisir une ou plusieurs modalités, les questions fermées peuvent être à choix unique ou à choix multiple.

Certains questionnaires peuvent ne comporter que des questions fermées ou au contraire que des questions ouvertes, mais le plus souvent, un questionnaire comporte un mix des deux types de questions.

Le paragraphe suivant nous montre un certain nombre de modèles de questions que l'on peut administrer dans le cadre d'une enquête universitaire.

§ 2.2) Les différentes formes de question posée dans les enquêtes :

Lambin et De Moerloose (2016) mettent en évidence les différentes formes de question que l'on peut trouver dans les questionnaires administrés dans n'importe quelle étude marketing, elles sont adaptées au contexte universitaire pour l'occasion.

1. Question ouverte : notoriété spontanée

Quelles sont les formations offertes par l'Université que vous connaissez ?

- ....
- ....
- ....

2. Question fermée dichotomique : notoriété assistée

Voici une liste de formations.

Quelles sont celles que vous connaissez ?

Formation A : oui/non

Formation B : oui/non

Formation C : oui/non

3. Question fermée à choix multiple : notoriété qualifiée

Dans quelle mesure connaissez-vous les formations suivantes :

Je la connais de nom seulement

....

....

....

Je la connais de réputation

....

....

....

Je la connais très bien

....

....

....

4. Échelle accord/désaccord : échelle de Likert avec supports sémantiques

Indiquez votre degré d'accord avec la proposition suivante :

« Les repas servis au restaurant universitaire sont équilibrés et de bonne qualité »

Tout à fait en désaccord	Pas d'accord	Ni l'un ni l'autre	D'accord	Tout à fait d'accord	NSP
(1)	(2)	(3)	(4)	(5)	(6)
....	....	....	....	....	....

5. Échelle d'Osgood avec adjectifs bipolaires

Comment jugez-vous les dispositifs de tutorat mis en place au sein de la Faculté ?

Très médiocre						Très bonne	NSP
(- 3)	(- 2)	(- 1)	(0)	(1)	(2)	(3)	□
....	....	....	....	....	....	....	......

6. Échelle d'importance

Que pensez-vous de la mise en place d'un service de recherche de stage au sein de la faculté ?

Pas du tout important	Pas important	Indifférent	Important	Très important	Je ne sais pas
(1)	(2)	(3)	(4)	(5)	□
....	....	....	....	....	....

7. Somme constante : évaluation de l'importance relative d'un attribut

Répartissez 100 points entre les trois attributs suivants et cela au prorata de l'importance que donnez à la présence de chaque attribut dans le choix d'un mode de soutien mis en place par la faculté pour améliorer les résultats dans les matières fondamentales .

Tutorat personnalisé ....
Tutorat par petit groupe ....
Accès à des tutoriels ....
Je ne sais pas □

8. Échelle d'évaluation : évaluation d'un attribut

Comment évaluez-vous l'attribut : « tutorat personnalisé » dans la mise en place d'une politique d'accompagnement des étudiants en difficulté.

Très faible	Faible	Bonne	Très bonne	Excellente	Je ne sais pas.
(1)	(2)	(3)	(4)	(5)	□

9. Échelle de préférence

Répartissez 100 points entre les trois modalités de mode d'enseignement d'un cours au prorata de vos préférences.

Enseignement en présentiel : ....
Enseignement hybride (présentiel et distanciel simultané) : ....
Enseignement en distanciel : ......
Je ne sais pas □

10. Comparaison pairée des préférences

Parmi les paires de modalités de soutien universitaire, laquelle préférez-vous ?

Tutorat personnalisé ou tutorat collectif
Tutorat personnalisé ou accès à des tutoriels
Tutorat collectif ou accès à des tutoriels
Je ne sais pas □

11. Tiercé des préférences

Parmi les formations susceptibles d'ouvrir d'ici 5 ans au sein de la faculté, lesquelles auraient votre préférence ?

....

....

....

Je ne sais pas □

12. Intentions d'achat

Selon quelle vraisemblance accepteriez-vous de suivre un cours de soutien supplémentaire dans une matière fondamentale s'il était payant ?

certainement pas	probablement pas	peut-être	probablement	certainement	JNSP
(1)	(2)	(3)	(4)	(5)	(6)
....	....	....	....	....	□

13. Probabilité d'achat

Quelle est la probabilité que vous vous inscriviez dans la formation X au cours des douze prochains mois ?

0	10	20	30	40	50	60	70	80	90	100%	JNSP
Aucune Chance		Faible Probabilité						Forte Probabilité		Tout à fait certain	□

14. Mesure d'une tendance comportementale (Tendance à agir)

Selon quelle vraisemblance seriez-vous prêt à accepter une augmentation de 5% des frais d'inscription en échange de la mise en place d'un service personnalisé tout au long de vos études.

Tout à fait Invraisemblable	Peu Vraisemblable	Vraisemblable	Quelque peu vraisemblable	Tout à fait vraisemblable	Je ne sais pas
(1)	(2)	(3)	(4)	(5)	□

Si les techniques d'enquêtes quantitatives sont des instruments indispensables à toutes les études marketing, elles rencontrent pourtant certaines limites dans la mesure où elles ne permettent pas de connaître les motivations profondes et les sentiments des étudiants par rapport à certains aspects de l'offre universitaire, cela nous conduit à examiner d'autres techniques d'enquêtes qui permettent de contourner cet obstacle : les techniques d'enquêtes en profondeur.

§ 2.3) Les techniques d'enquêtes en profondeur :

Les techniques d'enquêtes en profondeur font référence explicitement aux enquêtes qualitatives dans la mesure où les informations obtenues sont le plus souvent des « mots » ou des « phrases » qu'il convient ensuite d'analyser précisément. Les différents ouvrages traitant du marketing accordent une place importante à ces techniques que l'on peut subdiviser de la manière suivante : d'une part, les entretiens individuels, d'autre part, les entretiens de groupe.

Au sein des entretiens individuels , on peut distinguer également trois sous-catégories : les entretiens non-directifs ; les entretiens semi-directifs et les entretiens directifs, Ferrandi , Lichtlé et Alii (2014) ; Lambin, De Moerlose (2016) ; De Baynast, Lendrevie, Levy (2017) ; Kotler, Keller, Manceau et Hemonnet (2019) ; Mayrhofer (2020).

§ 2.3.1) Les entretiens individuels :

L'entretien individuel dans le cadre universitaire implique qu'un étudiant soit interrogée par un interviewer, celui-ci doit être quelqu'un d'expérimenté, de préférence un psychologue ou un expert en technique de communication. De la même manière, pour qu'un entretien soit réussi et qu'il fournisse le maximum de renseignements, il faut nécessairement que l'étudiant se sente en confiance, que l'entretien se fasse dans un lieu agréable et qu'il n'y ait pas de contraintes horaires comme l'obligation de terminer à une heure précise.

Par rapport à ces contraintes, les trois types d'entretien que l'on a mentionné précédemment se distinguent par rapport à leur degré de directivité qui détermine dans quelle mesure l'enquêteur cherche à orienter le discours des personnes interrogées, Mayrhofer (2020).

- *Les entretiens individuels non directifs ;*

Dans les entretiens individuels non directifs, l'interviewer demande à l'étudiant de s'exprimer librement sur un sujet déterminé, par exemple, son opinion de l'offre pédagogique de l'université ou sur la qualité des enseignements au sein de sa faculté. Le déroulement de l'entretien et les questions posées dépendent des réponses de l'étudiant. Le rôle de l'interviewer consiste à aider l'étudiant à développer son discours afin d'explorer la thématique de départ et de découvrir leurs attitudes et leurs motivations cachées.

- *Les entretiens individuels semi-directifs ;*

Dans les entretiens individuels semi-directifs, l'interviewer s'appuie sur la préparation d'un guide d'entretien comportant un certain nombre de questions qui peuvent être regroupées par thème, par exemple des questions sur l'université d'accueil en général ; la faculté ; les services offerts, etc. L'interviewer s'appuie le plus souvent sur des études passées pour élaborer ses questions auxquelles l'étudiant devra ensuite répondre.

- *Les entretiens individuels directifs ;*

Dans les entretiens individuels directifs, l'interviewer est conduit à poser des questions précises en lien avec la problématique de l'étude dans le but d'obtenir des informations sur des sujets définis précisément. Les réponses données par les étudiants peuvent parfois avoir un caractère superficiel, car les étudiants n'ont pas l'occasion d'exprimer vraiment leurs sentiments sur le sujet.

Pour compléter les entretiens individuels, on peut procéder à des entretiens collectifs qui prennent la forme d'un focus group.

§ 2.3.2) Les entretiens de groupe : les focus groups

Si l'on transpose la définition de Ferrandi et Lichtlé (2014) au monde universitaire, « un focus group consiste à rassembler six à dix étudiants, afin de comprendre en profondeur leurs besoins, leurs attitudes, leurs attentes, leurs motivations, leurs comportements et freins à l'égard de l'offre universitaire ». Il nécessite un guide d'entretien précis parce qu'il se déroule presque exclusivement de manière semi-directive. Le focus group peut se dérouler en direct ou en ligne par ailleurs. Ferrandi et Lichtlé (2014) insistent sur un certain nombre de conditions nécessairement remplies pour qu'un focus group puisse donner le maximum de résultat, ainsi pour animer un entretien de groupe, il faut que :

- l'animateur doit être neutre ! (Il ne doit pas donner son avis pour ne pas influencer les participants) ;
- il est là pour conduire l'entretien (et non pas pour juger…) ;
- il doit respecter des silences (10 à 15 secondes) ;
- il doit donner un temps de parole équivalent à chaque répondant ;
- il doit temporiser (faire taire les « prolixes » et faire parler davantage les « timides » !)
- il doit veiller à ce que personne n'ait de position dominante ;
- il doit user de la technique de reformulation (positive et négative) ;
- il doit bannir tous les « Ah oui, tiens, Ah bon… » ;

- il doit surtout respecter le plan du guide d'entretien et éviter que les participants ne dévient du sujet…

Bien que les méthodes de recueil d'un point de vue quantitatif et qualitatif nous apportent beaucoup d'information sur les opinions des étudiants sur différents problèmes, il existe une autre méthode importante de recueil de l'information : la méthode DELPHI.

§ 2.4) Les autres modes de recueil de l'information : la méthode DELPHI

Lehu (2012) définit la méthode DELPHI comme une méthode qualitative à moyen terme qui repose sur la recherche d'un consensus de la part d'un groupe d'experts. Cette démarche est itérative, dans la mesure où chaque expert prend connaissance de l'avis des autres, expose le sien, puis participe à la nouvelle définition de l'avis commun illustrant l'obtention d'un consensus. Si l'on applique cette méthode d'analyse qualitative au milieu universitaire, cela suppose que l'on réunisse dans un premier temps, un groupe d'experts dans la gestion d'une université par exemple des anciens recteurs, des professeurs, des administrateurs et des experts en pédagogie notamment. Lorsque ces experts sont réunis, on se met d'accord sur la question sur laquelle on veut travailler et qui concerne un facteur évolutif de la gestion de l'université, par exemple ; comment voyez-vous l'évolution de l'université en termes de croissance des effectifs à l'horizon 2030 ? Chaque expert prend l'avis des autres avant d'exposer le sien dans le but de trouver une position commune.

Ayant passé en revue les différents éléments utiles pour l'élaboration des techniques d'enquêtes appliquées à l'université , il convient à présent de mettre en lumière deux enquêtes ayant déjà été appliquées par une université, mais qui pourraient être utilisées par n'importe quelles universités dans le monde, nous verrons dans un premier temps l'enquête de motivation à l'inscription et dans un deuxième temps l'enquête de satisfaction.

Section 3 : L'analyse d'un questionnaire type des motivations de l'étudiant lors de son inscription

Le questionnaire type des motivations de l'étudiant qui a choisi de s'inscrire dans une université et qui sera présenté dans la présente section est celui qui a été administré au sein de la Faculté de Droit de l'Université Catholique de Lille lors de la rentrée des étudiants de première année au moment de la prise de contact, ce questionnaire fut administré longtemps sous forme papier et ensuite sous forme numérique et a été analysée par l'auteur.

Question 1. Type de lycée fréquenté en terminale ?

- Lycée privé ;
- lycée public ;

La première question est importante dans la mesure où elle permet à la Faculté d'orienter sa politique de communication et son message.

Question 2. Mode de connaissance de l'Université, comment avez-vous connu la Faculté de Droit ? (plusieurs choix possibles)

- Bouche-à-oreille ;
- portes ouvertes de l'Université ;
- salon de l'étudiant ;
- forum dans les lycées ;
- site Internet de l'Université ;
- autres (familles, conseiller d'orientation) ;
- site Internet de la Faculté ;
- publicité ;
- revues et guides spécialisées dans les formations.

Les modes de connaissance d'une université sont multiples, certains échappant au contrôle de l'université comme le bouche-à-oreille ou l'influence des familles et des conseillers d'orientation, d'autres au contraire pouvant être contrôlés par l'université comme les portes ouvertes de l'université, la participation au salon de l'étudiant impliquant une interaction directe avec les étudiants. La communication utilisant les sites de l'université et des facultés, les différentes publicités et les revues et les guides spécialisés dans les formations impliquent que les messages transmis soient sous le contrôle de l'université, mais n'entrainent pas d'interactions avec l'étudiant potentiellement intéressé.

Question 3. Les motifs ayant amené les étudiants à s'inscrire à l'Université, pour quelles raisons avez-choisi de vous inscrire dans notre Faculté (plusieurs choix possibles) ?

- Taux de réussite élevé ;
- besoin d'encadrement ;
- effectif réduit ;
- réputation de la Faculté ;
- environnement agréable ;
- variété des parcours ;
- proximité du foyer familial ;
- valeurs religieuses de l'Université.

Les facteurs ayant poussé les étudiants à s'inscrire à l'université dans le cas présent peuvent se subdiviser en trois éléments, respectivement : les motivations d'ordre pédagogique ; les motivations d'origine environnementale et les motivations d'origine religieuse. Le taux de réussite élevé, le besoin d'encadrement, les effectifs réduits, la variété des parcours et la réputation de la faculté relèvent des motivations d'ordre pédagogique. L'environnement agréable et la proximité du facteur familial sont d'ordre environnemental, pour finir les valeurs religieuses de l'Université qui constituent un élément essentiel dans la stratégie d'une université catholique se réfère naturellement aux motivations d'ordre religieux.

Question 4. Relations entre le milieu familial et la faculté, un membre de votre famille a-t-il déjà étudié à la faculté

- Oui ;
- Non.

Cette question est intéressante dans la mesure où elle permet de mettre en évidence une certaine forme de fidélisation des étudiants à travers leur milieu familial.

Section 4 : L'analyse d'un questionnaire type de satisfaction d'un étudiant

L'analyse d'un questionnaire type de satisfaction d'un étudiant résulte de l'enquête annuelle envoyée à chaque étudiant de l'université catholique de Lille sous forme numérique, les questions qui suivent peuvent faire l'objet d'une application à l'ensemble des universités catholiques

- *D'une manière générale, êtes-vous satisfait de votre formation ?*

Question essentielle pour une université, un taux de satisfaction faible ou en baisse doit alerter les autorités universitaires.

- *Êtes-vous satisfait de la qualité du suivi et l'encadrement pédagogique de votre formation ?*

Question axée sur les moyens mis en œuvre par une faculté dans l'accompagnement des étudiants qui se révèle être aujourd'hui un critère essentiel dans le choix de l'inscription.

- *Pensez-vous être bien préparé pour votre insertion professionnelle ?*

Question axée sur l'adéquation de la formation avec les attentes du marché de l'emploi, cet aspect constitue également un critère essentiel dans le choix de l'inscription.

- *La proportion de cours en langues étrangères est-elle adaptée à votre formation ?*

Question importante dans la mesure où la pratique des langues étrangères est de plus en plus demandée par les entreprises lors de l'embauche des jeunes diplômés.

- *Êtes-vous satisfait des cours de langues étrangères ?*

Même question que la précédente, mais qui concerne l'enseignement d'une langue en particulier.

- *Les cours à caractère innovant favorisent-ils l'apprentissage ?*

Question liée à l'innovation pédagogique qui devient une préoccupation majeure chez la plupart des recteurs d'université qui souhaitent adapter l'enseignement au développement des nouvelles technologies.

- *Avez-vous une bonne connaissance de l'organisation de votre entité ?*

Question intéressante qui peut jouer un rôle sur la satisfaction globale, une mauvaise connaissance de l'organisation interne d'une faculté par l'étudiant reste toujours un problème.

- *Êtes-vous satisfait des services administratifs de votre entité ?*

Question importante dans la mesure où un service administratif de qualité au sein d'une faculté demeure un élément fondamental influant sur la satisfaction de l'étudiant qui au cours d'une année est en contact régulier avec celui-ci.

- *Êtes-vous satisfait du service des inscriptions ?*

Question du même ordre que la précédente, mais qui impacte la satisfaction des étudiants au début de leur cursus, un dysfonctionnement majeur du service des inscriptions peut donner une image négative dans l'esprit de l'étudiant dont il pourra avoir du mal à s'en défaire.

- *Êtes-vous satisfait du service financier ?*

Question du même ordre que la précédente, mais qui concerne le service financier, celui-ci peut jouer un rôle important lorsque l'étudiant vient d'un milieu modeste et qui peut solliciter des délais de paiement par ailleurs.

- *Êtes-vous satisfait du service des Relations internationales ?*

Question à relier à l'enseignement des langues, mais qui a une importance au regard de la mobilité des étudiants dans le cadre des échanges avec l'étranger.

- *Êtes-vous satisfait du service des Études ?*

Question essentielle et qui concerne par extension l'encadrement pédagogique, les étudiants ont des contacts réguliers avec le service des Études, dans cette optique, une insatisfaction importante peut conduire certains étudiants à quitter l'université.

- *Êtes-vous satisfait de l'amplitude horaire de l'accueil de votre entité ?*

Question à ne pas sous-estimer dans la mesure où les étudiants sont sensibles au fait de pouvoir contacter les responsables du service des études lorsqu'ils le souhaitent.

- *Êtes-vous satisfait de l'accès Wifi ?*

Question fondamentale à l'heure de la digitalisation de l'université dans la mesure où tous les étudiants disposent aujourd'hui d'un ordinateur et ont besoin d'une bonne connexion wifi.

- *Êtes-vous satisfait des salles de travail ?*

La qualité des salles de travail contribue à la satisfaction des étudiants qui sont fortement demandeurs de lieux où ils peuvent étudier et travailler leur cours.

- *Êtes-vous satisfait des salles informatiques ?*

Question à relier à la précédente dans la mesure ou l'utilisation des techniques numériques fait partie de l'environnement actuel des étudiants.

- *Êtes-vous satisfait de la bibliothèque universitaire ?*

Question également à relier aux deux précédentes dans la mesure où les étudiants passent beaucoup de temps en bibliothèque et sont sensibles au fait de pouvoir disposer d'ouvrages correspondant à leur besoin.

- *Êtes-vous satisfait du logiciel de gestion des emplois du temps ?*

À l'heure de la digitalisation des universités, l'utilisation d'un logiciel efficace de gestion des emplois du temps est particulièrement appréciée des étudiants qui peuvent être avertis à temps de l'annulation d'un cours.

- *Êtes-vous satisfait des logiciels de dépôts de documents en ligne ?*

Question également à relier à la précédente, mais qui concerne l'utilisation de supports pédagogiques en complément des cours assurés par les enseignants.

- *Êtes-vous satisfait des activités sportives ?*

Question liée aux services annexes offerts par l'université et qui contribue à la satisfaction globale des étudiants.

- *Êtes-vous satisfait des activités culturelles ?*

Question à relier à la précédente et qui contribue à la satisfaction globale des étudiants.

- *Êtes-vous satisfait de l'accueil global au sein de l'université ?*

Question du même ordre que les deux précédentes.

- *Êtes-vous satisfait du service d'aide au projet professionnel et à la recherche de stages ?*

Question essentielle dans la mesure où l'accompagnement de l'étudiant dans la construction de son projet professionnel demeure un élément important dans le choix de s'inscrire dans un établissement.

- *Êtes-vous satisfait de l'entretien technique des locaux ?*

Cette question est à relier de celles concernant les sports, la culture et l'accueil général de l'université, elle contribue à influer sur la satisfaction générale de l'étudiant.

- *Êtes-vous satisfait de la propreté des locaux ?*

Question à relier à la question précédente et qui contribue à la satisfaction générale de l'étudiant.

- *Êtes-vous satisfait de l'accessibilité des locaux ?*

Question à relier également à la satisfaction générale de l'étudiant.

- *Avez-vous le sentiment d'appartenance à votre Faculté ?*

Question intéressante dans la mesure ou plus le sentiment d'appartenance à la faculté est fort dans l'esprit des étudiants plus ceux-ci développent un esprit de fidélité par rapport à elle.

- *Considérez-vous que le campus et les bâtiments sont un cadre privilégié pour mener vos études ?*

Question importante à relier directement à l'environnement global de l'université , une bonne perception par l'étudiant de l'environnement global dans lequel il évolue peut constituer un élément supplémentaire de fidélisation.

- *Conseilleriez-vous les formations des facultés de l'Université ?*

Question à relier avec l'importance du bouche-à-oreille dans les vecteurs d'information favorisant les inscriptions dans une université, une proportion de réponses négatives peut constituer un élément de nature à faire baisser si l'on n'y prend garde le nombre des inscriptions au sein de la faculté à plus ou moins long terme.

Une fois que l'on a clairement identifié les subdivisions du marché universitaire et après avoir mis en évidence les techniques d'enquêtes quantitatives et qualitatives, il apparaît indispensable de connaître les caractéristiques à la fois quantitatives de nos étudiants, mais aussi qualitatives, deux concepts nous permettent de répondre à ces questions : la segmentation et la typologie, tel est l'objet du chapitre suivant.

CHAPITRE 7 : LA SEGMENTATION ET LA TYPOLOGIE APPLIQUÉE A L'UNIVERSITÉ

« Lorsqu'une entreprise veut vendre un produit, il est très rare qu'elle se trouve face à un marché homogène, mais au contraire face à une multitude de sous-marchés qui présentent chacun des caractéristiques spécifiques. Dans le but de maximiser son profit, une entreprise doit choisir de privilégier certains sous-marchés au détriment d'autres devant être abandonnés ou relayés au second plan, ce qui l'oblige à segmenter ce marché ». Richard-Lanneyrie (2015) définit la segmentation d'un marché de consommateur comme une méthode de découpage du marché en sous-ensembles de consommateurs distincts et homogènes. Dans le même temps, les consommateurs potentiels présents sur un marché ont chacun des caractéristiques spécifiques et il peut être utile qu'une entreprise regroupe ces consommateurs disparates pour en faire des groupes homogènes, cette technique particulière de regroupement en groupes homogènes s'appelle la typologie, Richard-Lanneyrie (2015).

À l'instar des entreprises, les universités sont confrontées à la même problématique qui les conduit à segmenter la demande de leurs étudiants en sous-ensembles de façon à privilégier certains segments plutôt que d'autres. Dans le même temps, il peut être utile en termes de stratégies marketing d'identifier des segments homogènes d'étudiants présentant des caractéristiques qualitatives plutôt que quantitatives. L'objet de ce chapitre est double, il consiste d'abord à mettre en avant l'importance de la segmentation du marché universitaire dans l'élaboration d'une stratégie en examinant les différents critères de segmentation, il implique ensuite de montrer l'intérêt dans certains cas d'utiliser les méthodes de typologie notamment dans l'élaboration de l'offre universitaire. Dans cette optique, nous examinerons dans une première section les principes de la segmentation du marché universitaire, nous verrons dans une deuxième section, les critères de segmentation marketing et pour finir dans une troisième section, nous mettrons en lumière la technique pour élaborer une typologie d'un marché universitaire.

Section 1 : Les principes de la segmentation du marché universitaire

De nombreuses contributions se sont évertuées à définir les différents éléments nécessaires pour segmenter un marché universitaire, celles respectives de Kotler et Fox (1995) ; de Wilson et Gilligan (2002) ; de Maringe et Gibbs (2009) et d'Hemsley-Brown et d'Oplatka (2016) mettent en avant l'importance de la segmentation du marché universitaire. Wilson et Gilligan (2002) distinguent respectivement les concepts de segmentation et les objectifs et le positionnement d'une université à travers un processus séquentiel en cinq phases qu'il convient de rappeler pour l'occasion :

1) *Analyse de la situation présente de l'université ;*

Elle consiste à examiner le positionnement actuel de l'université , ses forces et ses faiblesses et les menaces auxquelles elle est confrontée et les opportunités qu'elle peut saisir dans un proche avenir.[22]

2) *La segmentation des marchés ;*

Cette deuxième phase consiste à identifier les segments de marché pertinents pour la gestion d'une université et procéder ensuite à une segmentation des variables retenues.

3) *Cibler le marché ;*

Évaluer le potentiel et l'attractivité de chaque segment de marché et sélectionner les cibles qui peuvent le mieux se trouver en phase avec l'offre de formation universitaire.

4) *Positionner l'université par rapport à chaque segment retenu ;*

Définir le positionnement au sein de chaque segment du marché universitaire et ajuster son positionnement en cas de besoin.

5) *Mettre en œuvre les éléments du marketing-mix universitaire[23] ;*

---

[22] Cette première phase constitue l'objet du chapitre 3 de la première partie de cet ouvrage.

Développer les stratégies appropriées pour chaque élément du marketing-mix universitaire.

Nous reviendrons dans la troisième et la quatrième partie sur les éléments du marketing-mix universitaire en même temps que sur celui du positionnement, il convient de nous pencher plus précisément sur le concept de segmentation du marché. Avant d'examiner en détail les critères du marché universitaire, il apparaît essentiel d'examiner au préalable trois dimensions de la segmentation des marchés , respectivement : l'intérêt de prendre en compte la segmentation du marché universitaire ; les caractéristiques d'un segment de marché et pour finir les trois stratégies possibles d'une université face à la segmentation.

§ 1.1) L'intérêt de prendre en compte la segmentation du marché universitaire :

Levitt (1974) qui étudiait le développement important des stratégies de différenciation au cours des années 1970 incitait les entreprises à ne plus considérer leurs clients comme appartenant à un seul et même marché indifférencié, mais au contraire à les considérer comme faisant partie d'une multitude d'ilots ayant chacun leurs spécificités. En partant de ce postulat, la segmentation des marchés se révèle alors très utile pour distinguer ces ilots de consommateurs aux caractéristiques semblables. Quelques décennies plus tard, Doyle (2002) fait ressortir cinq raisons essentielles de segmenter un marché qu'il peut être judicieux de les transposer au contexte universitaire.

- *Connaître plus précisément les attentes des étudiants ;*

Au moment de s'inscrire à l'université, les motivations des étudiants peuvent varier considérablement d'un étudiant à l'autre. Pour certains, l'université reste le passage obligé pour obtenir un diplôme synonyme de passeport pour la vie professionnelle. Pour d'autres, l'accès à l'université constitue à lui seul le symbole d'une certaine réussite par rapport aux parents et aux grands-parents qui souvent se sont arrêtés aux études secondaires. Pour d'autres, l'inscription à l'université signifie pouvoir accéder à un réseau pouvant être mobilisé ultérieurement lors de l'évolution de leur vie professionnelle. Pour finir, certains étudiants ne rechercheront pas uniquement à travers

[23] Respectivement la politique de produit ; la politique de prix ; la politique de communication et la politique de distribution.

l'inscription universitaire l'accès à un enseignement de qualité, mais tout autant l'accès à toute une série de services annexes proposés comme la culture, le sport et la vie associative notamment. Connaître les différentes motivations de ces étudiants permet ainsi à une université de moduler le message envoyé à leur endroit.

- *Augmenter les profits ;*

Lorsque les étudiants s'inscrivent dans une formation, ils peuvent avoir une attitude différente par rapport aux frais d'inscription, certains seront sensibles au fait de s'acquitter de frais d'inscriptions modestes alors que d'autres ne verront aucun inconvénient à payer des frais élevés si la formation suivie est prestigieuse et leur ouvre des perspectives d'évolution professionnelle importante, c'est le cas notamment des Executives MBA suivis par des cadres d'entreprises occupant déjà des responsabilités importantes, mais qui souhaitent occuper la direction de leur entreprise à terme. Dans cette optique, l'identification des segments pertinents permet à l'université de se positionner sur les formations à forte valeur ajoutée et générer ainsi de gros bénéfices. Si la recherche du profit n'est pas comme on a pu le rappeler en introduction le but d'une université catholique, il n'en demeure pas moins qu'une offre bien orientée pourrait être de nature à sauvegarder le modèle économique.

- *Occuper une place dominante dans certains types de formation ;*

Face à une concurrence accrue au niveau universitaire observée dans de nombreux pays, certaines universités moins bien positionnées dans des formations traditionnelles peuvent avoir intérêt à développer leur offre vers des segments moins prisés de leurs concurrentes, mais pour laquelle certaines universités peuvent posséder un avantage concurrentiel. Par exemple le fait de se spécialiser dans les formations totalement dispensées à distance peut se révéler un créneau intéressant auprès d'une certaine catégorie d'étudiants beaucoup plus âgée et qui exerce déjà une activité professionnelle.

- *Fidéliser les étudiants à travers les cycles universitaires ;*

Le fait de mieux connaître les étudiants à travers la segmentation du marché universitaire implique également de mieux anticiper leurs attentes qui généralement évoluent lorsque l'on change de cycles universitaires, un étudiant recherchera d'une manière générale une certaine sécurité voire un certain conformisme en premier cycle universitaire. À l'inverse, lors du second cycle universitaire , leurs souhaits s'orientent vers des cours plus pratiques susceptibles de les préparer le mieux possible à la vie professionnelle. On peut noter dans le même temps, l'aspiration à une certaine liberté voire à une certaine autonomie de leur part en quittant définitivement le stage de l'adolescence pour rentrer dans l'âge adulte.

- *Privilégier des modes de communication spécifique vers les cibles d'étudiants ;*

Un des derniers avantages que l'on peut relever lorsque l'on segmente le marché suppose de moduler la communication en direction des différentes cibles notamment lorsqu'il s'agit de recruter de nouveaux étudiants. Certaines catégories d'étudiants prendront connaissance de l'offre d'informations en utilisant Internet alors que d'autres privilégieront le bouche-à-oreille ou les contacts directs lors des journées portes ouvertes par exemple.

Nous venons de voir que la segmentation d'un marché universitaire peut impacter sur plusieurs éléments de la stratégie marketing utilisée par une université. Il convient à présent d'examiner les différentes caractéristiques que doit avoir un segment du marché universitaire.

§ 1.2) Les caractéristiques d'un segment du marché universitaire :

Wilson et Gilligan (2002) identifient six critères que doit obligatoirement remplir un segment universitaire, dans cette optique un segment universitaire doit être :

- *Mesurable ;*

Le premier critère que doit remplir un segment implique qu'il soit mesurable, des segments comme l'âge, le niveau de revenu des parents, le sexe, le lieu d'habitation peuvent faire l'objet soit d'une mesure directe comme l'âge d'un étudiant lors de son inscription, soit indirecte en s'appuyant sur des études statistiques facilement disponibles comme le lieu d'habitation.

- *Atteignable ;*

Ce deuxième critère implique que la prise en compte d'un segment du marché universitaire puisse déboucher sur des objectifs réalistes en matière d'inscription. Par exemple, en cas d'absence de systèmes de bourse et face à des formations coûteuses, le segment des étudiants issus d'un milieu modeste apparaîtra alors difficilement atteignable sauf si l'université se décidait à mettre en place un programme destiné à favoriser l'accès des étudiants issus de milieux modestes.

- *Substantiel ;*

Ce troisième critère est essentiel dans la mesure où une université se doit d'investir dans des formations qui ont des effectifs suffisamment importants pour assurer sa rentabilité. Dans cette optique, le segment de marché retenu doit disposer d'un effectif conséquent sauf si l'on vise une niche stratégique.

- *Unique ;*

Chaque segment retenu se doit d'être unique et présenter un caractère non substituable avec d'autres segments, mais au contraire, il se doit d'être complémentaire avec d'autres segments retenus.

- *Approprié ;*

Le choix d'un segment se doit d'être en adéquation avec la stratégie globale d'une université, il existe en effet une multitude de segments possible, certains sont essentiels comme l'âge, le niveau de revenu des parents, dans le cadre d'une université catholique, l'appartenance au catholicisme pourrait être pertinente. À l'inverse, des critères comme la taille ou le poids qui peuvent être des segments facilement mesurables n'apparaissent pas à première vue pertinents.

- *Stable ;*

Le choix d'un segment doit aussi prendre en compte son caractère de stabilité dans la mesure où il doit être toujours reconnu et pertinent à travers les décennies, une fois encore, on peut estimer que des critères comme l'âge, le revenu voire le lieu d'habitation demeure des critères toujours valables dans la mise en place du recrutement d'une université.

§ 1.3) Les trois stratégies d'une université face à la segmentation

Prendre en considération les caractéristiques de chaque segment est primordial, mais on doit également mettre en lumière les trois formes qui découlent de la prise en compte des segments, Kotler et Fox (1995) mettent en évidence trois catégories de stratégies marketing au regard de la prise en compte des critères de segmentation, on trouve ainsi :

- *La mise en œuvre d'une stratégie de marketing indifférencié ;*

Dans le cas présent, une université propose un programme qui par définition ne cible pas une catégorie particulière d'étudiants, mais au contraire s'efforce d'attirer le plus d'étudiants possible, quelles que soient leurs caractéristiques. L'objectif des universités qui optent pour ce type de stratégies repose sur le principe qu'un programme sera suffisamment attractif pour parvenir à une masse importante d'étudiants, l'exemple le plus illustratif est celui des universités proposant des formations de premier cycle universitaire qui ont partout des caractéristiques standards susceptibles de plaire au plus grand nombre.

- *La mise en œuvre d'une stratégie de marketing différencié ;*

Dans ce type de situation , les universités offrent des formations ayant chacune leurs caractéristiques particulières qui s'appuient sur des segments différenciés, d'une manière générale, on trouve des formations qui vont être plutôt orientées vers un public féminin comme les formations linguistiques ou au contraire vers un public masculin avec les formations scientifiques.

- *La mise en œuvre d'une stratégie de marketing focalisée sur un segment spécifique du marché ;*

Dans ce dernier cas de figure, la stratégie de l'université va se focaliser sur un segment spécifique et adapter une grande partie de son offre en conséquence, par exemple, une université choisira de se spécialiser sur les formations en alternance ou au contraire sur les formations totalement à distance.

Ayant examiné différents éléments liés à la segmentation en général, il convient maintenant d'examiner en détail les critères pertinents de segmentation du marché universitaire.

Section 2 : Les critères de segmentation du marché universitaire

Les critères de segmentation sont multiples et font l'objet le plus souvent d'un chapitre dans tous les ouvrages de marketing qui ont été précités. De Baynast, Lendrevie et Levy (2017) distinguent trois types de critères de segmentation, respectivement : les critères démographiques ; les critères géographiques et les critères socio-économiques dans un premier temps, les critères de personnalité et de style de vie dans un deuxième temps et pour finir les critères comportementaux. Compte tenu du caractère spécifique du marché universitaire, nous examinerons pour l'occasion les trois premiers critères cités dans un premier temps en les distinguant un par un et nous montrerons ensuite l'intérêt de prendre en compte les critères de personnalité et de style de vie. Nous aborderons les critères comportementaux dans les deux prochains chapitres sur le comportement de la génération Z et sur le processus d'inscription des étudiants.

§ 2.1) Les critères sociodémographiques

Il existe une multitude de critères sociodémographiques pertinents pour l'analyse d'un marché universitaire :

- *Le sexe ;*

Le choix du sexe comme critère de segmentation a fait l'objet de nombreuses contributions depuis plus de 20 ans, on peut citer les travaux de Cho et alii (2008) ; Mastekaasa et Smeby (2008) ; Zafar (2013) ; Buser et alii (2014) ; Moakler et Kim (2014) et Hemsley-Brown (2015). En fonction de ces travaux et de l'expérience de l'auteur au sein de la Faculté de Droit de l'Université Catholique, il apparaît que le fait de distinguer le sexe présente un triple intérêt : celui d'examiner les champs académiques choisis de préférence par chaque sexe ; celui d'adapter l'environnement universitaire aux attentes des étudiants et pour finir, le choix de poursuivre ou pas dans l'enseignement supérieur.

Concernant les formations choisies par les garçons et les filles, il apparaît qu'il existe certains clivages importants entre les sexes. Ainsi, d'une manière générale, les formations en sciences humaines, en lettres, en langues, en droit et celles orientées vers les professions paramédicales seront choisies majoritairement par les filles. À l'inverse, les formations orientées vers les sciences dures, les formations d'ingénieurs et les formations en sciences de gestion sont plutôt privilégiées par les garçons. Face à cette constatation et dans l'optique d'augmenter son recrutement, les universités se sont efforcées le plus souvent de renverser en partie ces tendances en proposant au sein de ces champs académiques de nouvelles formations.

Un deuxième intérêt de prendre en considération les sexes dans l'élaboration d'une stratégie de marketing stratégique réside dans le fait que les parents lorsqu'ils choisissent avec leurs enfants un établissement d'enseignement supérieur seront plus sensibles à l'environnement général proposé par l'université. Des éléments comme la localisation au sein d'un quartier plus ou moins sécurisé , l'existence de logements universitaires pourront constituer des éléments différenciants influant sur le choix final de l'inscription surtout lorsqu'il s'agit de jeunes filles qui quittent pour la première fois leur milieu familial. Un environnement universitaire favorable prendra alors beaucoup d'importance dans l'esprit des parents, même si cet élément peut jouer un rôle également lorsqu'il s'agit d'un garçon, cet élément est quand même plus accentué lorsqu'il s'agit d'une fille.

Le dernier élément que l'on peut noter est lié aux différences culturelles que l'on peut rencontrer dans tous les pays qui accueillent des universités catholiques bien que le principe puisse s'étendre aux autres types d'universités. En effet, si l'on observe aujourd'hui dans les pays développés une proportion à peu identique de garçons et de filles qui choisissent de s'inscrire à l'université , on constate des comportements différents dans les pays en voie de développement où de nombreuses filles ne franchissent pas la barrière de l'enseignement supérieur en lien surtout avec des facteurs culturels et sociaux qui cantonnent encore trop souvent les filles à un rôle subalterne.

- *L'âge ;*

L'âge représente un autre élément intéressant comme choix d'un critère de segmentation, il a fait également l'objet de nombreux travaux dans le cadre du marketing universitaire, Harker et Alii (2001) ; Osborne, Marks et Turner (2004) ; Frazier, Young et Fuller (2012). Ces multiples travaux montrent un intérêt de prendre en compte l'âge comme critère de segmentation. Tout d'abord, l'âge peut avoir un impact non négligeable dans l'offre de formation, car certaines universités peuvent choisir de se concentrer essentiellement sur les formations de premier cycle et s'apparenter ainsi plus à une sorte de « College » au sens américain et moins comme une « University ». Face à une telle situation, l'âge moyen des étudiants fréquentant ce type de formation n'apparaît pas très élevé. À l'inverse, l'âge moyen peut augmenter sensiblement lorsqu'une université propose des formations de second cycle de type masters, cet âge moyen s'accroît si l'université propose beaucoup de formations en alternance souvent privilégiées par des étudiants beaucoup plus âgés et pour certains déjà dans la vie active et qui choisissent de reprendre leurs études.

Un autre intérêt de retenir l'âge comme critère est lié au fait qu'une université peut choisir d'accentuer sa stratégie marketing en direction d'un certain type d'étudiants, ceux rentrés dans la vie active depuis plusieurs années et qui pour l'occasion souhaite reprendre leurs études pour les compléter par un diplôme complémentaire comme un MBA Executive. Dans le même temps, le fait d'orienter une partie importante de la stratégie vers un public d'étudiants « seniors »[24] implique que l'université peut proposer une autre forme d'offre d'un point de vue technique, par exemple, les offres administrées en partie à distance voire totalement à distance. L'adaptation rendue nécessaire dans chaque université par l'irruption du COVID et le passage des cours totalement à distance dans la plupart des cas sont susceptibles de faire naître une nouvelle offre de formation complètement à distance, même si des modules de formation comme les MOOCS existent déjà et sont proposés par de nombreuses universités américaines à des salariés souhaitant se perfectionner, il s'agit ici de proposer de nouvelles formes d'enseignement qui seraient de nature à bouleverser la manière d'enseigner durant les prochaines décennies.

- *La taille du foyer ;*

Ce critère de segmentation est important dans la mesure où plus la taille du foyer est élevée notamment si les enfants se suivent en termes d'âge, plus les sommes potentielles que celui-ci devra mobiliser pour les frais d'inscription vont être importantes et pourraient se révéler alors un facteur dissuasif leur faisant préférer des universités ayant des frais d'inscriptions moindres.

Pour autant, en présence de foyers avec beaucoup d'enfants, il se peut qu'un des enfants du foyer fréquente déjà une université catholique et de fait, il serait susceptible alors d'influer sur les choix futurs de sa famille qui peut alors choisir d'y inscrire d'autres de leurs enfants.

§ 2.2) Les critères géographiques

Il existe une multitude de critères géographiques, mais dans le cas présent, nous nous focaliserons uniquement sur un critère : le lieu d'habitation de l'étudiant.

- *Le lieu d'habitation de l'étudiant* ;

Le lieu d'habitation des étudiants potentiels reste un critère de segmentation important dans la mesure où les universités peuvent avoir comme politique de recrutement, le fait d'avoir un grand nombre d'inscrit. Dans cette optique, on peut estimer qu'une prospection dans un champ géographique très large est susceptible d'attirer plus facilement un nombre d'étudiants élevés. Si l'on observe globalement les

[24] L'auteur considère les étudiants « seniors » comme étant ceux qui ont quitté l'université depuis plusieurs années et qui sont intégrés dans la vie professionnelle.

stratégies de recrutement des universités à travers le monde, on peut distinguer deux cas de figure : en premier lieu, le fait d'être une université prestigieuse et connue dans le monde entier pour sa réputation de qualité ; à l'inverse, le fait d'être une université ayant un rayonnement local ou au mieux national. Lorsque l'on examine la stratégie de recrutement d'une université au rayonnement international à l'instar des universités américaines de la Ivy League ou des universités catholiques comme Georgetown ou Louvain la Neuve, le lieu d'habitation à prendre en considération couvre l'ensemble du Globe dans la mesure où les meilleurs étudiants des cinq continents se poussent pour obtenir une place tant convoitée. Face à cette situation, une segmentation par continents est possible ou encore par grands pays développés en n'oubliant pas par ailleurs de prendre le pays d'accueil comme critère obligé. Dans le cas d'une université ayant un rayonnement national ou local, les critères de segmentation seront plus resserrés en commençant par la ville d'accueil, l'aire urbaine dans laquelle est située l'université, on peut étendre ensuite la segmentation au département ou à la région dans laquelle évolue l'université et pour finir en prenant en compte les autres régions du pays.

À titre d'exemple, les études marketings effectuées par l'auteur sur l'origine géographique des étudiants de la Faculté de Droit de l'Université Catholique de Lille depuis 2006 montre un recrutement important d'étudiants venant d'abord de Lille et de sa métropole et plus généralement des départements du Nord et du Pas de Calais, ce dernier étant voisin de celui du Nord pour l'occasion. En raison de la proportion significative d'étudiants venant d'Ile-de -France et de la proportion importante de bacheliers sur ce territoire, une antenne a été ouverte et aujourd'hui l'existence de cette antenne de la Faculté dans la proche banlieue parisienne à Issy-les-Moulineaux permet d'accueillir une proportion d'étudiants venant de Paris et de la Région Parisienne conséquente. Pour finir, le développement important des masters sur les deux antennes implique que le recrutement se fait maintenant à un niveau national voire international. Dans le cas d'une université ayant un fort recrutement local, la mise en exergue de l'argument de proximité peut constituer un élément central de sa communication, certains parents peuvent être rassurés d'inscrire leurs enfants dans un établissement peu éloigné de leur domicile pour l'occasion.

§ 2.3) Les critères socio-économiques

Les critères socio-économiques sont multiples et se partagent tantôt entre les critères économiques d'un côté et les critères sociaux auxquels on peut adjoindre les critères religieux.

- *Les revenus annuels des parents ;*

Le revenu annuel des parents constitue l'un des critères économiques essentiels, de nombreux travaux ont étudié l'influence des revenus annuels sur le choix d'inscrire leurs enfants dans tels établissements plutôt que tels autres, Ball, Davies, David et Reay (2002) ; Reay et alii (2002) , Holdsworth et Nind (2005). Pour notre part, si l'on se réfère à la théorie microéconomique du comportement du consommateur, on peut estimer que les dépenses d'éducation sont considérées comme des biens supérieurs qui augmentent plus vite que le revenu des ménages. Dans cette optique et en l'absence de systèmes de bourses généralisées , plus les revenus des ménages sont élevés plus ces ménages sont susceptibles d'inscrire leurs enfants dans des universités prestigieuses.

- *Les professions exercées par les parents ;*

Les professions exercées par les parents constituent un autre critère de segmentation important à relier en grande partie à leurs revenus annuels et par extension à leurs classes sociales d'appartenance. Dans le cas présent, nous nous concentrerons uniquement sur les professions exercées par les parents. D'une manière générale, les étudiants dont les parents occupent des catégories socioprofessionnelles appartenant aux classes sociales supérieures ont une probabilité plus forte de fréquenter les universités notamment les plus prestigieuses et payantes. À l'inverse, les catégories sociales les plus modestes enverront sans doute leurs enfants dans des établissements publics là où les frais d'inscription seront moindres.

Les études effectuées par l'auteur depuis 2006 sur les caractéristiques sociodémographiques des étudiants inscrits à la faculté de Droit de l'Université Catholique montre clairement d'une année à l'autre, la prédominance des étudiants dont les parents exercent les professions respectives de : chef d'entreprise ; professions libérales ; ingénieurs et cadres commerciaux.

À l'inverse , les enfants d'ouvriers et d'employés demeurent très minoritaires dans l'effectif global.

- *Les caractéristiques du lycée d'origine ;*

Les caractéristiques du lycée d'origine représentent un autre critère de segmentation important dans la mesure où l'on observe à travers le monde une certaine logique à s'inscrire dans les universités catholiques chez les lycéens fréquentant les lycées catholiques. Face à cette tendance, la plupart des universités catholiques orientent leurs activités de prospection vers leurs primos inscrits prioritairement dans les lycées catholiques. Il n'est pas interdit de penser que d'autres lycées privés, mais non confessionnels ou encore publics peuvent constituer une source intéressante. À titre indicatif, les études statistiques sur les inscriptions globales des primos inscrits pour l'ensemble des facultés de l'Université Catholique de Lille montrent que la proportion d'étudiants venant d'un lycée catholique représente la moitié des effectifs.

- *La religion de l'étudiant ;*

Prendre en compte la religion de l'étudiant n'aurait pas beaucoup de sens si l'on examinait le recrutement d'une université publique ou encore celui d'une université privée non confessionnelle, mais dans le cadre d'une université catholique, ce critère de segmentation prend tout son sens. Même si l'on évite le plus souvent de faire des études sur la religion d'un étudiant tant le sujet relève dans de nombreux pays du domaine purement privé , on peut estimer cependant qu'un étudiant appartenant à la religion catholique a une plus forte probabilité de s'inscrire dans une université catholique qu'un étudiant de religion juive ou musulmane ou affiliée à aucune religion. Cette tendance est peut-être moins prononcée chez les étudiants appartenant aux autres religions chrétiennes. Toutefois, l'auteur à travers ses cours enseignés au sein des multiples facultés a pu constater qu'une proportion non négligeable d'étudiants musulmans fréquentent l'université catholique depuis plus de 20 ans. Par ailleurs, les échanges réguliers qu'il a pu avoir avec de nombreux étudiants lui font penser que le facteur religieux n'est pas ou plus forcément un élément déterminant dans le choix de s'inscrire à l'université catholique.

- *La pratique religieuse ;*

Un peu à l'instar de la religion de l'étudiant, la pratique religieuse peut être un critère de segmentation intéressant pour développer une stratégie ciblée sur l'importance de l'offre religieuse par une université catholique. En effet, toutes les universités catholiques disposent d'une aumônerie et proposent un certain nombre d'activités en lien avec la religion , dans cette optique, on peut penser que les étudiants catholiques pratiquants réguliers seront plus enclins à choisir un établissement proposant ce type d'activités.

§ 2.4) Les critères de personnalité

De Baynast, Lendrevie et Levy (2017) mettent en lumière les travaux de certaines sociétés françaises comme SOCIOVISION qui dressent une liste de familles de français présentant un certain nombre de caractéristiques communes au niveau de la consommation. Si l'on estime qu'un étudiant appartient à un ménage et qu'il subit l'influence forte de ces parents, alors il nous semble judicieux de montrer dans quelle famille de français, on peut trouver des étudiants susceptibles de s'inscrire dans une université catholique en grand nombre.

1. Précaires Ecrasés

« Connaissant de grandes difficultés financières, ils vivent au jour le jour, dans l'inquiétude, dans la débrouille, sans espoir d'amélioration significative. La consommation et les loisirs sont sous contrainte budgétaire forte. Internet leur permet de rester en contact avec le monde et de dénicher les « bons plans » qui améliorent l'ordinaire ».

Ce type de famille n'apparaît pas de nature à envoyer l'un de ses enfants dans une université et encore moins dans une université catholique en raison du coût plus ou moins élevé des frais d'inscription et en raison d'une certaine frontière culturelle.

2. Conservateurs identitaires

« Très attachés aux valeurs de discipline et de respect de l'autorité, à la séparation traditionnelle des rôles homme/femme, ils craignent le déclin de la France et valorisent l'ancrage dans un territoire connu et dans un passé idéalisé. Préférant l'épargne à la dépense, se définissant comme « très économes », ce sont des consommateurs rationnels et circonspects ».

Ces familles très économes préféreront que leurs enfants s'inscrivent dans une université publique où la scolarité est gratuite, toutefois, leurs valeurs religieuses et conservatrices peuvent les inciter à changer d'avis pour l'occasion, une université catholique étant plus en phase avec leurs valeurs.

3. France Tranquille

« Adeptes d'une vie simple centrée sur le loyer et les proches, ils recherchent avant tout le confort d'un quotidien sans histoires et sans heurts, dans la routine et la conformité, tout en assurant l'avenir pour eux-mêmes et pour leurs enfants. Peu enclins à la dépense, ils mettent de côté de quoi « voir venir » et évitent les folies ».

Cette catégorie de famille envoie peu ses enfants dans une université catholique même si le choix d'assurer l'avenir de leurs enfants pourrait les faire changer d'avis en consentant une forme de sacrifice.

4. Consommateurs hédonistes

« Bien que peu aisés, ils voient et vivent la vie comme une fête. Optimistes, ils croient à la chance et en des lendemains meilleurs. Internet leur est indispensable pour consommer, s'amuser, tisser et maintenir les liens avec leur cercle social...et s'inventer d'autres vies ! »

À l'instar de la précédente famille, les enfants qui en sont issus ont très peu de chances de fréquenter un jour un établissement d'enseignement catholique à cause du coût principalement.

5. Intellectuels

« Chantres de la responsabilité citoyenne et de la justice sociale, ils ont à cœur d'œuvrer pour une société différente, libérée du joug des marchés financiers, de la dictature de la surconsommation et des inégalités inhérentes au système libéral. La défense de l'environnement est une de leurs principales batailles. Ils prônent et pratiquent l'alter-consommation. Les mots « logos » ; « marques » et « marketing » sont pour eux tabous. »

Bien que partageant un grand nombre de valeurs chrétiennes en théorie, le caractère politique plutôt orienté vers la gauche de l'échiquier rend peu probable l'inscription de leurs enfants dans une université catholique.

6. Bourgeoisie installée

« Sûrs d'eux-mêmes et de la position privilégiée que leur donne une grande aisance financière couplée à un niveau élevé d'éducation, fiers de leur réussite professionnelle et ou de la position qu'ils occupent dans la société, ils combinent énergie et exigence à une grande sérénité personnelle et beaucoup d'optimisme dans l'évolution de la société. Férus d'art, grands voyageurs et amateurs de cultures étrangères, fréquentant un large cercle social, ils sont ouverts à la diversité et l'art de vivre est leur maître-mot... »

Cette catégorie de famille a toutes les chances d'envoyer leurs enfants dans une université catholique dans la mesure où leur aisance financière leur permet de le faire, en même temps que leur niveau d'éducation élevée les pousse à rechercher des établissements de qualité.

7. Performers

« Dopés à la performance, ils mettent leur inépuisable énergie au service d'un but premier : réussir socialement et matériellement. Impatients, ils sont adeptes de la vitesse, de l'instantané, du multitasking, de la multi-connection, prêts à tout pour ne pas perdre une minute. Friands de publicité, ils recherchent en permanence les dernières nouveautés qui montreront à tous qu'ils ont du goût et des moyens. »

Ces familles seraient susceptibles d'envoyer leurs enfants au sein d'une université catholique pour deux raisons : d'abord s'ils estiment qu'une université catholique de par sa réputation peut assurer par la suite une réussite matérielle et sociale, ensuite si elles estiment qu'une université à une capacité d'innovation supérieure aux autres établissements.

8. Combatifs

« Malgré leurs difficultés financières, ils continuent de se battre et d'espérer et sont convaincus de recueillir un jour prochain le fruit de leurs efforts. Ils pensent que la compétition est une composante nécessaire et positive de la vie. Ces adeptes de la débrouille préfèrent l'épargne à la dépense inconsidérée, mais savent aussi se faire plaisir à l'occasion en investissant dans quelques marques connues ou prestigieuses. »

En raison de leurs difficultés financières, il apparaît peu probable que ces familles envoient leurs enfants dans des universités catholiques même si le fait de se faire plaisir peut les inciter à sauter le pas pour l'occasion.

9. Néo-Bourgeois

« Souvent héritière d'un capital économique, social et culturel important, diplômée, entreprenante, créative, cette nouvelle élite est convaincue d'œuvrer pour rendre la société plus innovante. Cosmopolites, leur grande habileté sociale, qui leur permet de manier le politiquement correct et de se fondre partout dans les normes et codes sociaux...tout en se revendiquant totalement singuliers ! »

Cette catégorie de famille est susceptible de par leurs moyens d'envoyer leurs enfants dans les universités catholiques surtout si celles-ci sont innovantes et ouvertes sur le monde.

10. Passionnés créatifs

« Qu'il s'agisse de musique, d'art plastique ou de réparation de voitures américaines de collection. Ils ont voué leur vie à un domaine qui cristallise leur énergie et leur pouvoir de création. Leur vie sociale, très riche et variée, ne se centre pas sur le succès matériel ou la reconnaissance du plus grand nombre. Pour eux, la consommation sera alternative ou ne sera pas : prix bas et proximité pour les secteurs non investis ; circuits chuchotés et marques connues de quelques initiés pour leurs passions. »

Cette catégorie apparaît peu susceptible d'inscrire leurs enfants dans une université catholique sauf si cette dernière apparaît très innovante en proposant des formations originales.

Section 3 : La typologie appliquée au marché universitaire

Si la segmentation constitue une méthode intéressante, une deuxième méthode peut être aussi très utile, c'est le cas de la typologie. Richard-Lanneyrie (2015) la définit comme « une méthode qui se base sur le type intrinsèque des individus et qui part des unités pour les regrouper en ensembles homogènes en conduisant ainsi à la construction des segments très pertinents ». Par ailleurs, Richard-Lanneyrie (2015) constate que les segments sont difficilement identifiables et qu'ils ont des frontières floues. Cette méthode est utilisée pour isoler des critères d'attitudes et de comportements.

Un exemple de typologie nous ait donné par le profil des étudiants qui s'inscrivent en Faculté de Droit au sein de l'Université Catholique de Lille, après en avoir exposé la méthodologie, nous ferons apparaître les différentes catégories issues d'une analyse typologique. Cette typologie s'appuie pour l'occasion sur deux paramètres : le choix d'un parcours en particulier et le souhait d'exercer une profession à la fin de leurs études. Dans le cas présent, on peut dresser la typologie suivante en faisant référence pour l'occasion à un jeu que nous avons connu tous en tant qu'enfant, le jeu des sept familles, voilà quelles sont les sept familles des étudiants de la Faculté de Droit de l'Université Catholique de Lille[25].

- Famille numéro 1 : « Les héritiers » :

Cette première famille est composée d'étudiants souhaitant exercer une profession réglementée (avocat, notaire, huissier, commissaire-priseur et magistrat). On choisit de les appeler les « héritiers », car pour un certain nombre d'entre eux, ils ont des parents exerçant déjà ce type de profession.

Les formations susceptibles de les accueillir au sein d'une faculté de droit sont essentiellement des formations orientées vers le droit privé, accessoirement le droit des affaires ou le droit public par rapport au fait de passer ensuite le concours d'avocat .

- Famille numéro 2 : « Les hybrides » :

Cette deuxième famille est composée d'étudiants souhaitant faire du Droit tout en élargissant leur champ de compétence à un autre domaine, par exemple, la gestion d'entreprise en particulier. Ces étudiants auront tendance à choisir comme matières optionnelles, des cours d'économie, de comptabilité, de marketing ou de gestion des ressources humaines.

Les formations susceptibles de les accueillir au sein d'une faculté de droit sont essentiellement des formations en droit des affaires, en droit et gestion des ressources humaines ou en droit fiscal.

- Famille numéro 3 : « Les fonctionnaires en herbe »

Cette troisième famille se compose d'étudiants souhaitant exercer une activité dans l'administration (police, gendarmerie, armée, autres).

Les formations susceptibles de les accueillir au sein d'une faculté de droit sont essentiellement les formations orientées vers le droit public ;

- Famille numéro 4 : « Les indécis »

On retrouve dans cette quatrième famille, tous les étudiants qui n'ont pas d'idées précises de leur avenir professionnel au moins pendant les deux premières années, ils se sont souvent inscrits en Droit pour de multiples raisons , on peut citer respectivement : le fait d'avoir un parent ayant effectué des études de droit, le côté pluridisci-

---

[25] Cette typologie a été rendue possible à travers les études de l'offre de formation de la Faculté de Droit au sein de laquelle l'auteur enseigne, les observations des comportements des étudiants par l'auteur ont permis d'apporter des éléments supplémentaires.

plinaire de la formation, le fait d'avoir fréquenté un établissement de l'enseignement secondaire privé, etc.

Toutes les formations offertes par une faculté de droit et celles qui vont se créer à l'avenir seront de nature à les accueillir ;

- Famille numéro 5 : « Les politologues juristes »

Cette cinquième famille se compose pour l'occasion des étudiants inscrits dans un parcours droit sciences politiques, ce sont des étudiants intéressés par les questions politiques nationales et internationales, mais pas forcément doués pour les langues étrangères. Ce sont des étudiants qui pour certains passeront des concours administratifs ou pour d'autres deviendront assistants-parlementaires, par exemple.

Les formations offertes par une faculté de droit qui seraient susceptibles de les accueillir sont des formations orientées vers le droit public ou des masters mêlant à la fois le droit public et les sciences politiques ;

- Famille numéro 6 : « Les juristes internationaux »

Cette sixième famille se compose des étudiants ayant choisi une licence de droit européen, ce sont des étudiants attirés par le droit et souhaitant le plus souvent exercer des fonctions à l'international comme haut fonctionnaire ou comme juriste, ils présentent la particularité de maîtriser parfaitement les langues étrangères, les formations de second cycle qui s'appuient sur un poids important des langues en même temps que le droit international des affaires ou du droit public ;

- Famille numéro 7 : « Les politologues internationaux »

Cette septième et dernière famille se compose des étudiants ayant choisi les formations orientées vers la politique internationale. Ces étudiants présentent la particularité d'être attirés par les carrières internationales orientées vers l'administration, les formations orientées vers la géopolitique, les relations internationales et le droit international public seraient susceptibles de les accueillir en second cycle.

Ayant mis en évidence les techniques permettant de mieux connaître le marché de l'université, il apparaît maintenant important de mieux cerner la personnalité des étudiants que nous accueillons depuis quelques années et que nous accueillerons encore pendant au moins une décennie dans nos établissements, ce que l'on qualifie habituellement de génération Z.

CHAPITRE 8 : ANALYSE DU COMPORTEMENT DE LA GÉNÉRATION Z

Les étudiants qui fréquentent actuellement nos universités sont nés pour la plupart entre 1996 et 2004, ces étudiants ont certaines caractéristiques personnelles qui les conduisent à adopter des attitudes dans une multitude de domaines de leur vie quotidienne. Connaître les comportements de cette génération est indispensable aux responsables de la mise en œuvre des politiques marketings au sein des universités dans la mesure où elle permet de mieux adapter l'offre universitaire à une demande des étudiants qui ne ressemble plus tout à fait à celle des étudiants appartenant aux précédentes générations. Dans une première section, nous examinerons les caractéristiques de la génération actuelle d'étudiants que l'on connaît sous le vocable de génération Z. Dans une deuxième section, nous mettrons en lumière les comportements spécifiques des étudiants de la génération Z dans le milieu universitaire. Pour finir , dans une troisième et dernière section, nous mettrons en lumière, les comportements des étudiants de la génération Z dans le milieu professionnel.

Section 1 : Les caractéristiques générales de la génération Z

De très nombreux travaux ont porté récemment sur la génération Z, on peut citer notamment ceux de Gentina (2015) , Simard (2016), Ollivier et Tanguy (2017) et Batat (2017). La plupart de ces ouvrages ont comme point commun de définir au préalable la notion de génération , de mettre en avant ensuite les points communs qui caractérisent les différentes générations. Dans un premier temps, nous définirons le concept de théorie générationnelle, dans un deuxième temps, nous mettrons en avant les caractéristiques de la génération Z.

§ 1.1) Le concept de théorie générationnelle :

Pendergast (2010) définit la théorie générationnelle comme celle qui permet de comprendre et de déterminer les cohortes des personnes en fonction de leur appartenance à une génération définie objectivement selon le critère d'année de naissance. Le concept de génération est déjà relativement ancien puisqu'il date du début des années 1950 à travers les travaux du sociologue Mannheim (1952) qui fut le premier à établir une relation entre le lien qui construit une génération (le fait d'être né dans la même période) et l'unité de chaque génération. À partir des travaux de Mannheim, Ollivier et Tanguy (2017) mettent en avant trois grands principes :

- « une génération, c'est un groupe d'individus qui partagent, dans un contexte économique et social donné, la même histoire » ;
- « chaque génération est « marquée » pour la vie par les expériences initiatrices vécues au temps de sa jeunesse (20 ans). L'impact est d'autant plus important que les ruptures sont fortes » ;
- « elle reçoit en héritage les valeurs transmises de ses ainés (assimilation, répulsion) » ;

Ayant pris en considération ces grands principes rattachés aux générations, Gentina (2015), Simard (2016), Ollivier et Tanguy (2017) et Batat (2017),bien qu'ils divergent très légèrement sur le bornage chronologique de chaque génération, ils estiment que quatre générations se sont succédé depuis la Seconde Guerre mondiale :

- *La génération du baby-boom (1946-1964) ;*

Cette génération correspond parfaitement à celle étant née après la guerre jusqu'au milieu des années 1960. Cette génération a connu la croissance, l'absence de chômage et la révolution des mœurs, la société de consommation et l'accès massif à l'enseignement supérieur. Beaucoup plus que leurs ainés, les « baby-boomers » ont connu une évolution professionnelle qui leur a permis de dépasser le statut social de leurs parents. Dans le même temps, cette génération a connu le choc de Mai 1968 qui a bouleversé beaucoup de choses en créant une forme de « monde nouveau » marqué par plus de libertés et la disparition d'une certaine forme d'autoritarisme des parents envers leurs enfants. Pour finir, Mai 1968 a indéniablement conduit à la montée en puissance d'une génération créative, indépendante et audacieuse pour l'occasion.

- *La génération X (1965-1979) ;*

La génération X est la première génération qui a grandi avec la crise économique avec pour conséquence une augmentation importante du chômage et une absence de débouchés automatiques à la sortie du système scolaire et universitaire à l'inverse de la génération précédente. Dans le même temps, cette génération a grandi en subissant pour beaucoup le divorce de leurs parents, la perte progressive de certaines valeurs que l'on pourrait qualifier de conservatrices si on se place dans le contexte du début des années 2020. Le poids de l'église et le fait de vivre dans une famille unie s'affaiblissent au fur et à mesure des années. Dans le même temps, cette génération a été confrontée à l'apparition du SIDA, à la dégradation de l'environnement et à l'apparition du terrorisme. Pour finir, la génération X a vu l'irruption progressive de l'informatique sans que cela affecte considérablement sa manière d'apprendre, mais plutôt sa manière de restituer ses travaux universitaires.

- *La génération Y (1980-1995) ;*

Cette génération présente un certain nombre de points communs avec la génération précédente dans la mesure où elle a été confrontée aux mêmes problèmes sociétaux, mais avec une certaine amplification. C'est une génération qui découvre Internet pour ceux nés dans les années 1980 les conduisant ainsi à modifier progressivement leur méthode d'apprentissage. Pour finir, on appelle parfois la génération Y, la génération « pourquoi » qui se caractérise par une remise en cause d'un certain nombre de valeurs en même temps que les contraintes qu'on leur impose. Il apparaît également que cette génération est impatiente et en rupture par rapport aux comportements des générations précédentes.

- *La génération Z (1996-2021) ;*

On l'appelle parfois la génération « millénium », mais le plus souvent on l'appelle « la génération digitale native » dans la mesure où les jeunes étant nés durant cette période vont grandir avec Internet et les nouvelles technologies. Bien que cette génération présente certains points communs avec la génération Y dans la mesure où elle est confrontée aussi aux mêmes problèmes sociétaux, mais qui s'amplifient pour certains notamment au regard du terrorisme, du chômage de masse persistant et du réchauffement climatique.

Ayant mis en évidence la théorie générationnelle, il convient de mettre en lumière un certain nombre de traits qui caractérisent l'actuelle génération Z qui fréquente actuellement nos établissements.

§ 1.2) Les caractéristiques de la génération Z :

Ollivier et Tanguy (2017) et Batat (2017) mettent en évidence un certain nombre de caractéristiques spécifiques concernant la génération Z. Dans cette optique, on admet aujourd'hui que les étudiants appartenant à la génération Z sont :

- *Hyperconnectés ;*

Comme nous venons de le souligner, la génération Z est celle qui est née en même temps que le développement d'Internet et la généralisation à l'ensemble des populations de la possession du téléphone portable y compris dès le début de la phase d'adolescence. La conjonction de ces deux phénomènes implique que l'étudiant modifie considérablement son accès à la connaissance en même temps que dans sa manière de communiquer. Tout d'abord, l'étudiant du début des années 2020 se trouve confronté à un volume d'informations tellement important que l'on parle d' «infobésité », ce qui a pour conséquence qu'ils ont du mal à gérer l'ensemble des données et par conséquent à en faire une analyse correcte les entrainant à ne pas distinguer correctement l'essentiel de l'accessoire. Dans un deuxième temps, le développement d'Internet s'est accompagné également du développement des réseaux sociaux qui se sont multipliés depuis une quinzaine année ce qui a entrainé une adhésion et une utilisation massive des étudiants à ces mêmes réseaux, la peur de rater quelque chose que l'on connaît sous l'acronyme FOMO : « Fear of Missing Out » amplifient encore cette tendance. L'abondance d'information apparaît de nature à brouiller l'esprit des étudiants lorsqu'il s'agit pour eux de faire un choix, on peut rajouter en outre que les informations qui y circulent sont souvent contradictoires et parfois fausses. Dans un troisième temps, l'utilisation massive du portable contribue encore plus à rendre les étudiants addictifs aux nouvelles technologies numériques, il suffit d'observer ces étudiants quotidiennement pour voir que leur téléphone portable ne les quitte jamais même dans les salles de cours et en dehors des salles. Le développement des smartphones qui n'ont plus rien à voir en termes de fonctionnalité avec les premiers téléphones portables rend encore plus facile l'accès à l'information chez n'importe quel étudiant, quels que soient les endroits où ils se trouvent ce qu'un ordinateur ne permet pas. Pour finir, la conjonction de ces trois éléments implique un quatrième élément que l'on appelle le « multitasking » et que l'on peut définir comme le fait de faire plusieurs choses en même temps, par exemple suivre un cours et twitter en même temps avec son collègue resté chez lui, Rosen (2008).

- *Ultrainstantanés ;*

La deuxième caractéristique des étudiants appartenant à la génération Z est celle de l'ultrainstantanéité. Il peut apparaître difficile au premier abord de définir précisément ce que l'on entend derrière ce terme pourtant il est en lien direct avec l'hyperconnectivité que l'on vient de décrire. L'utilisation massive d'instruments d'accès à l'information et l'absence de recul par rapport à son nécessaire traitement impliquent que l'étudiant peut parfois surréagir par rapport à ce qu'il apprend sans que cela corresponde à la réalité. Si l'on dépasse le simple fait du lien avec les technologies existantes et que l'on se place d'un point de vue comportemental alors l'instantanéité se traduit parfois par une expression à propos des jeunes : « ils veulent tout et tout de suite !». On observe souvent le fait que les étudiants ne laissent pas forcément du temps au temps ce qui implique qu'il faut savoir attendre parfois un peu pour obtenir ce que l'on désire.

- *Culture du zapping ;*

Le troisième élément est lié au fait que l'étudiant actuel a souvent tendance à passer facilement d'une tache à l'autre en même temps qu'il peut en accomplir plusieurs comme on l'a déjà souligné par ailleurs. Si le zapping pouvait être considéré comme étant une qualité dans le sens où face à une multitude de tâches à accomplir, l'étudiant peut les accomplir assez rapidement, toutefois toute médaille a son revers, car le zapping peut signifier qu'aucune tâche n'est accomplie correctement. Dans le même temps, pour le responsable marketing d'une université catholique, le fait d'avoir des étudiants ayant la culture du zapping implique un risque plus important d'en perdre d'une année à l'autre, mais surtout d'un cycle à l'autre dans la mesure où les étudiants ont plus facilement le besoin d'aller voir si « l'herbe est plus verte ailleurs ».

- *Partage et collaboration ;*

Ce quatrième élément caractérise spécifiquement la génération Z dans la mesure où le développement des techniques numériques permet les échanges et favorise également le partage. L'utilisation des sites Blablacar et RBNB notamment renforce ces échanges, on partage la même voiture en optant pour le co-voiturage, de la même manière, on opte facilement pour la collocation avec des étudiants que l'on ne connaît pas forcément au préalable. Dans le même temps, la multiplication des échanges facilitée par les moyens de communication conduit beaucoup plus facilement les étudiants à collaborer entre eux, on le constate lorsqu'ils ont des travaux à rendre et qu'ils doivent se répartir les tâches à accomplir.

- *Équilibre vie professionnelle et personnelle ;*

L'équilibre entre la vie professionnelle et personnelle est une autre des caractéristiques marquantes de la génération Z. En effet, on pouvait observer au cours des décennies précédentes, des millions d'individus qui ont accepté de travailler parfois très tard parce qu'on leur avait confié une tâche à accomplir, mais qu'ils l'on fait au détriment de leur vie de famille en se traduisant par une augmentation des divorces et par une éducation chaotique de leurs enfants. La génération actuelle semble moins accepter ce genre de situation, cela ne veut pas dire qu'elle répugne à travailler intensément, mais en ne négligeant pas pour autant leurs loisirs et leur bien-être. Il pourrait être intéressant d'observer à l'avenir l'évolution du nombre de divorces et de la comparer avec les périodes précédentes[26].

- *Goût pour l'entrepreneuriat et la création ;*

Le goût pour l'entrepreneuriat et la création est une autre caractéristique des étudiants de la génération Z, on constate que le nombre d'étudiants qui créent leurs entreprises après la fin de leurs études apparaît plus important que lors des décennies précédentes où un étudiant sortant du système universitaire cherchait d'abord à occuper de bons postes dans des entreprises prestigieuses. Le goût pour l'entrepreneuriat est corrélé étroitement avec une appétence pour la création chez les étudiants actuels, on le constate lorsque l'on met en

---

[26] À titre indicatif, on observe depuis de nombreuses décennies une proportion de divorces beaucoup plus importantes dans la région Île-de-France que partout ailleurs en France, un mariage sur deux se termine par un divorce pour un mariage sur trois pour le reste de la France, il faut noté que la Région Île-de-France concentre un très grand nombre d'activités notamment tertiaires.

place des cours qui obligent les étudiants à faire preuve d'imagination en étant particulièrement actif. À titre indicatif, certains enseignants au sein des facultés de l'Université Catholique de Lille ont expérimenté de nouvelles méthodes pédagogiques reposant sur une rupture avec les cours magistraux classiques autrefois enseignés, ces nouveaux cours obligent parfois les étudiants à imaginer des solutions face à une multitude de scénarios proposés. Cette tendance s'observe de plus en plus et on peut le penser s'amplifiera dans le futur.

- *Hédonisme ;*

D'un point de vue philosophique, toutes les générations sont disposées à rechercher le plaisir sous toutes ses formes dans la mesure où il entre en ligne de compte dans le bien-être individuel, la génération Z n'est pas différente des autres dans ce domaine, mais l'on peut estimer que cette recherche des plaisirs de la vie y occupe une place plus importante. Les générations précédant la génération Z sont parfois déconcertées par les attitudes que l'on peut observer aux alentours des campus que ce soient dans les résidences universitaires et dans les immeubles attenants au campus. On peut constater certains comportements extrêmes dans ce que l'on pourrait qualifier de « distractions », par exemple, le fait de faire du bruit, d'écouter de la musique à fond jusqu'à une heure tardive au risque de susciter la colère des voisins, le fait de boire jusqu'à terminer ivre mort au point parfois d'être verbalisé par les forces de l'ordre. On pourrait continuer cette description en citant des détails liés à la vie personnelle de certains étudiants, mais ils ne nous apporteraient pas d'éclairages supplémentaires sur leurs comportements en lien avec la poursuite d'études.

- *La quête d'employabilité ;*

La quête d'employabilité a toujours été une caractéristique des générations depuis la fin de la guerre, le souhait d'occuper un emploi intéressant et bien rémunéré qui leur permettrait d'atteindre un statut social supérieur à celui de leurs parents demeure aujourd'hui encore une constante du comportement des jeunes. On peut noter toutefois que la dégradation du marché de l'emploi qui reste marqué par une aggravation du chômage notamment chez les moins de 25 ans et l'existence d'un chômage qui existe également chez de nombreux diplômés pousse les jeunes à mieux sélectionner leurs formations. Ainsi, les écoles d'ingénieurs et les écoles de commerces ainsi qu'un certain nombre de formations de seconds cycles réputées pour leur fort taux de placement restent privilégiées plus que tous les autres par les jeunes. Dans le même temps, au sein des formations suivies , on constate que les étudiants privilégient de plus en plus les formations en alternance ou celles qui offrent la possibilité de faire des stages relativement longs, ces deux exemples contribuent à mieux préparer les étudiants à entrer dans le monde professionnel.

- *Lucidité et pragmatisme ;*

L'accès à une grande quantité d'informations à travers les réseaux sociaux conduit les étudiants à ne pas se faire d'illusions inutiles sur leur avenir, sans forcément sombrer dans le mélancolisme ni dans le catastrophisme, les jeunes commencent à prendre conscience qu'ils ont de fortes chances de ne plus forcément avoir un statut social plus élevé que leurs parents et qu'ils devront sans doute travailler pendant 43 ou 44 ans contre un peu plus de 41 ans en moyenne. Si l'on rajoute à cela, le fait de compter sur des retraites sans doute plus faibles, alors on peut comprendre pourquoi cette génération est plus lucide. Si l'on se penche à présent sur le pragmatisme dont ferait preuve les jeunes de la génération Z, on peut estimer qu'il y a un lien étroit entre leur lucidité et leur pragmatisme et le fait de devoir faire face à de nombreux défis présents et futurs qui les conduit à s'adapter plus facilement aux difficultés existantes. Pour finir, on considère aujourd'hui que la jeunesse actuelle peut être qualifiée de « débrouillarde » ce qui n'est pas très éloigné du pragmatisme pour l'occasion.

- *Exigence d'être traité d'égal à égal ;*

L'exigence d'être traité d'égal à égal constitue une posture de la génération actuelle qui la rend particulièrement spécifique si on la compare aux autres générations. D'une manière générale, les trois générations qui se sont succédé depuis la fin de la Seconde Guerre mondiale ont accepté le fait qu'ils devaient toujours écouter et obéir à leurs ainés avant et après leur entrée dans la vie active. Avec la génération Z, le schéma change dans la mesure où celle-ci n'accepte plus ce lien de domination, même si cela ne se traduit pas forcément par une rébellion manifestée, mais par une sorte de mal-être qui s'installe et que les générations précédentes n'appréhendent pas forcément.

- *Souci de sa propre image ;*

À l'heure où l'on parle de communication globale ! À l'heure où tous les jeunes surfent tous les jours sur les réseaux sociaux ! La notion d'image personnelle apparaît fondamentale chez les jeunes sans que ces derniers aient toujours conscience de bien l'utiliser et la mettre en valeur. Lorsque l'on prend le temps d'examiner les réseaux sociaux à commencer par Facebook , on peut juger assez bien de la personnalité d'un jeune à travers les photos qui sont affichées, même si on pourrait nous rétorquer que cela présente un caractère subjectif, certaines photos en disent assez long sur certains traits de leur personnalité. Une certaine inconscience chez les jeunes les conduit souvent à négliger les aspects potentiellement négatifs de leur présence sur les réseaux sociaux ce qui est de nature à ternir alors leurs images auprès des futurs recruteurs potentiels.

- *Multiplicité des expériences de vie ;*

Pour conclure sur les traits généraux de la génération Z, la multiplicité des expériences de vie constitue une autre de leurs caractéristiques dans la mesure où les jeunes sont beaucoup plus mobiles et susceptibles de découvrir de nouvelles expériences. Cela se matérialise d'abord par un plus grand engagement dans la vie associative ; par une découverte plus précoce des séjours à l'étranger et par une mobilité dans ces mêmes pays plus importante dès le lycée et encore plus à l'université. Pour certains, il s'agira d'occuper très jeune des postes sans grande responsabilité, mais qui leur permettront d'être confrontés à certaines réalités du monde du travail.

Après avoir examiné les grandes lignes qui caractérisent l'actuelle génération Z, il convient maintenant de s'attarder plus précisément sur les caractéristiques des étudiants de la génération Z.

Section 2 : Les comportements de la génération Z au sein de l'université

En raison du nombre encore faible d'étudiants ayant fréquenté l'université, il existe peu d'études d'envergure sur le comportement de ces derniers au sein des établissements de l'enseignement supérieur. Dans cette optique, nous nous appuierons sur deux contributions, pour commencer celle d'une professeure en marketing et en management en premier cycle universitaire qui a apporté un témoignage personnel[27], dans un deuxième temps sur les observations de l'auteur lui-

[27] Les points importants qui sont retranscrits dans le premier paragraphe sont issus des propos de Corinne Grassagliata qui enseigne en premier cycle universitaire, son témoignage a été

même confronté quotidiennement à plusieurs centaines d'étudiants qui suivent à la fois des cursus en premier et en second cycle au sein de la Faculté de Droit de l'Université Catholique de Lille.

§ 2.1) Le comportement des étudiants de la génération Z à travers le prisme d'une enseignante du premier cycle.

Corinne Grassagliata met en évidence un certain nombre de points qui caractérisent le comportement de l'actuelle génération Z lorsqu'elle évolue dans l'enseignement supérieur.

- *Perte d'habitude de faire des efforts ;*

L'une des premières caractéristiques des étudiants de la génération Z réside dans le fait qu'ils consentent beaucoup moins que leurs ainés à faire des efforts alors que la réussite dans un cursus universitaire passe nécessairement par ce type de sacrifice. L'irruption d'Internet et l'accès facile à une grande quantité d'informations ont indéniablement contribué chez les étudiants à limiter leurs recherches en bibliothèque, leur envie de lire des notes en même temps que des livres. La conjonction de ces facteurs a fini à la longue par modifier leur comportement apprenant, mais qui trouve en fait sa source bien en amont dès le collège où cette tendance est déjà pointée.

- *Obligation de répéter plusieurs fois la même chose ;*

Une autre conséquence de l'utilisation des technologies numériques provoquerait une moins grande capacité à mémoriser les multiples informations auxquelles les étudiants sont confrontés quotidiennement, de fait, l'enseignant est obligé de répondre plusieurs fois à la même question posée que ce soit de manière orale ou par mail avant que leur cerveau finisse par le capter et le mémoriser.

- *Information disponible partout et mémorisation rendue inutile ;*

Toujours dans le même ordre d'idée, à partir du moment où l'information est accessible très facilement et surtout de manière instantanée à travers l'utilisation massive des smartphones, il n'apparaît plus utile dans l'esprit des étudiants de prendre la peine de mémoriser une information, « on a oublié quelque chose, qu'à cela ne tienne, on pianote sur le smartphone ou sur l'ordinateur et le tour est joué ! »

---

recueilli par Ollivier et Tanguy (2017) dans leur ouvrage *Générations Y § Z, Le grand défi intergénérationnel*, page 30 et 31.

- *Progression naturelle et normale jusqu'au baccalauréat, mais survenance de problèmes lorsque l'on arrive à l'université ;*

Une tendance que l'on avait pu déjà observé depuis plusieurs décennies et qui avait en partie caractérisé la génération Y est liée au fait qu'aujourd'hui les redoublements dans l'enseignement secondaire ont quasiment disparu et qu'un jeune qui entre au collège parvient sans encombre jusqu'à l'obtention du baccalauréat. À première vue, cela pourrait apparaître comme un progrès et une bonne chose tant les redoublements redoutés chaque année par les générations précédentes pouvaient être très mal vécus par eux. Dans un second temps, on voit poindre un effet pervers dans la mesure où un certain nombre de lycéens en passant à travers les mailles du filet n'ont manifestement pas le niveau requis pour réussir à l'université, cette dernière étant restée très exigeante quant au niveau demandé à chaque étudiant, ce qui conduit à un taux d'échec important en première année d'étude.

- *Une rentrée dans la vie active qui peut se révéler problématique ;*

Si l'accès à l'enseignement supérieur ne se fait pas sans mal comme nous venons de le souligner, il apparaît que l'entrée dans la vie professionnelle pourrait se révéler encore plus compliquée pour certains étudiants dans la mesure où les contraintes sont encore plus importantes lorsque l'on intègre une entreprise ou une autre organisation, les relations avec les supérieurs notamment et l'obligation de se soumettre à certaines injonctions sont un passage nécessaire que les jeunes diplômés ont sans doute plus de mal à accepter.

- *Le visuel comme mode de communication dominant au détriment de l'écriture et de la lecture ;*

Cet élément est essentiel lorsque l'on veut caractériser les étudiants de la génération Z dans la mesure où l'écriture et la lecture semblent devenues au fil des ans des contraintes beaucoup plus que des opportunités dans l'esprit de ces étudiants. Alors que les générations précédentes lisaient et écrivaient naturellement , l'irruption des TIC et leur utilisation massive par les étudiants semblent amplifier l'importance du visuel. Sans paraphraser un célèbre slogan destiné à faire vendre un magazine comme Paris-Match qui affirmait haut et fort : « le poids des mots, le choc des photos ! », il apparaît évident que les étudiants actuels sont beaucoup plus sensibles à l'aspect visuel des choses que leurs ainés.

- *Apprendre devient plus difficile ;*

Si l'on admet comme une évidence le fait que le visuel prédomine dans l'esprit des étudiants, on peut alors penser que les méthodes classiques d'enseignement sont aujourd'hui inadaptées aux dispositions intellectuelles des étudiants et qu'il faut s'orienter progressivement vers des méthodes alternatives d'enseignements dans un sens à la fois plus participatif et plus interactif.

- *Difficulté à contextualiser une situation et problème de restitution des données ;*

Cette autre observation constatée par l'enseignante du premier cycle n'est que la suite logique de ce que l'on a pu mettre en évidence dans les lignes précédentes. Le désintérêt pour la lecture, la priorité donnée au visuel et l'abondance d'informations impliquent que les étudiants ne savent pas toujours distinguer l'information pertinente de celle qui ne l'est pas. Plus grave encore, ils éprouvent des difficultés à relier l'information obtenue en la replaçant dans son contexte ce qui les conduit parfois à présenter des données qui ne permettent pas d'éclairer l'enseignant et de répondre à ses attentes.

- *Difficulté de concentration et passage trop rapide d'une information à l'autre ;*

L'abondance d'informations que l'on qualifie familièrement d'infobésité finit par perturber en partie le cerveau des étudiants actuels en influant fortement sur leur concentration qui finit par diminuer sensiblement. Le fait que l'on passe trop rapidement d'une information à une autre implique que l'on ne prend pas le temps nécessaire d'analyser chacune des informations obtenues. Ce défaut d'analyse se ressent particulièrement dans la remise de certains travaux écrits où l'on fait souvent le reproche aux étudiants d'être trop superficiels.

- *Mauvaise hygiène de vie ;*

Une dernière caractéristique observée chez les étudiants de la génération Z a pour cadre leur hygiène de vie. On estime en effet que les étudiants d'aujourd'hui se caractérisent beaucoup plus que leurs ainés par des comportements qui à la longue peuvent faire courir des risques pour leur santé. Même si chaque génération d'étudiants a profité de cette phase un peu insouciante de sa vie pour goûter à toute une série de plaisirs (alcool, tapage nocturne, activités sexuelles débridées), il semblerait que cette tendance s'observe encore plus chez les jeunes d'aujourd'hui. Bien que le tabac ou la consommation de drogues ne semblent plus être une préoccupation aussi forte que par le passé et bien que des pratiques addictives soient toujours constatées, c'est plutôt vers la consommation excessive d'alcool que le problème semble par ailleurs se déplacer. On constate en effet que beaucoup d'étudiants qu'ils soient filles ou garçons ont tendance à s'enivrer un peu trop facilement au point parfois de frôler le coma éthylique. Si l'on rajoute à cela, une mauvaise alimentation parfois trop centrée sur l'absorption de sandwichs, de hamburgers et de pizzas, si l'on prend en compte le fait que les étudiants pour la plupart n'ont pas une quantité suffisante d'heures de sommeil alors les problèmes de manque de concentration et de défauts d'analyse ne manquent pas de s'amplifier encore.

Ayant mis en exergue, les comportements issus d'une observation quotidienne des étudiants évoluant en premier cycle d'études supérieures, il apparaît intéressant d'englober à cette première étude, l'observation des comportements des étudiants fréquentant un second cycle universitaire, tel est l'objet du paragraphe suivant.

§ 2.2) Les caractéristiques des étudiants vues à travers le regard de l'auteur :

Exerçant la profession d'enseignant à l'université depuis maintenant trente ans, l'auteur a enseigné à la fois en premier et en second cycle universitaire au sein de différentes facultés de l'Université Catholique de Lille, les constations récentes qu'il a pu faire sur le comportement de ces étudiants sont nuancées tantôt positives, tantôt négatives, ainsi certaines tendances transparaissent :

- *Génération particulièrement dynamique et capable de se mobiliser fortement pour trouver un stage en adéquation avec leur projet professionnel :*

Le premier trait de caractère observé par l'auteur réside dans le fait que les étudiants de la génération Z sont particulièrement dynamiques surtout lorsqu'il s'agit pour eux de décrocher de bons stages qui leur permettront de rentrer plus facilement dans la vie active. À partir du moment où ils utilisent aisément Internet, ils sont plus à même de chercher et de trouver une offre intéressante, cette recherche s'accompagne dans le même temps d'une mise en valeur de leur CV et de leur lettre de motivation qu'ils ont fini par peaufiner personnellement ou en ayant suivi des ateliers dédiés à la rédaction de ces deux documents indispensables à la recherche d'un stage.

- *Génération particulièrement impliquée dans la vie associative ;*

Une autre caractéristique des étudiants d'aujourd'hui se matérialise par un engagement conséquent dans la vie associative. En effet, pour beaucoup d'entre eux, l'association est un moyen supplémentaire de nouer des contacts, de partager des moments de convivialité et aussi d'exercer quelques responsabilités qui ne peuvent qu'apporter un plus sur leur CV au moment des entretiens d'embauche. La nature des associations d'accueil est multiple, toutefois les associations en lien avec les problèmes actuels de la société sont de plus en plus fréquentées de la même manière que les associations qui organisent de nombreuses conférences sont aussi privilégiées.

- *Génération capable de faire preuve d'une grande adaptation en fonction du contexte :*

Une autre particularité des étudiants de l'actuelle génération réside dans sa capacité d'adaptation qui apparaît beaucoup plus forte que les précédentes générations. Un exemple particulièrement illustratif se manifeste par le changement d'attitude souvent observé entre leurs comportements lorsqu'ils sont à l'université et ceux qu'ils adoptent lorsqu'ils arrivent en stage. En effet, certains étudiants peuvent avoir une attitude nonchalante lorsqu'ils sont dans leur dernière année d'étude ce qui ne manque pas de susciter certaines inquiétudes chez les responsables de formations qui imaginent parfois le pire lors de l'entrée en stage. La suite montre au contraire que leurs attitudes changent lorsqu'ils commencent leurs stages et que dans la majorité des cas, ils recueillent la satisfaction de leur tuteur.

- *L'adhésion à un projet et l'adaptation à une situation est d'autant plus forte chez un étudiant s'il a le sentiment qu'il «contrôle » cette situation ;*

L'auteur observe que lorsque l'on impose un certain nombre de contraintes aux étudiants ou lorsqu'on leur impose quelque chose à faire ce qui assez naturel dans le milieu universitaire alors les étudiants accompliront cette tâche, mais en faisant naître chez eux un sentiment d'insatisfaction. À l'inverse, si les étudiants ont le sentiment d'avoir une certaine liberté sur la réalisation d'un projet alors leur adhésion augmente en conséquence.

Afin d'illustrer notre propos, l'auteur intervenait il y a quelques années dans un cours en Master 2 en même temps qu'il encadrait un certain nombre de mémoires de fin d'études. Par rapport à l'encadrement de ces mémoires, l'auteur avait lancé l'idée que les étudiants qui l'auraient choisi comme directeur de mémoire pouvaient opter pour un accompagnement interactif dans lequel les échanges directs seraient privilégiés. L'auteur ayant lancé l'idée en laissant les étudiants décider par eux-mêmes, le résultat fut que les étudiants ont tous adhéré à l'idée lancée de manière non contraignante et reposant pour l'occasion sur le volontariat. Un dernier élément doit être souligné et qui illustre assez bien le principe d'adhésion, celui de leur relation avec l'utilisation des outils informatiques. Les étudiants utilisent d'autant plus facilement les outils informatiques et les technologies du numérique qu'ils en ont le contrôle total sur son utilisation. À l'inverse, lorsqu'ils ont été obligés de passer à des enseignements en distanciel qui s'appuyaient totalement sur l'utilisation de leur ordinateur alors leur adhésion n'a pas été aussi franche et massive même si dans un premier temps, ils ont pu apprécier la volonté de leur université d'assurer la continuité pédagogique.

- *Les étudiants ont besoin d'être rassuré en même temps que d'avoir des explications claires sur la mise en place des dispositifs pédagogiques ;*

On reconnait aujourd'hui le fait que les étudiants évoluent dans un monde particulièrement difficile où les mauvaises nouvelles et les situations anxiogènes sont par ailleurs devenues monnaie courante. Ce contexte un peu sombre explique sans doute en partie pourquoi on constate chez beaucoup d'étudiants, une certaine anxiété plus ou moins apparente selon les cas. Dans cette optique, les étudiants ont beaucoup plus besoin que leurs ainés d'être régulièrement rassurés par leurs enseignants et par les responsables des études, on constate surtout ce phénomène lorsque l'on publie le calendrier des examens semestriels. D'une manière générale, les étudiants ont parfois tendance à penser qu'ils n'arriveront pas à surmonter le fait de devoir passer plusieurs examens concentrés sur quelques jours, la réalité montre qu'il n'en ait rien au final. Un autre élément en lien avec l'anxiété plus ou moins apparente des étudiants implique que les étudiants sont très sensibles à l'explication qu'un enseignant peut apporter par rapport à ce qu'il compte aborder en cours, l'étudiant a besoin de savoir pourquoi il apprend et pourquoi le choix est fait d'utiliser telle méthode pédagogique plutôt que telle autre. Un dernier élément qui peut sembler anodin, mais qui a une importance aux yeux des étudiants est le fait qu'ils puissent disposer dès le début du cours d'une fiche où figure le plan, les modalités précises d'examen et une bibliographie fournie.

- *La volonté de casser certains codes de bonne conduite observée chez certains étudiants ;*

Une dernière caractéristique distinctive de l'actuelle génération trouve sa source dans la volonté chez de nombreux étudiants de s'affranchir de certains codes de bonne conduite qui jusqu'à présent étaient plutôt respectés par les générations précédentes. La plus belle illustration de cette situation est relative à la communication que peuvent avoir les étudiants avec leurs enseignants. Les générations précédentes respectaient dans une certaine mesure une certaine retenue lorsqu'elles échangeaient avec leurs enseignants qui pour certains suscitaient même une certaine crainte de leur part. Aujourd'hui, les étudiants n'hésitent plus à envoyer des mails à leurs professeurs même les week-ends et les jours fériés au mépris de certaines règles de bienséance. Dans certains cas, on peut noter également l'inclinaison vers une certaine familiarité chez certains étudiants qui n'hésiteront pas à employer un ton familier en commençant un message en appelant l'enseignant par son prénom ou en oubliant parfois les formules élémentaires de politesse comme bonjour monsieur ou bonjour madame !

Après avoir examiné les attitudes des étudiants de la génération Z, il convient à présent de nous pencher sur leurs relations qu'ils ont avec le monde professionnel.

Section 3 : Les comportements de la génération Z dans l'environnement professionnel

Ollivier et Tanguy (2017 et 2021) ont consacré deux ouvrages très complets sur la génération Z en apportant des éclairages intéressants sur leur relation qu'ils entretiennent avec le monde du travail dont il convient de faire ressortir les grandes tendances dans les lignes qui suivent.

- *Volonté d'équilibrer la vie personnelle et la vie professionnelle ;*

Ce premier élément est sans doute le plus fondamental pour comprendre aujourd'hui la mentalité des étudiants de la génération Z dans la mesure où ce qui caractérise d'abord les étudiants actuels c'est le fait qu'ils ne sont plus prêts à sacrifier une partie voire la totalité de leur vie personnelle au profit de leur vie professionnelle. Cela a un impact certain dans leur recherche d'emploi et qui va les conduire à privilégier une entreprise qui affichera un certain nombre de valeurs comme le bien-être individuel, le respect du cloisonnement entre la vie personnelle et professionnelle. Certains diplômés n'hésiteront pas à changer très vite de poste si celui-ci ne respecte pas ce principe essentiel à leurs yeux.

- *Acceptation des efforts à faire à condition d'avoir des contreparties ;*

Une autre caractéristique de l'actuelle génération qui contraste en partie avec les générations précédentes se matérialise par le fait qu'un travail contraignant peut être accepté à la seule condition qu'il ait des contreparties à cet effort accompli alors que cette attitude n'apparaissait pas au grand jour dans les générations précédentes. Ainsi un jeune diplômé ne rechignera pas à travailler durement si un système de récompense est mis en place en même temps que l'expression d'une certaine reconnaissance de la part de leurs supérieurs. Cette reconnaissance peut prendre plusieurs formes pas uniquement pécuniaires, mais caractérisées par des marques d'empathie par exemple.

- *Rythme de travail qui se doit ne pas être trop élevé ;*

En lien avec les facteurs précédents, le rythme de travail apparaît trop souvent au regard de la génération Z comme trop élevé, c'est particulièrement vrai lorsque les diplômés de second cycle rentrent dans des entreprises au sein desquelles ils vont être amenés à occuper rapidement des postes à responsabilité. La sensibilité au rythme du travail conduit certains jeunes diplômés à abandonner assez vite un poste qui les obligerait à rester au bureau à des heures tardives.

- *Rejet d'une organisation du travail sous forme pyramidale et préférence pour une organisation décloisonnée ;*

Le souhait affirmé par les diplômés de la génération Z d'avoir le moins de contraintes les conduit à rejeter en grande partie les entreprises dans lesquelles l'organisation du travail fonctionnerait sous une forme pyramidale avec une hiérarchie très forte. Au contraire, les entreprises qui ont mis en place une organisation en réseau et fortement décloisonnée recueillent nettement leur préférence ce qui implique que leur supérieur doit être avant tout un coach, qu'il soit bienveillant et qu'il sache faire preuve d'une certaine empathie à leur égard. Dans cette optique, les entreprises qui pratiquent à intervalle régulier des « afterworks » sont celles où l'implication des jeunes diplômés est souvent la plus forte.

- *Importance du coach dans l'intégration réussie du jeune diplômé ;*

Dans leurs ouvrages sur la génération Z au sein de l'entreprise, Ollivier et Tanguy (2017 et 2021) insistent fortement sur le rôle fondamental du coach afin de réussir l'intégration du jeune diplômé, ainsi, ils estiment que les jeunes de la génération Z apprécieront particulièrement les qualités suivantes chez leur supérieur :

- *donner du sens à l'aventure commune ;*

Le fait de donner du sens à l'aventure commune qui se traduit ici par l'objectif de l'entreprise et sa stratégie apparaît importante aux yeux de la génération Z qui cherche plus que leurs ainés à trouver du sens dans les tâches qu'ils auront à accomplir ensuite. Une entreprise qui poursuit des buts pour lesquelles les jeunes n'adhèrent pas a peu de chance de les motiver et de tirer le meilleur parti de leurs compétences, sans sombrer dans une forme d'angélisme, l'entreprise actuelle doit susciter une part de rêve chez le jeune diplômé, le rêve se traduit ici par la mise en avant d'une certaine forme d'éthique en même temps que la promotion des principes de la Responsabilité sociétale et environnementale connue sous l'acronyme de RSE.

- *Être ferme sur le cadre, mais souple dans les contenus ;*

Derrière ce principe qui peut paraitre ambigu au premier abord se cachent en fait les clés de la réussite d'une intégration du jeune diplômé. En effet, les remontées des remarques que font régulièrement les responsables de stages nous indiquent que le cadrage de la mission et la nature précise des tâches se doivent d'être précisés de manière explicite lors de l'intégration. Dans un deuxième temps, ces responsables de stage conviennent presque unanimement qu'une certaine autonomie accordée au stagiaire dans l'exécution de ses tâches se révèle toujours bénéfique par ailleurs.

- *Pratiquer l'écoute active et faire des feed-back tout le temps ;*

Pratiquer l'écoute active et faire des feed-back tout le temps constituent le point final des relations entre le manager et le jeune diplômé dans la mesure où ces principes mêlent à la fois l'empathie que ce dernier attend de son manager et les conseils utiles que lui donnera son manager devenu coach en l'aidant à progresser et à éviter la reproduction d'erreurs. Ollivier et Tanguy (2021) insistent sur la méthode du feed-back, car elle permet de :

- « Sortir du management impersonnel puisqu'elle concerne une seule personne et s'inscrit dans un contexte spécifique ».
- « Favoriser l'autoévaluation, car elle encourage le développement de l'autonomie et se démarque de l'information descendante ».
- « Privilégier la communication immédiate et informelle, ce qui est en phase avec les besoins et usages des jeunes ».

Nous venons de voir que la génération Z présente un certain nombre de particularités à la fois dans sa manière d'être, dans sa manière de se comporter au sein de l'université et lors de son intégration dans le milieu du travail. Il convient pour un responsable marketing d'une université de prendre en compte ses caractéristiques et de les intégrer dans la mise en œuvre d'une offre adéquate. Il convient à présent de s'intéresser au processus décisionnel qui conduira l'étudiant à choisir de s'inscrire au sein d'un établissement de l'enseignement supérieur, d'y accomplir toutes ses études en même temps que de comprendre ces motifs de satisfactions, tel est l'objet du chapitre 9.

CHAPITRE 9 : L'ÉTUDE DU PROCESSUS DE DÉCISION POUSSANT L'ÉTUDIANT A S'INSCRIRE ET A RESTER DANS UNE UNIVERSITÉ.

La mise en lumière des traits caractéristique des étudiants de la génération Z nous montre que cette génération se singularise par rapport aux générations précédentes. Dans cette optique, il nous apparaît important de nous focaliser dans le présent chapitre sur les motivations qui poussent un étudiant à s'inscrire au sein d'une université, d'étudier avec attention le processus décisionnel d'inscription d'un étudiant. Pour finir, il est important de nous arrêter également sur le processus de fidélisation des étudiants. Dans cette optique, nous mettons en lumière dans une première section, deux modèles permettant d'expliquer les motivations qui poussent les étudiants à s'inscrire dans une université. Dans un deuxième temps, nous étudierons le processus décisionnel d'inscription d'un étudiant et dans un troisième temps, nous nous attarderons sur le concept de fidélisation des étudiants au sein d'une université.

Section 1 : Le comportement d'achat du consommateur appliqué au choix d'inscription dans une université

Il existe de nombreux ouvrages en marketing consacrés au décryptage des choix des consommateurs, on peut citer entre autres , Brée (2004) ; Salomon, Tissier-Desbordes et Heilbrunn (2004) Darpy et Guillard (2020). L'ensemble de ces ouvrages abordent tous les facteurs qui influent sur le comportement des consommateurs et nous avons abordé un certain nombre d'aspects dans les chapitres précédents consacrés à l'étude du marché universitaire et par rapport à la segmentation de ce même marché et à l'utilisation d'une typologie. Dans cette optique, nous nous focaliserons sur deux contributions expliquant le comportement des consommateurs qui nous semblent particulièrement intéressantes en vue de son application aux critères de choix qui poussent à un étudiant à s'inscrire dans une université, respectivement les travaux d'Holbrook (1999) et ceux de Rieunier et Volle (2002).

§ 1.1) La typologie des valeurs de consommation d'Holbrook

Holbrook (2002) estime que trois dimensions permettent d'identifier les effets d'une expérience de consommation, il distingue respectivement : la valeur intrinsèque de la valeur extrinsèque ; la valeur active de la valeur réactive et pour finir la valeur individuelle de la valeur sociale. Ferrandi et Lichtlé (2014) définissent « la valeur intrinsèque de la consommation quand l'objet est une fin en soi alors que la valeur est extrinsèque lorsqu'un objectif est formulable comme faire les courses ». De la même manière, ils considèrent que « la valeur active existe lorsque le consommateur manipule abstraitement un objet et qu'elle est réactive lorsque le consommateur réagit à un objet ». Pour finir, ils distinguent « la valeur individuelle de la valeur sociale, la première implique que la consommation d'un objet ou d'un service peut se faire indépendamment du contexte social, la seconde suppose au contraire que la présence des autres est une source de valorisation ». En croisant les différentes dimensions, Holbrook (2002) met en évidence huit valeurs de consommation différentes que nous allons nous efforcer d'adapter au contexte universitaire, ainsi, on distingue respectivement :

- *Valeur efficience ;*

Dans le cas présent, l'étudiant est particulièrement sensible à la performance de l'offre universitaire et aux contraintes budgétaires matérialisées par les frais d'inscription et le temps passé à l'université qui sont les deux éléments essentiels pris en compte par l'étudiant.

- *Valeur excellence ;*

Pour l'occasion, l'étudiant recherche clairement l'excellence lorsqu'il s'inscrit à l'université, on peut relier en partie cette valeur avec la précédente, mais la différence par rapport à la précédente est liée au fait qu'un étudiant recherche dans le premier cas un bon établissement à partir du moment où il lui apporte un bon diplôme lui permettant ensuite d'intégrer sans problème le milieu professionnel, l'établissement se doit d'être bon dans le premier cas alors que dans le second cas, on recherche le meilleur établissement dans un champ académique donné.

- *Valeur statut ;*

Ce cas de figure implique qu'un étudiant recherche la différenciation sociale à travers son inscription , par exemple le fait de s'inscrire dans un établissement de réputation internationale ou plus spécifiquement le fait de choisir de fréquenter un établissement d'enseignement supérieur catholique rentre parfaitement dans ce cadre.

- *Valeur estime ;*

Dans le cas présent, l'étudiant va choisir un établissement qui lui permet d'affirmer son identité sans pour autant se démarquer des autres. Ainsi, un étudiant choisit de s'inscrire dans une université catholique parce que cela correspond à un certain nombre de valeurs auxquelles il croit par ailleurs et dans lesquelles il a été élevé. Ce type d'attitude se rencontre chez les étudiants ayant suivi toute leur scolarité dans un établissement secondaire catholique et qui choisissent ensuite de s'inscrire logiquement dans une université catholique.

- *Valeur ludique ;*

Dans le cas présent, l'université est d'abord un lieu où l'étudiant pourra participer à une multitude d'activités à côté de ses activités d'enseignement, il recherche le plaisir avant toute chose et sera sensible aux cours un tantinet un peu décalés par rapport aux cours magistraux classiques.

- *Valeur esthétique ;*

Prendre en compte la valeur esthétique implique qu'un étudiant va être particulièrement sensible au décor et à l'environnement situé autour de l'université tout autant que le contenu de l'enseignement qui y ait dispensé.

- *Valeur éthique ;*

La valeur éthique comme élément de l'inscription d'un étudiant au sein d'une université se matérialise à travers le contenu de certains cours, mais plus généralement par rapport au message véhiculé par l'université. Si l'on prend comme exemple l'Université Catholique de Lille, son ADN réside dans le fait qu'elle s'efforce depuis sa création en 1875 de former une main-d'œuvre de qualité ayant des valeurs chrétiennes et destinée à l'origine aux entreprises locales.

- *Valeur spiritualité ;*

La valeur spiritualité prend tout son sens lorsque l'on choisit un établissement catholique, certains étudiants même si l'on peut estimer qu'ils ne constituent aujourd'hui qu'un petit nombre rechercheront dans leur inscription la possibilité de suivre des cours classiques en même temps qu'un enseignement religieux et participer également à un certain nombre d'activités religieuses.

Une autre contribution mérite d'être examinée pour expliquer les motivations poussant les étudiants à s'inscrire dans une université, celle de Rieunier et Volle (2002).

§ 1.2) Les tendances lourdes orientant les comportements de consommation actuels

Rieunier et Volle (2002) distinguent dix grandes tendances qui expliquent les comportements de consommation actuels que l'on peut transposer à l'environnement universitaire, on distingue ainsi :

- *L'accomplissement ;*

Dans le cas présent, fréquenter une université représente chez un étudiant le moyen le plus simple de faire quelque chose de sa vie en passant obligatoirement par le fait de fréquenter un établissement qui constitue une étape importante dans un projet de vie personnelle.

- *La recherche de personnalisation ;*

La recherche de personnalisation est souvent mise en avant dans le choix d'un étudiant de choisir une université catholique ou privée plutôt qu'un établissement public. En effet, l'une des sources de différenciation d'un établissement catholique ou privé réside essentiellement dans un meilleur accompagnement de l'étudiant tout au long de son cursus. L'étudiant a le sentiment qu'il est quelqu'un d'unique, car on prend en considération ses attentes alors que certains établissements publics laissent entrevoir une certaine forme d'anonymat.

- *Le lien social ;*

L'importance du lien social est un autre élément important dans le choix de s'inscrire au sein d'une université catholique ou privée. Souvent plus petite que leurs homologues publiques, les établissements catholiques ou privés ont tendance à valoriser beaucoup la vie associative et favorisent de fait le développement de ces liens sociaux.

- *La recherche d'émotions* ;

La recherche d'émotions lorsque l'on inscrit dans une université catholique ou privée n'apparaît pas à première vue évidente pour un étudiant lors de son inscription, on peut estimer que ce n'est pas une valeur qui est exprimée ici de manière explicite, mais qui se manifeste une fois que l'étudiant a quitté l'université et qu'il évoque ses souvenirs par rapport au temps passé en son sein. Des manifestations comme la rentrée officielle et l'accueil du Doyen, mais surtout la cérémonie de remise des diplômes qui contribue à faire naître ces émotions chez les étudiants.

- *L'importance de la nostalgie ;*

L'importance de la nostalgie concernant l'inscription à l'université n'apparaît pas non plus comme une valeur évidente dans l'esprit de l'étudiant au moment de faire son choix, cependant si l'on s'attarde sur le profil de certains étudiants alors la recherche de la nostalgie comme élément influant sur l'inscription prend tout son sens notamment chez les étudiants issus de familles très pratiquantes. Dans ces conditions, l'importance de l'enseignement du fait religieux, la mise en avant des activités religieuses au sein de l'université contribue en partie à cette nostalgie, l'université devient une forme de passerelle temporelle entre le passé vécu par l'étudiant dans sa jeunesse et celui qu'il vit actuellement.

- *La rassurance ;*

On parle habituellement de rassurance dans les activités de consommation lorsqu'un consommateur cherche un produit qui puisse le rassurer sur sa qualité à travers l'existence d'un label. Si l'on applique ce principe au milieu universitaire, on peut estimer qu'un étudiant choisira un établissement étant reconnu pour son sérieux et la qualité de son enseignement dont il est certain qu'il lui permettra d'être le mieux armé pour rentrer dans la vie professionnelle.

- *La simplicité ;*

La simplicité à l'instar d'autres valeurs précédemment évoquées apparaît ici assez difficilement transposable à l'université de prime abord pourtant on peut estimer que cette notion puisse jouer un rôle dans le choix de s'inscrire dans une université. En effet, le message adressé par les universités catholiques, mais également privées à l'ensemble des étudiants reste assez simple parce qu'il repose sur la promotion d'un enseignement de qualité, ce que tout le monde comprend par ailleurs.

- *L'abandon de la propriété ;*

Cette valeur qui devient de plus en plus importante aux yeux des consommateurs liée au fait de posséder les choses s'étiole au profit de la jouissance de la chose. Cette transposition aux activités de service peut s'appliquer lorsque l'on doit choisir entre acheter un appartement ou recourir au principe du « Time sharing », mais dans le cas d'une université, on achète forcément un service d'enseignement, mais qu'on ne le loue pas.

- *La disparition des frontières ;*

La disparition des frontières dans le cadre du milieu universitaire se matérialise ici par le fait que les universités catholiques à l'instar des autres universités ont largement intégré l'ouverture internationale dans leur stratégie de développement en favorisant notamment les échanges d'étudiants avec les autres universités en même temps qu'elles multiplient les partenariats avec de nombreuses universités étrangères pour l'occasion. Une université largement ouverte sur l'étranger est de nature à attirer de plus en plus d'étudiants dans un contexte de mondialisation importante.

- *La vertu ;*

Si l'on applique ce principe à la consommation, cela signifie que les consommateurs sont conscients que leur consommation pourrait avoir des effets négatifs sur l'environnement en général. Le fait de s'inscrire à l'université n'entraine pas d'effets sur l'environnement si l'on excepte les quelques débordements constatés lors des fêtes nocturnes et qui dérangent le voisinage. Par extension, on peut toutefois estimer que l'ensemble des universités qu'elles soient privées ou publiques ont pris conscience de leur impact sur la société et sur leur contribution dans les émissions de gaz à effets de serre. Dans cette optique, l'adoption d'agendas 21 au niveau universitaire s'est progressivement généralisée en même temps que le développement des enseignements en lien avec le développement durable.

Comme nous venons de le voir, certaines contributions expliquant les motivations des étudiants à s'inscrire dans une université nous apportent un éclairage intéressant, toutefois, il nous apparaît utile de nous attarder à présent sur le processus décisionnel d'inscription d'un étudiant à travers une étude approfondie de son séquençage.

Section 2 : Le processus décisionnel d'inscription d'un étudiant

Le processus décisionnel du choix de l'inscription suit à peu de choses près le processus d'achat de n'importe quels produits, De Baynast, Lendrevie et Levy (2017) les décomposent ainsi en 6 étapes :

- la reconnaissance du besoin ;
- la recherche d'information ;
- la comparaison des offres ;
- la prise de décision ;
- l'inscription ;
- l'évaluation et la fidélité.

§ 2.1) La reconnaissance du besoin par l'étudiant

La phase de reconnaissance du besoin advient lorsque l'étudiant commence à prendre conscience d'un écart entre son état présent et un état désiré ou idéal, et s'achève quand il admet la réalité de son besoin et la nécessité de procéder ainsi à son inscription au sein d'un établissement d'enseignement supérieur. Dans le cas présent, le processus apparaît simple à comprendre, un lycéen lorsqu'il vient d'obtenir son baccalauréat ou un étudiant lorsqu'il vient de valider un cycle d'études éprouve le besoin de combler sa formation existante par la poursuite d'étude et ceux jusqu'au moment où il estimera que sa formation est suffisante pour espérer obtenir l'emploi qu'il souhaite. Derrière ce principe qui peut apparaître comme une évidence se cache en fait une multitude de besoins plus ou moins exprimés par les étudiants lorsqu'ils choisissent de poursuivre des études supérieures. Ainsi, on peut décliner l'envie des étudiants à poursuivre des études supérieures à travers les éléments suivants :

- *On s'inscrit dans l'enseignement supérieur parce que l'on considère qu'un diplôme de l'enseignement secondaire est insuffisant pour obtenir un poste intéressant ;*

Ce premier argument est sans nul doute celui le plus souvent évoqué par les étudiants lorsqu'ils choisissent de poursuivre leurs études. Si l'on revenait quelque soixante ans en arrière, on pouvait constater que peu de jeunes choisissaient finalement de poursuivre des études notamment dans les pays européens à commencer par la France. En effet, au début des années 1960, le simple fait de posséder un diplôme de fin d'études secondaires comme le baccalauréat suffisait à assurer à leurs titulaires des débouchés intéressants et de belles perspectives de carrière ensuite. Au fur et à mesure de l'évolution temporelle jusqu'à aujourd'hui , il apparaît que le monde du travail en se complexifiant de plus en plus nécessite alors des compétences de plus en plus pointues. Dans cette optique, ce qui pouvait suffire à assurer à un titulaire du baccalauréat d'envisager une belle carrière au début des années 1960 l'oblige aujourd'hui à aller le plus souvent vers un diplôme de niveau master, soit cinq ans après le baccalauréat ;

- *Le souhait de maximiser le rapport bénéfice/coûts chez l'étudiant en poursuivant des études supérieures ;*

Le deuxième élément qui pousse les étudiants à s'inscrire à l'université résulte d'un calcul faisant ressortir les avantages à poursuivre une année d'étude supplémentaire dans l'enseignement supérieur sachant qu'elle engendre un coût ayant des formes multiples (frais d'inscription, frais de logements, frais de nourriture, frais de transport et frais d'achats des manuels universitaires) au regard des bénéfices matérialisés par la somme des salaires perçus ultérieurement par les étudiants au cours de leur vie professionnelle. On pourrait rétorquer que la vie professionnelle s'étend sur au moins 40 ans alors la durée conventionnelle moyenne des études supérieures se situe plutôt autour de 5 ans. Dans cette optique, il apparaît évident qu'un étudiant a un réel intérêt à poursuivre des études supérieures dans la plupart des cas tant les bénéfices l'emportent sur les coûts. La question reste toutefois pertinente lorsque l'on choisit de poursuivre un second cycle d'études ou au contraire de s'arrêter à la fin du premier cycle, elle reste pertinente également lorsque l'on choisit de s'inscrire dans une université où les frais d'inscription demeurent très élevés comme les meilleures universités américaines ou en privilégiant au contraire des universités moins prestigieuses, mais avec des frais d'inscription plus faibles. Pour finir, même si l'on doit admettre que tous les étudiants ne se livrent pas forcément à un calcul aussi précis que celui auquel on a fait référence dans les lignes qui précèdent, on peut estimer qu'ils prennent quand même en considération cet élément dans leur choix final.

- *Développer les capacités intellectuelles, les capacités culturelles, les capacités d'analyse et les techniques d'aide à la décision ;*

Ce troisième élément n'apparaît pas forcément celui auxquels les étudiants pensent lorsqu'ils choisissent de poursuivre leurs études, mais la volonté qu'ils ont d'évoluer fortement dans leur vie professionnelle implique obligatoirement de développer ces différentes capacités que l'on voit de manière superficielle lorsque l'on est dans l'enseignement secondaire. À l'inverse, le niveau plus élevé des cours enseignés à l'université permet à l'étudiant de développer ses capacités essentielles pour occuper ensuite des postes de premier plan. La nature des enseignements notamment en second cycle apparaît plus en phase avec ces objectifs souhaités même si l'on ne peut exclure qu'un embryon de cours orientés vers le développement des capacités personnelles puisse apparaître en premier cycle.

- *Vivre des expériences d'interactions de vie sociale unique dans une vie personnelle ;*

Ce dernier argument peut faire sourire et peut susciter chez certains un certain scepticisme dans la mesure où le simple fait d'avoir une vie associative permet à chacun d'avoir beaucoup d'interactions sociales sans forcément fréquenter l'université. Toutefois, si on interroge l'ensemble des individus ayant suivi des études supérieures, une grande majorité d'entre eux témoigneront du fait que la vie étudiante est sans aucun doute l'un des moments les plus agréables dans une vie personnelle dans la mesure où l'on profite des avantages d'avoir atteint l'âge adulte sans en subir les inconvénients que l'on rencontre nécessairement lorsque l'on rentre dans la vie professionnelle. Même si le stress des examens vient un peu tempérer nos propos, les bons moments passés l'emportent largement sur les mauvais.

§ 2.2) La recherche de l'information par l'étudiant

Une fois la reconnaissance du besoin identifié, une deuxième phase va consister à rechercher l'information nécessaire à son choix. La recherche d'information peut porter sur plusieurs aspects liés à son éventuelle inscription. Cette information s'est considérablement développée avec Internet, ce qui rend très facile son accès et l'évaluation de ces alternatives. On peut seulement rappeler les différents vecteurs d'information proposés aux étudiants, respectivement : les sites internets d'une université ; les sites internets de chaque faculté ; l'organisation de journées portes ouvertes ou de journées d'immersion ; la participation à des salons d'étudiants ; la participation à des salons spécifiques comme les salons des masters et les tournées effectuées dans les lycées ; l'utilisation des médias et la mise à disposition des brochures dans les centres d'orientation.

Chaque vecteur d'information présente des avantages et des inconvénients sur lesquels nous reviendrons dans le chapitre sur la politique de communication, toutefois une distinction importante consiste à scinder les moyens de communication qui permettent un échange direct entre les futurs étudiants et les communicants, c'est le cas de l'organisation des multiples manifestations. À l'inverse, d'autres moyens de communication ne permettent pas un échange interactif direct c'est le cas des sites internets et de l'utilisation des médias dans leur ensemble.

§ 2.3) La comparaison des offres par les étudiants

Une fois effectuée la recherche d'information, l'étudiant va comparer les offres, dans ce cas, l'étudiant est confronté à deux possibilités : soit il évalue des offres similaires, soit il cherche des alternatives à son choix initial. Dans ce dernier cas, on peut l'illustrer de la manière suivante, un étudiant veut intégrer une école d'ingénieurs, mais auparavant il va devoir passer par des classes préparatoires qui exigent un niveau de travail très intense pendant un voire deux ans, une alternative réside dans la possibilité de suivre un premier cycle en sciences dures et choisir ensuite le processus des admissions parallèles sur titres. Il apparaît intéressant à ce stade de nous pencher sur les éléments de comparaison qu'un étudiant prendra en compte pour faire son choix, on peut citer respectivement les facteurs suivants :

- l'offre globale de formations ;
- le contenu de chaque formation ;
- le taux de réussite ;
- le taux de placement ;
- les innovations pédagogiques ;
- les frais d'inscriptions ;
- les possibilités offertes aux étudiants d'accéder à des prêts universitaires ;
- la localisation et la qualité des installations universitaires ;
- les possibilités de logements au sein de l'université ou dans un environnement proche ;
- les services annexes offerts aux étudiants (nourriture, possibilité de pratiquer un sport, accès à des activités culturelles) ;

- les livres disponibles à la bibliothèque ;
- l'accès à tous les moyens numériques ;

§ 2.4) La prise de décision par les étudiants

Ayant comparé les offres, l'étudiant prendra alors sa décision, on peut estimer que dans ce cas précis, il ne soit pas le seul à influer sur le processus décisionnel, les parents qui dans la plupart des cas seront les financeurs pourront jouer un rôle plus ou moins important. Les amis également auront un rôle important à jouer et pourront jouer un rôle d'influenceur, il est évident qu'un étudiant ayant noué des liens amicaux très forts avec d'autres sera plus enclin à suivre dans la mesure du possible ses amis dans leur choix de s'inscrire dans un établissement. Il faut noter également que même si la prise de décision répond à un certain type de rationalité, il n'est pas totalement exclu d'être en présence d'une dimension émotionnelle. Ainsi, le fait d'être un établissement catholique peut relever en partie de cet élément ou encore le fait d'avoir une partie de sa famille ayant fréquenté l'établissement depuis plusieurs générations joue un rôle également non négligeable.

§ 2.5) La phase d'inscription de l'étudiant :

La phase suivante concernant l'inscription ne semble pas poser de problèmes particuliers, il faut noter toutefois que l'on peut avoir des étudiants qui se préinscrivent, mais qui choisissent finalement de se rétracter au moment où l'administration des études lui adresse un engagement financier. Toutefois, si le processus d'inscription ne semble pas poser de problèmes particuliers, ce dernier représente le premier contact étroit de l'étudiant avec son université et il apparaît important que celui-ci se passe bien. D'une manière générale, on peut faire deux processus d'inscription : l'un en présentiel et l'autre en distanciel. Lors d'un processus d'inscription en présentiel, l'accueil de l'étudiant et éventuellement de ses parents est un élément fondamental, il n'est pas rare qu'il manque un élément dans des dossiers nécessitant la fourniture de plusieurs pièces, lorsque cela se produit, l'étudiant peut avoir tendance à s'agacer ce qui ne constitue pas une bonne entrée en matière et peut influer ainsi sur son jugement par rapport à la qualité de l'université.

Dans le cas d'une inscription à distance, les universités qui optent de plus en plus pour ce type d'inscription doivent s'efforcer d'éviter un écueil important, celui du bug informatique qui empêche l'étudiant de se connecter au site d'inscription et plus souvent le fait de ne pas pouvoir achever totalement cette inscription par blocage du processus. Chaque année , on constate qu'un certain nombre d'étudiants n'ont pas achevé totalement leur inscription plusieurs mois après le début des cours entrainant parfois la non-délivrance d'un certain nombre de documents importants pour la vie de l'étudiant comme la possession d'une carte d'étudiant, même si cela ne constitue qu'une minorité d'entre eux.

§ 2.6) L'évaluation et la fidélité des étudiants

Pour finir, l'évaluation après inscription et la fidélité constituent également un élément à ne pas négliger dans la politique marketing. Ainsi, un étudiant ayant effectué une première inscription peut choisir après une première année s'il estime que le service offert n'est pas satisfaisant de quitter l'établissement et de faire ensuite une mauvaise publicité auprès des futurs potentiels inscrits de son entourage. Dans cette optique, l'étude dans un premier temps des éléments qui influent sur le processus de fidélisation des étudiants nous semble important, dans un deuxième temps, cette fidélisation est rendue d'autant plus possible que l'étudiant perçoit la qualité de l'enseignement et des services rendus par l'université comme correspondant à ce qu'il attend.

Nous examinerons dans une troisième section ce processus de fidélisation.

Section 3 : Le processus de fidélisation des étudiants

Comprendre le processus de fidélisation des étudiants nous conduit à distinguer dans un premier temps, les facteurs explicatifs de la fidélisation ou de la fidélité comme on peut parfois la trouver dans différents ouvrages. Dans un deuxième temps, nous distinguerons les trois formes de fidélisation que l'on peut trouver chez les étudiants.

§ 3.1) Les facteurs explicatifs de la fidélisation des étudiants

Darpy et Guillard (2020) mettent en avant différents paramètres expliquant la fidélisation des consommateurs dans leur ensemble, mais que l'on peut aisément transposer aux étudiants pour l'occasion :

- *Une très faible implication des étudiants, ce qui entraine l'inertie des comportements ;*

Dans le cas présent, les étudiants lorsqu'ils s'inscrivent à l'université se contentent de suivre les cours et d'évoluer dans leur cursus jusqu'à l'obtention de leur diplôme sans forcément manifester des revendications sur la qualité des services. Dans cette optique, un étudiant qui s'inscrit dans une université n'a pas envie de changer d'établissements.

- *La conviction que certains produits sont meilleurs que d'autres, ce qui entraine une forte sensibilité aux marques ;*

Dans l'esprit de certains étudiants, certaines universités ont meilleure réputation que d'autres et cette réputation perçue par l'étudiant a contribué fortement à son inscription. De fait, un étudiant n'a aucune envie de partir de son université qu'il considère comme meilleure que les autres, le fait d'être inscrit dans une université catholique plutôt qu'un établissement public pourrait illustrer ce cas de figure.

- *Une vraie préférence envers tel ou tels produits ;*

Cette situation peut être illustrée par le fait que certains étudiants choisissent de s'inscrire dans une université parce qu'elle propose des formations spécifiques tout en ayant acquis une réputation nationale, voire internationale, à l'instar des MBA proposés par Harvard ou Stanford. Dans cette optique, un étudiant choisit encore plus de s'inscrire dans une université, car elle propose une formation qu'il a véritablement envie de suivre et qui se révèle meilleure qu'ailleurs.

- *La faible qualité perçue des concurrents ;*

Ce facteur joue un rôle important dans la mesure où si les étudiants perçoivent les universités concurrentes de celle dans laquelle ils évoluent comme étant peu performantes ou plus généralement comme présentant un certain nombre de faiblesses structurelles, ces mêmes étudiants n'auront aucune envie de « changer d'air ».

- *Une satisfaction élevée ;*

Cet élément est sans doute celui qui explique le mieux la fidélisation des étudiants, à partir du moment où l'étudiant est très satisfait des services que l'université lui offre, on peut estimer qu'il n'aura aucune envie d'en changer même si par ailleurs, la concurrence offre des services tout aussi performants.

- *Des liens solides avec le personnel de l'entreprise ;*

Si l'on remplace la dénomination « personnel de l'entreprise » par les personnels administratifs et enseignants, on peut penser que l'existence d'un lien étroit entre les étudiants et l'administration d'une part et les enseignants d'autre part constitue un facteur essentiel de différenciation qui influe sur le choix initial de l'étudiant. D'une manière générale, une université à taille humaine où les échanges sont favorisés est souvent préférée à une grande université où il règne une certaine forme d'anonymat.

- *Des coûts de changement perçus comme élevés (le temps, l'argent et tous les efforts liés à la recherche d'informations avant l'achat, et à l'apprentissage, après l'achat) ;*

Dans le cas présent lorsqu'un étudiant fréquente une université depuis plusieurs années, il finit par en connaître tous les codes et tous les rites et de fait, un changement d'établissements notamment si celui-ci se trouve dans une autre région entraine alors des frais supplémentaires et surtout des contraintes qui s'ajoutent à commencer par l'obligation de trouver un nouveau logement situé si possible à proximité de l'université. Dans le cas présent, certaines villes universitaires ont la réputation d'être très chères ce qui peut être de nature à dissuader encore certains étudiants à changer d'établissement si par ailleurs les loyers dans la ville d'accueil de l'université d'origine ne sont pas chers.

- *Un fort degré de risque perçu ;*

La notion de risque perçu peut être considérée comme étant un élément subjectif dans la mesure où chaque individu peut le ressentir différemment. Les étudiants ne font pas exception à ce principe et chacun perçoit le risque d'un changement d'établissement de manière différente. Si l'on se trouve face à des étudiants ayant horreur de la routine, ces étudiants seront plus facilement enclins à changer d'établissements notamment à la fin d'un cycle d'études. À l'inverse, lorsque l'on se trouve face à des étudiants ayant besoin d'être constamment rassuré alors leur souhait de changer d'établissement apparaît alors très faible.

§ 3.2) Les différentes formes de fidélisation des étudiants :

Darpy et Guillard (2020) distinguent trois formes de fidélisation chez un consommateur, mais que l'on peut transposer sans problème aux étudiants, on distingue ainsi :

- *La fidélisation implicite ;*

Définir la fidélisation implicite pour une université suppose que cette dernière passe par une première étape qui implique de gérer les états psychologiques de l'étudiant favorable à la réalisation des objectifs de l'université : des éléments visant à rassurer les étudiants comme la mise en place d'une forme de tutorat, le choix de porter les efforts sur l'ensemble des services de l'université seront ainsi privilégiés. Dans une seconde étape, il apparaît essentiel que l'étudiant attribue une valeur élevée à l'offre de l'université avant son inscription et qu'il soit satisfait des services rendus ensuite par cette dernière. Le danger d'opter pour une fidélisation implicite réside dans le fait qu'une université ne peut pas se contenter de promettre une qualité de service exceptionnel en ne l'assurant pas ensuite.

- *La fidélisation par enfermement ;*

Dans le cas présent, la fidélisation par enfermement suppose que l'université cherche par tous les moyens à faire naître dans l'esprit des étudiants qu'un changement d'établissement s'accompagnerait pour l'occasion d'un certain nombre de coûts en même temps que la naissance d'un certain nombre de risques à le faire. Des actions comme une communication active auprès des étudiants en fin de premier cycle en leur promettant une admission quasi automatique en second cycle en constituent un bon exemple. De la même manière , le renforcement de l'accompagnement des étudiants en second cycle d'études en même temps que la mise en place de modules d'aides à l'insertion dans la vie professionnelle illustre également cette stratégie.

- *La fidélisation active ;*

Cette dernière forme de fidélisation implique qu'une université cherche à satisfaire le mieux possible les attentes des étudiants lorsqu'ils se sont inscrits et ont passé plusieurs années en son sein. L'élément essentiel de réussite de ce type de stratégies réside dans le fait qu'une université se doit de tester régulièrement la satisfaction de leurs étudiants sous la forme de l'administration d'un questionnaire ou sur la mise en place d'un focus group. On considère toutefois que la volonté de satisfaire les étudiants pourrait ne pas être suffisante si d'autres universités choisissent d'aller plus loin en recherchant une forme d' « émerveillement » de l'étudiant en leur proposant des offres qui dépassent pour l'occasion leur seule satisfaction.

Nous venons de voir différents paramètres qui peuvent expliquer dans un premier temps, les motivations qui poussent les étudiants à s'inscrire dans telle université plutôt que telle autre. De la même manière, l'étude du processus conduisant l'étudiant à s'inscrire dans un établissement d'enseignement supérieur est riche d'enseignement. Pour finir, la compréhension du processus de fidélisation nous apporte quelques éléments utiles à l'élaboration de la politique de marketing.

CONCLUSION DE LA DEUXIÈME PARTIE

La deuxième partie de cet ouvrage a permis de nous familiariser avec les différentes techniques d'analyse du marché universitaire. Le chapitre 5 a mis en lumière deux approches du marché universitaire, le premier d'un point de vue quantitatif à travers l'exploitation des données statistiques relatives aux inscriptions, le second d'un point de vue qualitatif qui met en lumière les personnes susceptibles d'influer sur le nombre d'inscriptions. Dans ce même chapitre, un certain nombre d'indicateurs comme la part de marché entre autres ont été explicités. Le chapitre 6 s'est efforcé de passer en revue différentes techniques d'enquête permettant de recueillir l'information nécessaire à la mise en œuvre d'une stratégie marketing universitaire efficace. Dans ce même chapitre, nous nous sommes appuyés sur des enquêtes administrées aux étudiants lors de leur première rentrée de façon à comprendre leurs motivations qui les ont poussées à choisir de s'inscrire dans une université. De la même manière, nous avons mis en exergue une enquête de satisfaction que l'on pourrait qualifier de standard montrant les différents items qu'une université s'efforce de mesurer par rapport aux services qu'elle offre aux étudiants. Le chapitre 7 s'attarde tout particulièrement sur le concept de segmentation qui permet aux responsables de la mise en œuvre des politiques marketings au sein des universités de l'optimiser. Les critères de segmentation étant multiples et permettent de mieux cerner le profil des étudiants s'inscrivant dans une université. Dans le même temps, nous avons aussi mis en évidence l'intérêt d'utiliser la typologie en laissant apparaître des familles d'étudiants susceptibles de fréquenter dans le cas présent, une université catholique en fonction de leur style de vie. Le chapitre 8 essaye de mieux comprendre les comportements de l'actuelle génération que l'on appelle la génération Z qui correspond aux étudiants nés à partir de 1996 et qui fréquentent depuis quelques années nos universités et qui les fréquenteront encore dans la décennie suivante. La génération Z est marquée surtout par le fait qu'elle a grandi avec les nouvelles technologies et qui ont eu un impact significatif sur leurs comportements globaux. De la même manière, on peut observer des différences de comportement chez les jeunes de la génération Z lorsqu'ils fréquentent les universités en remettant en cause le plus souvent les méthodes d'enseignement traditionnel et en recherchant des méthodes d'apprentissage fondées sur une forte interaction avec l'enseignant. Ces comportements particuliers s'observent dans l'entreprise où les premiers étudiants commencent à arriver, l'élément que l'on peut noter est le fait que les jeunes diplômés remettent en cause un mode de management pyramidal au profit d'un mode de gestion en réseau. Le neuvième et dernier chapitre s'attarde sur plusieurs éléments qu'ils semblent utiles de connaître à commencer par certains modèles expliquant le choix potentiel d'un étudiant pour s'inscrire dans une université. Dans ce même chapitre, nous avons mis en lumière les différentes phases qui vont de la reconnaissance d'un besoin chez le lycéen de poursuivre des études supérieures jusqu'à son inscription et son choix de rester durablement au sein de l'établissement suivant un processus séquentiel précis. Pour finir, dans ce même chapitre nous avons mis en lumière les motifs qui poussent un étudiant à rester suivre son cursus dans une université. Dans la troisième partie, nous étudierons les quatre composantes du marketing-mix, respectivement ; la politique de produit, de prix, de communication et de localisation.

3ème PARTIE
LE MARKETING-MIX
DES UNIVERSITÉS

Après avoir examiné un certain nombre d'outils nécessaires à la compréhension de l'environnement universitaire et différents instruments susceptibles d'être mobilisés pour mieux appréhender les caractéristiques du marché universitaire, il convient à présent de nous pencher sur la mise en application concrète des politiques marketings. Lorsque l'on interroge les chefs d'entreprise , chacun s'accorde à dire que les ventes d'un produit augmentent lorsque le produit est bon, lorsque son prix est reconnu comme acceptable par les consommateurs, lorsqu'il a fait l'objet d'une bonne communication et surtout lorsqu'il est facilement accessible aux consommateurs. Derrière ce qui peut apparaître comme une évidence se cachent en fait les quatre éléments constitutifs de ce que l'on appelle le marketing-mix, respectivement : la politique de produit ; la politique de prix ; la politique de communication et la politique de distribution. L'université quelle que soit son statut : public, privé ou confessionnel n'échappe pas à cette règle immuable même si pour l'occasion, les éléments du marketing-mix peuvent faire l'objet d'adaptation particulière comme nous ne manquerons pas de le constater dans les chapitres suivants. Dans cette optique, le chapitre 10 consacré à la politique de produit s'efforcera de définir ce qu'est un produit universitaire à travers ses caractéristiques intrinsèques, mais il mettra également en lumière un certain nombre de concepts comme la gamme, le cycle de vie du produit et l'apparition de nouveaux produits. Le chapitre 11 consacré à la politique de prix cherchera respectivement à démontrer : l'influence des frais d'inscription sur l'évolution des inscriptions ; les différentes techniques susceptibles d'être utilisées pour fixer le montant des frais d'inscription et les différentes formes de modulation des frais d'inscription lorsque l'on prend en considération un certain nombre de paramètres. Le chapitre 12 analysera la politique de communication qu'une université peut mettre en œuvre pour attirer de nouveaux publics en distinguant les différents modes de communication, en se focalisant plus particulièrement sur la mise en œuvre d'un message publicitaire, en mettant en lumière les différentes phases d'une démarche de médiaplanning et pour finir en examinant les moyens de communication hors-média utilisés par les universités. Le chapitre 13 sera consacré pour sa part à la politique de localisation et non pas à la politique de distribution que l'on retrouve habituellement lorsque l'on examine les politiques de marketing-mix des autres secteurs d'activités. Nous analyserons dans un premier temps comment les grands principes de la politique de distribution peuvent s'appliquer au cas particulier d'une université, nous examinerons respectivement : la politique de localisation d'une université ; le choix des formats des formations proposées par l'université et pour finir, le choix du mode d'administration de ces formations. Dans un deuxième temps, nous mettrons en lumière une méthode appelée CERISE RÊVAIT qui constitue un très bon outil pouvant être utilisé par les universités lorsqu'elles sont confrontées au choix de localiser de nouveaux établissements sur un territoire.

CHAPITRE 10 : LA POLITIQUE DE PRODUIT

Les activités d'enseignements même si elles comportent des supports physiques et tangibles comme l'octroi de polycopiés ou d'ouvrages de cours restent avant toute chose un service « marchand » vendu aux étudiants et au-delà à leur famille. L'offre universitaire même si elle s'appuie en grande partie sur les formations proposées conduisant à l'obtention d'un diplôme s'accompagne souvent de la fourniture d'un certain nombre de services annexes comme l'accès à la vie culturelle et associative ; l'accès à un service de santé ; le logement ; la restauration et la pratique du sport. Dans ce chapitre, nous ne prendrons en considération que les seules formations offertes aux étudiants, les services que l'on pourrait qualifier d'annexes seront traités dans la quatrième partie lorsque nous examinerons les stratégies concurrentielles et les stratégies de développement. Dans cette optique, on peut considérer que la politique de produit d'une université consiste à concevoir, à gérer et à renouveler les différentes formations qu'elle va proposer à ces étudiants. Les multiples ouvrages consacrés au marketing subdivisent la politique de produit en mettant en lumière plusieurs concepts, respectivement : les caractéristiques du produit ; le packaging du produit ; l'analyse de la politique de gamme ; l'analyse du cycle de vie du produit et la stratégie de développement de nouveaux produits, Kotler et Fox (1995) ; Baynast, Lendrevie et Levy (2017) ; Kotler, Keller, Manceau et Hemonnet (2019) ; Mayrhofer (2020). Dans le cas présent, nous nous focaliserons uniquement sur quatre des cinq aspects de la politique de produit en omettant pour l'occasion, la prise en compte du packaging[28] qui s'applique plus particulièrement à

[28] On peut définir le packaging comme étant l'ensemble des éléments qui sans faire partie du produit permettent de le conserver et de le transporter, on l'assimile souvent à l'emballage du produit. En fait, s'il se compose bien du contenant, il prend en considération un aspect plus

un produit et beaucoup moins à un service. Dans un premier paragraphe, nous mettrons en lumière, les caractéristiques du produit universitaire, dans un deuxième paragraphe, nous verrons en quoi le concept de gamme de produits peut s'appliquer au milieu universitaire. Dans un troisième paragraphe, nous examinerons le concept de cycle de vie du produit qui nous permettra d'analyser l'évolution des inscriptions dans une formation et pour finir dans un quatrième et dernier paragraphe, nous examinerons les stratégies de développement de nouvelles formations.

Section 1 : Les caractéristiques du produit universitaire

Comme nous venons de le souligner, un produit universitaire se décompose en plusieurs éléments à la fois intangibles[29] comme les enseignements contenus dans une formation spécifique et d'autres éléments tangibles comme l'accès aux salles de cours et de travaux, l'accès à la bibliothèque, aux équipements sportifs, aux équipements culturels et aux services des études et administratifs. Baynast, Lendrevie et Levy (2017) mettent en exergue plusieurs éléments relatifs aux produits, parmi eux, deux ont particulièrement retenu notre attention : le fait que les produits sont porteurs de sens et de valeur d'une part ; le fait que les produits présentent des caractéristiques intrinsèques qu'ils nous semblent utiles de faire apparaître afin de mieux comprendre la politique marketing de produit d'une université.

§ 1.1) Le sens et la valeur d'une formation universitaire

Au sein d'une université, les responsables de la mise en œuvre d'une politique de produit sont confrontés à deux contraintes pas forcément toujours perceptibles par eux-mêmes, mais qui conditionnent en grande partie le succès ou l'échec d'une telle politique : la perception par l'étudiant de l'offre universitaire d'une part ; l'attribution d'une valeur d'usage et d'une valeur de signe pour une formation, d'autre part.

Concernant la perception de l'offre universitaire par l'étudiant, elle apparaît plus importante que l'offre réelle en elle-même. Drucker

---

large que le simple emballage matérialisé par le décor comme l'image, les couleurs, le graphisme…

[29] L'intangibilité d'une formation se définit comme les connaissances transmises par les enseignants aux étudiants bien qu'elle peut s'appuyer sur des éléments tangibles comme des supports de cours et l'utilisation de tableaux ou autres matériels informatiques et de communication.

(1954) affirmait dans l'un de ses ouvrages précurseurs que le succès d'une entreprise résidait dans la perception favorable qu'ont les clients lorsqu'ils achètent ses produits et non pas sur la perception que se fait l'entreprise de ces mêmes produits. Dans ces conditions, il peut y avoir deux scénarios susceptibles de se produire, dans le premier cas, l'université considère qu'elle propose une formation de qualité, mais celle-ci n'est pas perçue comme telle par les étudiants ce qui entraine un faible nombre d'inscriptions. Si ce décalage peut ne pas être considéré comme dangereux s'il se limite à quelques formations, il peut se révéler catastrophique s'il se propage à l'ensemble de l'offre universitaire. À l'inverse, la situation de l'université se révélera favorable si les étudiants perçoivent les formations offertes comme étant de qualité. Si l'on part du postulat énoncé par Drucker, les universités devraient prendre en considération la psychologie des jeunes lycéens et des étudiants avant de concevoir une formation universitaire.

La prise en compte des facteurs psychologiques dans l'élaboration de l'offre universitaire nous conduit à introduire une distinction entre la valeur d'usage et la valeur de signe d'une formation. En effet, on peut définir la valeur d'usage d'une formation comme sa dimension fonctionnelle matérialisée par son organisation (mode d'administration des cours ; nombre d'heures de formation ; intitulé des cours, etc.). La valeur de signe d'une formation pour sa part se définit comme l'image qu'elle représente auprès de la population, cette image qui en fonction des cas peut être positive ou négative. On considère que tous les produits ont une valeur symbolique, les formations universitaires n'échappent pas à cette règle bien que l'on doive nuancer notre propos si l'on prend en considération l'ensemble des formations. En effet, des formations généralistes comme les lettres, le droit ou les sciences économiques n'ont pas une valeur symbolique très forte à l'ère de l'enseignement supérieur de masse, toutefois lorsque l'on examine attentivement les différentes formations au sein d'une faculté, certains titres de formation peuvent lui donner une très forte valeur symbolique. Ainsi, si l'on prend une Faculté de Droit comme celle de l'Université Catholique de Lille, on trouve un master 2 droit de l'Enfance ou encore un Diplôme universitaire de Droit funéraire ou de Criminologie qui au regard de leur dénomination affichent un message très fort pour les futurs étudiants. De la même manière, au sein de l'ensemble des universités catholiques , les formations offertes par les facultés de théologie en raison de leur caractère spécifique et qui ne conduisent pas forcément à des débouchés importants sur le marché du travail, mais qui permettent à un public varié et sensiblement plus âgé d'augmenter leur culture religieuse ont également une valeur symbolique très forte.

Après avoir pris en considération le sens et la valeur de l'offre universitaire, il convient à présent d'examiner ce que l'on appelle les qualités intrinsèques d'une formation universitaire.

§ 1.2) Les qualités intrinsèques d'une formation universitaire

Il faut définir au préalable ce que l'on entend par qualités intrinsèques d'une formation universitaire. Ce qu'on appelle les qualités intrinsèques d'une formation universitaire, « ce sont ses attributs réels, objectifs et observables ». Ces caractéristiques peuvent être classées en trois grandes catégories, respectivement : la formule de la formation ; la performance de la formation et le design de la formation.

La première de ces caractéristiques correspond à ce qu'on pourrait appeler la *formule de la formation universitaire*, c'est-à-dire la description technique de la maquette d'une formation spécifique. Celle-ci se décline respectivement à travers : le nombre d'heures de formation ; le nombre de cours différents ; le nombre d'heures de cours magistraux et de travaux dirigés ; le nombre de cours de langues ; l'affectation des crédits ECTS et des coefficients pour chaque matière ; l'existence ou non d'un stage obligatoire ; l'obligation de rédiger un mémoire de fin d'études, le choix des options proposées en vue d'un parcours personnalisée et pour finir, le mode d'administration des cours : présentiel ou différentiel ou une formule hybride. La formule d'une formation constitue un élément déterminant dans le choix de l'étudiant confronté à une multitude de propositions. Dans cette optique, une formation comportant un certain nombre d'éléments différenciants comme des modules établissant des passerelles entre les enseignements académiques et le monde professionnel sont de nature à enrichir le contenu d'une formation[30]

La deuxième catégorie des qualités intrinsèques correspond aux *performances de la formation universitaire* qui seront objectivement observables par l'étudiant lorsqu'il suivra cette formation, ces performances étant naturellement liées à la "formule-formation" adoptée,

---

[30] À titre indicatif, l'ensemble des masters 2 de la Faculté de Droit de l'Université Catholique de Lille comportent un module intitulé Droit en Action ou encore un module « Clinique du Droit » qui est programmé en fin du cursus et qui oblige les étudiants par groupe de quatre ou cinq à traiter et restituer des cas proposés par des entreprises devant un jury.

mais aussi par l'existence de débouchés potentiels sur le marché du travail. Concernant les performances d'une formation, il nous faut distinguer dans le cas présent ce que l'on pourrait appeler les performances « internes » des performances « externes ».

Les performances internes sont liées essentiellement à la qualité des enseignants qui interviennent, à la manière dont ils transmettent leur savoir, à leur volonté de dispenser à la fois des connaissances théoriques qui demeurent indispensables dans tous les cursus, mais aussi à apprendre aux étudiants à relier ces connaissances à des situations dans lesquelles ils seront confrontés plus tard sur le marché du travail. On peut mesurer ces performances internes à travers des enquêtes de satisfaction menées auprès de ces étudiants[31]. Dans le même temps, il ne faut pas non plus négliger le rôle du personnel administratif et qui relève plutôt du « back-office » pour l'occasion. En effet, les relations quotidiennes que les assistants des études entretiennent avec les étudiants à travers leurs multiples doléances constituent un motif important au regard de la satisfaction globale de l'étudiant suivant qu'elles soient bonnes ou mauvaises.

Les performances externes pour leur part trouvent leurs sources dans les débouchés offerts à l'étudiant à la fin de sa formation universitaire, par exemple : le temps nécessaire à un étudiant pour trouver un emploi correspondant à la formation suivie ; les offres d'emploi adressées par les entreprises au service des stages et des carrières de l'université ; le salaire moyen à l'embauche et les postes occupés par les étudiants cinq ans après l'obtention de leur diplôme. À l'instar des performances internes, les performances externes pèsent tout autant dans le choix de l'étudiant de s'inscrire dans une université, mais elles jouent sans doute un rôle encore plus important auprès des parents qui demeurent aujourd'hui les principaux financeurs. En effet, la certitude pour les parents de voir leurs enfants trouver facilement un emploi à la fin de l'étude, de les voir occuper des postes en responsabilité et d'envisager un bon déroulement de carrière sont autant d'arguments qui les inciteront à investir dans une formation parfois onéreuse.

La troisième catégorie des qualités intrinsèques d'une formation universitaire correspond à son aspect visuel extérieur couramment appelé *« le design d'une formation »*. Celui-ci prend la forme du document qui est distribué à chaque étudiant potentiel venu aux différentes manifestations organisées par l'université ou encore du docu-

---

[31] L'auteur a abordé cette question dans le chapitre 6.

ment consultable sur le site de l'université et dans lequel l'étudiant peut retrouver tous les renseignements nécessaires à son choix final. Dans cette optique, le design d'une formation relève plus de la communication même s'il contribue par ailleurs à vendre la formation de manière plus efficace. Bien que le design n'apparaisse pas suffisant, voire déterminant, dans le choix final de l'étudiant, on peut admettre qu'une plaquette de formation mal présentée ou comportant des messages ambigus serait de nature à détourner un certain nombre d'étudiants de cette dernière.

Les caractéristiques intrinsèques, ainsi définies, sont fixées par l'université au moment où une nouvelle formation est lancée, les performances externes non observables lors du lancement peuvent être alors anticipées. Ces caractéristiques intrinsèques peuvent être ensuite modifiées de temps à autre en fonction de l'évolution de la formation à plus ou moins long terme.

Ayant examiné les caractéristiques d'une formation universitaire, il convient à présent d'examiner le concept de politique de gamme des formations.

Section 2 : La politique de gamme des formations

La politique de gamme d'une université constitue un autre élément important d'une politique de produit. Nous allons examiner différents aspects de cette dernière en commençant par cerner ses dimensions en distinguant ensuite les formations qui composent cette gamme.

§ 2.1) Les dimensions de la gamme

Les formations proposées par une université peuvent être très diverses. Ainsi une université peut proposer des formations dans les champs disciplinaires suivants :

- - la théologie ;
- - la philosophie ;
- - la littérature ;
- - les langues étrangères ;
- - la médecine ;
- - la gestion et le commerce ;
- - le droit ;
- - les sciences.

Chacun de ces champs disciplinaires constitue une gamme qui peut elle-même se décliner en plusieurs cursus appelés lignes. Le nombre des gammes d'une université reflète son degré de diversification. Si l'on adapte le concept de gamme au contexte universitaire, une gamme peut être assimilée de fait à un champ académique, celui-ci peut ensuite se démultiplier en filières qui à leur tour peuvent se subdiviser en formation ou cursus, le vocabulaire marketing distingue respectivement : la gamme, la ligne de produits et le modèle.

Dans cette optique, si l'on prend comme exemple la Faculté de Droit au sein de l'Université Catholique de Lille, le droit en lui-même constitue une gamme qui se décline en une multitude de lignes de produits symbolisés ici par les filières comme le droit privé ; le droit public ; le droit et les sciences politiques ; le droit des affaires ; le droit européen et le droit international. À l'intérieur de chaque ligne de produit ou filières, on peut trouver des formations particulières. Ainsi, au sein de la filière en droit privé, on peut trouver des formations en droit médical ou en droit pénal, etc. Ces formations sont assimilables aux modèles si l'on applique le vocable marketing utilisé dans l'analyse d'une politique de gamme d'une entreprise. Dans cette optique, à travers les champs disciplinaires couverts, à travers les filières proposées au sein de chaque champ disciplinaire et par rapport aux formations qui existent au sein de chaque filière, une université dispose d'une capacité à offrir jusqu'à 200 formations différentes aux étudiants potentiels.

Les gammes peuvent être à la fois très longues, très larges et très profondes et il convient de définir plus précisément ces concepts :

- la largeur d'une gamme se mesure par le nombre de ses lignes de produits, dans le cas d'une université, on dira que la largeur d'un champ académique se mesure par le nombre de filières proposées. Ainsi, si l'on prend comme exemple les langues étrangères, celles-ci se déclinent le plus souvent à travers des formations comme : l'anglais, l'allemand, l'espagnol, le portugais, etc.

- la profondeur d'une ligne dépend du nombre de modèles qu'elle comporte, dans le cas d'une université, on prendra chaque filière proposée et l'on examinera les différentes formations au sein d'une filière. Dans le cas des langues à l'instar de l'anglais, on distinguera d'abord les langues et civilisations étrangères qui conduisent l'étudiant à exercer des fonctions de professeur et les langues appliquées qui leur permettent d'exercer plutôt des fonctions dans l'entreprise, mais qui nécessite l'utilisation massive des langues ;

- la longueur d'une gamme est le nombre total de tous les produits différents que l'entreprise peut mettre sur le marché. Dans le cas d'une université, il s'agit de toutes les formations qu'elle peut proposer à l'étudiant à l'intérieur des filières, on obtient ainsi la longueur en additionnant le nombre de filières dans un champ académique et au sein de chacune des filières, les formations proposées.

Il convient d'analyser les produits d'une gamme, dans le cas présent, les formations proposées dans chaque filière. À l'intérieur d'une filière, chaque formation doit avoir une fonction précise à la fois dans le cadre de la mise en œuvre d'une politique marketing, mais également dans le cadre de l'élaboration de sa politique financière.

§ 2.2) L'analyse des formations au sein d'une gamme

Dans le cas présent, au sein de chaque champ disciplinaire, certaines formations ont des fonctions particulières :

- Les formations leaders ;

Ce sont les formations qui recueillent le plus grand nombre d'étudiants et ce sont celles qui sont souvent les plus attractives et souvent les plus équilibrées d'un point de vue budgétaire. On constate souvent que les formations commerciales, de management et les formations d'ingénieurs sont celles qui connaissent le plus de succès au sein des universités.

- Les formations d'attraction ou formations d'appel ;

Les formations d' « attraction » ont pour rôle d'attirer dans un premier temps l'étudiant afin de les faire choisir ensuite une formation plus attractive, mais aussi plus chère, directement ou indirectement. Directement dans la mesure où une formation peut être proposée à l'étudiant, mais cette dernière restera très générale dans son contenu, l'étudiant est attiré dans un premier temps par celle-ci, mais découvre ensuite que l'université propose d'autres formations plus « séduisantes » dans leur contenu. Indirectement par le fait, qu'une université proposera des formations générales qui attireront des étudiants n'ayant pas encore fait un choix définitif quant à leur orientation professionnelle et qui ultérieurement pourront choisir des formations plus attractives lorsque leurs choix finaux interviendront. Les licences en droit ou en économie illustrent bien ce type de situation ;

- Les formations d'image ;

Elles sont proposées par l'université parce qu'elles symbolisent un élément clé de leur existence même si elles ne sont pas les plus attractives en termes d'effectifs. Dans le cas d'une université catholique, les formations en théologie, en philosophie ou en langues anciennes s'apparentent à ce type de situation, car elles apparaissent indispensables à l'image véhiculée par un établissement d'enseignement supérieur catholique.

- Les formations qui préparent l'avenir ;

Ce sont celles qui sont amenées à se développer à l'avenir, car elles correspondent à des champs disciplinaires nouveaux ou parce qu'elles répondent à des besoins en formation qui sont susceptibles d'attirer de nombreux étudiants à moyen terme. Ainsi, les formations orientées vers la gestion des établissements de gériatrie symbolisent bien cette situation, car le vieillissement de la population dans les pays développés à l'horizon 2030 fera naître des besoins de plus en plus importants en formation de haut niveau.

- Les formations régulatrices.

Elles existent afin de répondre à une demande des étudiants pas forcément élevée, mais parce qu'elles permettent d'absorber des frais fixes souvent importants dans le cadre universitaire. Leurs existences permettent d'occuper un certain nombre de salles de cours et accessoirement d'octroyer des heures de cours à des professeurs permanents. À l'intérieur d'un champ disciplinaire, certaines formations un peu hybrides mêlant à la fois des matières puisées dans plusieurs champs disciplinaires pourraient illustrer ce type de situation.

- Les formations tactiques

Elles proposent aux étudiants des parcours semblables à ce qu'ils pourraient trouver ailleurs avec pour les universités catholiques, une touche complémentaire « d'humanités ». Elles viennent compléter utilement l'offre en permettant d'atteindre un seuil d'effectif économiquement plus viable. Elles ont uniquement comme rôle de gêner la concurrence en proposant aux étudiants des formations identiques à celles qu'ils pourraient trouver ailleurs, mais en jouant sur une certaine fibre catholique, de fait, elles contribuent à augmenter sensiblement les effectifs globaux. Pour finir, elles ne sont pas forcément les plus attractives, mais elles permettent à l'université d'offrir un choix plus large dans un catalogue de formation.

Lorsque l'on examine les caractéristiques de chacune des formations, on constate que certaines d'entre elles peinent à trouver leurs places dans cette typologie et ne semble avoir aucune fonction précise au sein d'une gamme, leur existence et leur survie peuvent accessoirement être liées à des raisons historiques.

Ayant examiné la politique de gamme d'une université, il convient à présent d'examiner un outil permettant de juger de l'évolution d'une formation sur le long terme : celui du cycle de vie d'un produit, d'une formation dans le contexte universitaire.

Section 3 : Le cycle de vie d'une formation universitaire

Le cycle de vie d'un produit est l'un des concepts le plus connu en marketing et plus précisément lorsque l'on étudie la politique de produit. Vernon (1966) dans un article publié dans le *Quarterly Journal of Economics* s'efforçait de mettre en relation l'impact sur la balance commerciale des États-Unis des différentes phases empruntées par un produit quelconque depuis son lancement jusqu'à son retrait éventuel du marché. De cette relation entre la balance commerciale et l'évolution des ventes d'un produit, on a fini par isoler les différentes phases du cycle de vie afin de l'appliquer à n'importe quel produit indépendamment de son lien avec le commerce extérieur. Dans cette optique, on considère qu'à l'instar d'un être humain, un produit passe par quatre phases respectives : la phase de lancement ; la phase de croissance ; la phase de maturité et pour finir la phase de déclin, dans les faits de sa naissance à sa mort. À chaque phase correspondante, on observe sur un temps plus ou moins long, une évolution du chiffre d'affaires réalisée par ce produit.

L'application d'un tel concept nous parait utile à transposer au milieu universitaire, car il permet à un responsable de la politique marketing d'une université, mais plus généralement à un doyen d'une faculté de distinguer des formations qui sont attractives de celles qui ne le sont pas. Nous examinerons successivement le cycle de vie d'une formation en particulier ; les différentes formes de cycle de vie susceptibles d'être empruntées par une formation et pour finir, le croisement entre le cycle de vie d'un produit et le cycle de vie d'un marché.

§ 3.1) Le cycle de vie d'une formation universitaire

L'application du cycle de vie d'une formation universitaire nous conduit au préalable à modifier l'un des paramètres du concept. En effet, lorsque l'on applique le cycle de vie à un produit en particulier, on relie deux variables : l'évolution du chiffre d'affaires réalisé par le produit d'une part et le nombre d'années qui se sont écoulées depuis l'apparition de ce même produit sur le marché. Dans le cas présent, même si l'évolution du chiffre d'affaires demeure pertinente pour une université, il nous semble plus judicieux de prendre en compte l'évolution du nombre d'inscriptions au sein de cette formation depuis son apparition.

La figure numéro 1 nous montre le cycle de vie du produit pour une formation particulière.

Figure 1 : Le cycle de vie d'une formation particulière

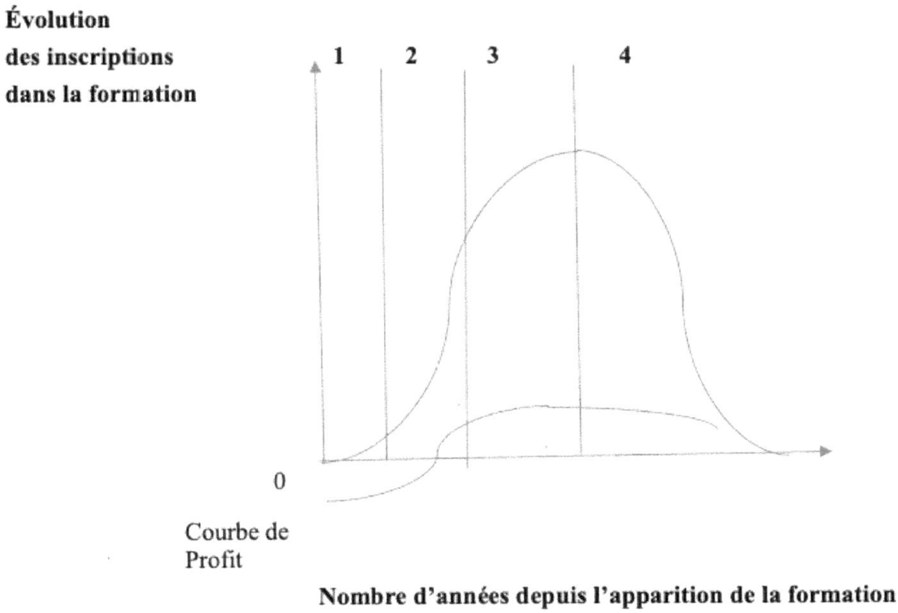

La figure 1 se décompose en quatre phases :

- La phase numéro 1 est celle du lancement de la formation, elle se caractérise par un nombre d'inscriptions qui reste très faible en raison d'un manque de connaissance le plus souvent de l'existence même de cette formation. Dans cette phase, il est fort probable que la formation perd de l'argent, car ses coûts dépassent les recettes engendrées par les frais d'inscription ;

- La phase numéro 2 est celle de la croissance de la formation, le nombre d'inscriptions évolue à la hausse, car la formation commence à être reconnue par les étudiants qui ont envie de s'y inscrire. Durant cette phase, la formation commence à trouver son équilibre budgétaire ;
- La phase numéro 3 est celle de la maturité de la formation, le nombre d'inscriptions atteint son maximum, car la formation est désormais reconnue et appréciée par l'ensemble des étudiants même ceux qui ne s'y inscrivent pas pour autant. Durant cette phase, la formation dégage une marge bénéficiaire qui permet de financer l'innovation, la création de nouveaux parcours et une part de l'activité de recherche ;
- La phase numéro 4 est celle du déclin de la formation, durant cette phase le nombre d'inscriptions se met à diminuer, car la formation a fini par perdre de son attrait auprès des étudiants ou parce qu'une autre formation plus performante est venue se substituer à cette dernière. Durant cette phase, la marge bénéficiaire peut diminuer et finir à la longue par être négative.

Si l'observation du cycle de vie d'une formation est intéressante, il apparaît que l'évolution d'une formation peut suivre des chemins différents qu'il convient d'examiner.

§ 3.2) Les différentes formes de cycle de vie d'une formation

Baynast ; Lendrevie et Levy (2017) distinguent plusieurs cycles de vie pour un produit que l'on peut appliquer au milieu universitaire :

- *Les formations à cycle de vie avorté ;*

Ces formations ont comme caractéristique de connaître une forte augmentation des inscriptions sur une durée très courte, deux à trois ans et connaissent ensuite une chute brutale sur une même période. On peut expliquer cette situation peu conventionnelle au regard du cycle de vie classique de deux manières. Premièrement, l'université a pu lancer une nouvelle formation en lien avec un besoin du marché qui existe à un moment donné, mais qui en raison de l'évolution du marché disparait assez rapidement, c'est le cas de certains masters en finance qui avaient la particularité d'accorder une place importante aux mathématiques comme outils d'aide à la décision et dont la création a précédé la crise des subprimes en 2008. À l'issue de cette crise, il s'est avéré que les modèles mathématiques enseignés dans ces formations se sont révélés totalement inopérants pour prévoir l'une des plus graves crises du monde capitaliste. Une deuxième explication que l'on peut avancer est liée directement à l'offre universitaire elle-même, une nouvelle formation apparaît et correspond à un besoin, elle attire beaucoup de monde dès son ouverture, mais rapidement les étudiants mécontents de la qualité de cette formation s'en détournent et le bouche-à-oreille et les réseaux sociaux répandent l'information auprès des étudiants potentiels qui la boudent massivement entrainant alors un effondrement des inscriptions ;

- *Les marchés de produits à cycle de vie ramassé ;*

Les marchés de produits à cycle de vie ramassé présentent la caractéristique de passer par les quatre phases du cycle de vie du produit, mais sur une durée relativement courte au regard d'un cycle de vie normal (15 à 20 ans). La formation apparaît, elle se développe, atteint un sommet et finit par décliner au bout de 5 à 10 ans. Ce type de situation peut être illustré par des formations le plus souvent situées dans des champs académiques relevant des sciences dures et qui se développent en fonction de l'évolution des connaissances scientifiques occasionnant assez vite un afflux des inscriptions qui finissent par atteindre un sommet au bout de quelques années et diminuent ensuite rapidement. L'évolution des connaissances scientifiques peut conduire assez rapidement à l'obsolescence d'une formation si celle-ci ne s'adapte pas en conséquence au changement. Ainsi, une formation peut continuer à exister sous la même dénomination, mais les modifications du contenu de ses cours consistent de fait à en créer une nouvelle.

- *Les marchés à résurrection ;*

Les marchés de formation à résurrection supposent que les formations ont connu dans une période antérieure toutes les phases du cycle de vie du produit en subissant à la longue une baisse significative des inscriptions, mais pas obligatoirement une disparition. Ces mêmes formations voient leurs inscriptions réaugmenter massivement au bout de quelques années de manière plus ou moins intense. Ce cas de figure peut s'expliquer de deux manières, tout d'abord, il existe certaines formations qui en raison d'un fort engouement des étudiants finissent à la longue par ne plus leur assurer des débouchés à la fin d'un cycle d'études, ce qui finit par entrainer une désaffection progressive des étudiants pour ces dernières. À titre d'exemple, les formations orientées vers la psychologie et la communication ont connu une attractivité très forte en France à partir du début des années 1990 jusqu'au début des années 2010 pour connaître ensuite un léger fléchissement en raison de l'incapacité du marché du travail à intégrer les étudiants diplômés. Depuis quelques années, on constate à nouveau une augmentation des inscriptions dans des formations relevant de ces champs académiques en raison des perspectives intéressantes sur le marché du travail. La deuxième explication que l'on peut avancer peut être illustrée par l'attitude des responsables de formations qui faute d'avoir pris le soin d'innover suffisamment et régulièrement finissent par voir une diminution de leurs inscriptions, cependant ces derniers finissent par en prendre conscience et modifient considérablement leurs maquettes afin qu'elles puissent être à nouveau attractives.

- *Les marchés et les formations « sans âge » ;*

Cette dernière situation se rencontre fréquemment dans de nombreuses universités et se matérialise par le fait qu'un certain nombre de formations déjà anciennes et qui sont arrivées à maturité depuis de nombreuses années voient leurs inscriptions se maintenir à un haut niveau sur une longue période. Le fait pour ces formations de se situer dans la phase de maturité n'implique pas pour autant un nombre d'inscrits qui restent toujours constants, il se peut qu'il y ait durant certaines années des fluctuations à la hausse ou à la baisse, mais qui demeurent faibles pour l'occasion. Même si une formation peut subir une variation de ses inscriptions durant quelques années, seule une diminution régulière sur plusieurs années peut nous inciter à croire que cette formation n'est plus une formation « *sans âge* ». Au sein des facultés, on peut observer des formations de ce type qui existent depuis de nombreuses années, qui bénéficient d'une excellente réputation et qui contribuent grandement à assurer la stabilité des effectifs d'une université. Un point important qu'il nous faut souligner implique qu'une formation ayant atteint depuis plusieurs années le stade de maturité ne propose pas toujours les mêmes cours ou les mêmes contenus d'un cours. En effet, l'adaptation d'une formation à l'évolution du macro-environnement oblige les responsables de cette formation à innover et à rajouter voire à supprimer des cours de façon à la rendre plus dynamique et mieux armée pour faire face à des formations plus jeunes.

Après avoir mis en évidence les différents cycles de vie que l'on peut rencontrer dans le milieu universitaire, il convient à présent de confronter le cycle de vie d'une formation avec le cycle de vie d'un marché universitaire.

§ 3.3) Le lien entre le cycle de vie d'une formation et le cycle de vie d'un marché universitaire

Chaque formation universitaire évolue au sein d'un territoire plus vaste constitué par des champs académiques, mais de façon plus étroite au sein de segments de marchés, par exemple, la formation de master 2 de droit et ingénierie fiscale de la Faculté de Droit de l'Université Catholique relève du droit, mais se situe en même temps dans un marché plus étroit représenté par les formations en droit fiscal. Dans cette optique, il nous parait intéressant de relier les formations avec leur marché en nous appuyant sur les quatre phases du cycle de vie et en partant du principe qu'il existe plusieurs cas de figure lorsqu'on lance une formation en fonction des phases décrites par le cycle de vie du produit dans laquelle se situe le marché.

- *La formation est dans une phase de lancement, mais le marché est également en phase de lancement ;*

Ce premier cas de figure suppose au préalable qu'un marché nouveau apparaît au niveau d'un champ académique, par exemple le marché des formations en intelligence artificielle au sein de l'informatique. Dans le même temps, une université qui proposerait une formation en intelligence artificielle serait la pionnière dans ce domaine et pourrait ainsi s'octroyer un avantage concurrentiel durable sur ses concurrentes. Le seul danger potentiel réside dans le fait qu'un marché à l'origine prometteur puisse se révéler assez vite décevant en termes de développement, ce qui nous semble peu probable par rapport aux perspectives liées au développement de l'intelligence artificielle au cours de la prochaine décennie.

- *La formation est dans une phase de lancement, mais le marché est dans une phase de croissance* ;

Dans le cas présent, nous sommes face à une université qui a attendu quelques années avant de lancer une formation déjà disponible chez une concurrente, ce qui lui confère ainsi un rôle de suiveuse par rapport à l'université pionnière. On considère habituellement ce type de situation comme potentiellement dangereuse lorsqu'elle se produit dans d'autres secteurs d'activité, car une entreprise détient de fait un avantage au moins relatif, mais qui peut se transformer sur le long terme en avantage absolu. Dans un cadre universitaire, il nous faut relativiser cette situation dans la mesure où l'étendue d'un marché universitaire laisse entrevoir la possibilité pour d'autres universités de proposer à leur tour des formations qui pourront attirer des étudiants qui n'auraient pas réussi à trouver initialement une place dans la formation « pionnière ». En outre, on peut estimer que les universités « suiveuses » auront eu le temps d'observer et de copier le cas échéant le contenu de la formation de l'université pionnière pour s'efforcer ensuite de l'améliorer ;

- *La formation est dans une phase de lancement, mais le marché est dans une phase de maturité ;*

Cette situation est assez fréquente dans la mesure où des universités élaborent chaque année de nouvelles formations dans des marchés arrivés depuis longtemps au stade de la maturité, c'est le cas notamment des jeunes universités qui se développent en élargissant la palette de formations proposées aux étudiants. À titre d'exemple, la Faculté de Droit de l'Université Catholique de Lille qui a existé entre 1877 et 1962 et qui a fait l'objet d'une réouverture en 1993 s'est efforcée au cours des dix années suivantes d'ouvrir des formations qui existaient déjà depuis plusieurs décennies sur le marché universitaire français, comme la maîtrise de droit privé, la maîtrise de droit public et la maîtrise de droit des affaires[32]. Dans le cas présent, l'attractivité de ces formations résidait essentiellement dans le degré d'innovation par rapport aux formations existantes, dans le cas de la Faculté de Droit de l'Université Catholique de Lille, un suivi important du parcours de l'étudiant, l'introduction de cours relevant d'autres champs académiques comme les sciences de gestion et des liens étroits avec le monde de l'entreprise et celui des professions réglementées ont largement contribué à leur succès.

- *La formation est dans une phase de lancement, mais le marché est dans une phase de déclin*

Le dernier type de situation peut apparaître curieux dans la mesure où une université lance une formation dans un marché en déclin, toutefois deux paramètres peuvent justifier une telle posture, tout d'abord, le marché peut connaître un déclin lent, ainsi une faible di-

---

[32] Avant la création du processus LMD (Licence, Master, Doctorat) respectivement des formations à Bac + 3, Bac + 5 et Bac + 8, le système universitaire français se décomposait de la manière suivante : l'obtention du DEUG à Bac + 2, de la Licence à Bac + 3, de la Maîtrise à Bac + 4, du DEA ou du DESS à Bac + 5 et du Doctorat à Bac + 8.

minution des inscriptions au niveau national sur un marché en particulier peut encore permettre à une université de développer un produit avec succès si elle bénéficie d'une bonne réputation auprès des étudiants. Dans un deuxième temps, on peut penser qu'une université lance une formation dans un marché en déclin, mais en lui donnant un caractère innovant qui pourrait lui permettre d'attirer des étudiants susceptibles au départ de s'inscrire dans d'autres formations censées être plus attractives.

Un dernier élément important dans la mise en œuvre d'une politique de produit universitaire est lié à la stratégie de développement des nouveaux produits.

Section 4 : La stratégie de développement des nouvelles formations

Une université après une étude attentive de l'évolution des effectifs dans les différentes formations offertes peut être amenée parfois à fermer définitivement certaines d'entre elles si les inscriptions continuent à être insuffisantes et conduisent à les rendre non-rentables. Dans le même temps, soit parce que les inscriptions globales sont en berne, soit parce que l'université veut redynamiser une filière, les responsables des départements peuvent être conduits à développer de nouvelles formations. Lorsqu'on lance un nouveau produit, il est important de suivre un processus séquentiel, Urban et Hauser (1980) déterminent cinq phases que doivent emprunter les entreprises pour développer un produit ou un service, respectivement :

1. identifier les opportunités de développement ;
2. à partir des opportunités, concevoir un produit ou un service ;
3. tester le produit ou le service ;
4. introduire le produit ou le service sur le marché ;
5. gérer le développement du produit ou du service en prenant soin de voir s'il répond aux attentes.

Dans le cadre universitaire, il apparaît que seules les deux premières phases semblent pertinentes d'un point de vue marketing lorsqu'on choisit de lancer une nouvelle formation. Dans cette optique, nous examinerons respectivement les contraintes que doivent prendre en compte les responsables de formations lors de la création d'une nouvelle formation dans un premier temps, nous mettrons en lumière les attributs en prendre en considération lors de l'élaboration de la maquette d'une nouvelle formation dans un deuxième temps.

§ 4.1) Les contraintes liées à la création d'une nouvelle formation au sein d'une filière

Il existe plusieurs paramètres qui déterminent l'attractivité potentielle d'un nouveau marché lorsque l'on veut lancer une nouvelle formation :

- *La taille du marché potentiel de la filière ;*

La taille du marché potentiel d'une filière constitue l'élément essentiel que les responsables de formations doivent prendre en compte afin de juger de l'opportunité de lancer une nouvelle formation. Une filière très vaste et susceptible d'offrir de nombreux débouchés professionnels aux étudiants inscrits constitue un élément favorable au développement de nouvelles formations ;

- *Le taux de croissance de la demande dans une filière ;*

Ce deuxième indicateur nous permet de juger si les demandes de formations dans une filière sont en expansion ou si elles arrivent à saturation, cette évolution étant largement corrélée avec le sentiment des étudiants d'y trouver des débouchés à la sortie de leurs études ;

- *Les coûts d'entrée dans une filière et les investissements requis pour créer une nouvelle formation ;*

Proposer une nouvelle formation constitue un coût pour l'université qui se matérialise par une multitude de dépenses (affectation d'enseignants titulaires et vacataires ; mobilisation du personnel administratif ; utilisation des salles et du matériel). En termes de coûts, il apparaît évident que la création d'une formation scientifique par exemple en biologie mobilise plus de moyens qu'en sciences humaines sauf si l'on souhaite faire intervenir des professeurs disposant d'une réputation internationale au niveau académique. Dans le même temps, il peut alors s'avérer nécessaire pour une université d'investir dans la construction de nouveaux équipements indispensables à la réussite de cette nouvelle formation ;

- *Le temps nécessaire pour voir la formation reconnue par les étudiants ;*

Toutes les nouvelles formations mettent un certain temps à être reconnues par les étudiants bien que l'on puisse penser que celles nouvellement créées dans des établissements prestigieux n'ont pas à attendre longtemps pour être reconnues. On estime qu'il faut en moyenne entre trois et cinq ans pour qu'une formation devienne réellement attractive ;

- *La probabilité d'avoir une forte concurrence ;*

Dans la mesure où les universités se livrent à une concurrence de plus en plus vive pour attirer les meilleurs étudiants, l'apparition d'une nouvelle formation au sein d'une filière fortement concurrentielle est de nature à dissuader les responsables de s'y engager, c'est le cas notamment si les formations qui existent sont solidement établies sur le marché pour l'occasion et ont eu le temps de nouer des relations étroites avec le milieu professionnel. Toutefois, si la taille du marché est suffisamment large, l'intensité de la concurrence peut être moindre ;

- *La capacité à mobiliser les ressources nécessaires au fonctionnement de la formation ;*

Cette dernière contrainte reste importante si l'on veut faire appel aux meilleurs spécialistes de la discipline particulièrement si ces derniers n'exercent pas en qualité d'enseignants titulaires et permanents. Ainsi, les velléités de création de nouvelles formations de fin de second cycle d'études se heurtent parfois à la disponibilité de trouver des enseignants pour assurer des cours spécifiques. De la même manière, l'obligation d'investir dans de nouveaux bâtiments pourrait être de nature à retarder l'apparition de nouvelles formations faute de moyens suffisants pour assurer ces investissements.

Ayant mis en évidence les contraintes à prendre en considération lorsque l'on envisage la création d'une nouvelle formation, il convient à présent de mettre en exergue les éléments qui constituent le contenu d'une nouvelle formation.

§ 4.2) Les éléments constitutifs d'une formation universitaire

Plusieurs éléments doivent faire l'objet de discussions entre les responsables chargés de l'élaboration d'une nouvelle formation, ces éléments loin d'être anodins peuvent renforcer ou diminuer l'attractivité selon la modulation de chaque élément, ainsi il faut prendre en compte les paramètres suivants :

- *Le nombre d'heures de cours ;*

Le nombre d'heures de cours est un élément qui n'est pas toujours pris en compte à sa juste valeur alors qu'il constitue un aspect essentiel de l'attractivité d'une formation. En effet, face à des frais d'inscription élevés, un étudiant sera d'autant plus sensible au fait qu'il pourra assister à un nombre de cours conséquent même s'il peut ensuite lorsqu'il a intégré la formation se plaindre d'un volume horaire conséquent. En réalité, tout dépend de la nature de la formation que l'on propose à l'étudiant. Si une formation a un caractère généraliste alors on peut être amené à proposer beaucoup d'heures de cours de façon à balayer le plus de disciplines possibles en leur affectant un minimum d'heures, dès lors, il n'est pas étonnant de voir certaines formations de premier voire de seconds cycles qui proposent jusqu'à 600 heures de cours annuelles répartis sur les deux semestres. À l'inverse, si l'on se trouve en présence d'une formation très spécialisée, le nombre d'heures peut être moins conséquent par exemple de nombreux masters 2 dépassent rarement 350 heures dans la plupart des universités françaises.

Pour conclure, certains diplômes universitaires[33] proposés par les universités en complément d'un diplôme principal sont limités en nombre d'heures par les autorités académiques et dépassent rarement 150 à 200 heures.

- *Le nombre maximal d'étudiants admis dans la formation ;*

Le nombre maximal d'étudiants est un autre paramètre qu'il faut prendre en considération et qui n'est pas neutre dans le choix d'un étudiant lors de son inscription. Si l'on prend comme exemple l'Université Catholique de Lille, l'un de ces messages répétés depuis de nombreuses années trouve sa source dans le fait qu'elle se targue d'être une université à taille humaine où chaque formation dispose d'effectifs beaucoup plus faibles que leurs homologues de l'enseignement public. Un effectif limité d'étudiants permet en effet un meilleur suivi de chacun d'eux et une meilleure interaction avec les enseignants, cette interaction est d'autant plus essentielle que les cours ont un caractère technique et complexe. Dans les faits, les formations

[33] En France, les universités ont le droit de délivrer des DU, acronyme qui signifie diplôme universitaire et qui sont le plus souvent des diplômes donnant une compétence complémentaire à un étudiant suivant un cursus traditionnel. À titre indicatif, les universités catholiques en France ne peuvent délivrer en leur nom propre que ces seuls DU puisque la collation des grades reste aujourd'hui le privilège des universités publiques avec lesquelles elles doivent passer une convention.

de premier cycle disposent d'effectifs assez conséquents à l'inverse des formations de second cycle où les effectifs sont réduits (entre 15 et 50 étudiants au maximum). Une université peut être tentée de gonfler ces effectifs de façon à dégager de plus grandes marges notamment en premier cycle au risque toutefois d'accueillir des étudiants qui n'ont pas le niveau requis.

- *Des cours théoriques ou pratiques ;*

La nature des cours proposés aux étudiants demeure un autre élément à ne pas négliger lorsque l'on crée une nouvelle formation. Si l'on interroge les chefs d'entreprises et plus généralement les employeurs, la plupart d'entre eux considèrent qu'il est important que les jeunes diplômés aient une bonne connaissance de leurs futurs métiers avant d'intégrer le monde du travail. Une meilleure adaptation au milieu professionnel passe obligatoirement par des cours pratiques qui s'appuient sur des cas concrets, l'intervention d'enseignants venant du milieu professionnel contribue à renforcer ce type de cours. D'une manière générale, les enseignements du premier cycle parce qu'ils contribuent à donner de solides bases aux étudiants sont plutôt des cours théoriques même si les travaux dirigés qui accompagnent les cours magistraux ont un aspect plus pratique le plus souvent. À l'inverse, les formations de second cycle comportent essentiellement des cours pratiques notamment lors de la dernière année d'un cursus de second cycle précédant l'entrée dans la vie professionnelle.

- *La localisation de la formation ;*

La localisation de la formation est un autre élément qui peut avoir son importance dans le choix d'un étudiant de s'inscrire dans une formation plutôt qu'une autre. Nous avons eu l'occasion de mettre en exergue dans le chapitre consacré à la segmentation des marchés, l'importance du critère géographique comme élément de connaissance du marché universitaire. Compte tenu du poids important des frais d'inscription, de nombreux étudiants sont à la recherche d'une formation qui soit située le plus près de leur domicile ce qui est de nature à leur éviter de prendre un logement parfois très coûteux dans certaines villes comme les capitales des Etats le plus souvent. Par ailleurs, il apparaît évident que les grandes villes sont souvent le siège de nombreuses universités qui offrent à leur tour de nombreuses formations aux étudiants. Pour autant certaines universités peuvent décentraliser une partie de leurs formations vers des territoires de manière à attirer par ce biais des étudiants qui ne se seraient pas inscrits en raison des frais annexes importants liés au fait d'être éloignés du milieu familial.

- *La durée horaire des cours ;*

Ce paramètre peut apparaître futile pour de nombreux observateurs, toutefois le choix de proposer des cours avec un certain volume horaire peut avoir une importance dans la manière de prodiguer le savoir. En règle générale, le volume horaire d'un cours est de deux voire de trois heures, parfois on peut trouver des cours ayant une durée d'une heure trente ou de quatre heures. À l'inverse, certains cours se limitent à une heure et ils prennent la forme d'échanges avec l'enseignant après que ce dernier ait préconisé que chaque étudiant puisse avoir préparé le cours à travers la lecture de certains chapitres d'un livre, tel est le cas notamment des enseignements proposés par les universités anglo-saxonnes ;

- *Le calendrier annuel de la formation ;*

À l'instar du paramètre précédent, on pourrait penser que le calendrier annuel n'a que peu d'importance sur le choix futur d'un étudiant, pourtant il ne faut pas négliger pour autant l'organisation annuelle de la formation notamment la date de fin des cours académiques. En effet, lorsqu'un étudiant s'inscrit dans une formation de second cycle, le stage intervient la plupart des cas à la fin des cours à l'exception des formations en alternance qui combinent chaque semaine des cours et une présence dans les entreprises. Dans cette optique, les étudiants sont sensibles au fait que les cours se terminent assez vite au second semestre pour commencer leur stage et beaucoup d'entreprises accueillent déjà des stagiaires dès le mois de Mars. Dans ces conditions, une formation qui ne serait pas en alternance et qui se terminerait en Mai ou en Juin serait de nature à décourager certains étudiants à s'y inscrire ;

- *Les modalités de contrôle des connaissances ;*

Bien que les modalités de contrôle des connaissances n'apparaissent pas forcément dans les maquettes des formations anciennes ou nouvelles, pourtant les étudiants sont sensibles à la manière dont ils feront l'objet d'une évaluation. Ainsi, des messages envoyés aux étudiants lors des rencontres sur des salons et autres manifestations organisées par l'université qui mettent l'accent sur des formes participatives de contrôle des connaissances comme la rédaction de dossiers ou la restitution à l'oral par groupes peuvent contribuer à accroître les inscriptions.

Après avoir examiné la politique de produit, il convient à présent de se pencher sur la politique de prix.

CHAPITRE 11 : LA POLITIQUE DE PRIX

Des quatre éléments constitutifs du marketing-mix , la politique de prix est sans nul doute la plus complexe à appréhender dans la mesure où elle est perçue comme un élément négatif par le consommateur qui doit s'acquitter d'une somme pour pouvoir bénéficier d'un bien ou d'un service. Armstrong , Keller, Le Nagard-Assayag et Lardinoit (2010) considèrent que le prix dans la politique de marketing-mix présente trois spécificités :

- « c'est la seule variable du mix-marketing qui puisse apporter un revenu ; toutes les autres représentent des coûts » ;
- « c'est aussi l'une des plus flexibles. Contrairement aux caractéristiques du produit ou aux circuits de distribution, les prix peuvent être modifiés très rapidement » ;
- « ils constituent dans le même temps le problème numéro un de nombreux responsables marketing, et beaucoup d'entreprises les manipulent assez mal. Le choix d'un prix fondé sur les coûts et non sur la valeur perçue par le client fait partie des erreurs les plus courantes ». D'ailleurs un coût bien calé sur une attente qualitative du client contribue à la notoriété et à l'attrait pour le produit.

La déclinaison de la politique du prix pour une université apparaît tout aussi importante que la mise en place de la politique du produit dans la mesure où les frais d'inscription représentent la source essentielle de leur chiffre d'affaires. De fait, la fixation du montant des frais d'inscription par les responsables d'une université constitue un élément très sensible et susceptible de mettre à mal leur stratégie de développement. En effet, l'université doit faire face à plusieurs problématiques respectivement :

- Comment l'étudiant percevra-t-il les frais d'inscription qu'il devra acquitter pour prétendre s'inscrire au sein de l'université ? ;
- comment le montant des frais d'inscription légitime la stratégie globale de l'université ? ;
- quel est le montant des frais d'inscription qui doit être fixé de façon à assurer la rentabilité et au-delà, la pérennité de l'université ? ;
- quels sont les déterminants à prendre en compte pour fixer les frais d'inscription ? ;
- quels sont les critères de modulation des frais d'inscription ? ;
- quelles politiques de prix l'université peut-elle mettre en œuvre pour augmenter son nombre d'inscriptions ? .

Dans un premier paragraphe, nous étudierons l'impact des frais d'inscription sur la capacité des étudiants à s'inscrire au sein d'une université. Dans un deuxième paragraphe, nous analyserons l'impact de la stratégie d'une université sur la fixation des frais d'inscription. Dans un troisième paragraphe, nous prendrons en considération les techniques de fixation des frais d'inscription en fonction des différents coûts de production. Dans un quatrième paragraphe, nous analyserons les différents déterminants que l'on doit prendre en compte pour fixer les frais d'inscription. Dans un cinquième paragraphe, nous mettrons en lumière les différentes possibilités pour une université de moduler les frais d'inscription en fonction d'un certain nombre de paramètres et pour finir dans un sixième paragraphe, nous examinerons les possibilités pour les universités de mettre en place des politiques de prix destinées à permettre aux étudiants n'ayant pas initialement la possibilité de s'inscrire faute de ressources suffisantes de le faire malgré tout !

Section 1 : L'influence des frais d'inscription sur les admissions à l'université

Toutes les universités avant de choisir de fixer le montant des inscriptions doivent prendre en considération deux effets qui existent toujours lorsqu'un consommateur prend connaissance du prix, respectivement : l'effet économique de frein à l'achat d'une part ; l'effet psychologique d'image.

§ 1.1) L'effet économique de frein à l'achat

Les étudiants lorsqu'ils envisagent de s'inscrire dans une université et avec eux leurs parents qui demeurent les principaux financeurs de leur formation ont parfois des ressources financières limitées. Dans cette optique, des frais d'inscription élevés pour intégrer une formation jouent souvent auprès d'eux un rôle de frein à l'achat légitimant ainsi une loi fondamentale reconnue universellement par tous les économistes : la loi de la demande.

Elle dispose que plus les frais d'inscription sont élevés, plus le nombre d'étudiants sera faible, à l'inverse, plus les frais d'inscription seront faibles et plus le nombre d'inscriptions augmentera. Toutefois, cette loi de la demande qui ne souffre pas au premier abord d'objections tant elle est observée quotidiennement peut être en partie démentie si l'on prend en considération le concept de prix de référence. Lehu (2012) définit le prix de référence comme « un prix utilisé, telle une référence, par un individu pour apprécier le prix d'un produit, il peut s'agir du prix d'un autre bien ou simplement d'une valeur préalablement mémorisée par l'individu ». Monroe (1979) distingue dans un premier temps, le prix de référence externe (PRE) qui s'appuie sur des informations directement observables dans l'environnement de l'acheteur, dans un deuxième temps, il définit le prix de référence interne (PRI) comme celui mémorisé suite aux expériences acquises par l'acheteur dans le passé. Si l'on prend en considération ce principe, on peut estimer qu'un étudiant se fait une idée de ce qu'il doit acquitter comme frais d'inscription pour intégrer l'université à l'intérieur d'une fourchette avec une borne inférieure et une borne supérieure. De fait, tant que les frais d'inscription qui lui sont proposés évoluent au sein de la fourchette d'acceptabilité, toute augmentation des frais d'inscription n'entrainera pas d'impacts sur le comportement de l'étudiant, le problème pour les responsables de l'université consistera à identifier clairement ces bornes, ce que l'on peut calculer à travers des études de marché qui mesurent auprès du public, leur consentement à payer pour une formation.

Si l'effet économique de frein à l'achat doit être pris en considération, un autre effet que l'on peut estimer en grande partie contradictoire doit faire l'objet de notre attention : l'effet psychologique d'image.

§ 1.2) L'effet psychologique d'image

Dans certaines situations, l'effet économique de frein à l'achat est atténué ou contrecarré par l'effet psychologique que peuvent avoir les frais d'inscription sur la qualité d'une formation. Monroe (1973) fut l'un des premiers chercheurs à mettre en évidence le fait que les consommateurs ont l'habitude d'utiliser le prix comme un indicateur de qualité notamment en l'absence d'informations complètes sur les caractéristiques du produit. Il arrive en effet que les étudiants potentiels, faute de pouvoir juger objectivement de la qualité des formations qui leur sont offertes, utilisent le prix comme un indicateur de qualité. Cette attitude est particulièrement fréquente lorsqu'il s'agit des *formations de prestige*, pour lesquels les performances objectives peuvent être en partie perceptibles par les étudiants, mais dont on connaît leur réputation. Dans cette optique, un étudiant peut estimer que les tarifs très élevés de certaines universités américaines ou européennes comme HARVARD, STANFORD ou CAMBRIDGE sont de meilleures qualités que d'autres universités où les frais d'inscription demeurent raisonnables. On retrouve une bonne illustration de ce phénomène lorsque l'on étudie l'engouement des étudiants pour les écoles de commerce ou d'ingénieur qui pratiquent souvent des tarifs plus élevés que les universités. Ces établissements partent du principe que les étudiants accepteront de faire un sacrifice financier qu'ils récupèreront ultérieurement en occupant des postes à responsabilité et en percevant de très bons salaires, ces mêmes étudiants dont on peut supposer qu'ils ont fait préalablement une analyse coût-avantage largement en faveur de ces établissements. Rien n'indique cependant que ces écoles sont meilleures d'un point de vue académique que des formations identiques offertes par les universités, mais leur image reste forte dans l'esprit des étudiants et l'influence de la marque prend ici toute son importance dans la stratégie marketing.

Si les effets des frais d'inscription sur l'attitude des étudiants qui les conduisent à s'inscrire ou pas dans une université demeurent ambigus, la mise en place d'une stratégie universitaire de recrutement des étudiants influe également sur la fixation des frais d'inscription.

Section 2 : L'impact de la stratégie d'une université sur la fixation des frais d'inscription

La politique de prix, comme toutes les autres composantes du marketing-mix d'une formation universitaire ne sont qu'un moyen au service de la stratégie marketing générale d'une université. D'une manière générale, on considère que les entreprises ont le choix entre trois stratégies de prix : la stratégie d'alignement ; la stratégie d'écrémage et la stratégie de pénétration, Mayrhofer (2020). Il convient d'examiner attentivement chacune des stratégies en mettant en lumière leur champ d'application.

§ 2.1) La stratégie d'alignement

La stratégie d'alignement consiste pour une université à fixer des frais d'inscription similaires à ceux pratiqués par les principales concurrentes. Des frais d'inscription identiques à la concurrence finissent par en faire un prix de référence sur le marché universitaire qui s'impose alors comme un standard à l'ensemble des étudiants. Pour une université, fixer des frais d'inscription alignés sur la concurrence suppose que la qualité de l'offre de formation soit à peu près équivalente à celles des autres universités. Cependant si cette stratégie peut apparaître séduisante au premier abord, elle suppose que certaines conditions soient préalablement réunies par ailleurs, respectivement :

- il n'existe que des universités privées dans un pays qui tirent leurs ressources essentiellement de la perception des frais d'inscription ;
- les sources de différenciation de l'offre de formation des universités n'apparaissent pas significatives ;
- toutes les universités proposent sensiblement la même offre qui couvre les mêmes champs académiques.

§ 2.2) La stratégie d'écrémage

Les politiques d'écrémage sont rattachées à un objectif de rentabilité. En effet, une université peut choisir qu'une formation ou l'ensemble de ses formations se voient fixer comme objectif prioritaire à court ou moyen terme d'être rentables : c'est le cas, par exemple, lorsqu'une université lance une formation coûteuse en hommes et en matériels et qu'elle espère attractive dans l'esprit des étudiants, dans ce cas, la fixation d'un prix élevé permettra de rentabiliser ce qui s'apparente de fait à un investissement. De la même manière, si une université a choisi de ne pas offrir un nombre élevé de formations, mais qui sont reconnues comme performantes dans l'esprit des étudiants, elle aura intérêt à pratiquer des frais d'inscription élevés. Dans les faits, les politiques d'écrémage consistent à fixer le coût d'une inscription à un niveau relativement élevé, permettant de dégager une marge unitaire forte et d'engranger rapidement des profits. Une politique de ce type est envisageable lorsque la formation proposée est significative en termes de différenciation par rapport à la concurrence et un prix élevé sera la "rémunération" des avantages nouveaux offerts par l'innovation. Cette politique est fondée sur l'idée qu'il y a plus de chances pour que la demande d'une nouvelle formation soit peu élastique lors de son lancement que par la suite. On joue en partie sur l'ignorance de l'étudiant qui n'a pas de points de comparaison, sur la rente de situation créée par l'innovation et qui durera jusqu'à l'arrivée d'une formation concurrente. On joue aussi parfois sur le "snobisme" des étudiants. La politique d'écrémage est une façon d'exploiter les différences d'élasticité au prix des segments du marché. Au début on s'adresse, au prix fort, au segment dont la demande est la plus inélastique c'est-à-dire celle des étudiants appartenant aux catégories aisées, puis on peut l'étendre progressivement au bout de quelques années à d'autres catégories plus modestes en diminuant alors le montant des frais d'inscription. C'est le cas par exemple, de certaines formations innovantes qui après quelques années sont copiées par d'autres établissements ou qui sont orientées vers des métiers devenus entre-temps moins attractifs.

§ 2.3) La stratégie de pénétration

Les politiques de pénétration pour leur part sont rattachées à des objectifs de volume qui se traduisent par la volonté d'attirer le plus d'étudiants et qui apparaissent prioritaires à court ou moyen terme. C'est le cas, par exemple :

- lorsqu'une université souhaite avant tout maintenir le plein emploi de son personnel et utiliser l'ensemble de ces équipements académiques ;
- lorsque les coûts de production de l'offre de formation décroissent fortement en fonction du nombre d'inscriptions ;

- lorsque la puissance, la sécurité ou la rentabilité à long terme de l'université dépendent fortement de sa part de marché que l'on peut appréhender ici comme le rapport entre le nombre d'étudiants inscrits au sein de l'université et le nombre total des étudiants inscrits dans un pays.
- Concrètement, les politiques de pénétration impliquent que dès le lancement d'une formation nouvelle, ou au cours des phases ultérieures de son cycle de vie, l'université attache plus d'importance à la maximisation du nombre d'inscriptions qu'à la maximisation de sa rentabilité à court terme. Une telle politique peut se justifier :
- Si l'université estime que l'élasticité des inscriptions par rapport au prix est élevée ;
- Si un accroissement important du nombre d'étudiants permet de baisser d'une manière substantielle le coût unitaire de l'offre de formation ;
- Si l'université souhaite dissuader d'éventuelles concurrentes de venir les concurrencer sur le marché d'une formation spécifique ou sur des formations relevant d'un champ académique en particulier ;

Dans ces conditions, elle peut alors être amenée à adopter, pour la formation considérée voire pour l'ensemble des formations ciblées, des frais d'inscription relativement modestes, ce qui a comme conséquence de dégager une marge unitaire faible.

Le choix d'opter pour l'une ou l'autre des trois stratégies produit des impacts différents sur la perception des frais d'inscription et détermine en partie la pérennisation de leur activité. Si la stratégie adoptée par l'université apparaît nécessaire d'être prise en compte pour comprendre la façon dont elle s'efforce d'augmenter ses ressources, il apparaît également nécessaire d'étudier les techniques de fixation des frais d'inscription qu'une université peut utiliser pour déterminer le montant nécessaire pour être rentable.

Section 3 : Le calcul des coûts de production et du coût de revient d'une formation

Le calcul des coûts de production et par extension du coût de revient d'une formation dont le responsable marketing d'une université doit tenir compte, au moment de fixer les frais d'inscription d'une formation revint à distinguer respectivement : les coûts directs et les coûts indirects ; les coûts fixes et les coûts variables ; le coût moyen et le coût marginal et pour terminer la prise en compte du point mort. Kotler et Fox (1995) ; Baynast, Lendrevie et Levy (2017) ; Kotler, Keller, Manceau et Hemonnet (2019) ; Mayrhofer (2020 dans leurs contributions respectives mettent en lumière ce qu'il convient d'examiner à présent

§ 3.1) La prise en compte des coûts directs et des coûts indirects d'une formation.

On appelle les *coûts directs* d'une formation ceux qui sont imputables d'une manière claire et exclusive à la production, à la commercialisation et à la communication de cette formation. Ce sont par exemple :

- - le coût des matières premières et des fournitures entrant dans la conception de cette formation ;
- - le coût des salles utilisées par les étudiants ;
- - les salaires des enseignants permanents et vacataires intervenant au sein de cette formation ;
- - les salaires du personnel administratif en charge du suivi pédagogique de cette formation ;
- - les campagnes publicitaires destinées à promouvoir cette formation.

On dénomme les *coûts indirects* d'une formation ceux qui sont affectés non seulement à cette formation, mais qui peuvent affecter dans le même temps plusieurs formations et parfois même toutes les formations de l'université, et qui sont répartis ou "imputés" entre ces formations à l'aide d'une clé de répartition. Ce sont par exemple :

- certains frais généraux (l'entretien des bâtiments, les assurances, les abonnements divers, etc.) ;
- les coûts des services généraux de l'université concernant la direction générale, la direction de la recherche, la direction commerciale, etc. ;
- les campagnes publicitaires portant sur plusieurs formations de l'entreprise ou sur la promotion de l'image de l'université elle-même que l'on qualifie habituellement de publicité corporate :

Les coûts directs d'une formation sont en général assez faciles à calculer et ne donnent pas lieu à contestation. En revanche, les coûts indirects doivent être répartis à l'aide de clés de répartition qui comportent toujours une part d'arbitraire.

Ayant effectué le calcul des coûts directs et indirects, on peut calculer le bénéfice réalisé sur une formation en procédant en deux temps, en faisant apparaître d'abord :

- La marge sur coût direct = Frais d'inscription – Coûts directs
- Cette marge sur coût direct nous permet dans un deuxième temps de faire apparaître le bénéfice réalisé sur cette formation en intégrant les coûts indirects :
- Bénéfice réalisé sur la formation = (marge sur coût direct x nombre d'inscrits) – Coûts indirects

Une deuxième méthode de calcul des coûts peut être utilisée, celle qui distingue les coûts fixes et les coûts variables d'une formation.

§ 3.2) La prise en compte des coûts fixes et des coûts variables d'une formation

On distingue traditionnellement les coûts fixes et les coûts variables d'une formation.

Les *coûts fixes* d'une formation sont ceux qui sont indépendants, tout au moins à court terme du nombre d'inscriptions considérées, c'est-à-dire qui restent constant quel que soit le nombre d'étudiants inscrits. Les coûts fixes peuvent être directs ou indirects. Ainsi *les coûts fixes directs* se matérialisent par :

- l'amortissement des salles de cours utilisées exclusivement pour la formation considérée ;
- les salaires et charges du personnel permanent employé exclusivement à la gestion de la formation considérée.

Les coûts fixes indirects pour leur part se définissent comme tous les coûts indirects de l'université qui sont répartis entre les produits à l'aide de clés qui ne prennent pas en considération le volume des inscriptions : par exemple, les frais d'assurance dont l'université s'acquitte annuellement pour pouvoir exercer ses activités d'enseignements.

Les coûts variables d'une formation, à l'inverse, sont ceux qui varient en fonction du nombre d'inscriptions. Ils peuvent, eux aussi, être directs ou indirects. Ainsi, *les coûts variables directs* se matérialisent par :

- le coût des documents polycopiés ;
- l'obligation de dédoubler des salles de cours ;
- l'embauche d'enseignants vacataires supplémentaires pour assurer des travaux dirigés ;

Les coûts variables indirects sont tous les coûts qui sont répartis entre les formations au prorata de leurs nombres d'inscrits, par exemple, les frais d'électricité qui peuvent augmenter en raison d'ajouts de cours sur une période de temps donnée.

À partir du calcul des coûts fixes et des coûts variables, on peut également faire apparaître le bénéfice engendré par une formation en procédant dans un premier temps au calcul de la marge sur coût variable en faisant le calcul suivant :

Marge sur coût variable = frais d'inscription – coûts variables

Dans un deuxième temps, on peut calculer le bénéfice réalisé par la formation à partir de la formule suivante :

Bénéfice réalisé par la formation : (marge sur coût variable x nombres d'inscrits) – coûts fixes

Une troisième méthode de calcul peut être utilisée celle distinguant le coût moyen du coût marginal d'une formation universitaire.

§ 3.3) La prise en compte du coût moyen et du coût marginal d'une formation universitaire

Une troisième manière d'aborder la notion de coût d'une formation nous oblige à distinguer le coût moyen du coût marginal. Le *coût moyen unitaire* d'une formation est égal à la somme de tous les coûts qui lui sont imputés, divisée par le nombre d'étudiants inscrits :

$$\text{Coût moyen d'une formation} = \frac{\text{Coût total d'une formation}}{\text{Nombre d'inscrits au sein de cette formation}}$$

Dans le cas présent, pour assurer la rentabilité de la formation, il faut nécessairement que les frais d'inscription dépassent le coût moyen.

Le coût marginal d'une formation pour un nombre d'inscrits déterminé est égal au supplément de coût total qu'entrainerait, pour l'université, l'inscription supplémentaire d'un étudiant dans cette formation. Le coût marginal, ainsi défini, est généralement égal au coût variable direct unitaire : en effet, la prise en compte supplémentaire d'une inscription dans une formation ne fait normalement varier ni l'ensemble des coûts fixes du produit ni l'ensemble des coûts variables indirects de l'université. De fait, le calcul du coût marginal est :

$$\text{Coût marginal} = \frac{\text{variation du coût variable direct}}{\text{Inscription d'un étudiant supplémentaire au sein de la formation}}$$

Pour être rentable, on admet habituellement que les frais d'inscription doivent être légèrement supérieurs au coût marginal.

Il est essentiel, pour le responsable marketing d'une université, d'avoir clairement conscience du fait que le coût unitaire d'une formation varie selon le nombre d'inscriptions, et d'essayer de connaître avec précision la relation entre le coût unitaire et le nombre d'inscrits. Pour finir, une méthode alternative qui s'appuie sur les calculs des coûts fixes et des coûts variables au préalable est souvent utilisée par les responsables de la mise en œuvre de la politique marketing au sein d'une université, celui du calcul du « point mort » d'une formation.

§ 3.4) Le calcul du point mort d'une formation

Le calcul du point mort d'une formation est un calcul très utile dans toutes les démarches de fixation des prix, il consiste à calculer pour un montant de frais d'inscription donné, le nombre minimal d'étudiants nécessaires pour couvrir les coûts fixes, en dessous d'un certain nombre d'étudiants la formation n'est pas rentable. La formule nous permettant de calculer le nombre d'étudiants permettant d'atteindre le point mort pour une formation est la suivante :

$$\text{Point mort pour une formation} = \frac{\text{coûts fixes de la formation}}{\text{Frais d'inscription} - \text{coûts variables de la formation}}$$

Cette formule permet à l'université d'agir sur les trois éléments constitutifs du calcul pour augmenter la rentabilité, elle peut respectivement chercher au départ à diminuer les coûts fixes, elle peut augmenter les frais d'inscription et pour finir elle peut s'efforcer de baisser les coûts variables de cette formation.

Si la prise en compte des coûts de production apparaît fondamentale pour fixer les frais d'inscription qui permettront de couvrir les frais de la formation, il existe deux autres paramètres qui peuvent jouer un rôle également non négligeable sur la fixation des frais d'inscription par une université, respectivement : la politique de fixation des frais d'inscription par les universités concurrentes et l'élasticité du nombre d'inscriptions par rapport aux frais d'inscription.

Section 4 : Les autres paramètres en prendre en considération pour la fixation des frais d'inscription d'une formation

Comme nous l'avons souligné dans un chapitre précédent consacré au processus de décision de l'étudiant préalablement au choix de s'inscrire dans une université par rapport à une autre, les étudiants prennent le temps de s'informer des frais d'inscription pratiqués par chaque université d'une part et examinent également l'évolution de ces frais d'inscription dans le temps. Il convient respectivement d'examiner ces deux paramètres.

§ 4.1) La politique des prix des universités concurrentes

Étant donné que les étudiants potentiels d'une université, lorsqu'ils se décident à s'inscrire dans l'une ou l'autre des formations comparent généralement le prix à ceux des formations concurrentes, il apparaît alors évident que cette comparaison joue un rôle essentiel dans leur processus de décision finale. Dans cette optique, il est indispensable pour un responsable marketing, d'une part de bien connaître les frais d'inscription des formations concurrentes et d'autre part d'essayer d'en prévoir leur évolution future.

On peut connaître facilement les coûts actuels des formations concurrentes en consultant les brochures des universités concurrentes. La prévision des décisions futures des universités concurrentes en matière de frais d'inscription apparaît pour sa part beaucoup plus difficile. Elle peut cependant se fonder :

- sur l'analyse de leurs coûts présumés de production pour une formation spécifique ;
- sur l'analyse historique de leur politique en matière de frais d'inscription qu'elles ont suivie dans le passé.

Le principal danger qui guette chaque université lors de la fixation des frais d'inscription si elle tient compte de la politique de prix des universités concurrentes est celui d'une guerre potentielle des prix qui conduira alors chaque université à fixer d'une année à l'autre des frais d'inscription de plus en plus faible, ce qui aura pour conséquence de rogner leurs marges bénéficiaires.

§ 4.2) L'élasticité de la variation du nombre d'inscrite par rapport à la variation des frais d'inscription d'une formation

Le deuxième paramètre qu'un responsable marketing d'une université doit prendre en compte pour fixer le prix d'une formation concerne les attitudes et les réactions des étudiants à l'égard des variations potentielles des frais d'inscription. Ces attitudes déterminent ce que l'on nomme dans le cas présent : l'élasticité de la variation du nombre d'inscrits par rapport à la variation des frais d'inscription ce que les économistes dénomment habituellement : l'élasticité de la demande par rapport au prix.

Ce concept a été élaboré pour décrire et mesurer l'influence du prix de vente d'un produit sur le volume de ses ventes, toutes choses égales par ailleurs.

L'élasticité relative de la demande D par rapport au prix P est donnée par la formule :

$e = \Delta D/D // \Delta P/P.$

Dans les faits, cette formule décrit comment la demande d'un produit évolue en pourcentage si le prix de ce produit varie d'un pour cent. Si l'on applique ce calcul à une formation universitaire, il s'agit de mesurer la variation du nombre d'inscrits pour une formation lorsque ces frais d'inscription varient d'un pour cent. On peut illustrer cela par un exemple numérique :

Au prix de 9000 €, une formation accueille 20 étudiants, si l'université décide d'augmenter le coût de l'inscription à 10000 €, le nombre d'inscriptions tombe alors à 15 étudiants, dans ces conditions l'élasticité du nombre d'inscrits par rapport aux frais d'inscription est égale à :

15- 20/20//10000-9000/9000 = -0,25/0,11 = - 2,27

Ainsi, à chaque fois que l'université augmente les frais d'inscription d'une formation d'un pour cent alors le nombre d'étudiants qui choisit de s'y inscrire diminue de 2,27%, on peut faire ce calcul pour une formation ou pour l'ensemble des formations si la variation tarifaire est identique !

L'élasticité peut être respectivement : négative ; nulle ou positive.

- e < 0 : cela signifie que le nombre d'inscrits diminue lorsqu'on augmente les frais d'inscription ; il s'agit dans ce cas-là d'une illustration parfaite et classique de l'effet économique de frein à l'achat ;

- e = 0 : les inscriptions sont constantes, quels que soient les frais d'inscription ; dans ce cas précis, on parlera d'inélasticité des inscriptions.

- e > 0 : une augmentation des frais d'inscription conduit à une augmentation du nombre d'inscrits ; ces cas exceptionnels s'expliquent surtout par un effet d'image important dont peut jouir une université. On parle alors d'effet VEBLEN (1899)[34]».

La prise en compte de l'élasticité de la demande des inscriptions est importante pour tous les responsables en charge de fixer les frais d'inscription, car une élasticité forte constatée pour une formation est de nature à dissuader ces mêmes responsables à augmenter ses frais d'inscription alors que les conditions économiques devraient les y contraindre. Pourtant un certain nombre de facteurs peuvent entrainer une faible élasticité des prix dans le cas présent. Lambin et de Moerloose (2016) distinguent un certain nombre de facteurs susceptibles d'affecter la sensibilité au prix, certains d'entre eux semblent devoir s'appliquer assez bien au contexte universitaire, ainsi, on peut distinguer respectivement :

- *L'effet de valeur unique : les étudiants sont moins sensibles aux frais d'inscription lorsque la formation à des qualités distinctives uniques ;*

Si la formation présente un caractère unique au regard des étudiants, on peut alors sans trop de problèmes augmenter le montant des frais d'inscription sans que cela impacte significativement sur le niveau des inscriptions ;

---

[34] Veblen est connu pour être à l'origine du concept de consommation ostentatoire qui implique qu'un consommateur recherche à travers sa consommation à se différencier du voisinage en recherchant des produits que l'on pourrait qualifier alors de « produits de luxe », dans le cas présent, le fait de s'inscrire dans une formation universitaire avec un tarif élevé illustre parfaitement cet exemple.

- *L'effet de notoriété des substituts : les étudiants sont moins sensibles au prix lorsqu'ils ne connaissent pas l'existence de formations sensiblement identiques ;*

Lorsque l'étudiant a le choix entre plusieurs formations à peu près identiques et concurrentes, la variation du montant des inscriptions à la hausse peut occasionner une baisse importante des inscriptions dans la formation concernée. À l'inverse, lorsque les étudiants n'ont pas une connaissance des formations éventuellement substituables alors une hausse apparaît moins risquée pour l'occasion.

- *L'effet de comparaison difficile : les étudiants sont moins sensibles aux frais d'inscription lorsque les performances des formations sont difficilement comparables ;*

Si une formation proposée à un étudiant à un caractère très spécifique notamment de par son positionnement unique au regard des autres formations sans forcément qu'elle fasse l'objet de sources de différenciation importantes , alors une augmentation des frais d'inscription n'a que peu d'impact sur les inscriptions. Cette situation se rencontre lorsqu'une formation se positionne sur une niche, par exemple un master en Droit de l'Espace qui n'est proposé que dans un nombre très limité d'universités illustre cet exemple.

- *L'effet prix-qualité : les étudiants sont moins sensibles aux frais d'inscription lorsque la formation est associée à des images fortes de qualité, de prestige ou d'exclusivité ;*

Lorsqu'une formation est considérée par les étudiants à la fois comme prestigieuse, de grande qualité et reconnue comme telle par l'ensemble de la communauté académique, alors une augmentation des frais d'inscription pourrait être considérée par les étudiants comme étant normale. La formation en question pourrait revêtir en quelque sorte les caractéristiques d'un produit de luxe qui par principe à un caractère d'inélasticité.

Si la prise en compte d'un certain nombre de paramètres est indispensable à la fixation des frais d'inscription et constitue jusqu'à présent le fondement même des politiques de prix, il ne faut pas négliger pour autant deux autres aspects qui influent également sur la politique de prix d'une université, respectivement : les possibilités de moduler les frais d'inscription en fonction d'un certain nombre de paramètres et la mise en œuvre de politiques d'aides financières aux étudiants les plus modestes pour les pousser à s'inscrire au sein de l'université.

Section 5 : Les modulations des frais d'inscription au sein de l'université

Lorsque l'on observe le montant des frais d'inscription au sein d'une université, on constate d'une manière générale que ces derniers ne sont pas uniformes, mais peuvent varier en fonction d'un certain nombre de paramètres. En fait, la modulation des frais d'inscription peut emprunter deux voies distinctes : la modulation des frais d'inscription en fonction de la nature de la formation proposée d'une part ; la modulation des frais d'inscription en fonction des caractéristiques de l'étudiant.

§ 5.1) La modulation des frais d'inscription en fonction de la nature de la formation proposée

Le choix pour une université d'appliquer des frais d'inscription différents en fonction de la nature de la formation est sans nul doute la plus couramment utilisée par de nombreux établissements, on distingue deux cas de figure : le fait de moduler les frais d'inscription en fonction du cycle d'études d'une part ; le fait d'appliquer des frais d'inscription en fonction du champ académique dans lequel s'insère la formation.

- *La modulation des frais d'inscription en fonction du cycle d'études ;*

Certaines universités choisissent d'appliquer un tarif différent suivant que les étudiants s'inscrivent en premier cycle d'études comme la licence ou en second cycle comme un master. Ce choix peut s'expliquer de deux manières, d'abord les effectifs sont habituellement plus nombreux en licences qu'en masters et parfois de manière conséquente, dans cette optique, on peut estimer que les universités cherchent à attirer beaucoup d'étudiants en optant de manière implicite pour une politique de pénétration en misant sur un gros volume d'inscription. Une autre explication réside dans le fait que les formations de masters font appel beaucoup plus que les formations de licence à des enseignants le plus souvent vacataires, mais issus de milieux professionnels et disposant d'une compétence spécifique. Cette compétence se traduit immanquablement par l'octroi de rémunérations plus importantes contribuant ainsi à une hausse inévitable du coût de la formation, dans ces conditions, une modulation différente des frais d'inscription s'explique fort logiquement.

- *La modulation des frais d'inscription en fonction du champ académique auquel appartient la formation ;*

Il arrive fréquemment que des universités n'appliquent pas les mêmes tarifs lorsque les formations sont situées dans des champs académiques différents. Ainsi, on peut penser que les formations relevant des sciences dures et qui nécessitent la mobilisation de moyens matériels importants que ne nécessitent pas les formations en sciences humaines par essence plus abstraites. Dans ces conditions, il apparaît logique d'appliquer des frais d'inscription plus élevés pour suivre des formations qui s'appuient sur l'utilisation d'un matériel important comme les masters en chimie ou en biologie par exemple.

Si la modulation des frais d'inscription a un lien avec la nature des formations proposées comme nous venons de le voir, les caractéristiques des étudiants en lien avec certains critères socio-économiques sont aussi à prendre en considération.

§ 5.2) La modulation des frais d'inscription en fonction des caractéristiques socio-économiques des étudiants

D'une manière générale, l'une des missions confiées aux universités catholiques implique de favoriser l'accès à l'université aux étudiants issus des milieux modestes en leur offrant des conditions plus favorables en matière de paiement des frais d'inscription. Dans le même temps, les universités catholiques mais pas seulement accueillent également plusieurs étudiants souvent issus d'une même fratrie, de la même manière qu'il est courant de constater qu'un étudiant qui s'est inscrit en licence continue ses études en master au sein du même établissement. En partant de ces différentes observations , l'université peut choisir de moduler ses frais d'inscriptions en tenant compte de ces différents aspects.

- *La modulation des frais d'inscription en fonction du revenu des parents ;*

Afin de réduire les inégalités entre les étudiants qui s'inscrivent à l'université, certaines d'entre elles ont opté pour une modulation des frais d'inscription en fonction du niveau de revenus des parents, tel est le cas de l'Université Catholique de Lille qui pratique ce type de modulation lorsqu'un étudiant choisit de s'inscrire dans l'une de ses facultés. En effet, lors de son inscription, un étudiant doit fournir un justificatif du montant de l'imposition de ses parents, par rapport à ce document, les facultés adoptent un barème de frais d'inscription qui évoluent habituellement dans une fourchette d'un à quatre, les étudiants dont les parents payent le plus d'impôts doivent s'acquitter de frais d'inscription correspondant au tarif affiché dans les brochures de présentation, à l'inverse, les étudiants dont les parents payent moins d'impôts ne payent qu'une partie des frais d'inscription affichés. Ce dispositif a permis de diversifier en partie l'origine sociale des étudiants inscrits dans les formations.

- *La modulation des frais d'inscription en fonction du nombre d'enfants inscrits par famille ;*

Une alternative utilisée par certaines universités au regard de leur politique de modulation de leurs frais d'inscription prenant en compte les critères socio-économiques des étudiants est liée au fait que certains étudiants inscrits ont également des frères et des sœurs qui suivent aussi des formations au sein de la même université. On rencontre ce cas de figure le plus souvent dans les familles de tradition catholique qui n'imaginent pas inscrire leurs enfants ailleurs que dans un établissement d'enseignement supérieur catholique, ces familles ayant d'une manière générale plus d'enfants que les autres familles, il n'est pas rare de voir alors toute la fratrie se succéder sur plusieurs années au sein de l'établissement. Dans cette optique, certaines universités optent pour une ristourne sur les frais d'inscription accordée au deuxième ou au troisième enfant inscrits en même temps que le premier étudiant de la famille qui fréquente l'université depuis plusieurs années, on peut imaginer par exemple, une ristourne de 10 % des frais au deuxième ou au troisième enfant.

- *La modulation des frais d'inscription octroyée aux étudiants les plus fidèles*

L'université peut choisir de récompenser les étudiants qui choisissent de rester poursuivre leurs études en second cycle d'études après avoir choisi de commencer leurs études en premier cycle. Dans cette optique, on peut estimer qu'une université a deux possibilités : soit elle accorde aux étudiants inscrits depuis trois ans chez elle de leur accorder une réduction dès leur inscription en première année et cela pour les deux années qu'ils choisiront de passer en master ; soit elle accorde une réduction de ces mêmes frais en dernière année de master de façon à décourager certains étudiants à aller faire leur dernière année dans une autre université.

Un dernier élément à prendre en considération dans la mise en œuvre d'une politique de prix, celui de la mise en œuvre de certaines politiques visant à favoriser les inscriptions des étudiants issus des milieux sociaux les plus modestes.

Section 6 : La mise en œuvre des politiques d'aides financières aux étudiants les plus modestes

Comme nous l'avons souligné précédemment, l'une des missions d'une université catholique consiste à favoriser l'accès des étudiants les plus modestes à l'enseignement supérieur. Pour beaucoup d'étudiants appartenant à des classes sociales défavorisées, le fait de devoir s'acquitter de frais d'inscription relativement élevés les dissuadent de le faire la plupart du temps faute de moyens suffisants. Si l'on rajoute le fait que les frais d'inscription sont par définition plus élevés dans les universités catholiques qui pour la plupart ont un statut d'établissement privé à but non lucratif, mais qui sont dans l'obligation de percevoir des ressources pour assurer en contrepartie un service de qualité. Par rapport au fait de vouloir encourager les étudiants issus des milieux modestes à s'inscrire à l'université, deux voies sont envisageables : la première consiste à prendre en charge une partie plus ou moins importante des frais d'inscription des étudiants les plus modestes ; la deuxième voie consiste à favoriser selon plusieurs modalités l'octroi de prêts leur permettant ainsi de couvrir une partie ou la totalité de leurs frais.

§ 6.1) La prise en charge d'une partie ou de la totalité des frais d'inscription

Une université peut s'engager à prendre en charge une partie ou la totalité des frais d'inscription à travers l'octroi de bourses octroyées aux étudiants les plus modestes. En effet, il existe au sein des universités un certain nombre d'organismes ayant le statut juridique d'associations ou de fondations qui ont pour but de distribuer chaque année un certain nombre de bourses, c'est vrai de certaines fondations qui utilisent une partie de leur argent à financer les études de certains étudiants particulièrement méritants qui en font la demande. Certaines associations d'anciens étudiants comme les associations d'Alumnis peuvent remplir à peu près ce même rôle, le monde universitaire anglo-saxon possède ce genre d'association composée le plus souvent de chefs d'entreprises autrefois étudiants et qui ont brillamment réussi dans le monde des affaires. Même si en Europe, ce type d'organisation n'a pas la puissance que l'on peut retrouver outre-Atlantique, on peut estimer que son développement dans les années à venir puisse constituer un début de réponse aux difficultés rencontrées par les étudiants modestes à réunir les fonds nécessaires à l'inscription. Dans le même ordre d'idée, certaines universités si elles ne donnent pas directement de bourses aux étudiants leur proposent d'occuper durant leur année universitaire des emplois au sein de l'université, le plus souvent à temps partiels, mais qui permettent aux étudiants modestes qui sont prioritaires pour occuper ces emplois de financer en partie leurs études.

§ 6.2) La facilité d'octroi des prêts aux étudiants modestes

La deuxième voie susceptible d'être empruntée par les universités pour faciliter l'accès des catégories les plus modestes à l'enseignement supérieur réside dans une plus grande facilité pour les étudiants à se voir attribuer un prêt pour financer leurs études. Si l'on examine la situation dans les pays anglo-saxons à commencer par les États-Unis où les frais d'inscription sont très élevés, de nombreux étudiants s'endettent parfois pendant des années pour fréquenter les universités les plus prestigieuses pour occuper ensuite des postes importants leur permettant la plupart du temps de le faire sans trop grande difficulté. Face à ce type de situation, deux solutions sont envisageables : tout d'abord, on pourrait imaginer que les universités concluent des accords avec des établissements financiers qui accorderaient alors des prêts à taux préférentiels aux étudiants modestes avec en contrepartie, le fait que l'université puisse se porter en partie garante de l'étudiant. Dans un second temps, on pourrait imaginer que l'université accorderait chaque année à un certain nombre d'étudiants modestes, mais reconnus comme particulièrement méritants de ne pas payer leurs frais d'inscription pendant leur passage à l'université, mais qui s'engagerait ensuite à rembourser sans intérêt sur une durée plus ou moins longue la totalité de ces frais d'inscription. Naturellement , ce type d'arrangement ne pourrait concerner qu'un nombre relativement limité d'étudiants, car il serait susceptible de mettre en péril le business model de l'université, mais il constituerait une solution originale.

Comme nous venons de le voir, la politique de prix matérialisée par la fixation des frais d'inscription constitue un élément tout aussi important que la politique de produit à travers l'offre de formation, mais il ne faut pas négliger un autre aspect important du marketing-mix, la communication qu'une université met en place pour attirer de nombreux étudiants, c'est ce que nous verrons dans le chapitre suivant.

CHAPITRE 12 : LA POLITIQUE DE COMMUNICATION

Le monde universitaire, quels que soient les pays présente deux caractéristiques communes, d'abord d'être un univers de plus en plus concurrentiel, ensuite d'être en relation avec une multitude d'institutions que l'on dénomme habituellement les « parties prenantes »[35]. Par rapport à ces caractéristiques, une université doit s'efforcer à la fois d'attirer le plus d'étudiants en même temps qu'elle se doit d'échanger régulièrement avec les différents acteurs qui l'entourent. Se faire connaître des étudiants en même temps que de faire connaître les formations proposées sont deux objectifs qui passent nécessairement par la mise en œuvre d'une politique de communication efficace. Dans le même temps, cette politique de communication doit également permettre de transmettre des informations et si besoin des requêtes en direction des acteurs qui gravitent autour de l'université, mais qui disposent surtout d'un certain pouvoir qu'il soit financier, politique ou réglementaire. Par rapport à ces objectifs, la politique de communication d'une université devra utiliser toute une série de moyens afin d'attirer à la fois les étudiants et d'échanger avec ses différents partenaires, c'est ce que nous mettrons en lumière dans ce chapitre. Dans un premier paragraphe, nous rappellerons les objectifs généraux de la communication d'une université. Dans un deuxième paragraphe, nous analyserons les différents moyens de communication dont dispose une université pour communiquer. Dans un troisième paragraphe, nous nous focaliserons sur un mode de communication spécifique : la publicité. Dans un quatrième paragraphe, nous analyserons la démarche de mise en place du médiaplanning par l'université. Dans un cinquième paragraphe, nous examine-

[35] Ce terme résulte de la traduction du mot anglais « stakeholder » , l'analyse des parties prenantes a fait l'objet du chapitre 2, mais sans aborder la problématique de la communication entre elles et l'université.

rons les moyens de communication hors-média utilisés par l'université et dans un sixième et dernier paragraphe, nous nous attarderons sur un mode de communication un peu particulier : le lobbying.

Section 1 : Les objectifs généraux de la communication :

Quelles que soient les entreprises ou les associations, elles ont sensiblement toutes les mêmes objectifs qui impliquent qu'elles doivent attirer le plus de clients en se faisant connaître des consommateurs potentiels et l'université n'échappe pas à cette règle lorsqu'elle s'efforce de recruter des étudiants. Dans cette optique, il convient de nous pencher d'abord sur la nature des objectifs communs à toutes les politiques de communication , de mettre en exergue dans un deuxième temps le modèle AIDA utilisé massivement par les responsables de la mise en œuvre des politiques marketing.

§ 1.1) La nature des objectifs de communication pour une université

Afin de persuader des étudiants potentiels de s'inscrire au sein d'une université et qui n'ont pas forcément connaissance au préalable des formations proposées par cette dernière, celle-ci lorsqu'elle communique auprès des étudiants doivent avoir plusieurs objectifs qui peuvent se décliner en trois phases, De Baynast et Lendrevie (2014) :

- *Un objectif cognitif ;*

Le premier objectif pour une université consiste à faire connaître ses formations auprès du public étudiant. Cet objectif peut varier en fonction de la notoriété de l'université en elle-même, mais aussi par rapport à la notoriété des formations, des universités comme HARVARD ou STANFORD n'ont pas à se soucier de leur notoriété tant celle-ci est mondialement reconnue, il n'en ait pas de même si l'on prend comme exemple une petite université comme la SOUTH WESTERN UNIVERSITY OF NEW MEXICO située à Silver City dans l'État du Nouveau-Mexique qui reste méconnue en dehors de l'État. Ce qui est vrai pour la notoriété d'une université apparaît encore plus prégnant pour la notoriété d'une formation spécifique qui peut ne pas être liée à celle de son université tant l'offre de formations peut être nombreuse. Face au défi de la notoriété, la communication de l'université devra s'efforcer dans un premier temps de faire prendre conscience chez l'étudiant qu'il existe une formation spécifique et ensuite de la faire connaître à l'étudiant.

- *Un objectif affectif ;*

Le deuxième objectif pour une université consiste à se faire aimer[36] auprès des étudiants, mais plus spécifiquement de faire aimer une formation par les étudiants. Dans ces conditions, l'image de l'université que perçoivent au préalable les futurs étudiants apparaît essentielle aux yeux des responsables de la politique marketing et plus spécifiquement des responsables de la communication institutionnelle. En effet, une université bénéficiant d'une bonne réputation auprès des étudiants multiplie ses chances de les recruter facilement, car ces derniers apprécient déjà l'établissement et ont envie de s'y inscrire quelques soient les formations proposées par ailleurs, à l'inverse une université bénéficiant d'une mauvaise image justifiée ou pas aura beaucoup plus de mal pour attirer les étudiants même si leurs formations sont de bonne qualité. Pour terminer, il se peut que certaines formations proposées par les universités ne recueillent pas au départ l'assentiment des étudiants, car elles ne correspondent pas par ailleurs à des modes qui impliquent que les inscriptions soient plus ou moins fortes pour certaines formations à certains moments, certaines formations relevant des sciences dures comme les mathématiques correspondent en partie à ce cas de figure. Face à ce type de situation , la communication doit s'efforcer de gommer le scepticisme des étudiants pour l'occasion.

- *Un objectif conatif ;*

Le dernier objectif est celui sur lequel une université doit porter encore plus son attention, car il consiste à inciter les étudiants à s'inscrire et si possible à choisir d'y effectuer l'ensemble de leurs études. Le choix pour un étudiant de choisir de s'inscrire ou pas dans une formation dépend d'une multitude de paramètres et d'influences sur lesquelles nous avions mis l'accent dans un chapitre précédent, dans ce cas, la mise en valeur des sources de différenciation de la formation doit apparaître nécessairement dans le message adressé aux étudiants.

La prise en compte de la nature des objectifs de communication nous donne un premier aperçu des éléments qu'une université se doit

---

[36] Il faut comprendre le terme aimer plutôt comme apprécier à l'instar de ce que les anglais distingue entre le verbe love qui présente un caractère plus fort que le verbe like qui correspond à la description présente.

d'intégrer dans sa politique de communication, un deuxième instrument nous apporte un éclairage tout aussi utile : le modèle AIDA.

§ 1.2) L'utilisation du modèle AIDA par une université

Le modèle AIDA, acronyme signifiant : Attention ; Intérêt, Désir, Action est relativement ancien car il est apparu la première fois à la fin du dix-neuvième siècle, il implique de mettre en lumière les principaux objectifs qu'une entreprise et dans le cas présent une université se fixe dans le cadre de sa campagne de communication , De Baynast et Lendrevie (2014) ; Mayrhofer (2020). Ce modèle apparaît complémentaire du triptyque cognitif, affectif et conatif, mais en choisissant un angle d'approche un peu différent que nous allons examiner, ainsi une université lorsqu'elle lance une politique de communication doit intégrer les quatre éléments du modèle AIDA :

- *Attirer l'attention des étudiants potentiels ;*

Attirer l'attention des étudiants potentiels relève plus spécifiquement de l'aspect cognitif et suppose obligatoirement que l'université renforce sa notoriété à la fois institutionnelle et plus spécifiquement orientée vers les formations, un des moyens mis en œuvre pour attirer l'attention de manière efficace consiste à utiliser les médias qui permettent de toucher un public large.

- *Susciter l'intérêt des étudiants ;*

Susciter l'intérêt des étudiants relève dans le cas présent de l'aspect affectif, il implique pour une université de choisir les moyens de communication qui ciblent plus particulièrement un public jeune comme certains magazines, mais surtout Internet qui demeure actuellement le média le plus consulté par les étudiants.

- *Provoquer le désir éventuel de s'inscrire à l'université ;*

Provoquer le désir éventuel de s'inscrire chez un étudiant relève ici de l'objectif conatif dans la mesure où l'université se doit d'appuyer encore plus sa communication vers les cibles potentielles en jouant fortement sur l'interactivité avec elles à travers les rencontres rendues possibles lors des journées portes ouvertes ou lors des différents salons d'étudiants.

- *Pousser les étudiants à s'inscrire ;*

Pousser les étudiants à s'inscrire dans une formation s'apparente à l'objectif conatif, il implique pour l'occasion de lever toutes leurs incertitudes quant à un éventuel refus au final de choisir la formation offerte par l'université, les premiers contacts que l'université a pu nouer avec l'étudiant se doivent d'être poursuivis sous la forme d'échanges personnalisés par mail par exemple.

Nous venons de voir que les objectifs généraux de la communication obligent une université à utiliser un certain nombre de moyens pour y parvenir, il convient à présent de nous attarder sur les différents moyens de communication utilisés par les universités pour attirer les étudiants potentiels.

Section 2 : Les différents moyens de communication de l'université

Comme nous venons de le souligner , pour influencer les attitudes et les comportements des différents publics auxquels elle s'intéresse, les parents, les étudiants, etc., une université se doit nécessairement de communiquer avec eux en utilisant une multitude de moyens. Dans le cas présent, la "communication" comprend l'ensemble des informations, des messages, des signaux de toutes natures que l'université émet en direction des publics qu'elles s'efforcent d'atteindre. Nous examinerons dans un premier temps, les caractéristiques des différents moyens de communication de l'université et dans un deuxième temps, nous analyserons les avantages et les inconvénients de l'utilisation de chaque élément de la communication médias.

§ 2.1) Les caractéristiques des moyens de communication de l'université

Pour transmettre des messages aux étudiants et aux parents, la communication emprunte de multiples canaux ; tout d'abord, la publicité par mass-médias qui est celle qui apparaît la plus reconnaissable au regard des étudiants et de leurs parents , par ailleurs, il existe beaucoup d'autres canaux de communication comme la présence dans les lycées et les salons, les journées portes ouvertes, les relations publiques et d'une certaine manière la mise en œuvre d'une démarche de lobbying. En fait toutes les actions et manifestations visibles de l'université sont potentiellement des outils de sa communication avec le monde extérieur.

Chacun de ces outils est plus ou moins efficace selon le type de formation à promouvoir, les caractéristiques de la cible visée, le contenu des messages à transmettre et le budget dont on dispose.

Concrètement, les moyens de communication dont dispose une université sont très nombreux et variés. Certains sont entièrement maîtrisés par elle : c'est le cas par exemple de la publicité ; d'autres, au contraire, échappent presque totalement à son contrôle : c'est le cas par exemple du "bouche à oreille" qui peut exister entre les étudiants. Certains moyens sont "impersonnels", c'est-à-dire qu'ils ne comportent pas un contact direct, en face à face, entre l'université et les étudiants : c'est le cas de la publicité vantant les formations en s'appuyant sur les mass-médias ; d'autres moyens, au contraire, comme les visites des responsables de la communication dans les salons et les portes ouvertes dans les lycées, permettent un tel contact personnel. Beaucoup de moyens de communication sont payants, et même parfois d'un montant très élevé comme la publicité audiovisuelle, mais quelques-uns, comme les communiqués de presse ou le comportement du personnel de l'université lorsqu'il est directement en contact avec les étudiants et les parents n'entrainent pas de coûts élevés.

La classification traditionnelle des moyens de communication consiste à les diviser en deux grandes catégories appelées respectivement "communication média" et "communication hors-média". La première catégorie inclut la publicité dans la presse, à la télé, à la radio, au cinéma, par l'affichage et par Internet, et la seconde englobe tout le reste, à savoir : le marketing direct, la publicité dans les salons et les journées portes ouvertes, les relations publiques, etc.

« Cette différenciation a été introduite, il y a déjà longtemps, par des entreprises américaines telles que PROCTER et GAMBLE qui sont toujours considérées comme des écoles de marketing. Dans ces entreprises, on a l'habitude de présenter les budgets de communication en séparant les dépenses de publicité (médias) des dépenses hors médias ». La ligne qui les divise explique que l'on parle de "médias" ou *"Above the line"* et de "hors-médias" ou *"Below the line"*, De Baynast et Lendrevie (2014).

Dans le cas d'une université, la mobilisation des outils médias et hors médias apparaît tout aussi fondamentale, les outils médias sont utilisés pour pousser les étudiants à s'inscrire, le hors-média peut s'utiliser en complément des instruments médias pour achever de persuader un étudiant hésitant de choisir finalement de s'inscrire dans une université. Avant d'examiner le hors-média, il convient de nous attarder sur les avantages et les inconvénients liés à l'utilisation des moyens médias par l'université.

§ 2.2) Les avantages et les inconvénients de l'utilisation des médias par l'université

Ferrandi et Lichtle (2014) mettent en évidence dans un tableau les principaux avantages et inconvénients liés à l'utilisation de chaque type de média utilisé par les entreprises, la lecture de ce tableau nous parait tout à fait applicable par une université dans le cas présent.

Tableau 14 : Les principaux avantages et inconvénients des médias

Médias	Principaux avantages	Principaux inconvénients
Télévision	- Permet de toucher un grand nombre de personnes au niveau national ; - Développement rapide de la notoriété ; - Média valorisant.	- Média coûteux (surtout les chaînes et les heures de grande écoute) ; - Délais de réservation longs ; - Pas de sélectivité de la cible.
Radio	- Permet une forte répétition et une proximité avec la cible ; - Peu onéreux ; - Délai de réservation court ; - Bonne sélectivité de la cible.	- Nécessite des messages courts ; - Difficulté à attirer l'attention de l'auditeur ; - Communication éphémère.
Presse	- Permet une bonne sélectivité de la cible ; - Souplesse d'utilisation ; - Est bien adaptée à une communication informative.	- Image variable ; - Distinguer la presse quotidienne nationale et régionale et les magazines.
Cinéma	- Favorable à la mémorisation ; - Permet une bonne sélectivité géographique.	- Nécessite la plupart du temps d'importants frais techniques ; - Délais de réservations longs ; - Cible souvent locale.
Affichage	- Souvent utilisé en complément d'autres médias ; - Permet une bonne sélectivité géographique.	- Est souvent cher ; - Argumentation limitée.

Internet	- Est désormais incontournable (sites Internet, médias sociaux, e-mailing ; - à l'avantage d'être un moyen interactif, souple et à faible coût (tout dépend des techniques utilisées).	- Communication parfois difficile à contrôler (détournement possible par les consommateurs).

Le tableau 14 nous montre que chaque média susceptible d'être utilisé par les universités présente à la fois des avantages et des inconvénients et qu'ils peuvent être utilisés en fonction de leur objectif privilégié et de la cible d'étudiants qu'ils veulent atteindre.

Il apparaît important de nous focaliser à présent sur la publicité qui utilise pour l'occasion l'ensemble des moyens médias susceptibles d'être mobilisés pour accroître la notoriété d'une université, mettre en valeur ses formations et surtout de persuader les étudiants de s'y inscrire.

Section 3 : La publicité en direction des étudiants

« La publicité depuis son apparition a toujours généré des débats animés sur le fait qu'elle est d'abord une information alors que pour d'autres elle n'est qu'une incitation qui concourt à développer les ventes. Il est vrai que la publicité ne peut être considérée comme une information neutre et souvent il est difficile à travers elle d'y trouver une information abondante et qui par ailleurs apparaît clairement orientée et souvent trop partiale », De Baynast et Lendrevie (2014). Il convient dans un premier temps de faire ressortir les caractéristiques de la publicité d'une université et dans un deuxième temps d'examiner les différentes phases de l'élaboration d'un message publicitaire destinée à attirer de nouveaux étudiants.

§ 3.1) Les caractéristiques de la publicité d'une université

Par rapport aux autres moyens de communication qu'une université peut utiliser, la publicité présente cinq caractéristiques essentielles, De Baynast ; Lendrevie et Levy (2017) :

- Elle permet de toucher de *très larges publics.* Ses audiences peuvent se comptent en milliers, voire en millions de contacts, la promotion d'une formation sur Internet peut être regardée par des milliers d'étudiants au sein d'un pays, mais plus généralement par des millions d'étudiants à travers le monde si la formation est reconnue internationalement comme les MBA proposés par HARVARD ou STANFORD ;

- L'accès aux mass médias est cher, mais *le coût au contact est faible.* Certaines universités peuvent choisir d'utiliser la télévision pour vanter les mérites de leurs formations, traditionnellement l'accès aux chaines réalisant de grandes audiences comme les chaines nationales peut se révéler onéreux, mais lorsque l'on divise les frais de passage sur les écrans d'un message publicitaire par le nombre de téléspectateurs qui ont pu voir le spot publicitaire alors le coût unitaire devient très faible, voire infime ;
- La publicité fonctionne sur le principe de *la répétition* : un même message peut être dupliqué à plusieurs reprises facilitant sa mémorisation par les étudiants potentiels ;
- La publicité délivre *un message simple, fort et simple, fort et unique.* C'est le même message que l'université adresse à tout le monde et lorsqu'elle souhaite moduler son message par rapport à certaines cibles, elle s'appuie alors sur des moyens de communication hors-média comme la présence dans les salons et les journées portes ouvertes ;
- La publicité est *un message* dont le contenu est *parfaitement contrôlé* par l'université. En effet, les médias qui vendent de l'audience s'interdisent de modifier les messages publicitaires, dès lors l'université est seule responsable le cas échéant d'une mauvaise communication vers les étudiants.

Parallèlement à la publicité qui s'appuie sur les médias, il existe deux autres types de publicité qui ne les utilisent pas, respectivement : *la publicité directe,* qui s'apparente au marketing direct et *la publicité sur les lieux de vente (PLV)* qui s'apparente au merchandising. Dans le cas spécifique d'une université, la publicité directe s'apparente aux échanges qui existent sur Internet entre les responsables de la communication de l'université et les étudiants potentiels. La publicité sur les lieux de vente trouve une illustration dans l'organisation annuelle par les universités des journées portes ouvertes au cours desquelles les étudiants peuvent rencontrer les responsables de l'université.

L'utilisation massive de la publicité par les universités nous conduit à examiner plus précisément la conception du message universitaire préalablement à sa diffusion au public étudiant.

§ 3.2) La conception du message universitaire : la copy-strategy

L'élaboration des messages publicitaires, messages que l'on désigne parfois par le terme de *"copy"* comporte trois phases successives : la stratégie de création (ou *copy-strategy)*, la création et l'exécution, De Baynast, Lendrevie et Levy (2017).

Dans le cas présent, nous mettrons l'accent uniquement sur la première phase qui concerne le fond des messages alors que les autres phases concernent leur forme. Nous allons examiner les différents aspects de la copy-stratégie.

« La stratégie de création, appelée aussi *copy-stratégie*, ou encore *plan de travail créatif (PTC)* est un document formel, généralement court (une ou deux pages), établi en commun par le responsable de la communication d'une université et les responsables "commerciaux" de son agence (chef de publicité, directeur de clientèle), en vue d'orienter le travail de création qui sera demandé ensuite aux services "artistiques" de l'agence ». Par ailleurs, on ne peut exclure que le propre service de communication d'une université puisse lui-même se charger de l'élaboration du message.

« La copy-stratégie est un *cahier des charges* qui sera imposé aux créatifs et sa structure formelle ainsi que le nombre et l'intitulé de ses rubriques, varient quelque peu d'une agence à une autre ». Cependant, on y retrouve presque toujours les sept éléments essentiels, respectivement : le fait principal ; le rappel des objectifs publicitaires ; le rappel des cibles publicitaires ; la "promesse" appelée parfois le "bénéfice consommateur" ; les "preuves", appelées parfois "supports de promesse" ; le ton et la personnalité de la marque ; les instructions et contraintes diverses.

- *Le fait principal ;*

« Ce que l'on appelle le "fait principal" et qu'on ferait mieux d'appeler les "faits principaux", car on ne parvient pas toujours à en réduire le nombre à un seul, c'est une sélection, faite par l'agence, de ceux qui lui paraissent essentiels pour orienter le travail des créatifs ». Pour illustrer le fait principal, on prendra comme exemple le fait que la direction d'une université catholique cherche à augmenter son nombre total d'étudiants par rapport à une concurrence de plus en plus forte des universités publiques.

- *Rappel des objectifs et des cibles publicitaires ;*

« Il s'agit en général d'un simple rappel des objectifs et des cibles formulées dans le *brief agence* (Il s'agit d'un document qui contient toutes les informations et les orientations dont l'agence a besoin pour pouvoir travailler efficacement à la conception de la campagne). Toutefois, dans certains cas, l'agence peut estimer que ces objectifs ou ces cibles sont trop nombreux ou trop vagues, et pourra alors être amenée à les formuler d'une manière plus restrictive ou plus précise dans la copy-strategy ».

L'objectif pour l'université est triple : cognitif ; affectif et conatif, faire connaître, faire aimer et persuader les étudiants de choisir les formations proposées. Dans le cas présent, la publicité se doit de faire apparaître un élément de différenciation important de l'université par rapport à la concurrence comme la qualité de ses locaux et sa situation privilégiée.

Le cœur de la cible publicitaire est représenté essentiellement par les lycéens issus des établissements d'enseignements secondaires catholiques et dans un deuxième temps par les autres lycéens.

- *La promesse ;*

« Dans la plupart des campagnes à l'exception de celles qui n'ont qu'un objectif de notoriété pure, l'élément le plus important de la copy-stratégie est ce qu'on appelle *la promesse ou le bénéfice-consommateur*, c'est-à-dire l'expression de l'avantage principal que le client tirera de la consommation ou de l'achat du produit », dans le cas présent, il s'agira de l'avantage que l'étudiant trouvera s'il s'inscrit dans l'université. Dans cette optique, le message à transmettre aux étudiants devra insister sur le fait qu'ils trouveront facilement un travail à la fin de leurs études en raison des relations étroites et déjà longues avec le milieu professionnel.

- *Les preuves ;*

« Les preuves, appelées parfois aussi "supports de promesse", sont les arguments que l'on se propose d'utiliser pour justifier la véracité de la promesse ». Pour une université, il s'agit le plus souvent d'une caractéristique intrinsèque des formations proposées ou d'une formation en particulier. Dans le cas présent, il s'agira d'illustrer la publicité par des chiffres concernant les taux de placement à la fin des études ou encore de mettre en avant le témoignage d'anciens étudiants ayant suivi cette formation et accomplir par la suite un brillant parcours professionnel.

- *Le ton et la personnalité de la marque de l'université ;*

Ce qu'on appelle le "ton" d'une campagne ou d'une annonce lorsque l'université choisit principalement la télévision ou Internet, c'est le registre d'expression que la publicité utilisera. « Il existe une grande variété de registres possibles tels que la démonstration didactique, l'émotion, l'humour, l'autorité, le grand spectacle et l'esthétisme ». Dans le cas d'une publicité vantant les mérites d'une université, on optera plutôt pour un ton sobre et ferme en même temps qu'on peut s'appuyer sur une démonstration didactique montrant un étudiant au cœur du campus universitaire qui suit un cours ou qui étudie en bibliothèque.

- *Les instructions et contraintes diverses ;*

La dernière rubrique d'une copy-stratégie a trait à diverses instructions et contraintes que les créatifs devront respecter. Il peut s'agir par exemple:

- « des contraintes liées au média qui sera utilisé et au format de l'annonce : par exemple "spot télévisé de vingt secondes" ou "page entière magazine en quadrichromie";
- d'instructions sur la manière de présenter la formation dans l'annonce : témoignages ou pas d'anciens étudiants qui fréquentent ou qui ont fréquenté l'université ;
- de contraintes réglementaires : mentions légales à faire figurer dans les annonces, utilisation possible ou pas du terme catholique dans certains pays ;

Dans certains pays, seules ont le droit d'être appelées Université : les universités publiques, les établissements catholiques pour leur part utilisent plutôt le terme « Institut ».

L'élaboration d'une publicité ne constitue que le premier aspect de la mise en œuvre de la politique de communication d'une université, un deuxième aspect tout aussi important réside dans la mise en place du médiaplanning.

Section 4 : Le médiaplanning d'une université

Nous allons examiner différents éléments relatifs au médiaplanning en commençant par le définir et en présentant sa démarche générale.

« Quelle que soit la qualité des messages conçus et réalisés par l'agence, ils ne pourront séduire et convaincre leurs destinataires que s'ils les atteignent », c'est-à-dire si les étudiants y sont effectivement exposés. A cet effet, le choix des vecteurs de la communication publicitaire ou médiaplanning est tout aussi important que l'élaboration de la copy, on peut même considérer que d'un point de vue financier, l'élaboration d'une campagne publicitaire implique des coûts d'achat d'espace beaucoup plus élevés que ceux liés à la réalisation des annonces. Dans ces conditions, on peut définir « le médiaplanning comme le fait de choisir les *médias et les supports* dans lesquels seront insérées les annonces publicitaires », De Baynast, Lendrevie et Levy (2017).

- « un support est n'importe quel véhicule de la publicité. C'est une page d'un quotidien comme le Monde, un écran sur TF1, un panneau d'affichage, etc. ».
- « un média est un ensemble homogène de supports qui relèvent d'un même mode de communication ».

Nous examinerons respectivement : la démarche générale du médiaplanning ; la stratégie média et les autres démarches de la stratégie média.

§ 4.1) la démarche générale du médiaplanning

La démarche du médiaplanning d'une université comporte quatre étapes successives. La première appelée *stratégie média* consiste à choisir :

- le ou les médias qui seront utilisés par l'université (télé, presse, affichage, etc.) ;
- les formats de présentation qui seront retenus dans les supports ;
- les périodes *de l'année* pendant lesquelles chaque média sera mobilisé ;

Cette étape sera présentée dans le paragraphe suivant.

La deuxième étape, appelée *plan média,* consiste pour l'université à :

- choisir, à l'intérieur de chaque média retenu, *les supports spécifiques* qui seront utilisés par elle (titres des journaux, chaînes de télé, etc.) ;
- choisir, dans ces supports, les *emplacements à acheter ;*
- et fixer le *calendrier précis des insertions.*

La troisième étape empruntée par l'université est celle de *l'achat d'espace.* Elle consiste pour l'université à négocier avec les différents supports afin d'obtenir des tarifs avantageux, des ristournes éventuelles et des emplacements privilégiés. « Les enjeux financiers de cette phase sont aujourd'hui considérables : selon la quantité et le poids du négociateur, le coût d'un même espace dans un même support pourra varier de 30 à 40% ». « Elle exige un grand professionnalisme, de l'opportunisme et de la rapidité de réaction : il faut savoir profiter d'un changement de la grille de la programmation d'une chaîne de télé, ou d'une disponibilité soudaine consécutive à une annulation d'un ordre d'insertion par un autre annonceur, ou encore de la survenance d'un événement imprévu ».

La quatrième étape pour l'université l'oblige à contrôler la réalisation de son plan média, c'est-à-dire :

- vérifier que les insertions ont été conformes aux ordres d'achat ;
- mesurer l'audience délivrée effectivement par les insertions, pour la comparer à l'audience achetée.

À l'intérieur du médiaplanning, il convient de nous focaliser sur la stratégie média.

§ 4.2) la stratégie média

Il existe plusieurs éléments relatifs à la stratégie média en commençant par le choix du ou des médias qui seront utilisés, ce choix se fait en fonction de trois catégories de critères :

- *des critères pratiques ;*

Ce sont principalement :

- *l'accessibilité des médias :* la télévision apparaît peu accessible dans certains pays aux universités souhaitant assurer leur promotion ;
- *les délais de réservation :* l'achat d'un espace à la radio pour un passage quelques jours après peut se faire assez facilement ; à

l'inverse, le souhait de bénéficier d'un affichage privilégié ou d'un bon emplacement dans un magazine nécessite que l'université entreprenne des démarches plusieurs mois auparavant ;

- *le ticket d'entrée :* le budget total lié à la communication dont dispose une université ne lui permet pas toujours d'accéder aux médias souhaités, c'est le cas notamment de la télévision qui reste très difficile d'accès pour de nombreuses universités notamment de taille modeste.

- *des critères quantitatifs d'efficacité ;*

D'un point de vue quantitatif, les médias doivent être évalués en fonction de :

- *leur couverture de la cible :* la couverture d'un média est le pourcentage de personnes appartenant à la cible qui "fréquentent" ce média (ou qui y sont "exposées"), dans le cas présent il s'agit du pourcentage d'étudiants susceptibles de prendre connaissance du message ;

- *leur pouvoir de répétition :* il représente la possibilité qu'ils offrent de toucher les étudiants avec une fréquence déterminée et pendant une période précise. On estime que le pouvoir de répétition de la radio, de l'affichage ou des quotidiens auprès des étudiants est plus élevé que celui de la presse mensuelle ou du cinéma ;

- *des critères qualitatifs d'adéquation au message* : pour chaque média utilisé, l'université doit s'interroger sur leur capacité de véhiculer correctement le message publicitaire qu'elle se propose d'émettre : permet-il de présenter efficacement la formation ou la mise en valeur de l'université ? ;

- *un ou plusieurs médias ?*

Pour ces raisons budgétaires, les universités ont souvent tendance à limiter leur choix à un seul média. Pourtant, lorsque le budget disponible le permet, il est souvent préférable d'utiliser plusieurs médias plutôt qu'un seul, surtout si les objectifs de communication et/ou les cibles qu'elle vise sont multiples.

Pour conclure sur la démarche du médiaplanning, il convient d'examiner à présent les autres décisions de la stratégie média.

§ 4.3) les autres décisions de la stratégie média

Il existe d'autres contraintes qu'un responsable de la communication d'une université doit prendre en compte :

-le choix des formats ;

Pour chacun des médias retenus, l'université devra décider quel(s) format(s) d'annonces seront utilisés : s'il s'agit de la télé, utilisera-t-on des spots de 8, 20 ou 30 secondes ? S'il s'agit de l'affichage, quelle taille de panneaux utilisera-t-on ? Ces choix dépendent essentiellement de la nature et du contenu des messages à transmettre par l'université ;

- la répartition du budget entre les médias ;

Lorsqu'une université a choisi plusieurs médias, elle doit allouer entre eux le budget total dont elle dispose, en tenant compte :

- des missions assignées à chacun d'eux dans la campagne.
- de leurs coûts respectifs d'utilisation.

- les périodes de campagne

La dernière décision importante qu'une université devra prendre en compte dans la stratégie média concerne les *périodes* pendant lesquelles sera menée la campagne dans chacun des médias retenus. Dans le cadre d'une université, la période de communication commence généralement à la rentrée universitaire en vue d'un recrutement des étudiants pour l'année suivante. Cette période peut s'étaler sur l'ensemble de l'année universitaire avec le plus souvent : des visites dans les salons ou dans les lycées, en organisant ensuite des journées portes ouvertes au sein des établissements. La présence des étudiants dans les salons et les journées portes ouvertes relève de la communication hors-média mise en œuvre par les universités qu'il convient d'examiner plus en détail.

Section 5 : Les moyens de communication hors-média utilisés par l'université

De Baynast, Lendrevie et Levy (2017) mettent en évidence un certain nombre de moyens de communication qui relèvent du hors-média et qui peuvent être utilisés par les entreprises, respectivement : le marketing direct ; la promotion des ventes ; les médias propriétaires[37] ; les relations publiques ; la présence dans les salons et les foires ; les parrainages d'événements et le mécénat. Si l'on se place au niveau d'une université, on peut penser que l'ensemble de ces moyens peuvent être mobilisés par elle pour compléter sa communication dans

[37] On entend par médias propriétaires le fait pour une entreprise de posséder son propre site Web, d'avoir des pages sur les réseaux sociaux et d'animer des communautés, les universités ont toutes emprunté ce chemin à l'heure de la digitalisation de l'enseignement supérieur.

les médias. Dans le cas présent, nous n'aborderons pas le marketing direct et la communication institutionnelle de l'université qui feront l'objet d'un chapitre consacré à l'évolution vers l'université digitale dans la cinquième et dernière partie de cet ouvrage. Pour l'occasion, nous nous focaliserons sur deux objectifs que poursuivent simultanément les universités à travers l'utilisation des moyens hors médias : la promotion de leurs formations auprès des étudiants d'une part et la promotion de l'image de l'université auprès des parties prenantes.

§ 5.1) L'utilisation des moyens hors média pour attirer les étudiants

Par rapport aux moyens hors média énoncés au début de ce paragraphe, il apparaît que deux éléments sont susceptibles d'être utilisés par l'université : la promotion des ventes et la participation à des salons et foires. La promotion des ventes appliquée au contexte universitaire consiste à amplifier la communication auprès du public étudiant en ayant pris soin au préalable d'avoir déjà utilisé les médias pour leur faire connaître l'offre de formation proposée par l'université. Ainsi l'interaction directe que les responsables de la communication ont pu avoir avec les étudiants lors de différentes manifestations ressemble beaucoup à une technique de promotion des ventes. Concrètement, les visites dans les lycées, l'organisation des journées portes ouvertes par l'université et la participation à des salons de l'étudiant légitiment en quelques sortes cette « promotion des ventes » même si chaque composante renferme certaines particularités :

- *Les visites dans les lycées ;*

D'une manière générale, la rentrée universitaire à la fin de l'été correspond le plus souvent au démarrage des tournées d'informations auprès d'une multitude de lycées parfois très éloignés du site de l'université. Généralement, les établissements de l'enseignement secondaire catholique, mais également certains lycées publics accueillent volontiers les chargés de communication représentant les différents établissements de l'université, ces derniers présentent alors leurs formations auprès des lycéens. Les visites dans les lycées présentent comme particularité de mettre en présence outre les futurs étudiants, mais également leurs parents notamment lorsque les rencontres ont lieu en soirée. Nous avons déjà souligné l'importance du rôle joué par les parents qui demeurent à ce jour les principaux acheteurs des formations et leurs enfants qui pour leur part sont les véritables consommateurs ;

- *L'organisation des journées portes ouvertes par l'université ;*

L'organisation des journées portes ouvertes repose sur le même principe que la visite dans les lycées, mais cette fois-ci ce sont les étudiants et leurs parents qui se déplacent sur le lieu où les étudiants passeront éventuellement plusieurs années de leur vie à étudier. Bien que le but recherché par l'organisation des journées portes ouvertes reste identique à la présence dans les lycées, elles présentent un intérêt supplémentaire en utilisant en quelques sortes les techniques de « merchandising » matérialisées par la mise en valeur de l'environnement global de l'université principalement à travers les bâtiments et la présence d'espaces verts. Cette mise en lumière de son environnement global permet ainsi à l'université de faire ressortir un facteur supplémentaire d'attractivité permettant d'infléchir l'opinion de certains étudiants encore indécis à ce stade de l'année de s'y inscrire ;

- *La participation aux salons de l'étudiant ;*

La participation aux salons de l'étudiant implique également une forte interaction avec l'étudiant. La différence notable avec les deux précédentes manifestations réside dans le fait qu'elle se déroule sur un terrain « neutre » éloigné de l'université et du lycée de l'étudiant. Par ailleurs, on peut souligner que la présence de l'université peut apparaître moins visible lorsque le salon est très important en taille et accueille la plupart des autres établissements concurrents qu'il peut être utile d'observer pour analyser à la fois leur politique de communication, mais surtout les forces et les faiblesses de leurs offres. On peut mentionner également que certains salons sont plus spécifiquement consacrés à des formations ciblées comme les formations en alternance ou les masters, ce qui suppose une certaine sélection en amont des participants, mais qui contribuent à rendre le message de l'université mieux adapté vers des publics ciblés ;

Si la mobilisation de certains moyens de communication hors médias par l'université sont destinés directement au recrutement d'étudiants supplémentaires, d'autres moyens sont plus particulièrement utilisés pour promouvoir son une image institutionnelle.

§ 5.2) L'utilisation des moyens hors média pour promouvoir l'image de l'université

Parmi les moyens hors média utilisés par une université pour la promotion de son image , on distingue respectivement le mécénat, le parrainage et les relations publiques :

- *Le mécénat ;*

Lehu (2012) définit « le mécénat comme un vecteur de la communication institutionnelle qui se traduit par une contribution financière ou technique discrète à une action culturelle, scientifique, sociale ou d'intérêt général qui permet d'entretenir ou d'améliorer à moyen ou long terme l'image de l'entreprise mécène ». On considère généralement que c'est plutôt l'université qui s'efforce d'accueillir des mécènes à l'instar de l'Université Catholique de Lille, celle-ci a fait appel à de nombreuses entreprises pour rénover sa chapelle universitaire qui constitue un lieu à la fois emblématique et symbolique de son existence, toutefois rien n'empêche légalement une université d'apporter son soutien à des actions d'intérêt général.

- *Le sponsoring ;*

Lehu (2012) définit « le sponsoring en des termes quasi identiques à celui du mécénat, mais en prenant soin d'ajouter que le sponsoring s'inscrit dans une optique commerciale susceptible d'accroître sa notoriété et peut-être d'améliorer son image ». Lehu précise que « le sponsoring peut s'accompagner parfois d'une opération de communication publicitaire parallèle qui vise à faire connaître cet engagement à l'ensemble de ces clients ». Dans le cas présent, on peut illustrer ce principe une nouvelle fois par la participation de l'Université Catholique de Lille au World Forum organisé chaque année à Lille dans lequel elle est présente en qualité de sponsor. En effet, l'Université Catholique de Lille qui s'est engagée depuis 2007 dans la promotion du développement durable trouve par ce biais le moyen de légitimer son action dans ce domaine à travers cette manifestation consacrée à la RSE et la mise en valeur des expériences de prise en compte du développement durable par les entreprises.

- *Les relations publiques ;*

De Baynast, Lendrevie et Levy (2017) définissent les relations publiques comme « une démarche et des techniques consistant à prendre des contacts personnels avec des publics particulièrement importants pour l'entreprise, en vue de les informer, de gagner leur sympathie et de les inciter à diffuser à leur tour à des publics plus larges les informations qu'on leur a communiquées ». Dans les faits, les relations publiques prennent une multitude de formes, mais avec un point commun celui de s'adresser aux parties prenantes externes à l'université comme les autorités politiques, administratives, les financeurs , les associations de riverains et les différents médias. Une université se doit de transmettre des messages et de rendre compte de ses activités à tous ces acteurs dont les actions peuvent avoir une influence directe ou indirecte sur son activité et sur ses projets de développement. L'organisation de rencontres informelles, les invitations de certaines personnalités à des manifestations périodiques comme les cérémonies des vœux, les cérémonies d'ouverture ou de clôture d'une année universitaire en constituent une parfaite illustration. Une forme particulière de relations publiques a pour cadre celles que peut entretenir une université avec la presse. En effet, une université : peut fournir à la presse des dossiers qui mettent en valeur certains projets emblématiques ; peut choisir de répondre à une demande d'interview ou encore organiser des conférences de presse qui réunissent les principaux médias locaux voire nationaux. L'avantage d'avoir de bonnes relations avec la presse apparaît d'autant plus important que cette dernière constitue un puissant vecteur de communication qui peut relayer auprès des étudiants des informations importantes qui contribuent à compléter celles déjà diffusées au préalable sur l'offre de formations.

Si la mobilisation des moyens hors médias constitue un complément indispensable à l'utilisation des moyens médias par l'université, il peut arriver que celle-ci ne communique pas pour attirer de nouveaux étudiants, ni pour promouvoir son image, mais au contraire pour défendre ses intérêts auprès des autorités politiques et administratives lorsqu'elle estime que ces derniers sont menacés, tel est l'objectif du lobbying.

Section 6 : Un mode de communication particulier : le lobbying

Lorsqu'une université estime qu'une action des autorités politiques ou administratives met en danger son activité voire même son existence, elle peut alors s'engager dans ce qui constitue une action ou une pratique de lobbying. Bardon et Libaert (2012) définissent le lobbying comme l'action d'influence auprès des pouvoirs publics. Le lobbying se réfère directement à l'anglicisme *Lobby* qui désigne un couloir ou le hall d'un hôtel, mais plus généralement une salle d'un parlement où les parlementaires chargés de voter les lois rencontrent les représentants des groupes de pression qui s'efforcent de les influencer dans un sens favorable à leurs intérêts. Dans cette optique, il convient dans un premier temps de mettre en lumière les principaux problèmes rencontrés par les universités qui puissent justifier une action de lobbying et dans un deuxième temps, de faire apparaître une méthode de lobbying efficace.

§ 6.1) Les principaux problèmes justifiant une action de lobbying

Les universités catholiques sont confrontées quotidiennement à une multitude de problèmes dans leur gestion quotidienne, sans prétendre à être totalement exhaustif pour l'occasion, on peut mettre en évidence certains problèmes récurrents qui pourraient justifier une action de lobbying :

- *L'interdiction d'extension des bâtiments nécessaires au développement de l'université ;*

Ce premier problème constitue un exemple des relations complexes que peut entretenir une université avec les autorités locales. Une université ne peut ignorer l'impact qu'elle a sur le territoire et la manière dont elle s'insère dans ce même territoire qu'elle occupe de manière plus ou moins importante. Ainsi, à moins d'être dans une zone désertique et à l'extérieur de la ville où les opérations d'agrandissement des bâtiments sont rendues plus faciles, on peut supposer que les universités ont besoin au bout d'un certain temps de s'étendre géographiquement et c'est à cette occasion qu'elles se heurtent alors aux fourches caudines des autorités locales qui peuvent être amplifiées lorsque l'idéologie politique du pouvoir local est par nature hostile à l'enseignement catholique ;

- *La suppression de certaines ressources publiques ;*

Beaucoup d'universités catholiques bénéficient de ressources publiques qui leur permettent de couvrir une partie de leurs coûts de fonctionnement. D'une manière générale, le versement par les autorités publiques de ressources fait souvent l'objet d'un accord contractuel entre l'université et ces autorités à l'instar de ce qui se passe en France depuis plusieurs décennies. Cet accord engage à la fois l'université qui accepte d'exercer certaines missions reconnues d'utilité publique contre une contrepartie financière de l'État. Pour de multiples raisons qu'elles soient politiques ou économiques, l'État peut choisir de diminuer voire de supprimer le versement de ces subsides conduisant alors l'université à connaître de grosses difficultés et à réagir en conséquence ;

- *La possibilité de délivrer ses propres diplômes ;*

Bien que les situations soient très différentes d'un pays à l'autre en matière de délivrance des diplômes universitaires, certains pays à commencer par la France n'ont pas la possibilité en dehors de leurs DU[38] de délivrer leurs propres diplômes et doivent être accréditées par le ministère de l'Enseignement supérieur de la Recherche et de l'Innovation, les universités catholiques n'ont pu jusqu'aujourd'hui obtenir cette accréditation et de ce fait doivent passer obligatoirement une convention avec des universités publiques avec lesquelles les relations peuvent être plus ou moins faciles. Dès lors, le souhait pour les universités de pouvoir délivrer l'ensemble de leur diplôme sans devoir rendre compte à des universités de tutelle pourrait les conduire à entamer une action de lobbying auprès des pouvoirs publics afin d'obtenir l'autorisation de délivrer leurs propres diplômes.

Face à ces trois défis, il convient pour les universités catholiques d'utiliser une certaine méthode afin d'avoir toutes les chances d'orienter les décisions des autorités dans un sens favorable à leurs intérêts.

§ 6.2) L'utilisation d'une méthode de lobbying

Bardon et Libaert (2012) en citant l'exemple d'un cabinet dénommé LYSIOS mettent en avant une méthode de lobbying qui suit un processus séquentiel en trois étapes : respectivement : la veille ; la stratégie et la mise en œuvre d'actions de lobbying sur le terrain. Si on utilise cette méthode dans une université, on peut faire apparaître les éléments suivants :

- *La veille ;*

Une université se doit de mettre en place deux types de veilles : une veille permanente et une veille stratégique. La veille permanente consiste à rester attentive à l'évolution de son environnement concurrentiel en même temps qu'à l'évolution de la législation en matière de

[38] Acronyme signifiant Diplôme universitaire et qui comporte un volume horaire qui ne dépasse pas 200 heures de cours par an et qui constituent souvent un complément à un diplôme principal.

fonctionnement de l'enseignement supérieur. Pour sa part, la veille stratégique consiste à repérer très tôt les acteurs et les tendances de l'environnement universitaire susceptibles d'affecter positivement ou négativement son activé, ces acteurs peuvent être soit des personnes physiques ou des personnes morales ;

- *La stratégie ;*

Une université dans le cadre d'une stratégie de lobbying se doit impérativement de formaliser ses demandes et de se fixer des objectifs précis. Elle se doit également de définir les cibles à atteindre en repérant qui sont les véritables décideurs en même temps que de rédiger les bons argumentaires ;

- *La mise en œuvre d'actions de lobbying sur le terrain ;*

Une fois avoir défini une stratégie de lobbying, il convient de prendre contact avec les personnes en charge de prendre ces décisions. Pour finir, le cabinet estime que les clés du succès sont liées d'une part au fait de présenter un bon dossier avec des demandes claires utilisant de bons arguments qui doivent correspondre aux objectifs du pouvoir en place. Dans le même temps, la mise en œuvre d'une méthode de lobbying passe obligatoirement par la fixation d'un calendrier précis et une bonne gestion du temps qui implique que l'on sache intervenir à temps pour influer sur la prise de décision finale.

Ayant examiné, la politique de communication, il convient à présent d'examiner la politique de distribution appliquée à l'offre universitaire.

CHAPITRE 13 : LA POLITIQUE DE LOCALISATION

La politique de distribution constitue le quatrième et dernier élément du marketing-mix, on la définit habituellement comme le fait de « distribuer un produit, l'amener au bon endroit, dans la bonne quantité, avec le choix requis, au bon moment, voire avec le bon prix, et avec les services nécessaires à sa vente » , Ferrandi et Lichtlé (2014). Vu sous l'angle d'un produit en particulier, la politique de distribution met en lumière le chemin que doit parcourir un produit lorsqu'il quitte l'usine pour arriver finalement chez le consommateur. Dans les faits, chaque producteur se doit de répondre à un certain nombre de contraintes en commençant par le choix des intermédiaires de distribution qui faciliteront la vente de son produit aux consommateurs potentiels, ce choix consiste alors à céder la propriété du produit et à en faire supporter le risque d'absence de vente par cet intermédiaire qui déterminera alors la quantité offerte, la fixation du prix de vente et la mise en valeur de ce produit. Si l'on transpose la politique de distribution au contexte universitaire, on ne peut manquer d'être sceptique sur son éventuelle applicabilité tant il est vrai que l'offre de formation par une université s'éloigne du schéma traditionnel lié à la distribution d'un produit. En effet, on peut estimer qu'une université n'utilise pas d'intermédiaires de distribution dans la mesure où elle offre directement ses formations aux étudiants qui s'y sont inscrits, dans le même temps, elle demeure seule responsable de la fixation du montant des frais d'inscription, du mode de diffusion et de la périodicité de son offre de formation. Dans cette optique, pouvons-nous affirmer que la politique de distribution est inapplicable au contexte universitaire qui ne prendrait alors en compte que les trois premiers éléments du marketing-mix énoncés précédemment en occultant le dernier élément ?

Si l'on examine attentivement les politiques du marketing stratégique des universités, on peut estimer que la politique de distribution se révèle pertinente si l'on en modifie quelques éléments constitutifs pour l'appliquer au contexte particulier que constitue l'université. Ainsi, si l'on se focalise d'abord sur l'existence des circuits de distribution, on peut affirmer que l'offre de formations universitaires se caractérise par l'absence de circuits dans la mesure où il n'y a pas d'intermédiaires entre l'université et l'étudiant. L'absence de circuits de distribution se rencontre dans des secteurs aussi divers que celui de l'armement ou encore dans le secteur agricole lorsque certains fermiers vendent directement leurs produits aux consommateurs souvent issus du voisinage. De la même manière, si l'on reprend la définition classique de la politique de distribution et que l'on cherche à l'adapter à une université, elle prend alors la forme suivante : « offrir une formation consiste à la proposer dans un établissement situé dans un lieu susceptible d'attirer un grand nombre d'étudiants avec un nombre de places et une périodicité fixée par ailleurs en suivant un mode d'administration permettant une interaction plus ou moins directe entre l'étudiant et l'enseignant ». Dans cette optique, la politique de distribution pour une université implique d'examiner respectivement : sa politique de localisation ; le format de présentation de ses formations et pour finir, les modalités d'administration de cette formation qui conditionnent les relations directes ou indirectes entre les étudiants et les enseignants. Dans le même temps, si l'on admet que les universités optent pour une administration directe de leur formation sans passer par un quelconque intermédiaire, elles doivent s'interroger sur le fait de n'avoir sur un territoire qu'un seul établissement ou au contraire une multitude d'établissements y compris en envisageant un développement international le cas échéant. Dans ces conditions, une politique de développement territorial qui aurait pour but de rapprocher un établissement des bassins de population étudiante se pose effectivement et il convient que l'université puisse disposer d'un outil d'aide à la décision d'implantation de ce nouvel établissement afin d'optimiser sa politique territoriale. Afin de répondre à ces deux problématiques, nous verrons dans un premier paragraphe, les différentes formes de localisation des établissements universitaires, les différents formats de leur offre de formations et les différents modes d'administration de ces formations. Dans un deuxième temps, nous mettrons en lumière une méthode utilisée habituellement par les collectivités locales pour choisir entre différents projets d'aménagement territorial : la méthode CERISE RÊVAIT mise en point par Gollain en 2014. La prise en compte de ces deux problématiques légitime le fait de remplacer ici la politique de distribution par la politique de localisation.

Section 1 : La politique de localisation ; les différents formats de l'offre de formation et le choix des différents modes d'administration des formations des universités

Si l'on fait le parallélisme entre une université et une enseigne de grande distribution, on peut estimer qu'elles ont trois points communs en termes de stratégie : le fait d'être présente sur le territoire au plus près des consommateurs ; le fait de pratiquer des horaires d'ouverture compatibles avec les souhaits des consommateurs et pour finir, le fait de pouvoir fournir les produits en fonction des contraintes personnelles de ces mêmes consommateurs. Si l'on se focalise sur l'université, celle-ci doit répondre à trois questions qui déterminent en grande partie sa politique de distribution :

- Faut-il avoir un seul et même établissement sur un territoire qui offre une large panoplie de formations aux étudiants ou au contraire, doit-on avoir une multitude d'établissements répartis sur l'ensemble du territoire ?
- Faut-il proposer aux étudiants un seul et même format horaire pour l'ensemble des formations ou doit-on imaginer des formations différenciées en termes de programmation horaire quotidienne, hebdomadaire, mensuelle ou annuelle ?
- Faut-il proposer des formations uniquement en présentiel ou au contraire doit-on envisager d'autres modes alternatifs d'administration ?

La réponse à ces questions nous conduit à examiner successivement : la politique de localisation des universités ; le choix des formats horaires des formations et le mode d'administration de ces formations.

§ 1.1) La politique de localisation des universités

Si l'on considère que l'implantation d'une université sur un territoire spécifique constitue pour elle-même à la fois un facteur de reconnaissance en même temps qu'un élément potentiel de son attractivité auprès du public étudiant, elle implique par ailleurs que les responsables de l'université sont confrontés à plusieurs choix par rapport à la localisation de ses activités, plusieurs types de situations peuvent être envisagées :

- *L'université est installée sur un seul et même site sur le territoire national ;*

Ce cas de figure est le plus couramment observé dans la mesure où une université depuis sa création a tendance à se développer à partir du site d'origine en multipliant le nombre de formations et en procédant à une extension de ses capacités d'accueil en construisant ou en faisant l'acquisition de nouveaux bâtiments. Le choix de n'avoir qu'un seul site sur un territoire présente des avantages et des inconvénients. Au niveau des avantages, le fait d'être sur un site unique lui permet une meilleure identification de ses formations par les étudiants qui finissent à la longue par en identifier certaines au regard de leurs situations géographiques, par exemple certaines formations en sciences de gestion ou en droit dispensées dans des universités parisiennes prestigieuses ont fini par acquérir une réputation nationale en attirant les étudiants de la France entière. Un autre avantage notoire d'une localisation unique implique qu'il peut être plus facile de développer des synergies entre les différents départements de l'université (facultés et écoles) et d'envisager plus facilement la création de formations transversales. Pour terminer, la localisation sur un seul site permet une meilleure répartition des coûts fixes entre les départements d'une université en même temps qu'une meilleure couverture des équipements communs comme les équipements sportifs et les équipements culturels.

Au niveau des inconvénients, le premier qui vient à l'esprit est lié à la distance entre le lieu d'habitation des étudiants et le site de l'université, cet éloignement doit être relativisé lorsqu'une université se trouve dans un petit pays et que les aller-retour entre le lieu d'habitation et l'université sont possibles dans une journée sans coûts prohibitifs. À l'inverse, lorsqu'un pays dispose d'une superficie étendue comme la France, le fait de choisir de suivre une formation loin de son domicile oblige alors l'étudiant à rechercher un logement en même temps qu'il doit supporter d'autres frais comme l'achat de nourriture par exemple. Dans cette optique, l'addition des seuls frais d'inscription et des frais que l'on qualifiera ici d' «annexes» peut dissuader des étudiants initialement intéressés de s'inscrire. Un deuxième inconvénient trouve sa source dans le fait qu'une université qui concentre toutes ces formations au sein d'un même site dispose généralement d'un grand campus, l'existence d'une forme de gigantisme fait courir le risque qu'un étudiant inscrit se sente parfois isolé et peut être dissuadé de venir en préférant rechercher une université à taille humaine. Pour finir, un dernier inconvénient est lié aux contraintes d'occupation de l'espace lorsqu'une université désire s'agrandir en raison d'une augmentation conséquente du nombre d'étudiants, il se peut que l'augmentation de ses capacités d'accueil soit difficile, voire impossible à entreprendre dans certains cas surtout lorsque l'université est située en milieu urbain. On peut imaginer que l'université choisisse d'ouvrir une annexe à quelques kilomètres de son site d'origine, mais elle court alors le risque d'augmenter son coût marginal pour l'accueil de nouveaux étudiants.

- *L'université décide d'implanter des succursales sur l'ensemble du territoire, mais qui proposent des formations identiques à celles offertes par l'établissement d'origine ;*

Dans ce type de situation, une université peut choisir de s'implanter dans de différents endroits du territoire en créant plusieurs succursales ou annexes qui peuvent proposer les mêmes formations aux étudiants même si l'on peut estimer que l'offre puisse être moins fournie pour l'occasion en raison des capacités d'accueil moindre de ces nouveaux établissements. On retrouve comme avantage à ce genre de configuration ce que l'on avait mentionné comme inconvénient dans l'exemple précédent dans la mesure où l'étudiant trouve une formation proche de chez lui qui lui permet ainsi d'éviter un éloignement trop important de son domicile. Un exemple particulièrement illustratif nous est fourni par la Faculté de Droit de l'Université Catholique de Lille qui a choisi d'implanter un site à Issy-les-Moulineaux dans la banlieue parisienne de façon à attirer des étudiants habitant principalement la Région Île-de-France, ce que les études statistiques effectuées chaque année par l'auteur confirment par ailleurs. Dans le même temps, la multiplication des sites de formations suppose que ces établissements sont souvent des lieux à taille humaine ce qui peut attirer les étudiants soucieux d'évoluer dans un environnement que l'on pourrait qualifier de « familial ». Pour conclure, le choix d'implantation sur un site intègre au préalable l'hypothèse que ce site pourrait faire l'objet d'une extension partielle dans le futur en fonction de l'évolution attendue des effectifs. Le principal inconvénient de ce type de configuration suppose que les nouveaux sites d'accueil doivent obligatoirement atteindre un nombre minimal d'inscriptions pour être rentables, dans ces conditions, l'implantation dans un lieu à proximité de grands bassins de population semble souhaitable.

- *L'université décide d'implanter des succursales sur l'ensemble du territoire, mais qui proposent des formations différentes à celles offertes par l'établissement d'origine ;*

Ce type de situation présente de nombreuses similitudes avec l'exemple précédant dans la mesure où l'on retrouve sensiblement les mêmes avantages et les mêmes inconvénients, mais à la différence du cas précédent, l'avantage d'une telle configuration réside dans le fait que les formations peuvent cibler plus précisément certaines attentes spécifiques des étudiants. Par exemple , une succursale d'une université pourrait n'offrir que des formations en alternance ou à l'inverse que des formations orientées vers les domaines scientifiques si elle est située par ailleurs à proximité de laboratoires de recherches ou d'entreprises de pointes. L'obligation pour la succursale d'être rentable se pose à nouveau.

- *L'université décide d'implanter un local au sein d'un bâtiment qu'elle ne possède pas dans le but de développer un espace de co-working pour l'accueil occasionnel d'étudiants qui suivent des formations à distance ;*

Le développement des formations à distance dans un proche avenir au sein de la plupart des universités peut conduire ces dernières à investir dans l'achat ou la location d'un local de rencontre situé le plus souvent au cœur d'un grand centre urbain. Ce local peut avoir une double fonction, soit il peut servir de salles de cours à des promotions de petite taille qui peuvent l'utiliser pour avoir certains cours en présentiel avec des enseignants de l'université qui se déplacerait occasionnellement pour les assurer. Ce local pourrait servir également de lieu d'échange entre les étudiants qui suivent cette formation en distanciel et qui pourraient se rencontrer par exemple mensuellement pour échanger leurs impressions sur les cours et accessoirement échanger avec le responsable de la formation. Cette solution ne peut être envisageable que sur quelques formations proposées ce qui en constitue la principale limite dans le cas présent, l'avantage réside dans les économies substantielles que réalise l'université en évitant la réalisation de trop gros investissements immobiliers souvent coûteux en cas d'augmentation substantielle des inscriptions.

- *L'université choisit d'implanter des succursales à l'étranger pour favoriser les inscriptions des étudiants étrangers et prendre place dans certains pays ;*

Même si l'on ne peut exclure le fait qu'une université puisse à la fois s'installer dans plusieurs endroits sur son territoire national et investir à l'étranger en y installant un voire plusieurs établissements, on peut penser toutefois qu'une université choisisse de s'étendre en investissant dans plusieurs pays à l'instar de ce que ferait une multinationale classique. La construction ou le rachat d'un immeuble dans un pays étranger en même temps que le choix d'offrir des formations sensiblement identiques à celles offertes dans le pays d'origine s'accompagnent par ailleurs des mêmes avantages et inconvénients que celui de s'étendre à l'intérieur du territoire national. On peut cependant ajouter comme avantage le fait qu'une implantation à l'étranger peut fournir à une université un regain de prestige en même temps qu'elle facilite à plus ou moins long terme la possibilité de nouer des partenariats avec des universités locales. Au niveau des inconvénients qui peuvent s'ajouter en cas d'investissements à l'étranger, une université se doit parfois d'adapter ses méthodes d'enseignement qui peuvent varier sensiblement d'un pays à l'autre.

Si les modèles de localisation peuvent être multiples, les formats utilisés par les universités dans leur catalogue de formation peuvent également être différents.

§ 1.2) Le choix des différents formats des formations

Une enseigne de la grande distribution doit choisir les horaires d'ouvertures qui soient les plus compatibles avec les contraintes horaires de leurs clients potentiels, une université est confrontée indirectement au même problème lorsqu'elle envisage de programmer une formation en répartissant les horaires de présence au cours d'une année universitaire, plusieurs cas de figure sont envisageables.

- *La formation est programmée sur toute l'année universitaire dans la journée et la semaine ;*

C'est le cas de figure le plus fréquent que l'on rencontre dans toutes les universités et qui correspond aux formations classiques destinées à un public d'étudiants qui n'exercent pas d'activités professionnelles pour une grande partie d'entre eux. L'avantage d'une telle configuration implique qu'elle reste la préférée des étudiants qui ont connu le même rythme de suivi des cours lorsqu'ils fréquentaient leurs lycées. En outre, une programmation que l'on peut qualifier de classique demeure parfaitement compatible avec la préparation des travaux dirigés et le fait d'avoir quelques activités de loisirs indispensables au bon équilibre des étudiants. L'inconvénient d'une telle organisation entraine qu'elle soit difficilement compatible avec le fait pour un étudiant de cumuler un travail et la poursuite d'études.

- *La formation est concentrée sur deux voire trois jours de la semaine ;*

On rencontre ce type de situation dans deux cas de figure: le fait de suivre une formation en alternance d'une part ; le fait de suivre une formation de type MBA Executive [39]d'autre part. En effet, le principe de suivre une formation en alternance repose sur le fait qu'un étudiant partage sa semaine pour moitié entre sa présence dans l'entreprise qui l'accueille soit les trois premiers jours de la semaine, soit les trois derniers si l'on excepte le Dimanche et les trois autres jours sont consacrés à suivre des cours à l'université. Le fait de suivre un MBA Executive emprunte le même chemin même si les cours peuvent être répartis sur une période plus longue que la simple année universitaire, parfois une année et demie voire deux, dans ce cas précis, les cours n'ont pas lieu toutes les semaines, mais le plus souvent toutes les deux ou trois semaines. Si l'on reconnait de plus en plus l'intérêt de suivre de telles formations parce qu'elles facilitent l'insertion dans le milieu professionnel notamment pour les jeunes étudiants, il n'en demeure pas moins qu'elles exigent de leur part une certaine résistance à la fois physique et mental, car elles les mobilisent six jours sur sept au contraire des formations classiques où l'on fonctionne plutôt sur un rythme de cinq jours sur sept.

- *La formation a lieu en soirée après les heures de travail ;*

Cette formation s'adresse directement aux personnes qui travaillent et qui souhaitent parallèlement poursuivre leurs études, ce que l'on appelle familièrement les cours du soir, car ils ont toujours lieu durant

[39] Un MBA Executive est une formation proposée soit par des universités soit par des écoles de commerce à des cadres déjà confirmés et qui occupent des fonctions dans des entreprises depuis 10 ou 15 ans. Ces cadres aspirent à occuper des postes stratégiques de premier plan dans leurs entreprises. La plupart du temps, leurs entreprises prennent en charge une partie ou la totalité des frais d'inscription qui peuvent se révéler très élevés. La programmation des cours s'efforce de prendre en compte le fait que les cadres continuent à exercer leurs fonctions tout en suivant leurs cours sur une voire deux années.

cette période. On retrouve au sein de ces formations, des étudiants qui sont plus âgés que la moyenne de ceux qui suivent des formations classiques, pour certains, leur participation s'explique par leur volonté de reprendre leurs études parfois interrompues par des épreuves qu'ils ont pu subir. L'inconvénient de suivre ce type de formations réside dans le fait que les étudiants acceptent de sacrifier en grande partie leurs loisirs durant une période plus ou moins longue et parfois leur vie de famille avec des conséquences plus ou moins fâcheuses pour certains. Pour conclure, une université peut trouver à travers les offres de formations destinées aux personnes exerçant une profession des débouchés importants qui peuvent parfois compenser un tassement des inscriptions de leurs étudiants poursuivant une formation classique.

- *La formation a lieu en dehors de la période universitaire habituelle ;*

Ce type de formation concerne le plus souvent celles qui viennent en complément d'une formation principale comme le fait de suivre une licence ou un master, par exemple, une préparation aux concours administratifs ou aux concours d'avocats. Ces formations ont lieu le plus souvent à la fin d'une année universitaire notamment durant les périodes estivales. Pour l'université, ce type de formation présente deux avantages, d'abord parce qu'elle leur permet d'étaler la perception des frais d'inscription sur une période annuelle et non pas de manière concentrée comme c'est le cas habituellement. Dans le même temps, l'université peut encore renforcer son attractivité en proposant des formations complémentaires, mais qui peuvent correspondre à un souhait de l'étudiant de multiplier ses chances de réussir un concours.

Pour finir, il convient d'analyser le mode d'administration des formations.

§ 1.3) Les différents modes d'administration des formations

Une enseigne de grande distribution peut choisir de vendre ses produits directement aux clients en ouvrant son magasin durant certaines tranches horaires, mais elle peut également mettre en place un système de Chronodrive ou encore créer un site Internet et opter pour la vente à distance. Dans une certaine mesure, l'université peut choisir d'offrir ses formations en choisissant différents modes d'administration que nous allons examiner à présent.

- *Les formations administrées en présentiel ;*

Ce sont les formations les plus courantes et qui ont été les seules proposées depuis la création des premières universités jusqu'au début des années 1990 avant l'apparition et le développement des outils numériques qui ont permis l'existence de nouveaux modes d'enseignements. Les formations administrées en face à face présentent à la fois des avantages et des inconvénients que les gestionnaires d'une université doivent prendre en compte. Au niveau des avantages, elle permet une interaction très forte entre l'enseignant et l'étudiant et elle contribue à faciliter la compréhension de certains concepts parfois difficile à appréhender, de la même façon, elle rend plus faciles certaines démonstrations graphiques. Un autre avantage implique qu'une formation en présentiel favorise grandement le développement des liens sociaux entre les étudiants, mais plus généralement, elle améliore la vie étudiante qui constitue un élément recherché par chaque étudiant lorsqu'il s'agit de poursuivre leurs études. Les inconvénients liés à ce type de formation sont essentiellement matériels dans la mesure où il faut disposer de locaux suffisamment vastes pour accueillir les étudiants en même temps qu'il faut prévoir une accessibilité à ces mêmes locaux notamment pour les étudiants souffrant d'handicaps.

- *Les formations administrées sous forme hybride : mi-présentiel et mi-distanciel ;*

L'irruption inattendue du COVID 19 et sa propagation à l'échelle mondiale depuis Mars 2020 a obligé la plupart des universités à s'adapter aux contraintes sanitaires qui de fait ont restreint assez fortement la présence des étudiants sur le campus universitaire. De ce fait, l'allégement de ces mêmes contraintes a fait apparaître des modes d'administration que l'on pourrait qualifier d'hybride en autorisant les étudiants à suivre certains cours à l'université, plus particulièrement certains travaux dirigés qui nécessitent la manipulation d'instruments techniques en même temps qu'une autre partie des cours se faisaient en distanciel à travers l'utilisation de logiciels comme ZOOM ou TEAM. On peut supposer que dans un avenir proche même lorsque le COVID 19 aura été éradiqué totalement, une partie importante des universités choisissent d'opter pour ce mode d'administration en privilégiant certains cours en présentiel lorsque cela apparaît indispensable et souhaitable et garder d'autres cours en distanciel lorsque cela ne dénature pas la qualité de l'enseignement pour autant. Dans le même temps, on peut également penser que certaines universités opteront de plus en plus pour des formations à distance, mais qui nécessiteront de la part des étudiants un déplacement dans les locaux pour faire un point régulier sur l'acquisition de leurs connaissances, mais aussi d'échanger avec les responsables de la formation et les éventuels tuteurs. Ces rencontres pourraient éventuellement se faire de manière décentralisée dans des locaux dédiés que l'on a évoqués dans le paragraphe précédent. Ces locaux pourraient être éloignés du siège de l'université, mais recevraient la visite à intervalle plus ou moins réguliers des responsables de la formation concernée. L'avantage d'opter pour ce mode d'administration permet de faire des économies substantielles sur les coûts de formation notamment en limitant les déplacements d'enseignants n'habitant pas la région en même temps qu'il permet de diminuer les tensions éventuelles sur l'affectation des salles de cours. L'inconvénient majeur lié à ce choix se matérialise par une certaine insatisfaction de nombreux étudiants qui remettent en cause une proportion trop importante de cours à distance, de la même manière cette proportion trop importante peut créer un dilemme chez l'étudiant par rapport au choix de louer un logement à côté de l'université ou au contraire de rester chez leurs parents. La conjonction de ces deux éléments peut également empêcher la création de liens forts entre les étudiants qui participent à cette formation.

- *L'administration de la formation totalement en distanciel ;*

Ce dernier mode d'administration sera amené à se développer d'autant plus dans un avenir proche que les outils numériques qui permettent d'administrer les cours à distance seront sans cesse perfectionnés. Le fait de proposer des formations totalement à distance semble de nature à modifier en grande partie les caractéristiques des services offerts par les universités en les exonérant par la même occasion de la fourniture d'équipements sportifs, culturels, médicaux en même temps que le logement et la restauration, ce qui engendre ainsi de substantielles économies pour l'université. Un autre avantage qu'il nous faut mentionner suppose qu'en proposant des formations totalement à distance, l'université peut capter une cible d'étudiant autrefois absente en raison essentiellement du coût total élevé susceptible d'être supporté par ces étudiants s'ils demeurent loin de l'université, dans cette optique, le choix d'opter pour le distanciel fait abstraction de ce problème, car il permet à un étudiant de suivre une formation tout en demeurant chez lui. Dans ces conditions, rien n'empêche une université de viser un public international et d'étendre considérablement sa zone de prospection jusque-là limitée en grande partie géographiquement dans le cadre des formations dispensées en présentiel. On pourrait penser qu'une formation en distanciel ne présenterait que des avantages, en réalité, il faut nuancer cette affirmation en mettant l'accent sur certains inconvénients qui ne manqueront pas d'apparaître par ailleurs. Tout d'abord, une formation en distanciel rend très difficile la formation de liens sociaux forts entre les étudiants qui dans le cas présent n'auront pas l'occasion de connaître véritablement leurs collègues, ce qui atténuera en partie les effets positifs de la mise en place d'un réseau d'anciens étudiants une fois leurs études achevées. Dans le même temps, si l'on s'appuie sur les témoignages recueillis par les enseignants auprès des étudiants durant les périodes de confinement qu'ils viennent de vivre, ces derniers laissent entrevoir un certain ras-le-bol de ces mêmes étudiants face à l'enseignement à distance qui s'est poursuivi sur plusieurs mois. Pour finir, un autre inconvénient lié à la multiplication des formations en distanciel réside dans le fait que l'université peut se trouver rapidement face à une sous-utilisation de ses bâtiments. Ces derniers continuent à engendrer des coûts fixes importants que l'on peut ainsi moins bien couvrir si l'on considère que les frais d'inscription d'une formation à distance coûteront toujours moins cher qu'une formation en présentiel. Face à ces contraintes, une université devra s'efforcer de trouver le bon dosage entre des formations qui continueront à se tenir en présentiel et le développement attendu des formations à distance, on peut penser également que certaines formations en fonction du public que l'on s'efforcera d'atteindre pourraient être proposées à la fois en présentiel et en distanciel.

Le premier paragraphe nous montre à travers plusieurs exemples que le problème de la localisation des activités universitaires se pose de manière plus ou moins implicite dans la mise en œuvre d'une stratégie universitaire de développement. Dans cette optique, il convient de mettre en lumière une méthode d'aide à la décision concernant le choix pour une université de s'implanter sur un site géographique, tel est l'objet de la deuxième section.

Section 2 : L'utilisation de la méthode CERISE RÊVAIT comme outil d'aide à la décision d'implantation

Chaque territoire, quelle que soit son échelle géographique cherche toujours à se développer sur le long terme pour améliorer le bien-être de ses habitants, l'un des éléments principaux de son développement réside dans sa capacité à attirer de nouvelles activités, mais aussi de réaliser de grands projets d'aménagement. Dans le même temps, les investisseurs potentiels ont souvent le choix entre plusieurs lieux pour l'implantation de leurs activités obligeant alors les territoires d'accueil à se différencier les uns par rapport aux autres.

§ 2.1) La méthode CERISE RÊVAIT : un outil applicable au marketing territorial

Le champ du marketing territorial permet aujourd'hui de mettre en œuvre certaines méthodes d'analyse territoriale, Gollain (2014) a initié une méthode très utile que nous allons nous efforcer de décrire : la méthode CERISE RÊVAIT ®.

Cette méthode peut s'appliquer selon l'auteur à quatre types de situations :

- « mieux connaître l'offre d'autres territoires, elle peut être ainsi utilisée pour benchmarker les concurrents ou identifier certaines « bonnes pratiques » à l'échelle territoriale » ;
- « identifier les atouts globaux d'un territoire, à l'échelle d'une commune, d'une communauté d'agglomération, d'un département ou d'une région » ;
- « évaluer la position concurrentielle de son offre territoriale face aux propositions des autres collectivités pour l'accueil des activités économiques étudiées » ;
- « pour construire son argumentaire territorial ».

Plus spécifiquement la méthode CERISE RÊVAIT ® peut être utilisée par une collectivité qui souhaite développer un projet lorsqu'elle se trouve face à plusieurs territoires présentant chacun des atouts par rapport à une potentielle implantation. L'auteur dans un précédent ouvrage s'est efforcé de reprendre cette méthode en l'appliquant à l'agglomération de Lens-Liévin et plus spécifiquement à la ville de

Loos en Gohelle tout en modifiant certains aspects rendant possible l'attribution d'une note à chaque territoire concerné, Olszak (2020).

L'auteur estime que la méthode CERISE RÊVAIT peut tout à faire l'objet d'une application au cadre universitaire et plus particulièrement lorsqu'une université doit choisir entre plusieurs lieux d'implantation pour installer un nouveau bâtiment voire un campus complet. Dans cette optique, en nous appuyant sur la démarche initiée par Gollain (2014) qui commence par recenser les facteurs de production au centre d'un territoire, traditionnellement la théorie économique distingue dans un premier temps quatre facteurs distincts :

- « le capital physique (immobilier, matériels de production, biens durables, etc.) » ;
- « le capital humain qui correspond aux connaissances accumulées par les populations et mobilisables pour le travail » ;
- « le capital immatériel correspondant à la valeur accumulée par le territoire sous forme d'organisation et d'image de marque » ;
- « le capital naturel ».

Dans un deuxième temps, la méthode CERISE REVAIT® subdivise ces facteurs de production en 13 catégories qui éclairent la signification de l'acronyme, on trouve successivement :

C = Capital humain ;
E = Entreprises et acteurs leaders ;
R = Réseaux et points nodaux ;
I = Infrastructures et Immobilier ;
S = Services ;
E = Événements professionnels ;

R = Recherche et Développement/Innovation ;
E = Entreprises secondaires/tissu économique/filières et secteurs ;
V = Valeur et identité du territoire ;
À = Actions collectives structurantes ;
I = Image et marque territoriale ;
T = TIC
® = Ressources naturelles et physiques/Villes clés.

Dans un troisième temps, Gollain suggère de rajouter quatre composantes facultatives, respectivement :

- l'organisation des acteurs (Gouvernance territoriale) ;
- le marché local ;
- le développement durable ;
- l'insécurité.

Ayant mis en évidence les postulats de base de la méthode CERISE RÊVAIT, il convient de détailler chacune des composantes des facteurs de production territoriaux susceptibles d'intéresser une université face au choix de s'implanter sur un site, pour cela, nous distinguerons dans un premier paragraphe: les composantes principales et dans un deuxième paragraphe : les composantes facultatives.

§ 2.2) Les composantes principales de l'analyse CERISE RÊVAIT ® et son applicabilité au domaine universitaire

- *Le capital humain ;*

Le capital humain correspond aux connaissances accumulées localement et mobilisables pour les activités économiques. On distingue respectivement :

- l'existence d'une main-d'œuvre qualifiée susceptible d'être recrutée pour les fonctions supports de l'université ;
- le nombre de diplômés dans la zone d'étude ;

- *Les entreprises et les acteurs leaders ;*

Ce sont les entreprises et acteurs économiques emblématiques du territoire, on peut prendre en considération :

- les entreprises ayant une forte renommée sur le territoire et qui peuvent accueillir des étudiants disposant d'une bonne formation ;
- l'existence de certaines personnalités emblématiques au regard de leurs activités et qui peuvent le cas échéant parrainer une formation ou être des relais auprès des entreprises locales ;
- l'existence de certains personnages historiques disparus et qui peuvent faire l'objet de la création de chaires d'études, le cas échéant ;

- *Les réseaux et les points nodaux ;*

Les réseaux relationnels permettent aux universités de s'immerger rapidement dans un territoire pour trouver des entreprises susceptibles d'accueillir des stagiaires, etc., on peut distinguer plusieurs types de réseaux :

- les organismes professionnels ;
- les Chambres de Commerces et d'Industrie (les CCI) ;
- les Pôles de compétitivité ;
- les Clubs comme le Rotary et le Lions.

- *Les infrastructures/Immobilier/Localisation ;*

Dans le cas présent, on va s'intéresser à la localisation géographique du territoire, comment ce dernier est-il accessible ?

Des éléments aussi disparates pourront être pris en compte :

- le système de transport qui permet un accès facile au territoire ;
- le système de santé ;
- la présence de grands équipements scientifiques comme les laboratoires de recherche ;
- l'existence d'un parc de logements importants facilitant son accès par les étudiants et les enseignants ;
- l'existence d'une offre hôtelière conséquente qui semble de nature à faciliter l'accueil d'enseignants extérieurs à la région ;
- la présence d'institutions culturelles qui constitue un facteur d'attractivité supplémentaire pour persuader les enseignants et les étudiants de choisir cette zone.

- *Les services ;*

L'offre de services reste un élément essentiel de l'offre territorial et il convient de se focaliser prioritairement sur les services suivants :

- les services privés utilisés le cas échéant par les universités (le nettoyage, la sécurité, etc.) ;
- les services rendus par les gestionnaires de grands équipements (les services offerts par les aéroports, les centres des congrès et les musées) et qui peuvent faciliter la venue de personnalités importantes dans le cadre de l'organisation par les universités de colloques scientifiques ;
- les services rendus aux futurs salariés de l'université (les crèches, la conciergerie, les écoles internationales, etc.) ;

- les services rendus par les accompagnateurs du développement économique (les services à l'implantation, les aides financières, les services experts, etc.).

- *Les événements professionnels ;*

La présence d'événements professionnels comme un salon, un congrès ou une foire peut rendre plus attractive une zone d'implantation d'un site universitaire.

- *La recherche et développement et l'innovation ;*

Dans le cas présent, on se focalise principalement sur la RandD publique et privée à travers :

- les équipements scientifiques et technologiques ;
- la nature des plateformes technologiques disponibles ;
- les réseaux scientifiques et technologiques présents.

- *Les entreprises secondaires, la nature du tissu économique et les filières d'excellence ;*

Il s'agit ici de la nature des filières, des secteurs, des entreprises et acteurs qui composent le système économique du territoire, dans le cas présent ce sont les PME/PMI qui sont susceptibles de développer des collaborations avec l'université, mais également d'accueillir des stagiaires, on distinguera tout particulièrement :

- les PME/PMI à fort potentiel de développement ;
- les TPE (Très petites entreprises) dirigées par des entrepreneurs dynamiques ;
- les réseaux de sous-traitance.

- *Les valeurs ;l'identité du territoire et le savoir-faire ;*

On estime que le développement des territoires s'appuie également sur l'identité, l'engagement et les valeurs des hommes et des femmes qui y habitent et y travaillent. Par exemple, la gentillesse reconnue des habitants de certains territoires peut être un élément supplémentaire de son attractivité.

- *Les actions collectives structurantes ;*

Cette composante apparaît complexe de prime abord, on cherche en fait à mesurer les avantages comparatifs spécifiques qui seront créés par les acteurs publics ou à travers des partenariats public-privé, ainsi :

- la construction d'une autoroute permettant de faciliter l'accès à la zone pour les personnes extérieures ;
- le creusement d'un canal à grand gabarit comme le canal Seine-Nord ;
- la construction d'un grand équipement sportif susceptible d'accueillir une équipe sportive d'envergure nationale comme le stade Pierre-Mauroy dans lequel évolue le LOSC, célèbre équipe de football.

- *L'image et la marque territoriale ;*

Il s'agit pour l'occasion de faire ressortir l'image du territoire afin de mesurer sa notoriété, un territoire disposant d'une bonne image constitue un atout supplémentaire pour l'implantation d'un établissement d'enseignement supérieur.

- *Les technologies de l'information et de la communication ;*

Les TIC regroupent ici l'ensemble des infrastructures de télécommunications, mais également les types de services numériques qui sont proposés par les opérateurs et qui sont indispensables lorsque l'on veut dispenser des formations à distance.

- ® *Les ressources naturelles et physiques, les lieux emblématiques, la capacité d'expérimentation et la qualité de vie ;*

Cette dernière composante principale regroupe toute une série d'éléments disparates qui peuvent intéresser une université comme :

- la position géographique du lieu surtout si celle-ci occupe une position centrale au sein d'un territoire ;
- les ressources minières ou naturelles (bois et eau), la présence d'une forêt et des cours d'eau à proximité renforcent l'attractivité d'un territoire ;
- les paysages, une université située dans une belle région constitue un atout supplémentaire pour attirer des étudiants et des enseignants ;
- le climat à l'instar du paysage constitue également un élément supplémentaire de l'attractivité d'un territoire ;
- le niveau de pollution constitue un élément de plus en plus important dans le choix des étudiants et du personnel de l'université pour venir s'y inscrire et y travailler ;
- la présence d'Ouvrage d'Art si ces derniers sont emblématiques peut constituer un atout supplémentaire d'attractivité ;

À côté de ces composantes principales, il peut être intéressant d'en rajouter quatre autres que Gollain qualifie de « facultatives », mais qui peuvent avoir une influence sur le choix d'implantation, le paragraphe suivant permet de les faire apparaître.

§ 2.3) Les composantes facultatives de l'analyse CERISE RÊVAIT® susceptibles d'intéresser une université

- *L'organisation des acteurs locaux ;*

On estime aujourd'hui que l'organisation des acteurs territoriaux notamment à travers la gouvernance territoriale devient un facteur de compétitivité et de différenciation au regard du choix d'implantation.

- *Le marché local ;*

Le marché local peut se révéler un élément plus ou moins important pour attirer des universités, des paramètres comme :

  - la taille du marché local qui influe sur le nombre d'inscriptions ;
  - le comportement des habitants et des salariés qui peut dans le cas d'une université catholique être plus ou moins favorable à son implantation ;
  - le pouvoir d'achat qui peut également influencer le nombre des inscriptions dans un établissement où les frais d'inscription sont élevés ;
  - la présence de donneurs d'ordre importants qui participent au développement de la zone d'implantation et qui constituent des débouchés potentiels pour les étudiants en recherche de stages.

- *Le développement durable ;*

Le développement durable devient un élément incontournable au sein d'un territoire, ce concept revêt une importance toute particulière à l'heure où la plupart des universités adoptent des démarches de développement durable en interne.

- *L'insécurité ;*

Ce dernier élément apparaît de plus en plus important dans le choix de l'implantation d'une université sur un territoire à l'heure où les médias mettent en avant ce type de problème.

Ayant mis en lumière l'ensemble des composantes de l'analyse, Gollain (2014) préconise la méthode suivante pour aider une collectivité à entreprendre une démarche de marketing territorial. Dans le cas présent, on adaptera cette méthode au cas d'une université qui souhaite s'implanter et qui se trouve confrontée à plusieurs territoires potentiels d'implantation :

1. « voir si les treize composantes principales et les quatre composantes optionnelles sont utiles à l'analyse » ;
2. « trouver, pour chacune des composantes retenues, les critères les plus pertinents pour l'analyse qu'ils soient quantitatifs et qualitatifs » ;
3. « mettre en lumière l'information disponible pour tous les critères sélectionnés à l'échelle de son territoire pour en identifier des caractéristiques clés » ;
4. « comparer ces caractéristiques clés, pour les mêmes critères, avec l'offre des territoires concurrents » ;
5. « identifier, sur la base des résultats obtenus lors des comparaisons précédentes, les avantages comparatifs de chacun des territoires ».

La méthode de Gollain semble la plus élaborée pour juger de la capacité d'un territoire à développer son attractivité et à être choisi comme lieu d'implantation d'une université.

Une question se pose alors comment utiliser la méthode CERISE RÊVAIT pour positionner un territoire qui sera choisi finalement comme lieu d'implantation si on le compare aux alternatives possibles ?

§ 2.4) L'utilisation de la méthode CERISE RÊVAIT pour le choix d'implantation d'une université

La première solution consisterait pour chacune des composantes principales et facultatives de faire une analyse SWOT dans chaque zone, ce qui est préconisé par ailleurs par Gollain, on aurait alors des éléments de comparaison pour chacune des composantes. Le problème réside toutefois dans le caractère qualitatif d'une telle méthode, l'approche peut apparaître séduisante, car très complète, mais elle se révèle moins synthétique pour l'occasion. La deuxième solution consisterait à utiliser également une analyse SWOT, mais dans ce cas, en fonction des résultats obtenus, on attribuerait à chaque composante une note de 1 à 4, avec comme barème suivant : 1 = médiocre ; 2 = moyen ; 3 = bon ; 4 = excellent. On peut résumer les conditions d'attribution pour chacune des notes dans le tableau ci-dessous, Olszak (2020).

Tableau 15 : Condition d'attribution des notes pour chaque composante de l'analyse SWOT d'un territoire d'accueil potentiel d'une université :

Notes	**Condition d'attribution**
0	Le territoire dispose de peu de forces, de beaucoup de faiblesse, doit faire face à de nombreuses menaces et dispose de peu d'opportunités.
1	Le territoire est en position favorable pour seulement l'une des composantes (beaucoup de forces ou d'opportunités) et en position défavorable pour les autres (beaucoup de faiblesse ou beaucoup de menaces).
2	Le territoire est en position favorable pour deux des composantes et en position défavorable pour les autres.
3	Le territoire est en position favorable pour trois des quatre composantes.
4	Le territoire est en position favorable dans les quatre composantes.

Ayant procédé à la notation de chaque composante, on peut faire alors apparaître le tableau de synthèse nous permettant d'attribuer la note globale d'attractivité d'une zone qui sera prise en compte par une université, tel est l'objet du tableau ci-dessous.

Tableau 16 : Présentation du tableau synthétique de l'attractivité globale :

Composantes	**Note de 1 à 4 obtenue par le territoire A dans chacune des composantes**	**Note de 1 à 4 obtenue par le territoire B dans chacune des composantes**	**Note de 1 à 4 obtenue par le territoire N dans chacune des composantes**
Composante 1			

Composante 17			
Attractivité globale pour chacune des zones (somme	Note globale obtenue par le territoire A	Note globale obtenue par le territoire B	Note globale obtenue par le territoire N

des notes obtenues pour chacune des composantes)			

Ayant effectué cette analyse, l'université apparaît capable de dégager le territoire qui rassemblerait le plus d'atouts pour choisir entre plusieurs sites d'implantation.

CONCLUSION DE LA TROISIÈME PARTIE

Comme nous avons pu le constater, la prise en compte des quatre éléments du marketing-mix par une université constitue un élément essentiel dans la mise en œuvre de sa stratégie marketing. Concernant la politique de produit que l'on peut remplacer aisément par la politique d'offre de formations universitaires, il apparaît important de bien cerner les caractéristiques intrinsèques d'une formation qui lui donneront son caractère spécifique. Dans le même temps, il convient de positionner cette même formation dans la gamme de celles offertes par les universités en même temps que de la situer au regard de son positionnement sur le cycle de vie du produit. Concernant la politique de prix, l'analyse du comportement de l'étudiant par rapport aux frais d'inscription pratiqués par l'université nous a montré qu'il peut y avoir des effets contradictoires sur le volume des inscriptions. Dans le même temps, il convient également qu'une université connaisse parfaitement le montant de ses coûts de production afin de pouvoir fixer selon plusieurs méthodes possibles le montant des frais d'inscription lui permettant d'être rentable. De la même manière, des facteurs comme la politique de fixation des frais d'inscription par les universités concurrentes et l'élasticité des inscriptions liée à un accroissement des frais d'inscription doivent également être pris en considération dans la stratégie globale de l'université. Pour terminer, en fonction d'un certain nombre de considérations une université peut être conduite à moduler les frais d'inscription que les étudiants devront ensuite s'acquitter. Concernant la politique de communication, il apparaît que toutes les universités doivent s'efforcer d'atteindre trois objectifs incontournables, respectivement : faire connaître, faire aimer et faire acheter la formation universitaire par l'étudiant. Pour atteindre ces objectifs, l'université peut mobiliser des moyens de communication qui s'appuient sur les médias comme la télévision ou sur Internet ou au contraire sur des moyens hétérogènes représentés par ce que l'on appelle le hors-média. Concernant les moyens médias, la publicité en constitue l'élément structurant et la mise œuvre d'une démarche de médiaplanning permet d'accroître son efficacité. Pour terminer, l'utilisation des moyens hors-média est susceptibles d'amplifier encore l'impact des moyens médias utilisés par l'université. Ainsi, la mise en œuvre d'une démarche de lobbying peut s'avérer nécessaire lorsqu'il s'agit de modifier certaines décisions de politiques publiques défavorables à l'université. Pour terminer, la politique de distribution qui dans le cadre universitaire se transforme en politique de localisation implique qu'une université doit s'efforcer à la fois de choisir les meilleurs emplacements qui sont susceptibles de réduire les distances entre le lieu d'habitation des étudiants et sa localisation . Dans le même temps, l'université se doit également de réfléchir sur le format choisi pour délivrer la formation à travers sa programmation sur une période temporelle, mais également sur son mode d'administration : soit en présentiel ou en distanciel. Pour conclure, l'utilisation de la méthode CERISE RÊVAIT découlant directement de la prise en compte d'une démarche de marketing territorial permet à l'université de prendre une décision quant au choix final du lieu d'implantation d'une éventuelle succursale.

4ème PARTIE
LES ÉLÉMENTS CONSTITUTIFS DU MARKETING STRATÉGIQUE

Les trois premières parties de cet ouvrage ont montré qu'une université catholique dans la mise en œuvre de sa politique marketing doit respectivement s'appuyer sur toute une série d'outils et de concepts qui lui permettent respectivement : de mieux connaître l'environnement dans lequel elle évolue ; de mieux cerner à travers des enquêtes les caractéristiques et les comportements de ses étudiants et enfin d'appliquer efficacement les quatre composantes du marketing-mix. Pourtant, une université ne peut se contenter de mettre en œuvre une politique marketing efficace si elle n'a pas une vision très claire de sa stratégie globale qu'elle doit pourtant avoir si elle veut lutter efficacement contre la concurrence en même temps qu'elle lui permet d'être rentable et pérenne. On peut considérer que le marketing interagit avec la stratégie à partir du moment où la mise en œuvre d'une politique marketing détermine en quelques sortes la stratégie retenue par l'université, dans le même temps, le choix d'opter pour une stratégie conduit l'université à adapter en conséquence sa politique marketing. Dans cette optique, le marketing stratégique prend en considération cette interaction en élargissant le domaine classique du marketing qui se limite à la connaissance du marché, à la mise en œuvre des études et à l'application des politiques du marketing-mix. La prise en compte de la stratégie dans la politique marketing nous conduira dans un premier temps à nous intéresser à l'analyse sectorielle du marché universitaire telle qu'elle est apparue dans les travaux précurseurs de Porter (1980) et qui mettent en évidence trois stratégies, respectivement : la stratégie de domination par les coûts ; la stratégie de différenciation et la stratégie de concentration sur un segment, tel sera l'objet du chapitre 14. Dans un second temps, nous nous attarderons sur un concept utilisé à la fois en stratégie et en marketing, celui du positionnement qui nous renseigne sur la nature de l'offre d'une entreprise et d'une université dans le cas présent. Le positionnement nous montre également ce qu'une université cherche à faire passer comme message auprès des étudiants et des parents. Dans le prolongement du positionnement, il apparaît important de s'attarder également sur le concept de marque qui pour une université catholique reste un élément central de sa stratégie, tel sera l'objet du chapitre 15. Pour finir, si la prise en compte des stratégies de base par les universités apparaît indispensable lorsqu'elles veulent lutter contre une concurrence de plus en plus en forte, elles doivent aussi se développer sur le long terme et sont confrontées alors à de multiples stratégies possibles. Ces stratégies obligent d'abord l'université à choisir entre l'augmentation continue du nombre d'étudiants inscrits ou à l'inverse de fixer un nombre maximal d'admissions potentielles. D'autres stratégies sont possibles comme celle consistant à opter pour une spécialisation cantonnée aux seules activités d'enseignement ou au contraire de les diversifier en investissant dans d'autres secteurs. Pour finir, on ne peut occulter le fait qu'une université n'évolue plus seulement dans un environnement national, mais envisage d'étendre ses activités à l'étranger en développant des stratégies d'internationalisation, tel sera l'objet du chapitre 16.

CHAPITRE 14 : L'ANALYSE DU MARCHE CONCURRENTIEL UNIVERSITAIRE

Les études de marché ont mis en lumière les dimensions de la concurrence auxquelles une université peut être confrontée en distinguant respectivement : la concurrence interproduits ; la concurrence intersegments et la concurrence générique,[40] mais elles ne nous permettent pas de comprendre l'intensité de la concurrence qui peut exister entre les universités. Toutefois, l'intensité de la concurrence est primordiale à deux titres : d'abord parce qu'elle influe sur la « rentabilité » des universités et qu'au-delà, elle conditionne leur existence à plus ou moins long terme, ensuite parce qu'elle oblige les universités à adopter des stratégies visant à mieux lutter contre cette concurrence qui s'amplifie. Les travaux précurseurs de Porter (1980) sur l'analyse concurrentielle d'un secteur d'activité présente l'intérêt de relier à la fois la structure d'un secteur et sa rentabilité économique en s'appuyant directement sur l'économie industrielle qui part du postulat que la structure d'une industrie détermine en grande partie la stratégie des entreprises présentes et conditionnent ensuite leur performance. Dans cette optique, une analyse de la structure du secteur de l'enseignement supérieur nous permettra de mieux comprendre l'ensemble des forces qui peuvent influer sur la rentabilité d'une université en même temps qu'il mettra en lumière les stratégies susceptibles d'être adoptées par elles pour mieux résister à la concurrence. Dans un premier paragraphe, nous examinerons le modèle de Porter d'une manière générale, dans un deuxième paragraphe, nous prendrons en considération les déterminants des cinq forces du modèle en les appliquant au contexte universitaire et pour finir dans un troisième

40 L'auteur aborde cette question dans le chapitre 5 consacré à l'étude du marché universitaire.

et dernier paragraphe, nous mettrons en évidence les trois stratégies que l'on désigne sous le vocable de « stratégies génériques ».

Section 1 : L'analyse concurrentielle du marché universitaire : le modèle de PORTER

Porter (1980) part du postulat que la structure d'un secteur d'activité, quel qu'il soit influe sur la rentabilité de ses entreprises et les conduit alors à opter pour différentes stratégies. La mise en œuvre d'une stratégie si elle est appliquée efficacement doit permettre à une entreprise de se procurer un avantage concurrentiel sur ses principales rivales en lui permettant ainsi de prétendre à devenir l'entreprise leader du secteur. Porter distingue respectivement cinq forces qui influent en grande partie sur la rentabilité des entreprises présentes dans le secteur, on remplacera ici le terme firme par le terme université :

- L'intensité de la concurrence entre les universités, les écoles et autres établissements. Est-ce qu'il existe une relative bonne entente entre les universités présentes au sein d'un pays ou à l'inverse, est-ce qu'elles se livrent à une guerre sans merci pour attirer les meilleurs étudiants ? ;
- Les menaces des entrants potentiels sur le marché université (nouvelles universités, écoles de commerce ou d'ingénieur ; établissements proposant des formations courtes). Est-ce que le secteur d'activité est-il susceptible d'accueillir en son sein de nouveaux établissements ? ;
- La pression des services de substitution (développement de l'enseignement à distance). Existe-t-il des services proposant des formations susceptibles de se substituer aux formations classiques proposées actuellement par les universités ? ;
- Le pouvoir de négociation des étudiants et des parents. Les étudiants et leurs parents disposent-ils d'un pouvoir suffisamment important pour contraindre les universités à adapter leur offre en conséquence ? ;
- Le pouvoir de négociation des fournisseurs (entreprises assurant des travaux dans l'université ; enseignants et personnels administratifs). Les entreprises assurant des travaux d'une part, les enseignants et le personnel administratif d'autre part ont-ils suffisamment d'influence pour exercer une pression sur l'université ?

L'ensemble de ces cinq forces peuvent être représentées sous la forme d'un graphique que l'on qualifie habituellement de « diamant de Porter ».

Figure numéro 2 : Les cinq forces concurrentielles de Porter dans le secteur universitaire

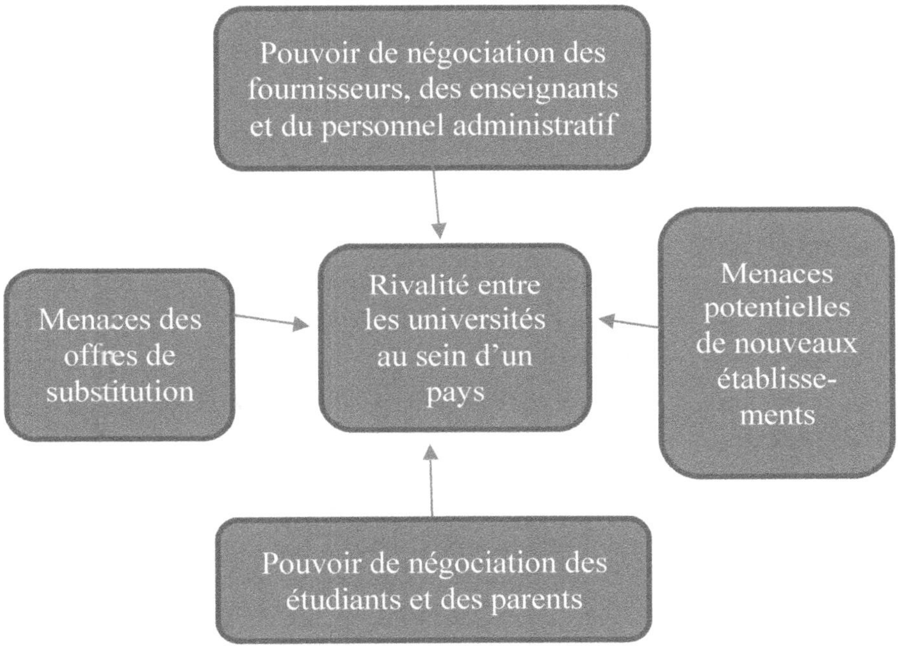

Comme nous le montre la figure 2, l'université se trouve en concurrence directe avec d'autres établissements en même temps qu'elle doit faire face aux pouvoirs de négociations respectifs des fournisseurs, des professeurs, du personnel administratif, des étudiants et des parents. De la même manière, elles doivent de se prémunir des menaces d'entrées potentielles de nouveaux établissements dans le secteur en même temps qu'elles sont dans l'obligation d'anticiper l'arrivée de services qui proposeraient des offres de substitution plus intéressantes pour l'étudiant. Pour finir, même si nous ne l'avons pas fait apparaître au sein de ce graphique, il existe un sixième acteur susceptible d'impacter les stratégies des universités qui se trouve être l'État et qui exerce dans tous les pays une activité de régulation du marché universitaire. Afin d'avoir une vision étendue du pouvoir des cinq forces et du rôle de l'État sur la rentabilité d'une université, il convient d'examiner en détail les déterminants de chacune des cinq composantes, tel est l'objet du deuxième paragraphe.

Section 2 : Les déterminants des cinq forces de l'analyse concurrentielle d'une université

Afin de mieux cerner les différentes forces qui interagissent sur la notoriété de l'université, il convient d'analyser chaque déterminant de ces composantes.

§ 2.1) Les déterminants structurels de l'intensité de la concurrence entre les universités

L'intensité concurrentielle entre les universités varie beaucoup d'un pays à l'autre et dépend principalement d'un certain nombre de paramètres inhérents au secteur universitaire qu'il convient de bien prendre en considération, respectivement :

- *Le nombre d'universités en présence dans un pays ;*

Le nombre d'universités en présence dans un pays détermine en grande partie la concurrence plus ou moins intense au sein du secteur universitaire. Porter (1980) estime qu'un faible nombre d'entreprises dans un secteur diminue de fait la concurrence entre elles, car elles disposent d'une taille suffisamment importante pour être rentables et obtenir des avantages auprès de leurs fournisseurs. De ce fait, elles ne se sentent pas forcément obligées de conquérir de nouvelles parts de marchés par rapport à leurs concurrentes. Les universités suivent le même chemin, car lorsqu'elles sont peu nombreuses, elles disposent d'une capacité à attirer beaucoup d'étudiants qui ne disposent pas forcément d'un choix élevé d'établissements, elles disposent ainsi d'une grande part de marché , ce qui est de nature à renforcer leurs positions de forces auprès des familles, des entreprises et des enseignants susceptibles de l'intégrer et du personnel administratif nécessaire pour la faire fonctionner. On ne peut exclure qu'une université choisisse de s'octroyer un avantage décisif sur ses concurrentes en cherchant à attirer toujours plus d'étudiants, mais elle prend le risque d'avoir un effectif trop important pour lequel il faudra trouver suffisamment de place. À l'inverse, on estime qu'un pays disposant d'un grand nombre d'universités risque de les voir s'affronter brutalement pour tenter d'augmenter leurs parts de marché qui demeurent trop faibles pour leur assurer une rentabilité suffisante. Toutefois, on peut penser qu'un grand nombre d'établissements autorisent certaines universités de petite taille à se concentrer sur des niches qui leur permettront d'avoir un effectif suffisant pour assurer leur pérennité.

- *La diversité des universités ;*

L'intensité de la concurrence apparaît d'autant plus forte que les offres proposées par les universités sont à peu près identiques, plus les universités apparaissent semblables aux yeux des étudiants plus les manœuvres visant à les attirer seront intenses, car les sources de différenciation n'apparaîtront pas clairement à leurs yeux. À l'inverse, les universités qui seront capables de se démarquer grâce à une offre de produits différente de la concurrence ou en choisissant un positionnement particulier qui sera perçu comme tel par les étudiants ont toutes les chances d'éviter ainsi une concurrence frontale. Les sources de différenciation apparaissent multiples (qualité de l'enseignement, réputation des enseignants-chercheurs, réputations des formations, capacité à offrir des débouchés, développement de nouvelles méthodes pédagogiques, etc.) et les universités peuvent choisir de bâtir leur positionnement sur ces dernières.

- *Le taux de croissance annuel du nombre d'étudiants ;*

La croissance d'un secteur d'activité est un autre déterminant de l'intensité de la concurrence entre les firmes d'un secteur, pour les universités la croissance annuelle du nombre d'étudiants est une donnée qui est examinée attentivement par les responsables du recrutement au sein de chaque université. Des paramètres existant en amont déterminent en grande partie les effectifs d'étudiants qui s'inscrivent chaque année dans les universités, notamment le nombre de naissances au cours d'une année qui détermine le nombre d'inscriptions dix-huit-ans plus tard en moyenne, de la même manière qu'une politique volontariste des autorités d'un pays favorisant l'accès des bacheliers à l'enseignement supérieur contribue également à augmenter le nombre d'inscriptions. Plus le taux de croissance du nombre d'étudiants est élevé, plus le nombre d'inscriptions dans les universités doit normalement augmenter sensiblement et atténuer ainsi la rivalité entre ces universités, la situation inverse contribue à la renforcer.

- *L'image de marque des universités ;*

Si certaines universités disposent d'une bonne image de marque auprès des étudiants, la concurrence sera moins intense pour attirer de nouveaux étudiants dans la mesure où l'image de marque est un élément important de différenciation dans l'esprit des étudiants. À l'inverse, si l'image de marque des universités n'apparaît pas suffisamment forte alors la rivalité sera plus intense et surtout plus frontale.

- *L'importance des coûts fixes dans la gestion des universités ;*

Plus un secteur d'activités doit faire face à des coûts fixes importants plus la concurrence entre les entreprises va être forte pour développer leurs parts de marché pour amortir plus facilement leurs coûts fixes. En effet, les modes d'enseignements dominants au sein des universités qui passent par des cours en présentiel les conduisent à s'appuyer sur des équipements d'accueil relativement coûteux qui se doivent d'être amortis indépendamment du nombre d'étudiants inscrits. Dans ces conditions, comme la plupart des universités relèvent de ce modèle, on peut alors s'attendre à une intensité de la concurrence afin qu'elles puissent couvrir leurs coûts fixes, même si pour de multiples raisons le calcul du point mort global peut varier d'une université à l'autre, il n'en demeure pas moins qu'il est nécessaire d'atteindre un seuil suffisamment important d'étudiants pour assurer la couverture du point mort.

- *L'existence d'un coût de transfert important pour l'étudiant ;*

On peut définir le coût de transfert pour un étudiant comme le préjudice qu'il peut subir lorsqu'il choisit au cours de sa scolarité de changer d'université. Si ce changement lui est préjudiciable, on peut alors tabler sur une certaine fidélité de la part des étudiants qui une fois inscrits en première année hésiteront fortement à changer d'établissements. Dans ces conditions, la concurrence entre les universités sera plus intense pour attirer les primo-inscrits, mais sans doute un peu moins pour les inscriptions en second cycle. À l'inverse, si les coûts de transferts sont faibles alors le risque de voir les étudiants partir après une première année d'étude en cas d'insatisfaction du service rendu par l'université ou d'autres considérations devient très élevé et pourrait exacerber la concurrence.

- *L'existence des coûts de sortie importants du secteur universitaire ;*

Lorsque l'on examine la politique suivie par chaque établissement dans le secteur universitaire, une question se pose parfois, est-ce qu'une université peut choisir de quitter le secteur universitaire à plus ou moins long terme si elle estime qu'elle n'est pas assez rentable ? Cette question est fondamentale dans la mesure où elle suppose que le secteur universitaire présente des coûts à la sortie si un établissement choisissait de se retirer. On peut définir les coûts à la sortie comme ceux qui sont supportés par l'université si elle choisit d'abandonner ses activités d'enseignements. Les coûts fixes peuvent prendre plusieurs formes, mais dans le cas d'une université, on estime qu'elle possède des actifs spécifiques qui prennent la forme de bâtiments d'enseignements ; de bâtiments administratifs ; de laboratoires ; d'équipements sportifs ; culturels ; de restaurations et de logements. Dans cette optique, la question essentielle est de savoir si les actifs immobilisés d'une université pourraient être facilement réutilisés par d'autres secteurs qui s'en porteraient alors plus facilement acquéreurs ? Si l'on peut estimer qu'une université puisse exercer ses fonctions dans des immeubles classiques, notamment si elle se concentre sur des formations de sciences humaines qui ne nécessitent pas nécessairement l'utilisation d'équipements spécifiques, la vente de ces mêmes immeubles pourrait alors se faire assez facilement. On trouve une bonne illustration de ce phénomène, lorsque certaines petites écoles de commerce ont commencé à inonder le secteur de l'enseignement supérieur notamment en France au début des années 1980, ces mêmes écoles pensant y profiter des faiblesses constatées du secteur universitaire. Ce dernier faisait alors l'objet de nombreuses critiques notamment à cause des enseignements théoriques qui y étaient proposés et qui ne permettaient pas une insertion facile dans le milieu professionnel pour de nombreux étudiants qui disposaient d'un diplôme qui ne correspondait pas aux attentes des entreprises. Lorsque les universités notamment publiques ont progressivement intégré dans leur offre de formation des cursus mieux adaptés aux besoins des entreprises, ces mêmes écoles ont pour la plupart quitté le secteur de l'enseignement supérieur sans pour autant subir des coûts de sortie importants pour l'occasion. On peut estimer que les coûts de sortie puissent être plus importants si l'on a affaire à de très grandes universités qui possèdent une multitude d'établissements répartis sur une très grande superficie à l'instar des plus grandes universités situées dans les premières places du classement de Shanghai, pour ne citer qu'elles. Si l'on observe attentivement le secteur universitaire, on peut estimer que le principal obstacle à la sortie pour de nombreux établissements n'est pas de nature physique, mais plutôt politique, voire morale. En effet, lorsqu'un pays dispose de nombreuses universités publiques réparties sur l'ensemble du territoire, il apparaît difficilement concevable que ces mêmes universités puissent un jour disparaitre tant elles remplissent une mission de service public. Même si ces universités pourraient être déficitaires, elles reçoivent des aides de l'État. Dans ces conditions, lorsqu'une université publique nouvelle apparaît, elle est amenée à rester dans ce secteur pendant plusieurs décennies et contribue de fait à exacerber la concurrence avec les universités déjà présentes. Sans doute, le problème est différent lorsqu'il s'agit des universités privées qui peuvent à un moment donné choisir de se retirer si elles perdent trop d'argents et qu'elles n'apparaissent plus en mesure de lutter efficacement contre la concurrence. Du côté des universités catholiques bien qu'elles soient confessionnelles, elles fonctionnent en grande partie comme des universités privées par rapport à leur mode de financement. Dans les pays où la religion catholique occupe une place importante comme l'Espagne ou la Pologne, l'image de marque de ces universités est tellement forte qu'un retrait n'est pas envisageable ! Dans d'autres pays comme la France où l'influence du catholicisme s'estompe progressivement, les cinq universités catholiques qui sont présentes sur le territoire bien qu'elles doivent faire face à des contraintes de gestion différentes d'un territoire à l'autre apparaissent ancrées durablement dans le paysage universitaire local depuis plus d'un siècle et une disparition ferait l'effet d'une déflagration et demeure improbable à ce jour.

Comme nous venons de le voir , les déterminants de la concurrence entre les universités apparaissent divers, il convient à présent d'examiner dans le détail, les éléments qui poussent de nouveaux établissements à pénétrer dans le secteur universitaire et à concurrencer les établissements qui sont présents depuis longtemps.

§ 2.2) Les déterminants de l'entrée de nouveaux concurrents au sein du secteur universitaire

Les universités évoluent dans un monde en complet bouleversement et même si elles finissent par bien connaître l'offre de leurs principales concurrentes avec lesquelles elles luttent depuis longtemps pour attirer chaque année les meilleurs étudiants, elles doivent dans le même temps s'efforcer de parer à l'éventualité de devoir lutter contre la concurrence de nouveaux entrants. Il existe de nombreux déterminants qui peuvent faciliter l'entrée de nouveaux concurrents dans le secteur, respectivement :

- *Les offres de formations proposées par les universités présentent de nombreuses similitudes ;*

L'entrée dans le secteur universitaire est facilitée lorsque les universités proposent des formations ayant beaucoup de caractéristiques identiques ce qui a pour conséquence que les étudiants n'ont pas de préférences clairement affichées. Dans les faits, les étudiants sont en partie indifférents à choisir une université plutôt qu'une autre, ce qui laisserait supposer qu'un nouvel établissement s'il apparaissait pourrait alors capter plus facilement une demande émanant des étudiants qui resteraient encore indécis au moment de faire leur choix définitif. L'absence de différenciation significative entre les formations peut laisser la place à des formations offertes par de nouvelles universités qui pour leur part pourraient elles-mêmes y intégrer des éléments de différenciation significative.

- *Les coûts de transferts d'une université à une autre sont très élevés pour l'étudiant* ;

L'existence de coûts de transferts importants d'une université à une autre entraine une fidélisation importante chez les étudiants. En effet, si l'étudiant a le sentiment qu'un changement d'université peut lui causer un préjudice, il pèsera sans doute encore plus les avantages et les inconvénients qu'il peut y avoir à s'inscrire dans une université dans la mesure où la probabilité d'y rester tout au long du cursus y apparaît d'autant plus forte. Dans ces conditions, une nouvelle université qui viendrait à s'installer dans le secteur pourrait difficilement compter capter une part significative d'étudiants déjà inscrits dans d'autres universités.

- *Le montant important des investissements nécessaires à une nouvelle université pour être compétitive ;*

Le choix de rentrer dans le secteur universitaire apparaît souvent très coûteux à l'investisseur dans la mesure où il devra mobiliser des moyens importants à la fois matériels et financiers qui pourraient à eux seuls dissuader un bon nombre d'investisseurs potentiels de s'aventurer au sein de ce secteur. Même si le développement attendu dans un futur proche des formations à distance pourrait être de nature à changer en partie les choses en limitant les besoins matériels nécessaires, il n'en demeure pas moins que les cours en présentiel en même temps que l'accueil des étudiants dans des conditions correctes nécessite dans la plupart des cas, soit un certain nombre de constructions nouvelles, soit des rénovations nécessaires parfois tout aussi coûteuses que l'édification de nouveaux bâtiments. Par ailleurs, si l'on part du principe que la localisation des universités constitue un élément supplémentaire de leur attractivité, il y a fort à parier que les meilleurs sites d'implantation sont déjà préemptés par les universités existantes ce qui est de nature à handicaper les nouvelles universités dès le début même de leur existence !

- *La difficulté de trouver du personnel hautement qualifié pour faire face à la concurrence;*

Un service de qualité offert par une université repose en amont sur la mobilisation des moyens matériels comme nous venons de le souligner, mais dans le même temps, la coordination des moyens humains apparaît tout aussi fondamentale dans la mesure où la mise en place d'une formation suppose au préalable d'avoir un personnel administratif de qualité, mais surtout de disposer d'un personnel enseignant reconnu comme tel par les étudiants. Dans cette optique, même si l'on peut estimer que de plus en plus de jeunes étudiants choisissent de poursuivre un doctorat dans le but de devenir maître de conférences et ensuite professeur des universités, il apparaît qu'il existe une relative pénurie des enseignants de qualité dans la mesure où ils sont souvent embauchés par les meilleures universités dans lesquelles ils feront une brillante carrière. Un nouvel établissement court ainsi un risque important de ne pas trouver suffisamment de personnels enseignants pour pouvoir développer des offres de qualité au regard de ce qu'attendent les étudiants face à un monde universitaire devenu de plus en concurrentiel. Si l'on peut admettre que le problème peut ne pas être aussi épineux qu'il n'y parait pour les nouvelles universités lorsqu'elles offrent des formations généralistes notamment des formations de premier cycle, par contre, il n'en va pas de même lorsqu'une université s'efforce de proposer des formations spécifiques et pointues notamment en second cycle à travers l'offre de masters. En effet, certains masters situés sur des niches, mais contribuant dans une large mesure à la réputation de l'université font appel à des enseignants souvent spécialisés dans des domaines spécifiques, mais qui en raison des rémunérations jugées insuffisantes à leurs yeux qui leur sont proposées par les universités les détournent alors de l'enseignement supérieur. Un exemple particulièrement illustratif se réfère aux formations de droit fiscal que l'on retrouve dans de nombreux établissements et qui nécessitent de disposer d'enseignants spécialisés au préalable dans cette matière, dans les faits on constate que les quelques étudiants qui s'engagent dans la rédaction de thèses de doctorat ont beaucoup plus de chances de valoriser leurs compétences auprès de cabinets d'avocats internationaux voire auprès de grandes entreprises. Dans ces conditions, le recrutement d'enseignants fiscalistes de qualité se révèle parfois très difficile, ce qui conduit de nombreuses universités qui proposent ces formations à s'adresser à des enseignants issus du milieu professionnel qui ont l'avantage de connaître particulièrement le terrain, cet élément demeure essentiel lorsque l'on veut transmettre un savoir-faire à des étudiants, mais cela se fait parfois au détriment d'une insuffisance de la recherche fondamentale dans ce domaine en particulier.

- *La capacité de riposte des universités en place ;*

L'une des barrières à l'entrée la plus redoutée par les entrants potentiels dans le secteur universitaire réside dans la capacité de riposte des universités déjà en place, cette capacité sera d'autant plus importante, voire violente, si ces mêmes établissements craignent que les nouveaux entrants ne viennent entamer sérieusement leur part de marché dont elles disposent par ailleurs. Les capacités de ripostes peuvent prendre plusieurs formes : la mise en place d'une politique tarifaire suffisamment intéressante visant à rendre moins attractive l'offre de formations proposées par les nouvelles universités qui doivent le plus souvent pratiquer des frais d'inscription suffisamment élevés pour rentabiliser leurs investissements initiaux. De la même manière, les universités en place peuvent proposer de nouvelles formations susceptibles de couvrir des besoins nouveaux, les moyens humains et matériels dont disposent ces mêmes universités peuvent leur permettre de le faire, ce qui apparaît moins évident pour les nouveaux établissements.

- *L'existence d'une notoriété importante et d'une forte image de marque de la part des universités en place ;*

L'un des avantages importants dont disposent les universités qui existent depuis très longtemps parfois depuis plusieurs siècles réside dans leur notoriété importante auprès des étudiants, mais également auprès du milieu professionnel. Cette notoriété se double par ailleurs d'une excellente image de marque qui s'est forgée à travers le temps et qui finit par leur procurer un avantage absolu sur la concurrence. Dans ces conditions, une université nouvellement apparue devra faire face à un double objectif, tout d'abord se faire connaître et se faire repérer par un volume suffisamment important d'étudiants qui accepteraient éventuellement de s'y inscrire. Dans un deuxième temps, elle devra s'efforcer de développer son image de marque auprès des étudiants, ce qui peut nécessiter parfois plusieurs années voire plusieurs décennies dans le cas présent.

- *L'action de l'État comme obstacle à l'entrée d'un nouvel établissement dans le secteur universitaire ;*

L'État joue traditionnellement un rôle essentiel dans la mise en œuvre des politiques éducatives notamment lorsqu'elle concerne plus spécifiquement l'enseignement supérieur. Par exemple, l'État peut choisir de favoriser la création de nouvelles universités publiques notamment dans le cadre des politiques de développement territorial. Dans le cas de la France, la construction de petites universités dans des territoires parfois défavorisés comme les régions de traditions industrielles à partir du début des années 1990 a contribué à modifier considérablement l'équilibre du jeu concurrentiel en ponctionnant une partie des effectifs jusqu'alors concentrée dans les grandes universités situées la plupart du temps dans les grands centres urbains. De la même manière, l'État peut choisir d'aider certaines universités en leur octroyant des moyens financiers à travers l'octroi de contrats de recherche parfois conséquents ou en facilitant et en multipliant l'attribution de bourses pour les étudiants en difficulté. Dans le même ordre d'idée et parfois pour des raisons historiques voire idéologiques très anciennes, certains établissements présents dans le secteur universitaire n'ont pas les moyens de délivrer leur propre diplôme et doivent passer par la signature d'une convention avec des établissements qui disposent de cette compétence. Nous avons eu l'occasion de souligner à plusieurs reprises la situation particulière de la France qui interdit pour l'instant aux cinq instituts catholiques présents sur le territoire de collationner les grades et même de s'appeler université ce qui ne les met pas sur un même pied d'égalité que leurs homologues du secteur public ! Face à ce type de situation, un institut catholique supplémentaire qui choisira de pénétrer dans ce secteur se heurterait outre à un manque évident de notoriété, mais beaucoup plus ennuyeux à l'obligation de trouver une université publique qui accepterait alors de signer une convention de partenariat avec lui, ce qui peut engendrer une position de force de ces mêmes universités par rapport au nouvel établissement qui n'aurait guère le choix alors d'accepter des conditions que l'on peut estimer moins favorables.

§ 2.3) Les déterminants influant sur la menace des produits de substitution au sein du milieu universitaire

Lorsqu'une université propose des formations aux étudiants, elle est confrontée naturellement à la concurrence des autres établissements, mais elle doit également prendre garde à ce que d'autres acteurs n'appartenant pas forcément au secteur de l'enseignement puissent offrir sous d'autres formes un service d'enseignement aux étudiants qui pour le cas ne nécessiterait pas forcément une présence physique au sein de l'établissement. C'est le cas notamment des formations administrées totalement à distance que l'on peut assimiler à un produit de substitution. La menace plus ou moins forte de l'entrée de produits de substitution sur le marché universitaire dépend d'un certain nombre de paramètres.

- *Les frais d'inscription pratiqués par les universités sont très élevés ;*

Lorsque les frais d'inscription pratiqués par les universités dans un pays sont très élevés, les étudiants sont confrontés à plusieurs alternatives : souscrire un prêt pour le financement de leurs études ; obtenir des bourses d'études ; travailler et poursuivre simultanément des études ; renoncer parfois à entreprendre des études supérieures ou rechercher des modes alternatifs d'administration du savoir comme le fait de suivre des cours par correspondance. Dans cette optique, plus les frais d'inscription seront élevés plus les étudiants seront susceptibles de s'orienter vers des alternatives moins onéreuses.

- *L'offre de formation assurée par les universités peut être fournie par des services présentant un rapport qualité/prix avantageux ;*

Jusqu'au début de la décennie 2010, les seuls modes alternatifs d'administration des formations par rapport aux cours en présentiel résidaient dans l'offre de formation par correspondance qui présentait l'avantage d'être beaucoup moins onéreuse, mais qui présentait l'inconvénient majeur de ne pas permettre d'interactions directes entre les enseignants et les étudiants si recherchées par ces derniers. De ce fait, un faible nombre d'étudiants choisissaient cette méthode d'enseignement qui n'apparaissait pas meilleure en termes de rapport qualité/prix, car un prix plus faible était compensé par une qualité estimée plus faible. L'apparition et le développement des technologies numériques et l'utilisation massive des logiciels comme Team et Zoom a permis en grande partie de répondre à ce problème de distanciation impliquant du même coup que l'administration de formations à distance se rapprochait des formations classiques en constituant de fait un produit de substitution souvent beaucoup moins cher lié à la faiblesse des coûts fixes engendrée par l'administration à distance.

- *Les produits de substitution sont adossés à la maîtrise d'une nouvelle technologie ;*

Le développement des formations à distance ou « online » apparaît d'autant plus performant que ces formations s'appuient toutes sur l'utilisation des nouvelles technologies qui n'ont cessé de se développer pour permettre d'administrer des cours en distanciel d'une manière relativement performante et dans des conditions quasi identiques à un cours donné en face à face à des étudiants. Même si le recul que l'on peut avoir sur plusieurs mois d'administration des cours à distance rendue nécessaire par la crise du Covid 19 nous montre quelques limites concernant la satisfaction des étudiants qui finissent par éprouver une certaine lassitude à rester devant un ordinateur ; à ne plus avoir de liens sociaux avec les collègues, mais surtout à ne plus pouvoir échanger de manière efficace avec leurs enseignants, il n'en demeure pas moins que les formations à distance permettent aux étudiants de réaliser des économies substantielles. En effet, plusieurs éléments plaident en effet pour un différentiel favorable en terme financier pour suivre des formations à distance, tout d'abord, les formations à distance coûtent en général moins chères que les formations en présentiel, car elles mobilisent beaucoup moins de matériels et surtout beaucoup moins de locaux. Dans un deuxième temps, le fait pour un étudiant de suivre une formation à distance lui permet de rester au domicile parental sans devoir dépenser pour le logement, les transports et éventuellement en frais de nourriture. Pour finir, le fait que les formations à distance puissent être assurées par des sociétés privées qui peuvent ne pas avoir de statuts universitaires implique que ces formations prennent la forme de véritables produits de substitution aux formations universitaires classiques.

§ 2.4) Les déterminants du pouvoir de négociation des fournisseurs, des enseignants et du personnel administratif

Les fournisseurs, les enseignants et le personnel administratif peuvent avoir un rôle important qui impacte sur la gestion quotidienne et a fortiori sur la rentabilité des universités. Les nombreux fournisseurs qui vendent une multitude de produits ou qui assurent des travaux lourds d'aménagement et d'extensions des capacités d'accueil peuvent en effet disposer d'un pouvoir de négociation important. De la même manière, les enseignants et le personnel administratifs disposent également d'un certain pouvoir d'influence sur les décisions prises par la direction de l'université. Ce pouvoir exercé par les différents acteurs dépend d'un certain nombre de paramètres.

- *Les fournisseurs, les enseignants et le personnel administratif apparaissent plus concentrés en nombre que les universités ;*

Lorsque les universités sont faces à une multitude de fournisseurs qui sont susceptibles de répondre à différents appels d'offres, le pouvoir de négociation de ces derniers apparaît très faible, car ils se livrent à une concurrence entre eux et qui aura comme première conséquence de les obliger à proposer des prix peu élevés entrainant ainsi une économie non négligeable lorsque devront être entrepris des travaux d'aménagements importants. À l'inverse lorsqu'ils sont peu nombreux, ils peuvent profiter de cette concentration relative pour appliquer des tarifs élevés. Si l'on se place à présent du côté des enseignants et du personnel administratif , il faut distinguer deux cas de figure, tout d'abord celui où une université doit recruter des enseignants et du personnel administratif de qualité. Lorsqu'une université choisit de recruter et qu'elle se trouve confrontée à une abondance de main-d'œuvre à la fois enseignante et administrative, elle peut proposer des salaires moins élevés en jouant sur la concurrence entre les candidats potentiels. À l'inverse, si l'on observe une pénurie d'enseignants et de personnels administratifs, les universités rentreront en conflit afin de pouvoir attirer les meilleurs éléments chez elles. Une fois que l'embauche a été réalisée, on peut penser que si la pénurie de main-d'œuvre continue à persister alors les salariés pourront faire pression plus facilement sur la direction pour obtenir des augmentations de salaires sachant qu'ils constituent une denrée et rare et chère sur le marché du travail ce qui sera de nature à peser ainsi sur la rentabilité des universités.

- *Les produits des fournisseurs et les services offerts par les enseignants et le personnel administratifs sont essentiels dans l'offre de formation universitaire ;*

À l'instar de n'importe quelles autres entreprises de services, une université utilise à la fois du facteur capital et du facteur travail qu'elle s'efforce de combiner le mieux possible pour offrir des formations attractives. Si l'on peut estimer que la qualité des locaux constitue un élément d'attractivité déjà mentionné précédemment, il apparaît que ce sont pourtant les enseignants qui sont en première ligne et qui contribuent grandement à la bonne ou mauvaise réputation d'une formation, le personnel administratif assure pour sa part des fonctions de support qui prennent de plus en plus d'importance aux yeux des étudiants. Dans ces conditions, on peut estimer que les enseignants comme le personnel administratif conscients de leur poids dans la qualité du service peuvent finir par exercer une pression non négligeable sur les dirigeants et obtenir ainsi des avantages sauf s'il existe par ailleurs une main-d'œuvre abondante et disponible qui ne demandent qu'à remplacer celles qui exercent déjà à l'université. Dans les pays anglo-saxons où la majeure partie des universités relèvent du secteur privé, il existe une concurrence farouche pour attirer les « stars » exerçant dans certaines disciplines académiques ce qui contribue à leur proposer des salaires dignes de certains sportifs professionnels. Les universités catholiques qui bien souvent ne disposent pas de moyens aussi conséquents que leurs homologues du secteur privé n'ont pas la capacité d'offrir des salaires aussi élevés et ne peuvent pas toujours prétendre à attirer des enseignants reconnus internationalement même si l'on doit admettre que la qualité des relations humaines qui existent habituellement au sein des universités catholiques compense en partie une certaine faiblesse des salaires chez de nombreux salariés.

§ 2.5) Les déterminants du pouvoir de négociation des étudiants et des parents

À l'instar des fournisseurs des moyens de production, les étudiants et leurs parents qui sont leurs principaux financeurs des études de leurs enfants peuvent également exercer un pouvoir de négociation vers les universités en les contraignant par exemple à ne pas trop augmenter leurs frais d'inscriptions pour l'occasion, plusieurs éléments peuvent y contribuer :

- *Les frais d'inscriptions représentent un poids important dans le budget des étudiants ou des parents ;*

Plus les frais d'inscription seront élevés, plus ils représenteront une part importante dans le budget d'un foyer et plus les parents qui financent les études de leurs enfants seront enclins d'exiger de la part de l'université de leur fournir une qualité de services qui soit irréprochable et qui dépasse le seul cadre des cours assurés pour s'étendre à d'autres déterminants comme la qualité de l'accueil ; la propreté des locaux, la capacité des salariés à répondre aux doléances des étudiants. À l'inverse, on peut estimer que des frais d'inscription plus faibles peuvent être de nature à limiter les pressions exercées à la fois par les parents et les étudiants sur le personnel universitaire. À titre d'exemple, l'auteur dans ses fonctions de direction d'une formation de second cycle a été confronté parfois à des parents irascibles qui n'hésitaient pas sur un ton péremptoire d'exiger une réponse immédiate à un problème qui ne le permettait pas simplement parce qu'ils avaient payé un prix qu'ils jugeaient élevé !

- *Les formations offertes par l'université apparaissent semblables à celles offertes par la concurrence ;*

Lorsque les formations universitaires apparaissent uniformes dans l'esprit des étudiants, ceux-ci seront d'autant plus sensibles à une variation des frais d'inscription de la part d'une université si cette dernière n'introduit pas d'éléments de différenciation significative dans sa formation. Lorsque les formations sont semblables dans leur contenu, qu'elles ne comportent pas de particularités notables alors le prix peut devenir le déterminant essentiel du choix final de l'étudiant lorsqu'il entamera son processus d'inscription. Dans cette optique, une université qui souhaite améliorer sa rentabilité en augmentant ses frais d'inscription ne pourra réussir à le faire que si elle modifie substantiellement son offre de façon à ce qu'elle soit perçue comme significative au regard de l'étudiant.

- *Les coûts de transfert d'une université à l'autre sont négligeables pour l'étudiant ;*

Si un étudiant subit une forme de préjudice personnel lorsqu'il choisit de changer d'université, son inclinaison à le faire diminuera sensiblement et il sera en quelque sorte dans l'obligation de continuer de suivre son cursus au sein de cette université. À l'inverse, si le fait de changer d'université n'entraine pas un impact personnel important alors l'étudiant choisira lorsqu'il l'estimera nécessaire de quitter l'établissement. Face à une telle situation, une université devra être dans l'obligation de mettre en œuvre toute une série de mesures visant à fidéliser au maximum ses étudiants ce qui peut engendrer alors une augmentation substantielle de ses coûts de production. La mise en place d'élément de différenciation dans l'offre globale offerte aux étudiants déjà évoquée précédemment doit contribuer à faire naitre dans l'esprit de ce dernier que le produit offert présente un caractère unique qu'il ne retrouverait sans doute pas ailleurs s'il choisissait de quitter cette université pour voir si « l'herbe est plus verte ailleurs ».

- *L'étudiant dispose d'une information complète sur les offres de formation ;*

Avec la généralisation d'Internet et en ayant grandi avec les innovations technologiques, l'étudiant appartenant à la génération Z dispose non seulement d'un accès facilité à l'information en même temps qu'il en trouve en abondance et qu'il l'utilise massivement au moment de faire un choix entre plusieurs établissements. Dans cette optique, chaque offre de formation proposée par les universités va invariablement être scrutée par les étudiants qui demanderont implicitement à l'université de leur fournir une information abondante et précise sur ses caractéristiques propres en même temps que celles de ses formations. On peut imaginer qu'un étudiant grâce à sa facilité d'utilisation d'Internet puisse accéder sans encombre aux sites présentant les principales formations dans un domaine précis en lui facilitant ainsi la comparaison entre les offres. Dans cette optique, une université ne peut ignorer cet état de fait qui doit la conduire à bien choisir les éléments de sa communication numérique qui seront adressés aux étudiants.

Ayant examiné les déterminants des cinq forces concurrentielles, il convient dans un dernier paragraphe d'examiner les différents types de stratégie qu'une université peut mettre en œuvre pour lutter efficacement contre la concurrence.

Section 3 : Les stratégies concurrentielles pouvant être utilisées par les universités

Face aux cinq forces déterminant l'intensité concurrentielle au sein du secteur universitaire, une université qui veut lutter contre la concurrence des autres universités présentes sur un territoire se doit d'adopter dès le début de son existence une stratégie qui lui permette de se forger un avantage concurrentiel. Porter (1980) distingue trois types de stratégies respectivement :

- la stratégie de domination par les coûts ;
- la stratégie de différenciation ;
- la stratégie de concentration sur un segment.

§ 3.1) La stratégie de domination par les coûts

On peut définir la stratégie de domination par les coûts comme le fait pour une université d'offrir une formation aux étudiants qui présente les mêmes caractéristiques que les autres formations, mais dont les frais d'inscriptions sont plus faibles que ceux pratiqués par la concurrence. Cette stratégie implique que l'université s'évertue à diminuer le plus possible les coûts de production de sa formation , on entend par coût de production : les coûts directs et les coûts indirects pour reprendre une terminologie utilisée dans un chapitre précédent. On peut appliquer cette stratégie à l'échelle de l'ensemble des formations, sur quelques formations ou plus spécifiquement sur une formation que l'on veut promouvoir si elle se trouve confrontée à une concurrence très forte de la part des autres universités. Afin qu'elle soit efficace et puisse être couronnée de succès, une université se doit de veiller à diminuer le plus possible les coûts directs matérialisés par les salaires des enseignants, du personnel administratif en même temps que celles des fournitures et des équipements nécessaires à l'administration de cette formation. Dans le même temps, une université doit également veiller à réduire l'ensemble de ces coûts indirects comme ses frais généraux ou ses frais de communication affectés à la communication globale de l'université, une diminution substantielle de ces coûts pourrait éventuellement conduire l'université à choisir une diminution des frais d'inscription pour l'ensemble de ces formations. Si cette stratégie apparaît séduisante et susceptible de renforcer l'attractivité des formations auprès des étudiants tant le prix à payer pour suivre une formation reste l'élément principal à leurs yeux dans le choix de s'inscrire dans une université, cette stratégie rencontre certaines limites qu'il nous faut souligner. Dans le cas présent, on peut mettre en avant deux objections, la première est liée au fait que cette stratégie s'applique plus facilement lorsque l'on offre un produit plutôt qu'un service, ce qui est le cas d'une formation universitaire. En effet, la stratégie de domination par les coûts repose essentiellement sur l'effet d'expérience que l'on peut définir comme le fait pour une entreprise de réduire ses coûts en fonction de l'accumulation de sa production, Garrette, Durand, Dussauge et alii (2019). Transposer ce principe à une formation universitaire suppose qu'une formation proposée aux étudiants depuis plusieurs années voire plusieurs décennies verrait son coût de production diminuer sensiblement ce qui se heurte au fait que l'on peut difficilement augmenter la productivité d'un enseignant qui continuerait par ailleurs à enseigner le même volume horaire. À partir du moment où le nombre d'heures ne change pas d'une année à l'autre, la seule solution pour réduire les coûts directs supposerait de changer d'enseignant en prenant un enseignant qui accepterait d'être moins payé sans que l'on puisse juger si ses compétences sont identiques. L'autre solution consisterait à réduire le nombre d'heures, mais au détriment des connaissances administrées en face à face. L'autre réserve que l'on peut émettre est liée au fait qu'une telle stratégie est pertinente si toutes les universités présentes dans un secteur ont des caractéristiques identiques en termes de statut juridique, mais surtout par rapport à leur source principale de financement. Ainsi, une telle stratégie est possible si l'ensemble des universités d'un pays relèvent du secteur privé et doivent être rentables. À l'inverse, lorsque des universités privées sont confrontées à la concurrence d'universités publiques qui sont en grande partie subventionnées par l'État, l'écart est tel entre les frais d'inscription pratiqués par les universités publiques et privées qu'il apparaît totalement illusoire que les universités privées s'engagent dans des réductions importantes de leurs frais d'inscription, ce qui aurait pour conséquence d'entrainer leur disparition à brève échéance. Les universités catholiques même si elles ne recherchent pas le profit comme leurs homologues appartenant au secteur privé lucratif sont malgré tout dans l'obligation de pratiquer des frais d'inscription relativement élevés et peuvent difficilement s'engager dans ce type de stratégie, même si l'on ne peut exclure qu'elles le fassent pour certaines formations spécifiques, mais qui cela restera limitée pour l'occasion.

Les difficultés d'application d'une stratégie de domination par les coûts par les universités notamment catholiques les conduisent dans la plupart des cas à appliquer une autre forme de stratégie : la stratégie de différenciation.

§ 3.2) La stratégie de différenciation appliquée par les universités

On peut définir la stratégie de différenciation comme le fait pour une université de proposer une formation aux étudiants, mais en fixant des frais d'inscriptions plus élevés que ceux pratiqués par la concurrence tout en leur offrant une meilleure qualité. On distingue traditionnellement deux types de différenciation : une stratégie de différenciation par le haut que l'on vient de décrire et une stratégie de différenciation par le bas qui consiste pour une université à proposer une formation coûtant moins cher que les formations concurrentes, mais disposant d'une qualité moindre. Ce dernier exemple étant pour le moins peu adapté à un secteur où l'excellence apparaît être la norme et non la médiocrité, nous nous focaliserons uniquement sur la différenciation par le haut. Comme nous l'avons souligné pour la stratégie de domination par les coûts, les universités privées en même temps que les universités catholiques sont dans l'obligation de pratiquer des frais d'inscription plus élevés pour être rentables, mais la question que l'on doit se poser consiste à bien définir le domaine où s'appliquera cette stratégie d'une différenciation : à l'échelle d'une formation ou à l'échelle de l'ensemble de l'université. Dans le cas présent, même si l'on ne peut exclure totalement le fait qu'une université choisisse de fixer des frais d'inscriptions très élevés pour certaines de leurs formations d'excellence , on peut estimer que les frais d'inscription élevés pratiqués par les universités privées et catholiques trouvent leurs sources dans une multitude d'éléments de différenciation en les comparant aux universités publiques, respectivement :

- les caractéristiques générales de l'établissement ;
- l'image de marque auprès des parties prenantes ;
- la qualité de l'accueil ;
- la localisation de l'établissement ;
- les conditions d'hébergements des étudiants ;
- la vie quotidienne sur le campus ;
- les actions sanitaires et sociales initiées par l'université ;
- l'état général des bâtiments ;
- les contacts avec les secrétariats pédagogiques ;
- la qualité du corps enseignant ;
- la qualité des cours ;
- les moyens pédagogiques mis à la disposition des étudiants ;
- l'accès aux outils numériques ;
- l'apprentissage des langues ;
- le taux de réussite aux examens ;
- le taux de placement des étudiants après l'obtention de leur diplôme ;
- les relations avec les entreprises ;
- les relations avec les parties prenantes ;
- les relations avec les anciens étudiants ;
- la qualité de la recherche ;

- l'ouverture culturelle ;
- l'ouverture spirituelle ;
- la contribution au développement durable et la mise en œuvre des politiques de RSE.

Pour finir, on doit souligner que la réussite d'une stratégie de différenciation mise en œuvre par une université suppose que soient réunies trois conditions : elle doit être significative, économiquement viable et défendable sur le long terme.

En effet, une stratégie de différenciation doit être significative auprès des étudiants qui accepteront de s'acquitter de frais d'inscription élevés s'ils considèrent que le service offert est nettement meilleur à celui offert par la concurrence. Elle doit être économiquement viable si les formations proposées présentent suffisamment de critères de différenciation pouvant être mobilisés. Pour terminer, le choix d'opter pour une stratégie de différenciation implique pour une université notamment catholique d'être capable de la défendre sur le long terme afin d'assurer sa pérennité.

Nous venons de voir deux stratégies qui présentent comme seul point commun de s'adresser à un segment très étendu du monde étudiant, il existe des stratégies qui se concentrent sur un segment en particulier du public étudiant.

§ 3.3) La stratégie de concentration sur un segment mise en œuvre par les universités

On peut définir la stratégie de concentration sur un segment comme le fait pour une université de choisir de concentrer sa politique d'offre de formation sur un segment spécifique de la population étudiante à l'inverse des deux premières stratégies qui s'efforcent d'atteindre l'ensemble de la population. La stratégie de concentration peut être une stratégie de domination par les coûts ou une stratégie de différenciation . Dans les faits, une université peut choisir de se concentrer par exemple sur les formations en alternance par opposition aux formations classiques ou encore de ne proposer que des formations relevant d'un champ académique spécifique comme la théologie ou les sciences humaines. De la même manière, une université pourrait choisir de se focaliser sur un recrutement purement local en renonçant à entretenir des logements étudiants réduisant en partie son attractivité pour certains étudiants résidant à distance et qui disposeraient de peu de moyens pour envisager la location d'un logement à l'extérieur du campus. Par rapport aux caractéristiques spécifiques des universités catholiques, on peut difficilement imaginer qu'elles se concentrent sur un segment de la population étudiante en optant pour une stratégie de domination par les coûts, mais plutôt sur une stratégie de différenciation. La réussite de ce type de stratégie découle de la cible choisie a priori par l'université, celle-ci doit être suffisamment grande pour permettre à l'université d'être rentable et surtout d'être pérenne. En effet, le danger existe d'opter pour un segment trop petit ou encore pour un segment qui finit par devenir intéressant pour des concurrents mieux armés et qui peuvent alors lui proposer une offre plus intéressante.

La mise en place de stratégies conduisant les universités à lutter plus efficacement contre la concurrence ne doit pas nous faire oublier qu'elles se doivent pour réussir de définir un positionnement spécifique, ce positionnement se double du choix d'une marque.

CHAPITRE 15 : LE POSITIONNEMENT ET LA MARQUE D'UNE UNIVERSITÉ CATHOLIQUE

Le choix pour une université catholique d'opter pour l'une des stratégies de base mise en exergue lors du chapitre précédent implique pour elle de se positionner par rapport à ses principales concurrentes. Dans le même temps, le choix d'un positionnement pour une université s'accompagne également de la mise en valeur de son nom auprès des étudiants de la même manière qu'une entreprise utilise sa marque pour assurer la promotion de ces produits. Pour bien comprendre le choix d'une université d'opter pour une stratégie spécifique, il convient d'examiner plus précisément le concept du positionnement en même temps que l'on doit analyser ce que représente symboliquement auprès des étudiants, le nom ou la « marque » d'une université catholique. Dans cette optique, nous examinerons dans un premier paragraphe, le concept de positionnement appliqué à l'université en général, dans un deuxième paragraphe, nous analyserons les différents types de positionnement que peuvent adopter les universités catholiques en prenant soin de distinguer le choix d'opter pour un positionnement global d'une part et le choix de décliner ce positionnement au niveau d'un campus, d'autre part. Dans un troisième et dernier paragraphe, nous mettrons en lumière l'importance de la marque pour une université en nous focalisant ensuite sur les différentes dénominations choisies par les universités catholiques.

Section 1 : Le concept de positionnement d'une université

Le positionnement est un concept qui a été mis en évidence pour la première fois par Ries et Trout (1981) dans un ouvrage intitulé : « *Positioning : The Battle for your mind* » et qui peut se définir comme « l'acte de conception d'un produit et de son image dans le but de lui donner, dans l'esprit de l'acheteur, une place appréciée et différente de celle occupée par la concurrence ». Nous examinerons respectivement les caractéristiques générales du positionnement universitaire, dans un deuxième temps nous mettrons en lumière les deux dimensions du positionnement : l'identification et la différenciation et pour terminer, nous examinerons les conditions de réussite du choix du positionnement par une université en même temps que nous définirons les types possibles de positionnement que l'on peut trouver au sein d'une université.

§ 1.1) Les caractéristiques générales du positionnement d'une université

Le positionnement comme la segmentation implique que l'université fasse un choix qui consiste à renoncer à certaines positions pour rendre son offre plus attractive et plus forte auprès d'autres étudiants sur une autre partie du marché. On peut définir le positionnement d'une université comme le choix stratégique des éléments qui permet de donner à son offre de formation une position crédible, attractive et différente à la fois dans l'esprit des étudiants et des parents financeurs.

De Baynast, Lendrevie et Levy (2017) apportent quelques précisions à la définition générale du positionnement que l'on peut adapter au cadre universitaire à travers quatre éléments :

- Le positionnement d'une université est stratégique par le fait qu'il touche à la proposition de valeur qui définit ce que les étudiants doivent obtenir dans le cas présent (bénéfices perçus) par rapport à ce qu'ils donnent (coûts perçus) ;
- Le positionnement d'une université est un concept réducteur. En choisissant quelques éléments que l'on veut promouvoir pour valoriser l'offre de formation, on élimine d'autres éléments qui auraient pu être utilisés par ailleurs, mais peut-être perçus comme moins efficaces ;

- Le positionnement d'une université cherche aussi à influencer l'esprit des étudiants, c'est-à-dire leurs perceptions. L'efficacité d'une politique de positionnement se traduit par une image perçue par les étudiants qui correspond à ce que souhaite l'université ;
- Il n'y a pas de positionnement, si cela ne se traduit pas, d'une façon ou d'une autre par des bénéfices étudiants. Une offre de formation ne peut pas être attractive sans bénéfices, ainsi elle se doit d'être crédible auprès des étudiants et différenciante de celles proposées par les autres universités !

Il existe quatre raisons principales pour lesquelles un responsable de la politique marketing d'une université doit lors de l'élaboration de sa stratégie, choisir un positionnement par rapport à son offre de formation :

- On positionne son offre pour éviter que l'étudiant ne le fasse à la place de l'université ou ne le fasse pas du tout. En effet, ne pas choisir de positionnement fait courir à l'université un double risque : si l'étudiant est incapable de dire à quoi correspond l'offre qui lui ait faite, son comportement habituel consistera à « zapper » face à la multitude d'offres émanant des autres universités, dans ce cas, la communication sera alors inefficace et aura perdu l'occasion d'attirer des prospects potentiels. Les étudiants procèdent par simplification et associent mentalement aux offres de l'université une sorte d'étiquette sommaire, mais rien ne dit que cette image spontanée soit celle que souhaite l'université. À défaut d'être une image souhaitée, elle est alors subie par l'université et la politique marketing devient alors beaucoup moins efficace ;
- Le positionnement joue un rôle important dans les décisions d'inscriptions des étudiants. En fait, le choix volontaire d'un positionnement par le responsable marketing d'une université est d'autant plus souhaitable qu'il joue un rôle déterminant dans les décisions d'inscription des étudiants. Ces derniers confrontés à une offre multiple effectuent généralement leurs choix non pas en termes d'une comparaison exhaustive de tous les établissements sous tous leurs aspects, mais en sélectionnant les formations susceptibles de les intéresser, et en en écartant d'autres. Cette réduction des possibilités dans le processus de décision se fait généra-

lement sur la base du positionnement des universités qu'ils connaissent ;

- Le positionnement est la clé de voûte d'une politique de marketing-mix et elle en détermine en grande partie sa cohérence. Dans les faits, l'élément qui milite en faveur du choix volontaire et explicite d'un positionnement par la responsable marketing d'une université est qu'un tel choix est une condition nécessaire pour que les éléments du marketing-mix qui seront mis en œuvre soient perçus comme tels par les étudiants ;
- Le positionnement peut apparaître à la fois comme un levier d'action et de contrainte en même temps, qu'il peut constituer un gage de continuité. On peut considérer que le positionnement est un levier d'action puissant dans une politique marketing universitaire, car il clarifie l'offre qu'on veut développer et communiquer aux étudiants, mais cela peut être en même temps, une contrainte qui limite le champ de développement d'une formation. De la même manière, le positionnement présente l'avantage de s'inscrire dans la durée. Alors que les plans marketing peuvent avoir un caractère de court terme et sont susceptibles d'être modifiés tous les ans, un positionnement s'inscrit sur le long terme et assure dans le temps, la cohérence d'une politique à condition que l'environnement et la stratégie de l'entreprise ne se modifient pas profondément.

Après avoir examiné la notion de positionnement, il convient à présenter de se focaliser sur les deux dimensions du positionnement qui comporte généralement deux volets complémentaires : l'identification et la différenciation.

§ 1.2) Les deux dimensions du positionnement d'une université : l'identification et le positionnement

L'identification est le rattachement de l'offre d'une université à une catégorie de produits dans l'esprit du public étudiant, en d'autres termes, à un univers de référence. Par ce mouvement, on définit du même coup qui sont ses concurrents directs. La différenciation pour sa part permet de distinguer son offre de celle des universités concurrentes, De Baynast, Lendrevie et Levy (2017)

Le premier volet du positionnement d'une offre de formation consiste à choisir la catégorie à laquelle on souhaite que ce produit soit rattaché dans l'esprit du public, c'est-à-dire le concept marketing du produit, par exemple, on mettra en place une formation directement orientée vers la préparation des étudiants aux concours administratifs. Dans certains cas, le positionnement de certaines formations spécifiques lui donne un caractère unique et peu substituable, par exemple pour une formation en marketing des produits pharmaceutiques. Au contraire, par exemple pour les formations orientées vers le commerce, une plus grande diversification apparaît alors possible.

Le deuxième volet du positionnement est la différenciation, qui consiste à se poser la question : « Quelles caractéristiques distinctives souhaitons-nous voir attribuer à notre offre de formation par le public ?

Les sources de différenciation sont innombrables et on peut trouver des positionnements très distincts, même pour des formations que peu de choses distinguent à priori. Pour choisir le ou les attributs distinctifs qui serviront de base au positionnement de son offre, un responsable marketing d'une université doit prendre en compte trois facteurs principaux : les attentes des étudiants à l'égard de la catégorie de produits considérée, le positionnement actuel des universités concurrentes par rapport à ces attentes et les atouts potentiels de la formation dont il s'agit. Ces trois facteurs constituent le « Triangle d'or » dans lequel doit se situer le positionnement, De Baynast, Lendrevie et Levy (2017) en donnent une illustration à la page 754 de leur ouvrage de référence consacrée au marketing. L'auteur a choisi de reprendre cette figure, mais en l'adaptant au contexte universitaire en remplaçant les attentes du public par les attentes des étudiants ; les atouts potentiels du produit par les atouts potentiels de la formation et pour finir, le positionnement des produits concurrents par le positionnement des formations concurrentes.

Figure numéro 3 : Le Triangle d'or du positionnement d'une université

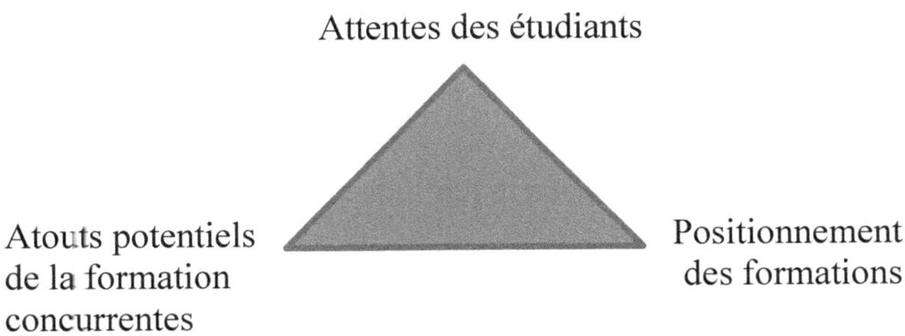

Le triangle du positionnement est un instrument très utile pour légitimer un positionnement. Il permet de se poser trois questions :

- le positionnement choisi répond-il aux attentes du public d'étudiants ciblés ?
- Le positionnement choisi est-il cohérent avec les atouts réels de l'offre universitaire ?
- Le positionnement choisi nous permet-il de nous différencier des universités concurrentes ?

Pour qu'un positionnement de différenciation soit pertinent, c'est-à-dire susceptible de conférer un avantage concurrentiel à l'offre, il faut qu'il corresponde à un besoin ou à une attente importante du public d'étudiants visés. La première étape dans le choix d'un axe de différenciation consiste donc à comprendre les attentes des étudiants auquel on s'intéresse, à évaluer leur importance relative et à proposer aux étudiants des bénéfices clairs.

De la même manière, pour qu'un axe de différenciation soit efficace, il faut également qu'il soit crédible, c'est-à-dire qu'il correspond à des caractéristiques fonctionnelles ou symboliques que la formation considérée possède. Il convient donc, avant de choisir le positionnement, d'analyser les atouts potentiels de l'université qu'elle dispose et dont elle peut disposer par rapport aux offres concurrentes.

Pour finir, à partir de l'instant où la perception d'une formation par les étudiants s'effectue d'une manière comparative, c'est-à-dire par rapport aux offres concurrentes, il est indispensable de connaître le positionnement des universités concurrentes avant de choisir celui de son offre, pour mieux s'en distinguer.

Ayant examiné les caractéristiques générales du positionnement, il convient à présent de se pencher plus spécifiquement sur l'étude des conditions de réussite du choix d'un positionnement par l'université en même temps que de dresser une typologie des différentes formes de positionnement.

§ 1.3) Les conditions de réussite d'un positionnement et les types de positionnement

Le choix d'un positionnement par une université catholique demeure un élément essentiel de sa stratégie et il incombe pour elle qu'elle réussisse, plusieurs conditions doivent être réunies, Lambin et De Moerloose (2016) mettent en avant un certain nombre de conditions qui doivent être réunies préalablement par une entreprise avant de choisir son positionnement, si l'on adapte ces conditions à l'environnement universitaire, il nous faut réunir respectivement :

- *Avoir une bonne connaissance du positionnement détenu actuellement par l'université dans l'esprit des étudiants ;*

Cette première condition apparaît importante dans la mesure où une université doit avoir une vision précise de la manière dont son image est perçue actuellement non seulement par ses étudiants, mais également par les futurs candidats à l'admission. Les études portant à la fois sur la notoriété et l'image de marque permettent d'estimer en quelques sortes la réputation d'un établissement à un moment donné auprès des étudiants, mais également des parents. À titre d'exemple, les multiples études qui ont été analysées par l'auteur et qui portaient sur les motivations ayant poussé les étudiants à choisir de s'inscrire en première année à la Faculté de Droit de l'Université Catholique de Lille montraient que la très bonne réputation de l'université constituait l'un des arguments essentiels.

- *Connaître le positionnement détenu par les universités concurrentes ;*

Ce deuxième élément apparaît également important dans la mesure où une bonne connaissance du positionnement des universités concurrentes et plus particulièrement celles qui sont les concurrentes directes comme les universités situées dans l'environnement géographique proche permet de procéder à une analyse de « benchmarking »[41]. En effet, connaître les points forts et les points faibles de ses principales concurrentes permet aux responsables de l'université de modifier certains éléments du marketing-mix pour s'adapter en conséquence, par exemple, si les principales concurrentes offrent un catalogue de formations plus étoffées que l'université, il convient alors d'en créer de nouvelles.

- *Choisir un positionnement et retenir l'argument le plus pertinent et le plus crédible pour justifier le positionnement adopté ;*

Comme nous l'avons souligné précédemment dans ce chapitre, le positionnement est un concept réducteur, car il se focalise sur

---

[41] On traduit habituellement l'anglicisme « benchmarking » par étalonnage concurrentiel , ce qui revient à comparer dans le cas présent des éléments comme l'offre de formation ; l'image de marque, la qualité des enseignants, le poids de la recherche, les publications avec les principales universités concurrentes, etc.

quelques points en en éliminant d'autres. Le fait pour une université d'opter pour un positionnement en particulier la conduit à mettre en avant un argument imparable. On peut illustrer cette posture par plusieurs exemples, ainsi, une université se targuera d'être une université « durable et responsable », dans ce cas, elle devra mettre en évidence, un certain nombre d'actions entrepris dans ce domaine comme le tri sélectif des déchets ; la mise en place d'un plan de déplacements des salariés ou encore la construction de bâtiments écoresponsables. La règle de base apparaît simple, chaque positionnement adopté doit pouvoir être légitimé par des actions significatives.

- *Évaluer la rentabilité potentielle du positionnement retenu ;*

Le choix d'un positionnement bien qu'il constitue un élément important de la stratégie d'une université détermine en grande partie la rentabilité de son activité dans la mesure où il est susceptible d'engendrer un nombre important d'inscriptions. Le danger encouru par une université consiste à choisir un positionnement qui la conduirait à se situer sur une niche ou sur un créneau considéré au départ comme porteur de croissance, mais qui finalement s'avérerait décevant en termes d'inscription.

- *Vérifier si l'université détient la personnalité requise pour réussir à atteindre le positionnement recherché dans l'esprit des étudiants ;*

Cette condition oblige au préalable l'université à faire une analyse de ses forces et de ses faiblesses, l'analyse SWOT présentée dans la première partie constitue l'instrument le mieux adapté à ce type de situation. On peut illustrer cette condition par un exemple, une université qui souhaiterait apparaître aux yeux des étudiants comme très performante en matière de recherches sur l'intelligence artificielle devrait pouvoir disposer d'un nombre important de chercheurs travaillant dans ce domaine en même temps qu'une reconnaissance nationale de ces laboratoires. En clair, pour illustrer ce type de contrainte, on pourrait faire référence à un vieil adage populaire qui dit en substance qu'il « faut avoir les moyens de ses ambitions ».

- *Mesurer la vulnérabilité du positionnement adopté ;*

Cette contrainte supplémentaire implique pour une université de vérifier si elle possède les ressources nécessaires en moyens humains et matériels pour occuper et défendre cette position par rapport à la réaction prévisible des universités concurrentes qui pourraient la contester. Par exemple, une université qui choisirait de devenir la plus importante au niveau des effectifs sur un territoire en proposant des formations dans tous les champs académiques devrait pouvoir disposer de moyens de financement importants pour accompagner cette augmentation des inscriptions en même temps que de devoir procéder à un recrutement massif d'enseignants et de personnels administratifs. Une université concurrente qui disposerait par ailleurs de plus de moyens pour atteindre ce même objectif condamnerait de fait l'université à ne pas pouvoir tenir ses objectifs initiaux, ce qui aurait pour conséquence de ternir en partie sa crédibilité et son image de marque.

- *S'assurer qu'il y a une bonne cohérence entre le positionnement choisi et les autres variables du marketing-mix ;*

Le positionnement choisi par une université implique pour ce dernier d'être en parfaite cohérence avec les quatre éléments de la politique du marketing-mix : le produit, le prix, la communication et la localisation. Par exemple, une université qui aurait choisi de se positionner sur le créneau des formations à distance devrait avoir simultanément : un grand choix de formation proposé avec l'utilisation de toutes les dernières techniques de pointe ; des frais d'inscription lui assurant à la fois une rentabilité tout en étant moins élevés que ceux des formations en présentiel ; une bonne politique de communication faisant ressortir l'intérêt de suivre de telles formations et pour finir l'existence d'un local dédié à des rencontres occasionnelles entre les étudiants qui suivent cette formation. Une voire plusieurs composantes du marketing-mix qui seraient en décalage avec ce positionnement serait de nature à le compromettre sérieusement.

Lorsqu'une université a une image claire du positionnement souhaité, ce dernier peut se décliner alors dans un programme. Dans cette optique, Wind (1982) distingue six types de positionnement possibles pour une entreprise que l'on peut transposer aisément à une université, respectivement :

- *Un positionnement basé sur les avantages de suivre une formation ;*

Ce premier type de positionnement correspond à celui que l'on peut le plus facilement mettre en œuvre dans la mesure où l'université propose des formations de qualité et qui correspondent à des besoins exprimés par les étudiants. Par exemple, une université qui aurait comme slogan le fait d'être un pôle d'excellence par rapport à plusieurs champs académiques et qui mettrait en œuvre tous les moyens pour y parvenir serait en mesure d'attirer les meilleurs étudiants convaincus par le positionnement adopté.

- *Un positionnement basé sur une occasion d'utilisation spécifique ;*

Dans le cas présent, cette situation correspondrait parfaitement à une université qui aurait choisi de se positionner sur une offre de formation totalement à distance ou sous une forme hybride qui mêlerait à la fois des cours en présentiel et des cours en distanciel. De la même manière, une université qui proposerait une partie de ces formations concentrées en soirée ou les vendredis et samedis rentrerait parfaitement dans ce cadre spécifique.

- *Un positionnement orienté vers une catégorie spécifique d'étudiants ;*

À l'instar du cas précédent, une université peut choisir de se positionner en offrant des formations spécifiques à certaines catégories d'étudiants par exemple en ciblant un public déjà sur le marché du travail et qui souhaiterait reprendre des études au bout de quelques années. Même si l'on doit admettre qu'une université puisse ne pas proposer uniquement ce type de formation et qui nécessiterait par ailleurs des aménagements en termes d'horaire en laissant inutilisés dans le même temps, un grand nombre de salles, il n'en demeure pas moins qu'elle peut choisir de mettre en avant ce positionnement si elle souhaite recruter un public différent de celui constitué par les étudiants en formation initiale.

- *Un positionnement basé sur une qualité distinctive de l'offre de formation ;*

Dans le cas présent, une université opterait pour un positionnement qui mettrait en évidence un point fort pour chacune des formations offertes. Par exemple pour chaque formation notamment celles de second cycle qui constitue le point d'entrée dans la vie active pour de très nombreux étudiants, l'université mettrait en avant le fait qu'il existe au sein des cursus une forte interaction avec le milieu professionnel à travers les stages obligatoires et le recours à des enseignants issus du monde de l'entreprise. À titre illustratif, les formations proposées par l'Université Catholique de Lille mettent en avant les relations relativement anciennes qu'elle entretient avec le monde du travail. En effet, les stages sont systématiques et les étudiants sont appuyés dans leur démarche de recherche par l'existence d'un Career Center qui assure un lien permanent avec les entreprises et qui centralise les nombreuses offres en provenance des entreprises de de la Région des Hauts de France, mais également de la France entière et de l'étranger. De la même manière, pour les formations de Master 2 en Faculté de Droit, il existe un dispositif que l'on appelle « le droit en action » qui consiste pour les étudiants qui arrivent à la fin de leur cursus de travailler sur des cas concrets soumis par des entreprises devant lesquelles ils seront amenés ensuite à en faire une restitution.

- *Un positionnement par rapport à une université concurrente ;*

Ce type de situation est l'un des plus fréquents dans la mesure où l'on peut estimer que toutes les universités cherchent à se différencier des autres en proposant des formations spécifiques ou en jouant sur certains caractères de différenciation que l'on a mentionnés lors du chapitre précédent. L'utilisation de ces critères de différenciation peut permettre à une université de se démarquer des autres et ainsi être plus attractive au regard des étudiants, des déterminants comme la localisation, la taille de l'université en arguant du fait que l'université est à taille humaine ou encore le fait d'être encadré en tant qu'étudiant contribue ainsi à la distinguer des autres. Il importe, mais nous l'avons souligné précédemment que le positionnement soit bien en adéquation avec le fait d'opter résolument pour une stratégie de différenciation significative.

- *Un positionnement de rupture par rapport à l'offre de formation standard proposée à l'étudiant ;*

Ce dernier cas de figure suppose qu'une université choisisse de se positionner en proposant une offre qui constitue une rupture clairement affichée par rapport à une offre que l'on pourrait qualifier de « standard ». Ainsi, une université francophone qui proposerait des formations assurées totalement en anglais pourrait constituer une bonne illustration même si ces formations coexistaient toujours avec des formations en français par ailleurs. De la même manière, une université qui aurait choisi d'utiliser massivement les nouvelles technologies comme forme dominante de pédagogie s'inscrirait assez bien dans ce type de schéma. Il existe de nombreuses possibilités d'introduire des éléments de rupture par rapport aux offres standards, la contrainte réside dans le fait que l'étudiant puisse être convaincu du bien-fondé de cette rupture.

Section 2 : Le positionnement d'une université catholique

À l'instar des autres universités présentes au sein du secteur, une université catholique doit également avoir un positionnement clairement affiché qui se décline de multiples manières dans l'élaboration de sa politique de marketing mix. Plusieurs approches du positionnement d'une université catholique sont possibles, pour notre part, nous avons choisi de privilégier deux pistes possibles de positionnement , respectivement : le positionnement par rapport aux missions essentielles d'une université catholique et le positionnement par rapport à la mise en place d'un certain type de campus.

§ 2.1) Le positionnement par rapport aux missions essentielles d'une université catholique

Toutes les universités catholiques sont guidées dans l'élaboration de leur positionnement à la fois par la diffusion des constitutions apostoliques comme *Ex Cordae Ecclesiae* (1990) portant sur les Universités catholiques et *Veritatis Gaudium* sur les Universités et les Facultés ecclésiastiques (2017), par des encycliques comme *Laudato Si (2015) portant* sur la sauvegarde de la maison commune et *Fratelli Tutti* (2020) sur la fraternité et l'amitié sociale. Les enseignements que l'on peut tirer de la lecture de ces documents laissent la place à une multitude de choix possibles quant à leur positionnement, pour notre part, nous mettrons en lumière le positionnement adopté par l'Université Catholique et qui se décline à travers trois éléments : l'excellence académique pour le développement de la personne ; l'ouverture et le dialogue et le fait d'être un laboratoire de la pensée sociale chrétienne.

- *L'excellence académique pour le développement de la personne ;*

Lorsque l'Université Catholique de Lille a été fondée en 1875 par Philibert Vrau et Camille Feron-Vrau, leur objectif consistait essentiellement à avoir un établissement capable de dispenser une formation humaniste, littéraire, juridique, médicale et théologique et de former des cadres susceptibles d'intégrer principalement les multiples entreprises qui existaient dans le Nord de la France en leur insufflant des valeurs chrétiennes, ces entreprises présentaient comme particularité d'avoir souvent un patronat pétri de ces mêmes valeurs. Ce que l'on pourrait qualifier dans le cas présent d'ADN initial s'est perpétué jusqu'à aujourd'hui et l'Université Catholique de Lille s'efforce en proposant des formations innovantes pour chaque étudiant de favoriser la construction de leur projet professionnel et de vie par un accompagnement personnalisé tout au long de leurs études. Des éléments comme la promotion de la dignité de toute personne : la recherche du bien commun à travers une éducation à l'esprit critique, le développement de l'interculturalité et un dialogue entre science, culture et foi constituent autant d'éléments qui vont dans ce sens. L'enseignement de toutes ces valeurs contribuent à faire des étudiants diplômés de l'Université Catholique de Lille, des étudiants qui ensuite appliqueront ce qu'on leur a enseigné comme valeurs morales dans leurs vies professionnelles et personnelles. L'enseignement des valeurs éthiques et morales n'est pas l'apanage exclusif des Universités Catholiques, elles peuvent tout à fait faire l'objet d'enseignements spécifiques dans les universités publiques et privées non confessionnelles, mais elles sont mieux valorisées dans les Universités catholiques, ce qui constitue un élément de différenciation significatif par rapport à la concurrence.

- *Ouverture et dialogue ;*

Le deuxième élément révélateur du positionnement de l'Université Catholique de Lille se décline à travers deux mots : l'ouverture et le dialogue. L'ouverture qui se traduit d'abord par l'accueil au sein de la communauté universitaire, d'étudiants et personnels qui appartiennent à des religions, à des écoles de pensée philosophiques et à des mouvances politiques différentes qui peuvent parfois être très éloignées de la pensée chrétienne, ce qui témoigne de sa dimension universelle. L'hétérogénéité de ces multiples étudiants renforce la volonté d'instaurer un dialogue et une multitude d'échanges que les formations offertes par l'Université s'efforcent de développer tout au long du cursus universitaire. Les multiples échanges qu'entretiennent les facultés, les écoles de commerce et les écoles d'ingénieurs avec plusieurs centaines d'établissements identiques à travers le Monde en même temps que l'accueil d'étudiants venus des cinq continents illustrent parfaitement ce positionnement axé à la fois sur l'ouverture et le dialogue. Avec l'apparition des nouvelles formations, l'université s'est efforcée de promouvoir simultanément :

- la préservation de la nature à travers les formations orientées vers le développement durable ;
- la justice sociale à travers les formations orientées vers l'aide à la personne et le secteur social et solidaire ;

- la construction de réseaux de solidarité et de fraternité pour accompagner la transformation du monde contemporain à travers les formations orientées vers l'ouverture internationale.

- *Mettre en place d'un laboratoire de la pensée sociale chrétienne ;*

Le troisième élément clé du positionnement de l'Université Catholique de Lille implique que l'université s'efforce d'être un laboratoire de la pensée sociale chrétienne susceptible de contribuer à changer le modèle de société actuelle souvent en décalage avec les souhaits du Pape François dans ce domaine. Plusieurs éléments contribuent à mettre en avant ce laboratoire :

- l'existence déjà ancienne d'un important secteur hospitalier et médico-social qui facilite l'accueil et accompagne les personnes confrontées à la souffrance, à la détresse et aux situations difficiles ;
- la mise en valeur de l'éthique à travers les formations et les activités de recherche ;
- l'ancrage territorial très fort qui facilite les interactions avec les multiples parties prenantes du territoire (entreprises, associations, collectivités territoriales) ;
- l'implication quotidienne par rapport aux grands problèmes internationaux en même que dans la construction de l'Europe, notamment celle de l'enseignement supérieur ;
- la mise en œuvre d'une politique ambitieuse d'ouverture sociale visant à faciliter l'entrée à l'université d'étudiants issus de milieux modestes en même temps que la volonté de promouvoir la parité dans tous les domaines.

Si le choix de se focaliser sur les missions d'une université catholique nous permet de faire apparaître une première piste par rapport au positionnement , une deuxième piste possible consiste à se focaliser sur les politiques plus globales qu'une université catholique peut mettre en œuvre et qui pourrait la conduire à imaginer plusieurs types de campus, mais qui présente chacun une image forte aux yeux des étudiants en matière de positionnement.

§ 2.2) Le positionnement matérialisé à travers le campus

L'Université Catholique de Lille a entamé depuis plusieurs mois une réflexion sur son positionnement à l'horizon 2030 en imaginant la mise en place d'un certain nombre de projets visant à donner un positionnement particulier par rapport au campus, ces travaux de réflexions que l'on peut transposer à l'ensemble des universités catholiques distinguent six types de campus envisageables à l'horizon 2030, respectivement : le campus monde ; le campus sans frontière ; le campus digital ; le campus entreprenant ; le campus permaculture et le campus inclusif.

- *Le campus monde ;*

Le campus « monde » implique que l'université soit internationale et rayonnante et qu'elle développe une réputation d'excellence au niveau national comme à l'international en attirant des étudiants du monde entier qui choisissent ainsi de venir suivre ses enseignements.

Ce positionnement s'appuie sur deux piliers : l'excellence internationale et l'accueil des étudiants. Concernant l'excellence internationale, elle suppose que l'université atteindra une réputation mondiale de premier plan au cours de la décennie suivante en assurant la promotion des valeurs fidèles à l'anthropologie chrétienne. Le rayonnement mondial s'obtient grâce à la qualité pédagogique en s'efforçant à terme d'obtenir un bon classement dans les « rankings ». Par rapport à l'accueil des étudiants, l'université s'efforcera de renforcer son attractivité auprès des meilleurs étudiants étrangers en se fixant comme but d'atteindre à terme le seuil d'un tiers des étudiants. Cette attractivité passe obligatoirement par une rénovation du campus en lui donnant des aspects d'un campus américain qui fait toujours rêver les étudiants du monde entier. Dans le même temps, cette rénovation du campus s'accompagne obligatoirement d'une offre de logement et de restauration qui s'améliore à la fois sur les plans quantitatifs et qualitatifs susceptibles de satisfaire le plus grand nombre d'étudiants. Pour terminer, le campus « monde » conduit les universités à développer les échanges internationaux comme le programme Erasmus mis en œuvre au niveau de l'Union européenne, par ailleurs, la politique de recherche d'une université doit favoriser la mise en réseau avec la recherche de l'excellence dans plusieurs domaines.

- *Le campus sans frontière ;*

Par rapport à ce campus, l'université décline son action autour de deux axes : l'accueil massif des étudiants internationaux et la promotion de l'éducation intégrale en recrutant ses étudiants à travers le monde grâce à son offre on-line. La réussite de ce type de campus suppose de réunir deux éléments : la mise en place d'un réseau au-delà des frontières nationales et l'ouverture aux étudiants du monde. La promotion du réseau au-delà des frontières nationales implique que l'université s'enracine dans une anthropologie qui donne du sens à sa mission. Dans le même temps, elle conduit l'université à avoir une offre d'enseignement qui valorise et soutient la francophonie, de la même manière que son offre doit renforcer les liens avec le monde francophone et anglophone. La capacité d'attirer des étudiants du monde entier conduit l'université à proposer des enseignements à distance pour dépasser les freins à la mobilité afin d'augmenter la part des étudiants hors site. Cette offre numérique doit favoriser l'expérience de vie étudiante à distance, de la même manière que la politique de recherche devra développer des liens avec l'anthropologie en réseau avec des sites à distance.

- *Le campus digital ;*

Le campus digital peut se définit à travers une déclinaison simple « l'université numérique » qui suppose que l'université développe la recherche en intelligence artificielle, intègre le numérique dans toutes ses activités et développe des moyens digitaux importants à la pointe des nouvelles technologies. Concrètement, l'université doit porter ses efforts vers quatre domaines : l'offre on-line ; le numérique ; l'intelligence artificielle ; le big data et la recherche orientée vers le numérique. Par rapport à l'offre on-line, l'université doit développer une capacité de formation « en ligne », mettre au point de nouvelles expériences d'apprentissage grâce au numérique et construire une méthode d'accompagnement individualisée en ligne. Concernant les techniques numériques , l'université doit disposer d'une technologie de pointe et développer sa recherche dans ce domaine , dans le même temps, elle doit connecter ses étudiants et faciliter la création de communautés virtuelles. Pour finir, l'université se doit d'améliorer la gestion des services et du site grâce au développement des technologies numériques. La prise en compte de l'intelligence artificielle et du big data doit amener respectivement l'université à développer de nouveaux métiers ainsi que d'anticiper les impacts des learnings machines en même temps que d'accompagner certains salariés dans leur reconversion. Pour terminer, la recherche doit être complètement orientée vers les technologies de l'information et de la communication.

- *Le campus entreprenant ;*

L'existence d'un campus entreprenant peut se traduire par le mot « l'Unientreprise » et suppose que l'université oriente résolument son positionnement vers l'entreprise et le projet entrepreneurial dans les formations et la recherche. Des liens forts pour l'acquisition des compétences et la professionnalisation sont omniprésents. Ce positionnement suppose que l'université oriente ses actions vers trois aspects : le développement des rencontres entrepreneurs-enseignants-étudiants ; le développement de multiples activités entrepreneuriales et le développement d'une activité de formations continues. Par rapport au développement des rencontres entre les entreprises, les enseignants et les étudiants, l'université doit favoriser l'organisation de formations en entreprise ; la présence physique dans les locaux d'hommes d'entreprises qui y trouvent sens et dynamisme et l'immersion des enseignants en entreprise. Au niveau des activités entrepreneuriales, l'université s'efforcera : d'encourager le développement d'entreprise ; de développer les incubateurs en accueillant et soutenant de nouvelles entreprises ; en favorisant l'éclosion des start-up et l'extension des formations en alternance. Pour terminer, l'université s'efforcera de développer fortement les activités de formations continues en même temps que la recherche s'orientera plutôt vers une recherche appliquée, vers des missions d'expertise et vers l'analyse de l'organisation du travail.

- *Le campus permaculture ;*

Le campus « permaculture » se décline à travers deux adjectifs : créatif et fertile et qui suppose que l'université promeut un écosystème avec de multiples créativités et des hybridations inspirées de la permaculture que l'on peut définir comme un mode alternatif de développement des entreprises reposant sur trois principes : prendre soin des humains ; préserver la planète et se fixer des limites et partager équitablement, Breuzard (2021). Dans les faits, le campus « permaculture » s'appuie sur quatre éléments : l'existence d'internalités positives ; le développement des mutualisations et des complémentarités ; la promotion de la proximité et des tiers lieux et la favorisation des émulations. Les internalités positives peuvent apparaître à l'occasion des stages effectués par les étudiants et à travers la mise en place de formations à forte valeur ajoutée. Par rapport à la mutualisation et la complémentarité, l'université s'efforcera de développer des formations permettant de favoriser des approches transversales créatrices de synergies, l'émulation entre les différentes composantes de l'université, les différentes filières et les étudiants et les alumnis. Le développement de la proximité et des tiers lieux consiste pour l'université à aménager des espaces mutualisés de co-working pour travailler, se restaurer, accueillir et exposer des lieux conviviaux permettant des relations de qualité entre les personnes. Concernant les émulations, il s'agira pour l'université de créer les conditions de rencontres improbables et permettre des fertilisations croisées pour réinventer l'avenir. Pour finir, la recherche s'orientera plutôt vers les énergies renouvelables et la transition énergétique.

- *Le campus inclusif ;*

Le dernier positionnement de l'université matérialisé par l'existence d'un campus inclusif qui peut être illustré par un slogan « L'Université régionale ouverte à tous » et qui implique de permettre à tous l'accès à des formations supérieures de qualité où l'accueil inclusif permet l'expérience de la rencontre et de la solidarité. Ce campus repose sur trois principes essentiels : l'expérience de la rencontre et du service pour tous les étudiants ; la promotion de la propédeutique et la lutte contre le décrochage et favoriser l'accessibilité. L'expérience de la rencontre et du service pour tous les étudiants trouve sa source dans le développement d'actions solidaires qui permettent de les sensibiliser aux inégalités existantes. La promotion de la propédeutique et la lutte contre le décrochage supposent que l'université développe des parcours de mise à niveau des étudiants ayant quelques lacunes dans certaines disciplines, elle implique également que l'université procède à la validation des acquis d'expérience en même temps que d'améliorer la formation de formateurs. Pour finir, la promotion de l'accessibilité conduit dans un premier temps, l'université à adapter ses barèmes de scolarités pour les ménages les moins aisés, à changer son image pour casser les barrières mentales persistantes. Dans un deuxième temps, le campus inclusif suppose également d'adapter et de développer des surfaces d'enseignement et du logement en même temps que de réaliser un maillage et une mise en réseau avec les lycées régionaux en organisant des visites, des forums et des événements. Pour finir, la recherche devra s'orienter prioritairement vers la finance éthique, les pédagogies innovantes et les neurosciences.

L'analyse du positionnement d'une université nous montre à quel point, il n'existe pas qu'un seul positionnement possible, mais qu'en fonction de la stratégie qu'une université souhaite mettre en place, plusieurs pistes sont possibles, il convient à présent d'examiner un autre élément important du positionnement : celui du choix du nom, mais que l'on peut transposer au concept de marque.

Section 3 : La marque : un élément du positionnement d'une université

Le choix d'un nom ou d'une marque pour une université a fait l'objet d'un certain nombre de travaux et d'une abondante littérature pour décrire le plus souvent l'importance pour une université de choisir une marque et de l'utiliser comme un élément important de sa politique de marketing , Johnston (2001) ; Chapleo (2004 ; 2005) ; Hemsley-Brown et Goonawardana (2007) ; Waeraas et Solbakk (2008) ; Mighall (2009). Pour notre part, nous examinerons respectivement dans un premier paragraphe, la définition et les caractéristiques du nom de la marque universitaire, dans un deuxième paragraphe, les fonctions de la marque université et pour finir dans un troisième et dernier paragraphe, les différentes formes de marque utilisées par les universités catholiques.

§ 3.1) La définition et les caractéristiques du nom de la marque universitaire

Lehu (2012) définit la marque comme « un élément sémantique de désignation distinctive des produits offerts sur un marché par un producteur ou un distributeur. Il peut s'agir d'un nom, simple ou composé, géographique ou non, d'un patronyme , d'un pseudonyme, d'un nom utilisé en extension ou sous la forme d'une abréviation, auquel peut-être associé un symbole, une couleur, une police et une taille de caractères…qu'est-ce qu'une marque, fondamentalement, si ce n'est le repère d'une ou plusieurs qualités ». Dans le cadre d'une université, le nom de l'université que l'on peut qualifier ici de marque sert à l'université à se faire repérer par les étudiants lors de leur choix final. Ferrandi et Lichtle (2014) estime que le nom d'une marque doit présenter trois caractéristiques que l'on rencontre tout autant pour un produit que pour une université, elle se doit d'être respectivement : prononçable, lisible et mémorisable ; évocateur et déclinable.

- *Prononçable, lisible et mémorisable ;*

Le choix d'une marque par l'université implique qu'elle soit prononçable, lisible et mémorisable de façon à ce qu'elle permette d'être facilement repérée et différenciée par les étudiants. Lorsqu'une université affiche clairement son appartenance au monde catholique comme l'Université Catholique de Lille à l'instar de centaines universités du même type de par le monde, il n'y a pas de problème de prononciation, le nom est lisible par tous et en outre facilement mémorisable. Si l'on prend en considération, les cinq universités catholiques de France, on les dénomme le plus souvent sous la forme abrégée de « La Catho » que l'on décline en fonction de la zone géographique où se situe l'université. Cette forme abrégée est elle-même employée habituellement non seulement par le personnel de l'université, mais également par les multiples parties prenantes.

- *Évocateur ;*

Ce paramètre constitue un élément fondamental lors du choix fait par une université lors de son lancement, car il matérialise véritablement la promesse marketing associée à l'université, son engagement et son domaine d'activité. Dans le cas présent, lorsque les universités catholiques ont choisi délibérément d'opter pour l'adjonction du terme « catholique » à côté du mot université, elles marquaient clairement leur volonté d'afficher de manière plus ou moins explicite un certain nombre de valeurs jugées positives ou négatives en fonction des publics. Le terme « catholique » aura tendance à rassurer les personnes se réclamant de cette religion et par extension les étudiants qui trouveront dans ces universités l'assurance qu'ils auront un enseignement censé prendre en compte les enseignements de l'Église. À l'inverse, il pourrait faire fuir les étudiants ne souhaitant pas être influencés par un courant religieux auquel ils n'adhèrent pas même si l'observation attentive de l'origine « ethnique » des étudiants dans de nombreuses universités catholiques nous montre que de nombreux étudiants fréquentent ces universités en étant affiliés à d'autres religions.

- *Déclinable ;*

La déclinaison d'une marque pour un produit s'applique en général à l'ensemble d'une gamme proposée par une entreprise, dans le cadre d'une université ce paramètre apparaît un peu plus complexe à appliquer, car le concept de gamme s'applique essentiellement à l'ensemble des offres de formations. Dans cette optique, une licence de droit ou une licence d'économie sont toujours proposées par la même université catholique et laissent alors peu de place à une déclinaison possible de la marque « université catholique ». Pourtant, lorsqu'une université se diversifie dans un certain nombre de domaines qui diffèrent de l'activité classique d'enseignement, elle peut alors décliner sa marque à ces différentes activités, par exemple, l'Université Catholique qui possède trois hôpitaux décline de fait sa marque en mettant en avant les hôpitaux de l'Université Catholique de Lille.

§ 3.2) Les fonctions de la marque d'une université

Il convient à présent d'examiner les fonctions de la marque université, Ferrandi et Lichtle (2014) considère qu'une marque assure six fonctions principales pour les consommateurs, dans le cas présent, on peut estimer que la marque de l'université implique suppose qu'elle possède six fonctions principales lorsqu'elles s'adressent aux étudiants, respectivement : la praticité ; la distinctivité ; la garantie ; la spécificité ; le ludisme et la personnalisation.

- *La praticité ;*

La praticité est le premier élément que l'on peut mettre en avant par rapport à la marque choisie par l'université dans la mesure où elle permet d'être reconnue par les étudiants lorsqu'ils sont confrontés à une multitude de choix pour poursuivre leurs études. Le fait d'être repérée par les étudiants constitue le premier élément de l'attractivité potentielle d'une université, une reconnaissance importante pourrait lui permettre de limiter les campagnes publicitaires nécessaires pour augmenter sa notoriété.

- *La distinctivité ;*

Ce deuxième paramètre apparaît tout aussi fondamental pour l'université confrontée à un monde de plus en plus concurrentiel dans la mesure où après avoir été « reconnue » par les étudiants, ces derniers sont alors capables de différencier significativement les différentes offres au regard de certains critères comme l'appartenance ou pas à un courant religieux ; le lieu de résidence ou la spécialisation affichée dans certaines disciplines académiques. Dans cette optique, le choix de la marque constitue un élément distinctif très fort et à nouveau le choix d'opter pour le terme « catholique » demeure un symbole très fort de différenciation.

- *La garantie ;*

Le troisième élément du choix d'une marque pour une université implique qu'il détermine en partie la garantie d'une certaine qualité au niveau de l'offre de formation même si beaucoup d'universités n'ont pas à l'origine été reconnues lors de leur création pour leur qualité en tout cas le choix du nom n'aurait pas joué ce rôle. Dans cette optique, on peut estimer pourtant que le choix du terme « catholique » symbolise dès le départ un positionnement orienté vers la qualité. En effet, à travers les âges, les enseignements assurés par les établissements religieux ont toujours symbolisé une image de rigueur et de qualité, la réputation acquise depuis la fondation de l'ordre des Jésuites réputé pour la qualité de l'enseignement fournie à des millions de lycéens et d'étudiants n'a jamais été remis en question même par les observateurs hostiles aux établissements religieux.

- *La spécificité ;*

Le choix d'une marque universitaire symbolise en quelques sortes sa spécificité par rapport à l'offre de ses concurrentes dans la mesure où elle peut mettre l'accent sur une particularité de l'offre de formations. Une fois encore, le choix de s'afficher « catholique » peut signifier pour de nombreux étudiants l'assurance de bénéficier pourquoi pas d'un enseignement religieux ou d'un enseignement en sciences humaines conséquentes, de la même manière que ces mêmes étudiants ont la certitude d'avoir des opportunités de pratiquer leur religion durant sa scolarité.

- *Le ludisme ;*

Ce paramètre peut apparaître surprenant lorsqu'il s'agit d'une université dans la mesure où lorsque l'on choisit de s'y inscrire, on est d'abord là pour étudier, apprendre et faire des efforts pour obtenir un diplôme bien que le fait d'avoir des cours intéressants peut procurer des satisfactions aux étudiants, on ne peut que conclure dans le cas présent à un certain décalage. On peut toutefois estimer que certaines universités qui envisagent leur offre en y incluant des éléments autres que la formation peuvent rentrer en partie dans ce cadre.

- *la personnalisation ;*

On considère que le choix pour un étudiant d'opter pour une université peut être influencé par le nom de cette université, dans le cas d'une université catholique, certains étudiants lorsqu'on les interroge mettent en avant le fait qu'ils ont choisi de s'y inscrire pour affirmer leur croyance très forte en certaines valeurs religieuses qui leur sont transmises par leurs parents depuis leur plus jeune âge.

§ 3.3) Les différents types de marques choisies par les universités catholiques

Comme nous venons de le voir, le choix d'un nom ou d'une marque par une université demeure un élément important de sa stratégie de positionnement, si l'on se penche un peu plus attentivement sur les multiples choix effectués par les différents établissements qui composent la Fédération internationale des Universités Catholiques, on constate qu'il existe plusieurs cas de figure sur lesquels il est utile de se pencher quelque peu. Sans prétendre à une totale exhaustivité en la matière, s'il l'on prend en compte le rapport final de la phase exploratoire du programme campus intégral publié par la FIUC en 2020 et que l'on analyse la dénomination de chaque établissement ayant contribué à son élaboration, on peut mettre en avant plusieurs situations :

- les établissements qui s'affichent comme clairement catholique soit sous le vocable « université » soit sous le vocable « institut » lorsque l'utilisation du mot université apparaît interdit comme c'est le cas pour les universités catholiques en France ;
- les établissements qui n'affichent pas directement l'appartenance au catholicisme de manière explicite, mais dont le nom est très évocateur d'une appartenance à l'environnement catholique, tel est le cas par exemple de l'Université Saint-Joseph ; de l'Université Stella Maris ou le Saint Augustine College par exemple ;
- les établissements qui ne font pas référence de quelques manières que ce soient à l'appartenance au courant catholique, mais qui font référence à la localisation géographique de l'établissement comme l'Université de Dayton ou encore l'Université de Georgetown.

Chaque établissement choisit de ce fait un positionnement différent, certains en affichant clairement leur appartenance avec tous les avantages et les inconvénients que l'on a pu mentionner par ailleurs dans le paragraphe consacré au positionnement. D'autres vont choisir de s'afficher « catholique » de manière implicite en faisant référence notamment à des personnages importants de la bible comme Saint-Joseph ou la Vierge Marie ou encore en faisant référence à un terme religieux très explicite comme celui de « pontifical ». Pour d'autres au contraire, c'est le cas de Dayton et de Georgetown, on ne peut pas deviner à la simple lecture du nom choisit par l'université que cette dernière relève du giron catholique, dans le cas de l'Université de Georgetown, sa réputation internationale est telle que son seul nom lui permet d'attirer de nombreux étudiants qui pour certains découvrent ensuite qu'ils se sont inscrits dans une université dirigée par des jésuites !

Comme nous venons de le voir, le concept de positionnement est un élément essentiel dans la mise en œuvre d'une stratégie universitaire quel que soit son caractère confessionnel ou pas, il convient à présent d'examiner plus en détail les différentes stratégies de développement qu'une université peut mettre en œuvre pour s'assurer un avantage concurrentiel durable sur les concurrentes, tel est l'objet du chapitre suivant.

CHAPITRE 16 : LES STRATÉGIES DE DEVELOPPEMENT D'UNE UNIVERSITÉ

Comme nous avons pu le mesurer lors des chapitres précédents, une université se doit d'opter pour une stratégie si elle souhaite être performante et attractive afin de faire face à ses concurrentes. Pourtant, sur le long terme, une université ne peut se contenter d'être seulement en capacité d'offrir des formations recherchées par les étudiants, mais elle doit aussi imaginer des voies de développement qui lui permettront d'assurer sa pérennité en même temps qu'elles pourront constituer des points forts susceptibles de renforcer encore sa compétitivité. Face à cela, plusieurs stratégies de développement peuvent être appliquées par les universités, certaines se focalisent sur le choix d'accueillir toujours plus d'étudiants ou au contraire de fixer un seuil maximal par rapport aux effectifs susceptibles d'être intégrés, mais en s'efforçant dans le même temps de maximiser les ressources venant d'autres activités annexes à celle de l'enseignement. Dans le même temps, les universités peuvent se focaliser uniquement sur l'offre de formations adressée aux étudiants ou à l'inverse, de développer des activités n'ayant pas forcément un lien direct avec l'enseignement classique. Pour finir, les stratégies de développement peuvent s'inscrire dans un cadre strictement national ou au contraire entrainer le développement de relations étroites avec des universités étrangères dans certains cas voire la réalisation d'investissements directs à l'étranger dans d'autres cas. Pour répondre à cette question, nous aborderons dans une première section, la stratégie consistant pour l'université à axer son développement sur le développement continu des inscriptions de nouveaux étudiants, ce que l'on appelle la croissance extensive. Dans une deuxième section, nous examinerons la situation où l'université choisit de fixer un nombre limité d'étudiants, mais en développant le plus possible d'autres activités annexes, ce que l'on appelle la croissance intensive. Dans une troisième section, nous mettrons en lumière le fait pour une université de choisir à long terme de concentrer ses activités uniquement sur l'enseignement ou au contraire de choisir d'investir dans d'autres activités annexes, ce que l'on distingue respectivement par les stratégies de spécialisation et les stratégies de diversification. Pour terminer, dans une quatrième et dernière section, nous ferons apparaître les différentes stratégies possibles d'internationalisation qu'une université s'efforcera de mettre en œuvre sur le long terme.

Section 1 : La stratégie de croissance extensive

D'un point de vue macroéconomique, on définit « la croissance extensive à l'échelle d'un pays comme l'augmentation de la production qui repose essentiellement sur l'augmentation des quantités de facteurs de production entrainant ainsi des gains de productivité limités », Beitone, Cazorla et Hemdane (2016). Si l'on adapte ce concept au secteur universitaire, cela se traduit par le fait que la production est remplacée ici par un nombre d'étudiants toujours plus important accueilli au sein de l'université , ces étudiants évoluent dans des bâtiments et utilisent des fournitures ce que l'on pourrait traduire par le facteur capital dans le cas présent. Dans le même temps, ces mêmes étudiants ont des relations directes avec les enseignants et le personnel administratif qui représentent alors le facteur travail. La croissance extensive en étant axée totalement sur l'accroissement du nombre d'étudiants suppose pour l'université si elle souhaite maintenir la qualité de son offre d'étendre ses surfaces d'accueil et de recruter du personnel supplémentaire. Nous allons respectivement aborder dans un premier paragraphe, les conditions de réussite d'une telle stratégie, dans un deuxième paragraphe, nous mettrons en avant les avantages d'opter pour une telle stratégie et dans un troisième et dernier paragraphe, nous mettrons l'accent sur les inconvénients d'un tel choix.

§ 1.1) Les conditions de réussite de la stratégie de croissance extensive

Le choix pour une université d'opter pour une stratégie de croissance extensive implique qu'elle réunisse un certain nombre de caractéristiques qu'elle a pu se forger sur une longue période, respectivement :

- *Le fait de jouir d'une notoriété très ancienne ;*

Le premier élément nécessaire à la réussite de cette stratégie réside dans la notoriété qu'une université a fini par bâtir sur le long terme et qui lui permet d'être reconnue par les étudiants en bénéficiant dans le même temps d'une bonne image de marque. On peut estimer que la notoriété et l'image de marque se développent avec le temps et implique le plus souvent qu'une université déjà ancienne bénéficie traditionnellement d'une meilleure notoriété qu'un établissement relativement jeune dans le secteur. Des universités comme celle de Louvain-la-Neuve qui pourtant est issue d'une scission intervenue en 1968 avec sa composante flamande devenue par la suite la KUL a bénéficié du fait que l'université avait plusieurs siècles d'existence.

- *L'obligation pour l'université d'avoir une politique de communication active ;*

Pour qu'une université puisse attirer le maximum d'étudiants, elle doit déployer des moyens de communication conséquents en s'appuyant sur l'ensemble des moyens médias et hors médias en privilégiant ceux qui découlent d'une stratégie « pull » qui consiste à attirer le consommateur vers le produit, dans le cas présent, l'étudiant vers les formations offertes. La publicité sous toutes ses formes permet d'atteindre cet objectif sans pour autant oublier les autres moyens de communication qui parviennent à établir un lien plus étroit entre les étudiants et les responsables de la communication.

- *La possibilité de pratiquer des frais d'inscriptions abordables ;*

L'une des caractéristiques lorsqu'une université a beaucoup d'étudiants réside dans le fait qu'un volume important d'inscriptions lui permet d'amortir plus facilement ses coûts fixes et d'être plus rentable pour l'occasion. Cette rentabilité peut lui permettre plus facilement de pratiquer des frais d'inscription moins élevés que ceux pratiqués par la concurrence et constitue ainsi un facteur supplémentaire d'attractivité pour elle-même. Dans le cas présent, le choix d'opter pour une stratégie de volume s'impose par rapport à la stratégie d'écrémage qui se traduit par la fixation des frais relativement élevée pour l'occasion.

- *Le fait d'avoir une offre de formation très étendue ;*

Il existe un principe que l'on vérifie dans beaucoup de secteurs d'activités qui implique qu'une entreprise qui offre une gamme très étendue de produits a plus de chance d'attirer de nouveaux consommateurs qu'une entreprise qui disposerait d'un choix moindre. L'université n'échappe pas à cette règle et l'on peut constater que des effectifs élevés sont souvent corrélés avec une offre abondante de formations qui apparaissent susceptibles de correspondre aux attentes des étudiants qui demeurent très diverses.

- *Le fait de pouvoir présenter des taux élevés de réussite aux examens et des taux de placements après la fin de l'obtention du dernier diplôme ;*

Lorsqu'un étudiant choisit de s'inscrire dans une université, il est sensible plus particulièrement à deux indicateurs, tout d'abord le taux de réussite aux examens qui lui permet de mesurer le risque d'échouer dans l'obtention de son année qui l'obligerait alors à débourser une somme conséquente pour se retrouver au même point qu'il y a un an. Dans un deuxième temps, il serait également sensible au fait que le fait de suivre une formation spécifique faciliterait son insertion dans la vie professionnelle, si l'on rajoute à cela le fait qu'une université puisse communiquer un salaire moyen ou médiant à l'embauche, cela lui permet de procéder à une analyse coût-avantage susceptible d'influencer son choix.

Il convient à présent d'examiner les avantages du choix d'une telle stratégie.

§ 1.2) Les avantages d'opter pour une stratégie de croissance extensive

Il existe plusieurs avantages pour une université d'opter pour une stratégie de croissance extensive, respectivement :

- *Le fait de bâtir sa stratégie sur le cœur de métier d'une université ;*

La volonté pour une université d'attirer beaucoup d'étudiants en rendant attractives ses formations présente l'avantage que l'effort devra être porté sur la qualité de l'enseignement et par extension sur la qualité de sa recherche, ce qui constitue le cœur de métier de toutes les universités qui s'efforcent de recruter des enseignants-chercheurs compétents qui sont conscients de leurs missions lors de leur embauche.

- *Le fait d'avoir une bonne connaissance des attentes des étudiants ;*

Le fait d'avoir des effectifs importants que l'on retrouve d'année en année au sein d'une université implique qu'elle appréhende plus facilement les comportements des étudiants en même temps qu'elle permet de mieux cerner leurs attentes sans trop s'éloigner de leurs réelles motivations à partir du moment où l'on dispose d'un grand échantillon que l'on peut observer attentivement.

- *Le fait de pouvoir venir en aide à certaines formations en difficulté grâce aux marges dégagées par d'autres formations attractives ;*

Un dernier avantage au fait d'avoir des effectifs toujours plus importants implique que celui-ci en fonction de sa répartition entre les différentes formations offertes peut conduire à une forme de péréquation des ressources entre les formations qui attirent beaucoup d'étudiants par rapport à d'autres qui peinent à le faire, mais dont l'université pour de multiples raisons souhaite leur maintien. Dans les faits, certaines formations de premier cycle qui présentent un caractère général attirent comme on a pu le souligner par ailleurs de nombreux étudiants. Le fait d'avoir de nombreux étudiants permet à certaines formations de dégager des marges significatives, ces marges présentent l'avantage de venir compenser des formations qui perdent de l'argent en étant structurellement déficitaires. L'analyse marketing devrait normalement conclure à la fermeture à la longue de ces formations, ce qui arrive parfois, mais dans certains cas ces formations peuvent avoir un caractère emblématique qui rend difficile cet abandon, c'est le cas notamment au sein des universités catholiques, de certaines formations en sciences humaines ou en théologie qu'il convient de maintenir coûte que coûte par rapport à une certaine image que l'on souhaite maintenir vis-à-vis du public.

S'il existe des avantages à opter pour ce type de stratégie, elle comporte par ailleurs un certain nombre de risques qu'il convient d'examiner.

§ 1.3) Les risques d'opter pour une stratégie de croissance extensive

La stratégie qui repose sur le fait d'accueillir toujours plus d'étudiants présente un certain nombre de risques sur lesquels il convient de se pencher, respectivement :

- *Le fait d'avoir des ressources concentrées principalement sur le nombre d'inscriptions ;*

Le premier risque encouru par l'université repose sur le fait que l'université voit son chiffre d'affaires qui repose principalement sur une seule source de revenus et qui lui fait courir un risque non négligeable de baisse à certaines périodes. En effet, certains paramètres comme l'évolution de la population des étudiants, la conjoncture économique ou encore le fait pour l'université d'être confrontée à une situation de crise comme une épidémie de méningite au cours d'une année qui a pu occasionner le décès de quelques étudiants peuvent conduire à une chute des inscriptions. L'université qui évolue dans un monde en complet bouleversement, par ailleurs souvent instable, voire dangereux, peut être confrontée au cours d'une année à des retournements de tendance qui peuvent être de nature à impacter considérablement son chiffre d'affaires. Il existe un vieux dicton en France qui dit qu'il ne « faut jamais mettre tous ces œufs dans le même panier », cette stratégie adoptée par une université illustre bien ce proverbe.

- *L'évolution de la démographie ;*

Un autre risque inhérent à l'adoption de ce type de stratégie repose en partie sur l'évolution démographique, ainsi si l'on assiste à une augmentation du nombre de jeunes arrivés en fin d'études secondaires liées en grande partie au nombre de naissances intervenues quelques dix-sept ans ou dix-huit ans auparavant, les universités arriveront plus facilement à augmenter leurs effectifs, l'inverse entraine quasi mécaniquement à une stagnation voire une baisse des effectifs. Un autre élément peut également intervenir et il apparaît directement lié à la mise en place de politiques visant à favoriser l'accès des jeunes vers la poursuite d'études supérieures dans certains pays.

- *L'évolution de la conjoncture économique ;*

Face à des universités qui pratiquent des frais d'inscription souvent élevés, l'influence de la conjoncture économique peut jouer un rôle non négligeable sur le choix pour les parents qui financent les études de leurs enfants de choisir des universités au sein desquelles les frais sont moindres, c'est le cas notamment des universités publiques par opposition aux universités privées. Des éléments comme une augmentation du chômage notamment chez les cadres ; des faillites d'entreprises, une incertitude par rapport à l'évolution de l'activité économique comme c'est le cas en cette période marquée par la crise sanitaire sont autant d'éléments susceptibles de jouer un rôle plus ou moins direct sur l'évolution des inscriptions. Pour compléter ces éléments, une sensibilité plus ou moins importante à une hausse des frais d'inscriptions de la part des étudiants peut également impliquer une chute des inscriptions d'où l'impossibilité de pratiquer une politique d'écrémage précédemment évoquée.

- *La manière de gérer des crises survenues au sein de l'université ;*

Lorsqu'une université est confrontée à plusieurs types de crises ayant souvent des causes extérieures comme les crises sanitaires notamment, la manière dont elle a pu gérer ces crises peut se révéler importante par rapport à l'évolution de ses futures inscriptions. Un exemple particulièrement illustratif nous ait donné par l'Université Catholique de Lille qui a vu son nombre d'inscriptions augmenter de manière significative suite à la gestion de la crise du Covid pendant laquelle l'ensemble des facultés se sont efforcées d'assurer la continuité pédagogique.

- *L'obligation pour une université de maintenir un effort constant par rapport à la qualité des formations offertes ;*

Le choix de maintenir une stratégie extensive sur le long terme oblige l'université à veiller à ce que son offre de formation soit toujours constante en termes de qualité ce qui n'est pas forcément évident tant les formations comme nous avons pu le souligner peuvent subir à la longue une certaine forme de désaffection de la part des étudiants. Dans cette optique, les innovations qui ont pu être intégrées dans les formations sur une période plus ou moins longue déterminent en partie le succès de ce type de stratégie. L'évolution du management, la personnalité des dirigeants des différentes facultés et de l'université de manière globale constituent d'autres éléments contribuant au succès d'une telle stratégie.

- *La baisse du niveau moyen du niveau des étudiants en raison de l'augmentation des effectifs ;*

Si l'on veut augmenter considérablement les effectifs d'une université, on court le risque de recruter des étudiants qui n'ont pas forcément un niveau suffisant pour réussir à suivre les formations dispensées par cette dernière. Ce recrutement d'étudiants avec un niveau plus faible entraine une baisse du taux de réussite aux examens ce qui peut avoir des conséquences fâcheuses à plus ou moins long terme sur l'attractivité de l'université. Même si l'on peut estimer qu'une université peut augmenter ses effectifs sans réduire pour autant la qualité de ces recrues si elle bénéficie par ailleurs d'une réputation suffisamment forte qui finit par lui procurer par ailleurs un avantage absolu par rapport aux concurrentes.

- *Une insertion sur le marché de l'emploi qui devient plus faible ;*

Une baisse du niveau global des étudiants s'accompagne dans le même temps d'un autre danger, celui de voir des étudiants en trop grand nombre dans des formations connaître des difficultés d'insertion sur le marché de l'emploi. Cette situation se rencontre prioritairement dans certains masters spécifiques où le nombre d'étudiants apparaît trop élevé et qui sont confrontés alors à une demande de travail de la part des entreprises qui demeure inférieure à leur offre de travail.

- *L'obligation d'accompagner le développement en recrutant du personnel de qualité et en augmentant les capacités d'accueil ;*

L'augmentation des effectifs s'accompagne nécessairement par l'obligation pour les universités d'embaucher du personnel qualifié qu'il soit enseignant ou occupant des postes administratifs. D'une manière générale, on connaît rarement des pénuries dans ce type de milieu même si on ne peut l'exclure pour autant dans certains pays, l'obligation de maintenir une qualité constante voire de l'améliorer fait peser ainsi beaucoup d'incertitudes sur la réussite d'une telle stratégie par l'université. Si l'aspect humain apparaît important, l'aspect matériel peut apparaître encore plus prégnant dans la réussite de cette stratégie dans la mesure où une augmentation substantielle des effectifs implique au bout d'un certain temps l'obligation pour l'université d'étendre ces capacités d'accueil. L'augmentation de ces capacités nécessite à la fois des moyens financiers conséquents pour investir, mais également d'avoir la possibilité matérielle de procéder à cette extension, ce qui n'est pas forcément évident si l'université se situe au sein d'un grand centre urbain. L'éventualité de créer un nouveau campus, voire plusieurs se pose alors avec tous les inconvénients que l'on a pu souligner lors de l'étude de la localisation des activités universitaires. Pour terminer, une chute des inscriptions qui interviendrait après une lourde opération d'investissements pourrait ainsi menacer l'équilibre financier d'une université qui pourrait à terme remettre en cause son existence même.

Section 2 : La stratégie de croissance intensive

Si l'on reprend l'analyse macroéconomique des facteurs de production, il existe à côté de la stratégie de croissance extensive, une autre forme de croissance que l'on appelle «la croissance intensive qui se définit comme l'augmentation de la production qui résulte principalement de l'amélioration de l'efficacité productive et qui engendre de forts gains de productivité », Beitone, Cazorla et Hemdane, (2016). Si l'on transpose ce type de croissance à l'université, il n'apparaît pas évident à première vue qu'elle soit applicable dans la mesure où la productivité des enseignants et du matériel utilisé n'est pas ou peu susceptible d'augmenter. Dans le cas présent, on peut définir la croissance intensive d'une université comme le choix qu'elle fait de fixer un effectif maximal d'étudiants susceptibles de s'inscrire au cours d'une année tout en s'efforçant dans le même temps d'accroître les ressources qui résultent d'autres activités qu'elle aurait pu développer par ailleurs. Dans un premier paragraphe, nous examinerons les différentes activités qu'une université peut développer par ailleurs, dans un deuxième paragraphe, nous analyserons les avantages à mettre en œuvre une telle stratégie et dans une troisième partie, nous en soulignerons les inconvénients.

§ 2.1) Les caractéristiques des activités annexes d'une université

La réussite de la stratégie de croissance intensive pour une université réside essentiellement dans le fait qu'elle dispose d'autres activités que ses activités d'enseignements habituels et qu'à partir de celles-ci, elle peut augmenter significativement son chiffre d'affaires. Parmi ces activités annexes, on trouve respectivement :

- *La formation continue ;*

Même si la formation continue repose également sur la transmission d'un savoir à l'instar des activités classiques d'enseignements, elle présente des caractéristiques sensiblement différentes dans la mesure où elle s'adresse d'abord à un public qui contraste fortement avec celui des étudiants en formation initiale. En effet, les personnes qui suivent des cours sont en général plus âgées, mais surtout elles exercent déjà un métier depuis plusieurs années et de ce fait ont des exigences différentes par rapport aux formations transmises. Même si ce sont parfois les mêmes enseignants qui interviennent en formation initiale et continue, la manière dont ils feront leurs cours pourra être totalement différente, ce qui fait dire à de nombreux observateurs que la formation continue reste une activité à part entière qui la distingue résolument de la formation initiale.

- *La participation à des contrats de recherche ;*

La plupart des enseignants sont de par leur statut des enseignants-chercheurs et à ce titre, ils participent à enrichir la recherche dans leur discipline relevant d'un champ académique. Dans cette optique, ils peuvent à certains moments participer à des contrats de recherche que la faculté aura pu remporter en souscrivant à un appel d'offres émanant de différents organismes financeurs, certains chercheurs se retrouvent même dans la situation d'assurer leur propre salaire en décrochant annuellement une multitude de contrats même si cette situation demeure marginale par ailleurs. Dans le même temps, certaines universités ont pu créer et développer des centres de recherche indépendants qui disposent d'une certaine autonomie par rapport aux facultés déjà existantes et qui doivent trouver régulièrement des contrats de recherche importants qui leur permettent de faire vivre leurs équipes, mais qui contribuent aussi à augmenter le chiffre d'affaires global de l'université ;

- *L'existence d'un ou de plusieurs cabinets-conseils au sein de l'université ;*

De la même manière qu'il existe des centres de recherches plus ou moins indépendants au sein d'une université, on peut également y trouver des cabinets de consulting qui estampillés de la marque universitaire s'efforce de trouver des clients et qui peuvent fonctionner de la même manière que n'importe quels autres cabinets qui relèveraient purement du secteur privé. La différence notable entre les centres de recherche et les cabinets de consulting en interne repose sur le fait que les centres de recherche trouvent une partie importante de leurs ressources en répondant à des appels d'offres alors qu'un cabinet de consulting propose ses services à des clients qu'il s'efforce de démarcher.

- *La collecte de fonds auprès des entreprises et des anciens étudiants ;*

Bien qu'elle ne donne pas lieu normalement à une contrepartie directe ou à un échange marchand, la plupart des universités s'efforcent d'augmenter leurs ressources en faisant appel à la générosité d'un certain nombre de donateurs, qu'ils soient : mécènes, entreprises ou anciens étudiants, ces derniers qui par reconnaissance pour avoir fait leurs études dans l'établissement sont amenés ensuite à faire des dons à leur ancienne université qui serviront ensuite au financement de certains projets. Cette activité de collectes de fonds peut mobiliser un nombre important de personnes souvent regroupées au sein d'un service dédié à cette cause et peut constituer un montant non négligeable du chiffre d'affaires d'une université par ailleurs.

- *La location de certains équipements de l'université pour des activités liées à l'organisation d'événements ;*

Certaines universités peuvent parfois tirer une partie non négligeable de leurs ressources liées à la location de certains de leurs locaux à différents groupes souhaitant organiser des événements qu'ils soient culturels, humanitaires, voire festifs, notamment lorsque les étudiants sont en vacances et qu'il existe de nombreux équipements inutilisés, comme c'est le cas également du week-end ou de certaines soirées où les salles sont vides le plus souvent. Dans cette optique, une université s'efforcera de développer ces activités de location qui lui permettent alors d'optimiser l'utilisation de ces locaux par ailleurs.

La réussite d'une stratégie de croissance intensive repose naturellement sur l'obligation pour une université de développer ses activités annexes par rapport au fait de choisir de bloquer le nombre d'inscriptions à un certain niveau.

Il convient à présent d'examiner les avantages d'opter pour une telle stratégie.

§ 2.2) Les avantages d'opter pour une stratégie de croissance intensive

Il existe plusieurs avantages pour une université de choisir d'opter pour une stratégie de croissance intensive, respectivement :

- *Le fait de répartir les risques sur plusieurs activités ;*

Le principal avantage pour une université d'opter pour ce type de stratégie réside dans le fait que l'université choisit de fait de répartir les risques sur plusieurs activités plutôt que de concentrer l'évolution du chiffre d'affaires sur les seuls frais d'inscription. Le choix d'avoir des activités annexes permet à l'université de répartir son chiffre d'affaires sur des secteurs d'activités qui peuvent voir leur taux de croissance évoluer de façon différente, un ralentissement dans un secteur peut être de fait compensé par un autre secteur en croissance.

- *La dispense de réaliser de gros investissements en moyens matériels et humains ;*

Le principe même d'une stratégie de croissance intensive consiste à ne pas augmenter les capacités de production d'un service d'enseignement liées à une augmentation des effectifs sur le long terme. Dans le cas présent, on peut augmenter le chiffre d'affaires d'une université si l'on peut dynamiser les autres activités que possèdent l'université sans avoir besoin de recruter plus de personnels enseignants comme administratifs en même temps que de construire de nouveaux bâtiments, ce qui dans le cas présent constitue une source d'économie substantielle.

- *La possibilité pour les activités annexes de contribuer à renforcer l'image de marque de l'université auprès des étudiants ;*

Un autre avantage de choisir cette stratégie implique que des activités comme la recherche ou l'expertise si elles sont reconnues comme performantes constituent un élément d'attractivité supplémentaire auprès des étudiants qui y voient à travers ce biais le fait que l'université dispose de talents synonymes de qualité. Dans cette optique , une université qui aurait dans ses rangs, plusieurs prix Nobel et qui de fait serait bien placée dans les classements internationaux connus sous l'anglicisme de « ranking » serait en mesure d'attirer les meilleurs étudiants d'une zone géographique contribuant ainsi à augmenter leur niveau moyen.

- *Le choix d'opter pour un recrutement de qualité ;*

L'option choisie par l'université de limiter le nombre d'étudiants entraine que le processus de sélection y apparaît beaucoup plus drastique et permet pour chaque formation d'accueillir des étudiants d'un très haut niveau, ce qui contribue encore plus à créer un cercle vertueux consistant à améliorer la réputation de la formation une fois que ces étudiants sont sur le marché du travail. Un exemple particulièrement illustratif nous est fourni annuellement par les universités américaines les plus prestigieuses comme Harvard ou le MIT qui ont choisi de ne pas avoir d'effectifs très élevés, mais qui par ailleurs ont été soumises à une sévère sélection en amont. L'excellent niveau des étudiants se traduit ensuite par une insertion facilitée sur le marché du travail et par un niveau de salaire souvent plus élevé que la moyenne. En outre, il faut ajouter qu'un effectif limité au sein des formations diminue le risque d'être au chômage en raison d'une insuffisance de la demande de travail de la part des entreprises.

- *La promotion d'une université à taille humaine et un meilleur encadrement des étudiants ;*

Les images diffusées par les télévisions chaque année au moment de la rentrée universitaire montrent souvent des foules importantes d'étudiants qui se croisent sur des campus qui deviennent rapidement trop étroits, ceci constitue souvent un élément de rejet dans l'esprit des étudiants qui se détournent alors des universités pour choisir des écoles de commerce ou d'ingénieurs qui pour la plupart ont des effectifs plus limités. Un faible effectif global permet plus facilement de faciliter les interactions entre les étudiants d'une part, permet ensuite de garder une certaine atmosphère conviviale sur un campus, ce qui constitue un élément de plus en plus important dans le choix final de l'université. De la même manière, des effectifs plus faibles au sein des formations contribuent également à développer les interactivités entre les enseignants et les étudiants ce qui se révèle naturellement bénéfique pour les deux parties. Une meilleure connaissance des étudiants permet de mieux connaître leurs besoins et facilite éventuellement les ajustements nécessaires pour améliorer la nature du service offert.

Si le choix d'une croissance intensive présente de nombreux avantages, il peut également présenter des limites.

§ 2.3) Les limites d'une stratégie de croissance intensive

Le choix de limiter le nombre d'étudiants et de porter ses efforts sur les activités annexes de l'université présente quelques limites qu'il convient d'examiner, on peut observer ainsi :

- *L'obligation pour une université d'avoir un personnel performant dans les domaines annexes ;*

Le premier argument que l'on peut opposer à une université qui choisit une stratégie de croissance intensive est lié au fait qu'elle se doit d'embaucher du personnel très performant pour lui assurer une réputation de compétitivité auprès de ses clients potentiels. Hors l'université peut se retrouver dans la situation où elle peine à recruter du personnel qualifié dans certains domaines pointus dans la mesure où elle peut ne pas disposer de moyens suffisants pour attirer les meilleurs spécialistes qui seront « chassés » par les meilleurs cabinets et laboratoires privés disposant de moyens conséquents. Dans cette optique, le développement d'une réputation dans certains milieux pourrait se révéler difficile et contribuer assez vite à empêcher le succès d'une telle stratégie.

- *Le fait de se situer dans des activités annexes qui peuvent être très concurrentielles ;*

Le deuxième argument qui découle du précédent implique que certains secteurs annexes comme le consulting plus particulièrement peuvent se révéler extrêmement concurrentiels et réduire les parts de marché potentielles de ces mêmes universités et par ricochet, la part de ces ressources dans son chiffre d'affaires global. De ce fait, l'université court le risque de se confronter à des sociétés qui ne lui feront pas de « cadeaux » et qui l'obligera alors à surenchérir et à investir en moyens humains notamment ce qui n'est pas le but recherché au départ.

- *L'obligation pour une université d'augmenter substantiellement ses frais d'inscription en cas d'insuffisance d'apports des activités annexes ;*

L'insuffisance de ressources en provenance des activités annexes sur une longue période place l'université face à deux choix par rapport au recrutement de ses étudiants : soit l'université renonce à plafonner ses effectifs et choisit alors d'augmenter substantiellement le nombre d'admissions ce qui à terme l'obligera à investir en matériels et en hommes en même temps qu'elle court le risque de voir l'excellent niveau de ses étudiants diminuer sensiblement. Soit elle choisit de maintenir un effectif constant, mais elle se trouve alors dans l'obligation d'augmenter plus ou moins substantiellement ses frais d'inscription, ce qu'elle peut faire dans un premier temps parce qu'elle bénéficie d'une excellente image, mais qui l'oblige alors à renforcer encore la qualité de son offre, ce qui entraine a posteriori des investissements. Si l'on rajoute à cela, le fait qu'une université se trouve confrontée à une concurrence féroce même face à des universités prestigieuses, on peut douter de sa capacité à augmenter ses frais d'inscriptions sur le long terme.

- *L'impossibilité pour certaines universités ayant un statut associatif d'avoir des activités lucratives ;*

Le dernier argument en défaveur d'une stratégie de croissance intensive est lié au fait que certaines universités comme certaines universités catholiques disposent d'un statut d'association sans but lucratif, cela suppose qu'elles n'ont pas à payer certains impôts comme la TVA notamment. Dans ces conditions, le fait d'avoir des activités que l'on pourrait qualifier de lucratives implique alors le paiement de taxes, ce que certaines universités ne veulent pas et continuent à se retrancher vers un statut d'association à but non lucratif limitant ainsi le choix de promouvoir ce type d'activités par essence lucratives !

Le choix d'opter pour l'une ou l'autre forme de croissance conduit l'université à choisir de moduler le montant de ses effectifs, mais derrière ce choix se cache un autre choix entre deux stratégies de développement : la stratégie de spécialisation et la stratégie de diversification, tel est l'objet de la section suivante.

Section 3 : Les stratégies de spécialisation et de diversification

Si la mission initiale et principale d'une université consiste à offrir des formations à un public étudiant qui choisit de poursuivre ses études en formation initiale pour une durée plus ou moins longue, cette dernière peut être confrontée à un choix par rapport à son mode de développement au bout de quelques années d'existence. Ainsi, doit-elle se concentrer uniquement sur ses activités d'enseignement ou au contraire doit-elle étendre ses activités à d'autres domaines ayant un lien plus ou moins étroit avec l'enseignement ?

Cette question permet de distinguer deux grands types de stratégies de développement : la stratégie de spécialisation et la stratégie de diversification, chacune d'elles présente des avantages pour l'université en même temps qu'elles peuvent lui faire courir des risques. Nous examinerons dans un premier paragraphe, la stratégie de spécialisation et dans un deuxième paragraphe, la stratégie de diversification.

§ 3.1) La stratégie de spécialisation

Bruhlart, Favoreu et Gherra (2015) définissent la stratégie de spécialisation comme « celle qui consiste à concentrer ses investissements sur une activité préexistante et à fonder le développement de l'entreprise sur cette activité particulière ». Ces auteurs rajoutent que la stratégie de spécialisation implique qu'on ne doit pas faire évoluer le métier de cette activité et qu'elle se matérialise par une stratégie de pénétration d'un marché qui consiste à concentrer ses efforts sur les activités existantes. Dans le même temps, les auteurs insistent sur le fait que l'on doit distinguer la manœuvre de l'entreprise et la situation de l'entreprise, la manœuvre met en évidence le souhait de l'entreprise de se spécialiser sur un seul secteur d'activité alors que la situation de l'entreprise renvoie à la structure de son portefeuille d'activité. Dans cette optique, une entreprise qui aurait plusieurs activités et qui choisirait à un stade de son développement d'allouer principalement ses ressources sur un seul secteur opterait de fait pour une stratégie de spécialisation. Si l'on remplace dans cette définition l'entreprise par l'université , une stratégie de spécialisation suppose que l'université se développe essentiellement à partir des formations qu'elle mettra en place et qu'elle choisira de modifier le cas échéant au cours du temps pour répondre mieux à la demande des étudiants. La seule différence que l'on peut souligner avec les hypothèses de base attenantes à la stratégie de spécialisation est liée au fait que l'activité ne doit pas être modifiée dans sa formule initiale alors que l'on peut considérer que si le fait de transmettre un savoir à un étudiant est immuable, les modalités de transmission de ce savoir ont pour leur part considérablement évolué notamment au cours des dernières décennies sans pour autant modifier considérablement l'activité en elle-même.

La stratégie de spécialisation présente trois avantages pour une université, respectivement :

- *Maîtriser les facteurs clés du succès ;*

Le premier intérêt pour une université de choisir de se spécialiser dans l'offre de formation réside dans le fait qu'elle connaît normalement tous les éléments nécessaires à son succès (choix du format, choix du contenu, choix des enseignants, choix des méthodes pédagogiques adaptées et choix des modes d'évaluation), ce qui est vrai pour une formation l'est normalement pour l'ensemble des formations, l'expérience déjà ancienne de l'université renforce encore la maîtrise de ces éléments clés du succès.

- *Devenir une référence du marché universitaire ;*

Le deuxième élément intéressant dans le cadre d'une stratégie de spécialisation repose sur le fait qu'une université peut devenir une référence dans le milieu universitaire par rapport à la concurrence. En effet, en optant pour une stratégie de spécialisation, une université peut donner à l'ensemble de ses formations un caractère particulier et reconnu par toute la communauté scientifique, dans le cas présent, une université catholique qui aurait choisi dès le départ d'opter pour une stratégie de différenciation pourrait en se spécialisant plus facilement maintenir cette différenciation dans le temps.

- *Atteindre un seuil critique en termes d'effectifs ;*

Le troisième et dernier avantage d'une stratégie de spécialisation réside dans le fait qu'une université qui se concentre uniquement sur ses activités d'enseignement peut voir augmenter plus facilement ses effectifs jusqu'à atteindre une taille suffisamment importante qui lui permet alors de dépasser le point mort et d'être rentable en même temps qu'elle lui permet d'avoir un pouvoir de négociation important au niveau local. Une université qui accueille plus de 30000 étudiants comme l'Université Catholique de Lille finit par être reconnue comme un acteur incontournable du monde universitaire lillois.

Si la stratégie de spécialisation comporte des avantages, elle comporte également deux risques qu'il faut prendre en compte :

- *L'évolution aléatoire du secteur et les dangers d'une concurrence frontale avec les autres universités ;*

Le premier risque encouru par l'université réside dans le fait qu'une spécialisation dans les activités d'enseignement l'expose à voir le nombre d'étudiants qui souhaitent poursuivre des études supérieures diminuer en fonction d'éléments déjà mentionnés précédemment comme l'évolution démographique et la conjoncture économique dont on sait qu'elle peut jouer un rôle sur les inscriptions auprès des universités privées. Dans le même temps et indépendamment de l'évolution sectorielle, l'université peut être confrontée à une concurrence plus ou moins forte au niveau local ou national qui l'oblige à mettre en œuvre plus de moyens si elle souhaite rester compétitive.

- *L'apparition d'un certain nombre de rigidités ;*

Le danger qui existe pour une université qui opte pour une stratégie de spécialisation est qu'elle peut être confrontée à des phénomènes de rigidités de la part du personnel affecté à la mise en œuvre et à l'administration des différentes formations, le fait d'être concentré sur la même activité pendant une longue période peut finir par entrainer une forme de sclérose, un manque de dynamisme, une certaine routine et finalement une certaine résistance au changement de leur part. Cette résistance au changement finit par être préjudiciable, car le fait d'être concentrée sur un seul secteur n'empêche pas ce dernier d'évoluer sous l'influence de différents facteurs comme l'introduction des technologies de l'information qui a conduit beaucoup d'universités à devoir s'adapter à ce nouveau contexte.

Si le choix d'opter pour la spécialisation peut se révéler intéressant, l'université peut choisir au contraire d'opter pour une stratégie de diversification.

§ 3.2) La stratégie de diversification

Bruhlart, Favoreu et Gherra (2015) définissent la stratégie de diversification comme celle qui « consiste à appuyer la croissance de l'entreprise sur le développement d'un ou de plusieurs nouveaux domaines d'activité stratégiques (ou segments stratégiques) ». Ces auteurs ajoutent par ailleurs que l'entreprise choisit de s'engager dans un secteur d'activité sur lequel elle n'est pas encore présente en ajoutant ainsi un nouveau segment dans son portefeuille d'activité déjà existant. Ces mêmes auteurs distinguent habituellement deux formes de stratégies de diversification :

- la diversification verticale qui consiste pour une entreprise à investir dans des secteurs qui correspondent à ses fournisseurs ou à ses clients ;
- la diversification horizontale qui implique pour une entreprise d'investir dans des secteurs qui ne sont pas leurs fournisseurs ou leurs clients.

Dans le cadre d'une université, nous considérons que seule la diversification horizontale a du sens et elle prend la forme dans le cas présent d'investissements réalisés par l'université durant sa phase de développement dans des secteurs d'activités différents des activités d'enseignements, mais qui doivent par ailleurs avoir quelques points communs avec l'activité de base. En effet, Bruhlart, Favoreu et Gherra mettent l'accent sur le fait qu'une entreprise peut s'orienter vers des activités dans lesquelles elle pourra exploiter des compétences qu'elle maîtrise par ailleurs. La diversification reposera pleinement sur des éléments communs au secteur d'activité existant et au nouveau. Dans un contexte universitaire, cela suppose qu'une université parallèlement à ses activités d'enseignement investisse dans les activités de recherche même si elles existent déjà à travers les fonctions assujetties à celle des enseignants, dans le cas présent, on parle de la mise en place de laboratoires de recherche ayant leur propre autonomie par rapport au cœur facultaire et qui disposent de ressources propres. De la même manière, les activités de consulting qui peuvent se développer au sein d'une université rentrent également dans ce cadre. Pour terminer, certaines universités qui disposent d'une Faculté de Médecine peuvent également posséder des hôpitaux qui servent d'accueil à leurs étudiants. L'ensemble de ces activités apparaissent distinctes et constituent des métiers différents en même temps qu'elles sont confrontées à des situations concurrentielles différentes, mais elles disposent d'un point commun celui de faire appel à la connaissance que l'on peut décliner ainsi de plusieurs façons.

La mise en œuvre d'une stratégie de diversification présente plusieurs avantages pour l'université, respectivement :

- *Le fait de réduire le risque d'une chute des demandes d'inscription sur l'évolution de son chiffre d'affaires ;*

Le premier avantage pour une université de choisir une stratégie de diversification implique pour elle de réduire le risque que ferait peser sur le chiffre d'affaires un ralentissement voire une baisse importante des demandes d'inscription par rapport à tous les paramètres évoqués précédemment. Si une université n'a que pour seule activité, les activités d'enseignements, elle court alors le risque de voir ses recettes diminuer fortement ce qui à terme peut la rendre vulnérable et menacer même son existence, le fait d'avoir d'autres activités lui permet de compenser partiellement une baisse constatée de ces inscriptions.

- *Le fait de saisir une opportunité sur des marchés en croissance ;*

Le deuxième avantage amène l'université à utiliser certaines de ses forces vives pour les repositionner sur des activités qui disposent d'une forte valeur ajoutée ce qui est le cas notamment des activités de conseils et de recherche. Certains marchés relevant des activités de conseil connaissent par ailleurs une forte croissance notamment ceux qui relèvent de l'analyse de l'impact du numérique sur l'organisation du travail dans les entreprises, si l'université possède des compétences particulières dans ce domaine alors elle peut être tentée de créer une activité de conseil en interne.

- *Le fait de rechercher des synergies entre les secteurs ;*

Le troisième et dernier avantage à opter pour une stratégie de diversification trouve sa source dans la recherche de synergies possibles entre les différents secteurs dans lesquelles l'université entend être présente, c'est d'autant plus facile que les secteurs du conseil et de la recherche peuvent constituer des passerelles avec les activités d'enseignements dans lesquels les enseignants sont en même temps des chercheurs et bénéficient souvent d'une expertise incontestable. À l'exception d'une diversification conglomérale qui suppose pour une entreprise d'investir dans un secteur ne présentant aucun lien et par là même aucune synergie avec le secteur d'activité de départ, les entreprises et dans le cas présent, les universités ont intérêt à rechercher des secteurs pour lesquels ils peuvent développer des synergies, on pourrait rajouter également des secteurs qui ont un lien au moins indirect avec les missions assignées à l'université.

Si la stratégie de diversification présente des avantages pour l'université, elle rencontre certaines limites, ainsi :

- *La dispersion des ressources sur plusieurs secteurs d'activités ;*

La première limite à opter pour une stratégie de diversification réside dans une dispersion jugée trop importante des ressources sur plusieurs secteurs d'activités présentant des différences notables. Le danger qui peut apparaître est lié au fait qu'il peut y avoir une incompatibilité entre la recherche de la quantité en augmentant les sources multiples du chiffre d'affaires par opposition à la qualité de l'offre dans chacun des secteurs, même si on peut estimer que la réalisation simultanée des deux objectifs n'apparaît pas incompatible pour autant, le risque existe réellement.

- *L'existence d'un surcoût au niveau des services centraux de l'université ;*

Le fait d'avoir plusieurs activités diverses au sein d'une université nécessite une certaine surveillance du fonctionnement de ces activités et qui se traduit le plus souvent par une embauche supplémentaire de personnels affectés à cette coordination et au respect d'une certaine cohérence en termes de stratégies qui peut se traduire par des coûts supplémentaires susceptibles d'atténuer en partie ses bénéfices.

Comme nous venons de le voir, il existe à la fois des avantages et des inconvénients à opter pour l'une ou l'autre de ces stratégies, mais qui souvent se cantonnent à un environnement national, l'évolution de l'enseignement supérieur au cours des vingt dernières années nous conduit à nous interroger sur les stratégies d'internationalisation susceptibles d'être adoptées par les universités.

Section 4 : Les stratégies d'internationalisation des universités

Les stratégies d'internationalisation des universités ont fait l'objet d'un grand nombre d'articles et de parutions d'ouvrages, on peut citer plus particulièrement certaines contributions comme celles d'Altbach et Knight (2007) ; Ayoubi et Massoud (2007) ; Maringe et Gibbs (2009), De Wit (2010) et Youssef (2014) qui mettent en avant les raisons, les modes de développement international des universités et les limites aux stratégies d'internationalisation de ces universités en même temps qu'ils font la distinction entre la globalisation et l'internationalisation de l'enseignement supérieur. Par rapport à toutes ces problématiques, un premier paragraphe sera consacré à distinguer la globalisation de l'internationalisation des stratégies universitaires, dans un second paragraphe, nous mettrons en lumière les éléments qui ont conduit les universités à s'internationaliser et pour finir dans un troisième paragraphe, nous nous attarderons sur les différentes formes d'internationalisation choisies par les universités.

§ 4.1) La distinction entre la globalisation et l'internationalisation de l'enseignement supérieur

L'UNESCO (2003) donne une définition assez large de la globalisation que l'on peut définir « comme la capacité d'une entreprise à satisfaire une demande internationale sans qu'elle puisse rencontrer d'obstacles aux frontières ». Dans un cadre universitaire, on peut estimer que la globalisation consiste pour une université à offrir des formations à n'importe quels étudiants situés sur un coin de la planète sans que celui-ci n'ait à se déplacer sur le lieu de l'université pour les suivre, ce que l'offre de formations à distance l'illustre parfaitement. À l'inverse, l'internationalisation d'une université suppose que les frontières puissent continuer à exister et que les stratégies d'internationalisation impliquent une certaine mobilité des facteurs de production entre les pays (installations d'établissements dans un pays étranger, mobilités des enseignants et des étudiants). Maringe et Gibbs (2009) mettent en avant un certain nombre de caractéristiques communes qui caractérisent l'internationalisation des universités, respectivement :

- « Une stratégie d'internationalisation clairement définie par l'université avec des projets et une stratégie annoncée » ;
- « Un programme ambitieux d'échange de personnels et d'étudiants avec des universités étrangères » ;
- « Une présence très forte sur le marché du recrutement des étudiants étrangers » ;
- « Une capacité à exporter ses formations au-delà des frontières » ;
- « Une offre de formation qui intègre fortement un caractère international dans le contenu des cours, en faisant intervenir des enseignants étrangers et en s'inspirant des méthodes pédagogiques déjà expérimentées à l'étranger » ;
- « Le développement de programmes de recherche qui intègrent délibérément des problématiques internationales, qui nécessitent des échanges avec des chercheurs internationaux et des universités étrangères » ;
- « L'intégration dans des programmes de recherches internationaux initiés par des organisations internationales ».

Après avoir fait la distinction entre la globalisation et l'internationalisation, il convient de s'attarder sur les éléments qui ont poussé les universités à s'internationaliser.

§ 4.2) Les éléments ayant favorisé l'internationalisation des stratégies universitaires

Plusieurs éléments que l'on retrouve dans la plupart des contributions portant sur le développement des stratégies d'internationalisation des universités mettent en avant un certain nombre de paramètres qui ont favorisé ce phénomène depuis le début des années 2000, respectivement :

- *L'apparition d'une nouvelle société du savoir ;*

Lorsque l'on regarde l'histoire et que l'on examine les sources multiples de la puissance des nations, on considère que la force a été pendant des siècles la source du pouvoir pour être remplacée ensuite par l'argent et depuis le début du vingt et unième siècle par le savoir, une expression courante anglaise nous dit que celui qui détient le savoir, détient le pouvoir[42] ! Dans cette optique, la lutte pour l'hégémonie mondiale entre les principaux pays développés qui passe d'abord par le fait de posséder une puissance militaire capable de s'anéantir s'est doublée d'une forme de course au savoir et à l'innovation qui poussent les pays à avoir des universités et des centres de recherche performants en attirant dans le même temps, les meilleurs chercheurs mondiaux dans de multiples domaines.

- *La révolution numérique ;*

Le développement des technologies de l'information et de la communication depuis plusieurs décennies a eu comme conséquence principale de supprimer en quelques sortes les frontières physiques entre les citoyens de la planète qui peuvent communiquer facilement et qui ont surtout un accès facile à l'information. Si l'on rajoute à cela le développement d'outils de formation à distance permettant facilement d'administrer des cours à des étudiants dispersés géographiquement, on peut estimer que la conjonction de l'ensemble de ces éléments a facilité le développement de l'internationalisation voire de la globalisation des stratégies universitaires.

- *La recherche de formations de qualité par les étudiants du monde entier ;*

Un autre élément que l'on peut souligner est lié au fait que les étudiants, quel que soit l'endroit du monde dans lequel ils résident, sont de plus en plus attirés par les offres de formation qui intègrent des contenus tournés vers l'international, cela peut s'illustrer par plusieurs exemples : des étudiants situés dans des pays francophones qui choisissent de partir suivre des formations en anglais ; des étudiants qui privilégient les formations qui intègrent des problématiques internationales et qui leur permettront ensuite d'envisager des carrières souvent plus lucratives.

- *La demande croissante pour suivre des études supérieures ;*

Si les pays développés ont constaté depuis le début des années soixante une hausse continue du nombre d'étudiants au sein des universités, les pays en voie de développement ont pour leur part mis beaucoup plus de temps pour voir l'augmentation de la proportion de jeunes qui choisissent de poursuivre des études supérieures. De ce fait, beaucoup de pays ont tardé à construire des universités ce qui a eu pour conséquence que les places offertes à leurs étudiants se sont ré-

[42] Cette expression est la traduction d'une phrase anglaise : « Knowledge is Power ».

vélées largement inférieure aux besoins de la population qui a choisi de se tourner vers les universités étrangères, c'est le cas de nombreux étudiants africains originaires des pays du Commonwealth qui arrivent massivement dans les universités anglaises, notamment.

- *L'instabilité politique et économique des pays en voie de développement ;*

De trop nombreux pays en développement sont encore confrontés à une instabilité à la fois politique et économique, politique dans la mesure où les gouvernements en place sont souvent corrompus et semblent incapables de maintenir une stabilité politique. Économique dans la mesure où les handicaps subis par ces pays les confrontent malheureusement à un retard persistant par rapport aux pays développés. Dans ces conditions, beaucoup d'étudiants demeurant dans ces pays choisissent alors d'émigrer vers les pays développés pour y suivre leurs études et y faire carrière.

- *Une concurrence entre les universités qui s'amplifie sur le territoire national ;*

Le vingt et unième siècle a vu un développement important de la concurrence entre les universités pour attirer les meilleurs étudiants au sein de leur formation, ce renforcement de la concurrence implique que le marché national est devenu beaucoup trop étroit pour de nombreuses universités qui à l'instar de beaucoup d'entreprises qui ont connu le même problème se sont mis en quête d'attirer de plus en plus d'étudiants étrangers soit en facilitant leur venue soit en choisissant de s'implanter dans ces pays.

Comme nous pouvons le constater, il existe de nombreux paramètres qui favorisent les stratégies d'internationalisation des universités, il convient à présent d'en examiner les multiples formes d'internationalisation.

§ 4.3) Les différentes formes de stratégie d'internationalisation des universités :

Les stratégies d'internationalisation des universités peuvent prendre une multitude de formes qui passent par la réalisation d'investissements plus ou moins importants et qui nécessitent ou pas le franchissement de la frontière, on peut faire apparaître les différentes formes de stratégies suivant le franchissement ou pas d'une frontière, ainsi :

- *L'université propose des formations orientées vers l'international ;*

Le premier type de stratégie d'internationalisation d'une université pourrait apparaître léger au regard de l'observateur dans la mesure où certaines universités se contentent de proposer des formations en langue étrangère ayant le plus souvent une problématique internationale comme les formations en droit européen notamment. Dans ce type de formation, on fait appel le plus souvent à des « visiting professors » qui enseignent dans leur langue maternelle et qui apportent à l'étudiant une vision différente des choses. Dans ce type de situation, on peut avoir des étudiants d'origine étrangère qui peuvent trouver dans ces formations des débouchés intéressants.

- *L'université favorise les échanges d'étudiants en même temps que les échanges d'enseignants chercheurs avec d'autres universités ;*

Cette deuxième stratégie est déjà relativement ancienne et elle repose sur des échanges avec de nombreuses universités étrangères qui envoient leurs étudiants passer un semestre ou une année complète dans l'université qui elle-même envoie à son tour des étudiants dans ces universités. Ces échanges sont facilités par la mise en place de programmes comme ERASMUS qui sont initiés par l'Union européenne et dont le but principal consiste à développer la mobilité des étudiants en Europe. Cette stratégie d'échange peut s'étendre aux enseignants qui peuvent être envoyés suivre des séjours au sein de ces universités, ces séjours leur permettant d'échanger le fruit de leur recherche avec leurs homologues étrangers et réciproquement.

- *l'université noue des partenariats avec des universités étrangères ;*

Cette stratégie qui s'apparente la plupart du temps à une stratégie de coopération telle que l'on rencontre dans d'autres secteurs d'activités et qui consiste pour une université à signer des accords de partenariat avec des universités étrangères pour envisager un certain nombre d'opérations en communs et qui peuvent alors prendre des formes diverses : échanges d'étudiants ; échanges d'enseignants ; participation à des projets de recherche en commun ; création de formations en commun avec une partie du cursus sur le territoire national et l'autre partie sur le territoire étranger et mise en place de groupes de chercheurs transnationaux.

- *l'université propose aux étudiants du monde entier des formations totalement dématérialisées ;*

Cette stratégie d'internationalisation est celle qui est apparue la plus récemment dans la mesure où elle est liée totalement à l'évolution de la technologie qui permet ce mode d'administration. Dans les faits, rien n'empêche techniquement une université de proposer à n'importe quels étudiants résidant parfois à l'autre bout du monde de suivre ce type de formation sans jamais avoir besoin de mettre les pieds dans l'université qui offre ce produit. Dans cette optique, la réussite de ce type de stratégie repose essentiellement sur la notoriété de l'université au niveau international et sur une campagne publicitaire qui aurait un impact mondial.

- *L'université noue un accord avec une université locale pour y assurer une ou plusieurs formations ;*

Ce type d'accord implique que l'université choisisse de proposer à une université étrangère de développer des formations en leur assurant une forme de soutien logistique par exemple en envoyant des enseignants et du personnel administratif le temps de la formation.

- *L'université choisit d'installer une branche ou la totalité de ses activités dans un pays étranger ;*

Cette stratégie d'internationalisation se traduit par le fait qu'une université choisisse d'implanter une branche de ses activités à l'étranger en y construisant des bâtiments et en embauchant en grande partie du personnel local même si on peut imaginer qu'un certain nombre de cadres administratifs en même temps que certains enseignants appartenant à l'université puissent faire l'objet d'un détachement temporaire. L'université peut aussi choisir d'y implanter totalement une annexe avec l'ensemble ou la plupart des formations offertes à un public étranger voire à plusieurs si l'université multiplie les implantations à l'étranger. L'intérêt d'une telle stratégie consiste à rechercher par tous les moyens de nouveaux débouchés, l'inconvénient réside dans le fait qu'elle nécessite de nombreux investissements qui peuvent se révéler coûteux pour l'université.

Comme nous venons de le voir dans ce chapitre, les stratégies de développement sont multiples et il n'apparaît pas qu'une en particulier puisse devoir s'imposer dans la mesure où l'adoption de telles stratégies s'adapte plutôt face à un certain contexte dans lequel se trouve l'université, qu'elle soit catholique, privée non confessionnelle ou publique. Parallélement à l'examen de ces stratégies de développement, il convient dans une dernière partie de s'attarder sur quelques éléments transversaux qui concernent plus spécifiquement les universités catholiques, mais qui pourraient tout autant s'adapter à d'autres établissements et qui influent d'abord sur leurs stratégies mais par extension sur certains éléments de leur politique marketing.

CONCLUSION DE LA QUATRIÈME PARTIE

Lorsqu'une université met en œuvre une politique marketing en mobilisant notamment les quatre piliers du marketing-mix, elle le fait toujours par rapport à la stratégie qu'elle s'efforce de mettre en œuvre avec plus ou moins de succès, cette stratégie doit lui assurer un avantage concurrentiel par rapport aux autres établissements présents dans le secteur universitaire. Dans le même temps, la mise en œuvre d'une stratégie intervient également lorsqu'une université souhaite se développer et être pérenne par ailleurs. Le chapitre 14 nous a montré qu'une université évolue dans un secteur dans lequel elle est soumise à plusieurs facteurs qui influent sur sa « rentabilité » , respectivement : la rivalité avec les autres universités ; les pressions exercées par les enseignants et le personnel administratif ; les pressions exercées par les étudiants et les parents ; la menace d'entrée de nouveaux concurrents et pour finir la menace exercée par les services de substitution. La prise en compte de ces éléments place l'université par rapport à trois alternatives au niveau stratégique : la stratégie de domination par les coûts, la stratégie de différenciation et la stratégie de concentration sur un segment. L'examen attentif nous a montré que la stratégie de différenciation demeure celle qui est la plus envisageable pour une université catholique. Le chapitre 15 dans le prolongement d'une stratégie de différenciation envisagée met en évidence le concept du positionnement qui demeure un élément important permettant à une université de se différencier et d'afficher en quelques sortes ce que l'université s'efforce d'offrir aux étudiants et ce qu'il est en droit d'attendre par rapport aux différentes offres concurrentes. Dans le même ordre d'idée, le choix d'un nom que l'on peut assimiler au choix d'une marque par les entreprises constitue un élément à la fois de son positionnement en même temps qu'il reste un élément fort de sa communication globale. Pour finir, le chapitre 16 passe en revue l'ensemble des stratégies de développement qu'une entreprise peut choisir d'adopter pour continuer à s'assurer un avantage concurrentiel qui soit par ailleurs durable. Nous avons mis en évidence deux types de stratégie dont le point central reste l'évolution du nombre d'inscrits, une augmentation continue dans le cas d'une stratégie extensive ou au contraire un plafonnement dans le cadre d'une stratégie intensive qui oblige l'université à rechercher d'autres sources de financement. Dans le même temps, nous avons mis en lumière, le fait qu'une université peut choisir de se concentrer sur ce qui fait son cœur de métier c'est-à-dire l'enseignement en optant pour une stratégie de spécialisation ou au contraire de se développer dans d'autres secteurs avec lesquels elle peut développer des synergies, c'est le cas lorsqu'elles adoptent des stratégies de diversification. Pour finir, l'évolution de l'environnement international à travers plusieurs paramètres nous montre que le secteur de l'enseignement supérieur s'ouvre fortement sur l'international conduisant alors les universités à développer sous de multiples formes des stratégies d'internationalisation, certaines ne nécessitant pas forcément des investissements conséquents alors que d'autres impliquent des investissements coûteux résultant d'implantation d'une branche ou de la totalité d'une université sous forme d'annexes dans un ou plusieurs pays. Ce choix d'intégrer l'internationalisation dans leurs stratégies s'explique en partie par une concurrence de plus en plus importante qui sévit sur le territoire national, celle-ci les obligen à rechercher d'autres sources de financement à l'international.

5ème PARTIE
LES SPÉCIFICITÉS DES UNIVERSITÉS CATHOLIQUES AU REGARD DU MARKETING UNIVERSITAIRE

Comme nous avons pu le souligner, les techniques de marketing habituellement utilisées par les entreprises pour vendre des produits et des services s'appliquent plus ou moins facilement au milieu universitaire que ce soit au niveau des études de marché, de la mise en application des politiques de marketing-mix et des concepts relevant plus spécifiquement du marketing stratégique. Par ailleurs, on ne peut appréhender de manière totalement exhaustive la pertinence des techniques marketing pour une université si l'on ne s'attarde pas par ailleurs sur certains éléments qui relèvent en grande partie du macro-environnement, mais qui ont pourtant un impact non négligeable sur la stratégie globale de l'université et par extension sur sa politique marketing. Ces éléments qui influencent la stratégie concernent toutes les universités quelles ques soient leurs statuts, mais dans le cadre d'une université catholique, certaines composantes du macro-environnement ont encore plus d'importance. Dans cette optique, nous analyserons dans un chapitre 17 comment la prise en compte de la catholicité se manifeste dans la stratégie des universités catholiques, plus particulièrement à travers les différents textes émanant du Saint-Siège qui fixe une sorte de cahier des charges devant être respecté par l'ensemble des universités catholiques. Dans le même temps, nous illustrerons concrètement comment la mise en place de ce cahier des charges peut se décliner à l'échelle d'une université comme l'Université Catholique de Lille, en l'occurrence. Dans un chapitre 18, nous verrons comment les préceptes de la RSE sont mis en œuvre au sein d'une université en même temps que nous analyserons les méthodes de ranking habituellement utilisées et leurs impacts sur l'image de marque de l'université. Dans le même temps , nous mettrons en lumière certaines méthodes de ranking alternatives aux méthodes actuelles et qui ont l'avantage de prendre en compte le développement durable et la RSE. Dans un chapitre 19, nous nous attarderons sur ce que les observateurs appellent aujourd'hui «la digitalisation de l'université » et son impact sur le secteur universitaire dans son ensemble, pour cela, nous nous appuierons sur l'analyse SWOT déjà utilisée dans la première partie qui fera ressortir les forces et les faiblesses d'une part et les menaces et les opportunités crées par la digitalisation. Cette digitalisation implique dans le même temps que les techniques marketing utilisées par les universités pour recruter leurs futurs étudiants doivent évoluer sensiblement en s'appuyant massivement sur les techniques numériques, ce que l'on qualifie aujourd'hui d'inbond marketing. Pour finir, nous examinerons comment la crise actuelle du Covid 19 a impacté l'ensemble de la vie universitaire depuis Mars 2020 et comment cette dernière a été vécue plus ou moins facilement en fonction du développement de la digitalisation.

CHAPITRE 17 : LA PLACE DE LA CATHOLICITÉ DANS LA STRATÉGIE DES UNIVERSITÉS CATHOLIQUES

Pour beaucoup d'observateurs , les universités catholiques restent souvent mal comprises par rapport à ce qui fondent leurs spécificités par rapport aux autres établissements privés non confessionnels et publics dans la mesure où les universités catholiques dispensent à l'instar de leurs homologues des cours et délivrent directement ou indirectement des diplômes à leurs étudiants. Pourtant, les universités catholiques présentent certaines particularités qui les distinguent sensiblement des autres, ces particularités ont par ailleurs un impact plus ou moins direct sur la mise en œuvre de leur politique marketing. La première particularité réside dans le fait que leur fonctionnement n'est pas régi par les seules lois nationales votées par chaque parlement, mais prend sa source dans une série de textes (encycliques ou constitutions apostoliques) qui fixe ses règles de fonctionnement en même temps que sa mission. La deuxième particularité est liée au fait que les principes mêmes du catholicisme sont appliqués plus ou moins fortement par les universités catholiques, on peut affirmer ainsi que la catholicité est un élément plus ou moins explicite de la stratégie globale de l'université et accessoirement de sa politique marketing. Pour finir, la plupart des universités catholiques s'efforcent de mettre en œuvre un certain nombre d'actions visant à promouvoir une forme de campus intégral qui combine à la fois l'accompagnement de leurs étudiants et le respect de leur mission universitaire. Afin de répondre à ces questions, nous aborderons dans une première section, le cadre juridique du fonctionnement des universités catholiques, dans une deuxième section, nous étudierons comment une université met concrètement en application les principes de la catholicité dans sa stratégie quotidienne en prenant comme exemple, l'Université Catholique de Lille. Pour finir, dans une troisième et dernière section, nous essaierons d'éclaircir en nous appuyant sur des exemples empruntés aux universités qui composent la FIUC comment se décline « le campus intégral » à travers la mise en œuvre du principe de l'« éducation intégrale ».

Section 1 : Le cadre juridique du fonctionnement des universités catholiques

Le cadre juridique qui régit le fonctionnement des universités catholiques découle d'un certain nombre de documents émanant directement du Vatican et qui de fait s'appliquent à toutes les universités catholiques si celles-ci veulent continuer à exister et avoir l'onction des autorités religieuses. Le document essentiel qui régit le fonctionnement des universités catholiques trouve sa source dans la Constitution apostolique. Le dictionnaire du Vatican et du Saint-Siège (2013) nous indique que la Constitution apostolique à l'origine romaine recouvrait initialement les prescriptions à portée générale émanant de l'empereur et du Pape dans le cas présent, que cette même Constitution représente un poids non négligeable d'actes du Saint-Siège et peut être rédigée directement par le Pape lui-même ou par l'un des dicastères de la Curie Romaine agissant en son nom. Ces Constitutions apostoliques peuvent parfois être complétées par des documents d'orientation émanant cette fois-ci du Préfet de la Congrégation pour l'éducation catholique et qui ont pour but de préciser certains points liés à l'enseignement catholique. La publication de ces documents et notamment les Constitutions apostoliques prennent soin de distinguer les universités et établissements catholiques dans leur ensemble à l'exception, il faut le souligner des universités et facultés ecclésiastiques qui relèvent de règles particulières. Dans un premier paragraphe, nous examinerons en détail la Constitution apostolique « *Ex Cordae Ecclesiae* » relative aux universités catholiques, dans un second paragraphe, nous nous attarderons sur la Constitution apostolique « *Veritatis Gaudium* » consacrée spécifiquement aux universités et facultés ecclésiastiques et pour finir, dans un troisième et dernier paragraphe, nous analyserons un document d'orientation publié par la Congrégation de l'enseignement catholique et consacré à l'éducation de l'humanisme solidaire.

§ 1.1) La Constitution apostolique *« Ex Corde Ecclesiae »* du 15 Août 1990

La Constitution *« Ex Corde Ecclesiae »* publiée par le Pape Jean-Paul II le 15 Août 1990 est le document officiel qui régit encore aujourd'hui le fonctionnement général des universités et établissements catholiques à l'exception notable des universités et facultés ecclésiastiques sur lesquels nous reviendrons dans le paragraphe suivant. Cette Constitution est un document relativement court qui comporte trois grandes parties : une introduction ; une première partie consacrée à l'identité et à la mission de l'université catholique et enfin, une deuxième partie consacrée plus spécifiquement aux normes générales. Il convient d'examiner plus en détail chacune des trois parties, respectivement :

- *L'introduction ;*

L'introduction de cette Constitution est très intéressante, car elle précise un certain nombre de points en commençant par rappeler que la mission première d'une université en tant qu'institution reste un instrument de créativité et de rayonnement du savoir pour le bien de l'humanité et qu'elle a vocation à développer la recherche et délivrer un savoir et une formation aux étudiants, ce qui dans le cas présent ne la distingue aucunement des autres universités. Cependant certains passages donnent à l'université catholique des motifs de se distinguer des autres universités non confessionnelles :

- « la recherche de tous les aspects de la vérité dans leur lien essentiel avec la Vérité suprême qui est Dieu » ;
- « la recherche du dialogue interculturel avec tous les hommes en lien étroit avec l'Evangile » ;
- « le souhait que les découvertes scientifiques aient une signification particulière dans la mesure où elles se doivent d'être utilisées pour le bien des individus et de la société humaine » ;
- « le lien étroit entre la recherche scientifique et sa dimension morale, spirituelle et religieuse » ;
- « le souhait de voir la pensée chrétienne présente durablement chez tous les étudiants issus des universités catholiques » ;
- « la volonté d'accompagner le mieux possible les universités catholiques dans leur développement en leur assurant un

soutien économique si elles sont situées dans les pays les plus pauvres ».

La première partie pour sa part distingue respectivement l'identité de l'université catholique de ces principales missions. L'identité met en évidence ce qui fait la substance même de ce que doit être une université catholique et ce qui la distingue fondamentalement des autres universités, ce que nous allons examiner à présent :

- *L'identité de l'université catholique ;*

L'identité spécifique de l'université catholique se matérialise à travers les éléments suivants :

- « avoir une inspiration chrétienne à la fois au niveau des individus en même temps que de la Communauté universitaire en tant que telle » ;
- « la fidélité au message chrétien tel qu'il est présenté par l'Église » ;
- « une interaction entre les disciplines académiques » ;
- « une recherche qui regroupe quatre éléments : la poursuite d'une intégration de la connaissance ; le dialogue entre foi et raison ; une préoccupation éthique et une préoccupation théologique » ;
- « les professeurs devront être inspirés par les idéaux académiques et par les principes d'une vie authentiquement humaine » ;
- « les étudiants sont sollicités à poursuivre une éducation qui allie l'excellence du développement humaniste et culturel à la formation professionnelle » ;
- « les dirigeants et le personnel administratif d'une université catholique doivent promouvoir la croissance constante de l'université et de sa communauté grâce à une gestion des services » ;
- « l'université catholique maintient un rapport étroit avec l'Église » ;
- « les évêques du diocèse dans lequel évolue l'université apporteront leur soutien aux autorités universitaires sans pour autant interférer dans leur gestion » ;
- « les enseignants disposent d'une complète autonomie dans leur fonction ».

Comme on peut le constater, une université catholique se distingue sur de nombreux points des universités classiques à travers une identité spécifique, l'étude de ces missions renforcent encore cette spécificité à travers plusieurs paramètres :

- *La mission de service d'une université catholique :*

La Constitution apostolique *« Ex Cordae ecclesiae »* précise plus en détail les missions spécifiques que doit avoir une Université catholique, respectivement :

- « l'université doit préparer les hommes et les femmes à être capables d'occuper des postes de responsabilité dans l'Église » ;
- « la recherche sera orientée vers l'étude des grands problèmes économiques et sociaux contemporains avec une attention particulière aux dimensions éthiques et religieuses » ;
- « l'université catholique s'efforcera de faciliter son accès aux catégories les plus modestes de la société » ;
- « la coopération avec d'autres universités et des organismes nationaux et internationaux devra être privilégiée » ;
- « la formation au-delà du cercle circonscrit à la seule population étudiante devra être développée pour permettre à un très large public de bénéficier de l'enseignement universitaire » ;
- « la collaboration avec les universités autres que les universités catholiques sera encouragée en même temps qu'avec les autorités publiques dans le but de préserver leur autonomie institutionnelle » ;
- « la pastorale universitaire devra être développée en permettant au personnel de concilier à la fois leur mission et leur foi » ;
- « la participation aux cérémonies religieuses sera encouragée » ;
- « une attention particulière de la part des professeurs et des étudiants sera apportée aux plus pauvres et ceux souffrant d'injustices » ;
- « la défense des cultures locales ou traditionnelles devra être respectée sans opposition avec les cultures modernes » ;

- « un attachement particulier sera porté à l'impact des nouvelles technologies sur les individus » ;
- « les missions des universités catholiques doivent être en lien avec la mission évangélique de l'Église ».

La Constitution apostolique dans un deuxième temps fixe les normes générales qui prévalent auprès des universités catholiques et qui précisent son fonctionnement, dans cette optique, il convient d'en faire ressortir les principaux éléments :

- « toutes les universités catholiques, constituées ou approuvées par le Saint-Siège, par une conférence épiscopale ou par une autre assemblée de la hiérarchie catholique, ou par un évêque diocésain, devront incorporer ces normes générales et leur applications, locales et régionales dans les documents relatifs à son gouvernement » ;
- « l'enseignement catholique et la discipline catholique doivent influencer toutes les activités de l'université, tout en respectant pleinement la liberté de la conscience de chaque personne. Tout acte officiel de l'université doit être en accord avec son identité catholique » ;
- « au moment de leur nomination, tous les professeurs et l'ensemble du personnel administratif doivent être informés de l'identité catholique de l'institution et de ses implications, ainsi que de leur responsabilité pour promouvoir ou, du moins, respecter cette identité » ;
- « les enseignants qui n'appartiennent pas à l'église catholique se doivent de respecter le caractère catholique de l'université en même temps qu'ils ne peuvent constituer une composante majoritaire » ;
- « chaque formation proposée aux étudiants doit inclure un enseignement éthique » ;
- « chaque évêque est responsable du bon fonctionnement des universités catholiques présentes dans son diocèse en même temps qu'il doit veiller au renforcement de son caractère catholique » ;
- « l'université catholique devra fournir périodiquement un rapport concernant ses activités aux autorités religieuses ».

Comme nous venons de le voir, les Universités catholiques présentent un certain nombre de caractéristiques qui les distinguent des autres universités, une autre particularité spécifique réside dans le fait que l'Église distingue clairement les universités catholiques des universités ecclésiastiques, ce qu'une autre Constitution apostolique précise par ailleurs, tel est l'objet du paragraphe suivant.

§ 1.2) La Constitution apostolique « *Veritatis Gaudium* » du 8 Décembre 2017

Comme nous l'avons souligné, l'Église distingue les facultés catholiques des facultés ecclésiastiques dans la mesure où ce type d'université fonctionne selon des règles particulières qui font par ailleurs l'objet de constitutions spécifiques. La Constitution apostolique « *Veritatis Gaudium* » en date du 8 Décembre 2017 publiée par le Pape François se substitue à une autre Constitution apostolique « *Sapienta christiana* » promulguée sous le Pontificat de Jean-Paul II le 15 Avril 1979 qui précise le fonctionnement de ces mêmes universités. Cette Constitution se subdivise en trois grandes parties : une première partie est consacrée aux normes communes, une deuxième partie met en lumière des normes spéciales et pour finir la troisième et dernière partie insiste sur les normes finales.

Les normes communes précisent un certain nombre d'éléments sur la nature et la finalité des universités et facultés ecclésiastiques qu'il convient de développer par ailleurs, il existe également d'autres aspects liés à la gestion de ces mêmes universités qui présentent également des points déjà évoqués lors de l'examen des universités catholiques classiques.

- *La nature et les finalités des Universités et Facultés ecclésiastiques ;*
  - « les universités et facultés ecclésiastiques ont comme but essentiel d'étudier et d'enseigner la doctrine sacrée et les sciences qui ont un lien avec elle et qui ont le droit de conférer les grades académiques par l'autorité du Saint-Siège » ;
  - « les universités et facultés ecclésiastiques peuvent être complètement autonomes ou se situer au sein d'une université catholique classique » ;
  - « cultiver et promouvoir grâce à la recherche scientifique, les disciplines qui leur sont propres, directement ou indirec-

tement connexes à la Révélation chrétienne ou qui servent directement à la mission de l'Église » ;

- « former à un haut niveau de qualification les étudiants dans leurs propres disciplines, selon la doctrine catholique, les préparer convenablement à affronter leurs tâches et promouvoir la formation continue ou permanente des ministres de l'Église » ;
- « les facultés qui n'ont pas été érigées ou approuvées canoniquement par le Saint-Siège ne peuvent pas conférer de grades académiques ayant valeur canonique ».

À côté des normes communes, la Constitution apostolique présente un certain nombre de dispositions qui sont regroupées sous le vocable de « normes spéciales » et qui concernent les différentes facultés qui relèvent des facultés ecclésiastiques , respectivement : la Faculté de Théologie ; la Faculté de Droit Canonique et la Faculté de Philosophie qu'il convient de définir plus précisément.

- *Les normes spéciales ;*

- « la faculté de théologie a pour but d'approfondir et d'exposer systématiquement, selon la méthode scientifique qui lui est propre, la doctrine catholique, puisée avec le plus grand soin aux sources de la Révélation divine, et aussi de s'appliquer à rechercher, à la lumière de cette Révélation, des solutions aux problèmes que se posent les hommes » ;
- « les valeurs positives qui se trouvent dans les différentes philosophies et cultures doivent être recherchées, triées et assumées avec soin. Cependant, on ne peut accepter les systèmes et les méthodes qui ne seraient pas compatibles avec la foi chrétienne » ;
- « les relations avec les religions non chrétiennes sont à considérer avec attention et les problèmes qui naissent de l'athéisme et autres courants de la culture contemporaine seront examinés avec une scrupuleuse diligence » ;
- « la faculté de droit canonique », latin ou oriental, a pour but de cultiver et de promouvoir les disciplines canoniques à la lumière de la loi évangélique, et d'en instruire à fond les étudiants, pour qu'ils soient formés à la recherche et à l'enseignement et soient également capables d'assumer des charges ecclésiastiques particulières » ;

- « la faculté ecclésiastique de philosophie a pour but d'étudier, selon la méthode scientifique, les problèmes philosophiques et, en se fondant sur le patrimoine philosophique toujours valide, de rechercher leur solution à la lumière naturelle de la raison et démontrer leur cohérence avec la vision chrétienne du monde, de l'homme et de Dieu, en mettant en valeur les relations de la philosophie avec la théologie ».

Les normes finales pour leur part mettent en avant le rôle essentiel joué par la Congrégation pour l'Éducation Catholique par rapport à la stricte application de cette Constitution et éventuellement d'inciter à changer quelques articles en cas de besoin ou d'évolution du contexte général. Comme nous pouvons le constater à la lecture des deux Constitutions qui régissent le fonctionnement des deux types d'Université qui relèvent du Saint-Siège, les missions qui lui sont assignées laissent une grande place respectivement : au facteur spirituel, à l'éthique et à la formation humaine d'abord et dans les formations proposées concrètement aux étudiants afin qu'ils puissent ensuite les décliner à la fois dans leur vie professionnelle, mais aussi personnelle. Si l'on s'arrêtait à cette seule considération, on pourrait estimer alors que la mise en œuvre d'une démarche marketing par une université catholique apparaîtrait pour le moins décalée ou encore totalement iconoclaste pour les observateurs tant les dispositions qui apparaissent dans les deux Constitutions apostoliques ne mentionnent pas ou très peu les techniques de gestion susceptibles d'être appliquées par ces mêmes universités. Un dernier élément vient conforter cette impression générale lorsque l'on examine certains documents qui sont produit par la Congrégation pour l'Éducation Catholique et qui préconisent certaines choses à appliquer dans les universités au regard de certains problèmes mondiaux, tel est l'objet des orientations concernant l'éducation à l'humanisme solidaire.

§ 1.3) Faciliter l'éducation à l'Humanisme Solidaire

La Congrégation pour l'Éducation Catholique a publié le 16 Avril 2017 un document d'orientation intitulé *« Éduquer à l'Humanisme Solidaire »* avec comme sous-titre : *« pour construire une civilisation de l'amour 50 ans après l'encyclique Populorum Progressio »*. Ce document d'orientation rappelait 50 ans après l'encyclique *Populorum*

Progressio consacrée au développement humain que le monde actuel continuait d'être confronté à de nombreux problèmes majeurs dans tous les domaines qu'ils soient économiques, sociologiques , politiques, militaires et sanitaires. Face à ce monde complètement instable, il convenait selon la Congrégation d'adapter les parcours éducatifs à cette nouvelle donne, ce qui supposait par ailleurs de mettre en avant un certain nombre de préconisations pouvant être mise en œuvre par les établissements d'enseignements à commencer par les universités catholiques, respectivement :

- « humaniser l'éducation pour en faire un processus dans lequel chaque individu puisse développer ses attitudes profondes, sa propre vocation et, de ce fait, contribuer à la vocation de sa communauté en mettant la personne au centre de l'éducation » ;
- « les institutions éducatives et universitaires qui souhaitent mettre la personne au centre de leur mission sont appelées à respecter la famille comme étant la première société naturelle et à se mettre à ses côtés, selon une conception stricte de la subsidiarité » ;
- « une éducation humanisée ne doit pas se limiter à offrir un service de formation, mais à s'occuper des résultats de celui-ci dans le contexte global des attitudes personnelles, morales et sociales des participants au processus éducatif. De la même manière, une éducation humanisée ne doit pas se limiter à demander au professeur d'enseigner et à l'élève d'apprendre, mais elle exhorte tout le monde à vivre, étudier et agir en se rattachant aux raisons de l'humanisme solidaire. Cette éducation ne doit prévoir d'espace de divisions et d'oppositions, mais, au contraire, elle doit offrir des lieux de rencontre et de débat permettant de réaliser des projets éducatifs valables » ;
- « l'éducation à l'humanisme solidaire a la lourde responsabilité de veiller à la formation des citoyens pourvus d'une culture du dialogue adéquate » ;
- « l'éducation doit posséder la capacité à jeter les bases d'un dialogue pacifique afin de permettre la rencontre entre les diversités, avec pour principal objectif de construire un monde meilleur » ;

- « une éducation à l'humanisme solidaire doit développer des réseaux de coopération dans les différents domaines de l'éducation, notamment dans la formation universitaire » ;
- « l'université doit être le terreau principal pour la formation à la coopération dans la recherche scientifique, en privilégiant au sein de l'humanisme solidaire, l'organisation de recherches collectives, dans tous les domaines de la connaissance, dont les résultats pourraient être corroborés par l'objectivité scientifique de l'application de logiques, de méthodes et de techniques adéquates, mais aussi par l'expérience de la solidarité vécue par les chercheurs ».

Ces principaux points qui découlent de cette note d'orientation émanant de la Congrégation nous rappellent que les missions d'une université catholique en tant que transmettrice de savoirs aux étudiants se distinguent des autres universités où l'orientation humaniste n'apparaît pas forcément dans des textes même si on ne peut exclure que des universités non confessionnelles communiquent dans ce sens. Dans cette optique, il apparaît intéressant d'examiner comment les universités catholiques transposent quotidiennement les grands principes énoncés dans les constitutions et les notes d'orientation, dans le cas présent, nous prendrons comme exemple l'Université Catholique de Lille, tel est l'objet de la section suivante.

Section 2 : La catholicité comme un élément de différenciation significatif de la stratégie de développement : l'exemple de l'Université Catholique de Lille

L'Université Catholique de Lille qui constitue l'une des cinq universités catholiques de France a été créée en 1875 sous l'impulsion d'un groupe de patrons proches du courant du catholicisme social qui désiraient former des étudiants disposant de solides valeurs chrétiennes et qui ensuite pourraient ainsi mieux les appliquer dans leurs entreprises. Un document de travail diffusé en interne en 2002 précisait un certain nombre de points importants sur la manière dont l'Université Catholique de Lille s'efforce de mettre en application quotidiennement les grands principes contenus dans « *Ex Cordae Ecclesiae* » et cela dans trois domaines importants : la manière dont l'université vit sa catholicité ; le développement de son projet médical et institutionnel pour son Groupe hospitalier et pour finir les interactions entre les pratiques pédagogiques et les inspirations évangéliques. Chacune de ces composantes fera l'objet d'un paragraphe spécifique.

§ 2.1) L'Université Catholique de Lille et la catholicité

L'Université Catholique de Lille considère le concept de catholicité comme étant polysémique et susceptible de se décliner de trois manières. La première qui est la plus couramment admise est celle d'universalité dans le sens d'une extension géographique. La seconde a un sens plus historique en lien avec le caractère propre confessionnel de l'Église en lien avec le siège de Rome ce qui la distingue fortement des autres églises chrétiennes et qui rend ainsi plus difficile les démarches œcuméniques visant à rapprocher les différentes religions chrétiennes. La troisième présente un caractère plus dynamique dans la mesure où elle met en avant la possibilité d'ouvrir à l'espérance d'un nouveau mode du vivre ensemble. Face à ces multiples approches, la façon de décliner la catholicité au quotidien dans chaque faculté, chaque institut ou école se matérialise à travers plusieurs éléments :

- « encourager une dynamique interne, signe de la volonté de situer aux prises avec le monde contemporain dans la manière de vivre la mission » ;
- « le désir de voir les institutions internes participer à l'épanouissement de la Tradition chrétienne, non pas par une simple répétition du message, mais par une recherche toujours renouvelée, dans laquelle la raison et la foi génèrent des synergies insoupçonnées » ;
- « ouvrir non seulement aux questions économiques, sociales, politiques, religieuses, posées par l'universalité, la mondialisation ; mais aussi d'une pratique d'accueil, de dialogue, de concertation, de tous sans distinction , sans exclusion, sans parti pris, ni élitisme » ;
- « encourager une réelle vie en équipe, une collégialité effective, engendrée par une communication vraie, dans le respect des rôles et des fonctions de chacun » ;
- « assurer la promotion d'un enrichissement mutuel et permanent de tous dans la pluralité des approches et d'un discernement qui sans cesse construise l'unité dans les diffé-

rences et loin de diviser les enrichissent. En effet, la recherche d'unité n'est pas la simple acceptation des différences, mais la construction d'un projet commun où chacun puisse partager et accueillir la richesse propre de l'autre » ;

- « la volonté de donner aux étudiants des outils pour qu'ils puissent s'ouvrir et prendre conscience que la réalisation du projet de Dieu pour l'humanité passe par leurs intelligences, leurs cœurs et leurs métiers ».

§ 2.2) Le projet médical et institutionnel du Groupe hospitalier de l'Université Catholique de Lille

Depuis 2002, l'Université Catholique de Lille a précisé la manière dont son Groupe hospitalier doit exercer sa vocation au service des patients dans le respect et le vécu des valeurs évangéliques auxquelles se réfère l'Université, respectivement :

- la prise en compte globale du patient ;
- la relation de service « exigence d'hospitalité »
- la finalité universitaire du Groupe hospitalier ;
- le renforcement de la dimension de « Groupe hospitalier ».

Par rapport à ces quatre missions, il convient d'y apporter quelques précisions. Ainsi, concernant le premier point, la prise en compte globale du patient consiste à le placer au centre de l'organisation et du fonctionnement du Groupe hospitalier en lui assurant une prise en charge globale : physique, psychologique, sociale et spirituelle en même temps que de veiller à lui garantir le respect de son identité et de sa dignité. La deuxième mission implique de poser l'engagement de réaliser cette prise en charge globale dans une relation de service, véritable « exigence d'hospitalité ». Ce que l'on peut définir comme un « pacte de soin » doit assurer la qualité relationnelle et technique du soin, en assumer la précaution et le juste risque, susciter l'adhésion et la participation du patient par l'information et associer autant que possible par l'échange d'informations les soignants extérieurs désignés par le patient et la famille de celui-ci. La troisième mission rappelle la finalité universitaire du Groupe hospitalier et sa déclinaison en activités de soins, d'enseignement, de recherche et de santé publique. Dans les faits, il rejoint l'intention historique des fondateurs de l'Université qui créèrent simultanément la Faculté de médecine et le premier hôpital du Groupe. La quatrième et dernière mission s'efforce de conforter, tant à l'intérieur qu'à l'extérieur, la dimension et la visibilité du « Groupe hospitalier » en y développant cohérence, complémentarité et solidarité entre nos établissements. Si l'on se penche plus attentivement sur les deux premières missions constituées par la prise en charge globale et le fait d'avoir une véritable relation de service, ces deux missions s'accompagnent d'orientations opérationnelles qui se déclinent selon trois axes :

- une ouverture accrue à l'environnement qui permet de garantir la continuité de la prise en compte de l'amont et de l'aval du patient hospitalisé. Pour réussir, cela implique le développement intégré de coopérations internes entre les différents métiers, les différents services et les sites concernés, mais également de réelles coopérations avec les autres intervenants extérieurs, et tout particulièrement avec le secteur ambulatoire, acteur à part entière de l'hospitalisation ;
- la prise en compte de la dimension relationnelle du service à rendre au patient représente un enjeu de management qui doit faciliter le développement ainsi que l'amélioration de la qualité de ce service rendu ;
- la participation active au développement des réseaux de soins : réseaux ville hôpital, réseaux par pathologie, réseaux régionaux et locaux ce qui permet une meilleure prise en charge des populations fragiles, des personnes en difficulté et de certaines pathologies lourdes. Cela passe par un développement des liaisons du Groupe hospitalier et au-delà de l'université catholique avec le secteur associatif et la participation au service public hospitalier.

Pour renforcer l'intégration du secteur hospitalier avec l'environnement urbain et être encore plus près des personnes fragiles, l'Université Catholique de Lille a construit un deuxième hôpital après celui de Saint-Philibert érigé en 1976, l'hôpital Saint-Vincent de Paul, érigé en 1990, présente la particularité d'être situé dans un quartier populaire de Lille où une partie importante de la population est confrontée à une situation sanitaire fragilisée. Par ailleurs, la création d'une maternité et une place importante accordée à la pédiatrie depuis 2000, ont permis de constituer un pôle mère-enfant. Pour finir, si la gestion du Groupe hospitalier cadre parfaitement avec le message de l'Église qui insiste beaucoup sur l'attention portée aux personnes en difficultés et aux exclus, un autre projet de l'Université Catholique de Lille apparu au début des années 2000 s'efforce de renforcer cette inclusion entre les habitants, les services hospitaliers et l'enseignement supérieur : le projet Humanicité. Celui-ci pose une question souvent débattue dans différentes disciplines : une autre ville est-elle possible? . Lebrun, Sailly et Soyez (2019) tentent de répondre à cette question en décrivant par le détail ce projet considéré comme réellement innovateur et qui présentent les caractéristiques suivantes :

- aménager une zone de mixité sociale et fonctionnelle à côté de l'hôpital Saint-Philibert en y incluant du logement, des commerces, des structures d'accueil et des écoles paramédicales ;
- favoriser la rencontre et les échanges entre les citoyens de cette zone ;
- pratiquer la concertation entre les habitants ;
- favoriser les rencontres entre les étudiants, les enseignants et les habitants de cette zone.

A ce jour, Humanicité accueille 2200 habitants, 1300 étudiants, 2100 emplois et s'étend sur plus de 15 hectares et constitue un élément emblématique de la stratégie d'inclusion de l'Université Catholique de Lille.

L'Université Catholique de Lille développe également depuis 2010 une activité de prise en charge du handicap, des personnes âgées, du vieillissement et de l'approche de nouvelles formes de prise en charge, accompagnement à domicile, ..., cela avec une approche universitaire de recherche, d'enseignement, de formation tout au long de la vie, d'innovation sociale et sociétales,...

Pour finir, il convient d'examiner les interactions entre les pratiques pédagogiques et l'inspiration évangélique.

§ 2.3) Les interactions entre les pratiques pédagogiques et l'inspiration évangélique

Dans un document interne datant de 2002, les rédacteurs de ce document mettait en avant le principe suivant qui se déclinait à travers ces quelques phrases : « *Au cœur de tous les projets... c'est la question de l'homme qui est récurrente. Chaque établissement se doit de l'expliciter, de la formuler dans le langage qui est propre à sa culture, de la mettre en lumière dans son cursus universitaire pour lui donner vie dans sa pédagogie ».*

Par rapport à la place essentielle de l'homme comme élément structurant de chaque projet, l'Université Catholique de Lille s'est posée un certain nombre de questions auxquelles, on peut répondre par des exemples :

- *L'établissement permet-il d'être acteur au sein de l'institution ?*

L'Université en s'efforçant de garder une taille humaine permet à l'étudiant de ne pas se sentir anonyme. Dans le même temps, l'existence d'une fédération d'étudiants au niveau de l'université, avec des représentants élus par leurs pairs en même temps que la présence au sein de chaque faculté de Conseils d'étudiants désignés par leurs pairs leur permet de donner leur avis sur la qualité des enseignements, de la vie universitaire, du campus,... La prise en compte de l'opinion des étudiants passe également par la possibilité qu'ils ont de répondre à des questionnaires de satisfaction.

- *L'établissement prend-il en compte la personne de l'étudiant ?*

Bien que la dimension intellectuelle demeure l'axe principal de l'université, il n'en demeure pas moins que les étudiants qui fréquentent l'Université Catholique de Lille vivent d'autres expériences qui s'éloignent de la transmission du savoir, par exemple : la découverte d'une affectivité et d'une sexualité adulte, l'insertion dans une société dans laquelle ils prennent déjà des engagements, la construction d'un projet professionnel et la détermination du choix de vie. De ce fait, les étudiants ont à gérer une liberté nouvelle, à devenir responsable d'eux-mêmes, y compris de leur santé. Même si l'université se garde d'être trop intrusive dans la vie personnelle de l'étudiant, elle s'efforce à travers des campagnes de préventions de les alerter sur certains risques. Dans le même temps, chaque faculté a mis en place un certain nombre de modules destinés à fournir des outils aux étudiants pour bâtir leur projet professionnel.

- *L'établissement favorise-t-il l'accueil de tous ?*

Cette question concerne à la fois les services financiers de l'université, les services péri-universitaires en charge du logement plus particulièrement en même temps que les différentes facultés en charge de l'organisation pédagogique. Dans les faits, les services financiers s'efforcent de faciliter l'accès à l'université aux étudiants issus de milieux modestes en leur octroyant des facilités de paiements de leurs frais d'inscription en même temps que de leur accorder des réductions substantielles de ces mêmes frais au regard du revenu imposable de leurs parents. Dans le même temps, les services en charge du logement s'évertuent à favoriser l'octroi de résidences universitaires aux étudiants les plus démunis en les soulageant du même coup de devoir supporter des frais d'accès aux logements souvent dissuasifs dans des villes comme Lille. Pour finir, les facultés ont mis en place depuis plusieurs décennies des activités de tutorats destinées à permettre à certains étudiants de combler leurs lacunes dans certaines matières.

- *L'enseignement reconnait-il au jeune son droit à l'erreur ?*

L'université reconnait naturellement le droit pour un étudiant de se tromper dans le choix d'un parcours en autorisant sous certaines conditions le redoublement lorsque l'étudiant est considéré comme capable de rebondir l'année suivante et d'obtenir son année. De la même manière que l'université autorise les changements de filières à la fin d'un semestre ou d'une année lorsqu'un étudiant constate qu'il a fait le mauvais choix.

- *L'université favorise-t-elle l'ouverture à une dimension collective ?*

On considère souvent que l'étudiant développe ses capacités et construit son projet professionnel en considérant que c'est le règne du « chacun pour soi » en même temps qu'il applique le principe du « que le meilleur gagne » alors qu'il devrait au contraire se rapprocher de ses collègues à travers l'existence de projets ayant un caractère collectif. Depuis de nombreuses années, l'Université Catholique de Lille en renforçant la vie associative et en multipliant les modalités d'évaluation notamment en masters sous forme de projets à réaliser en commun s'est efforcée de renforcer ce caractère collectif.

- *L'enseignement forme-t-il l'esprit critique, ouvre-t-il au questionnement éthique ?*

Quelle que soit l'école ou la faculté, les enseignements abordent des questions qui touchent aux relations sociales ou à la vie économique, aux choix de société, à la famille, à la biologie ou à l'environnement. Dans cette optique, une réflexion existe sur la manière dont les enseignants s'interrogent sur les enjeux humains ou sociaux de ce qu'ils enseignent. Les enseignants des différentes facultés s'efforcent tout au long du cursus de leurs étudiants de leur inculquer des méthodes visant à développer leur esprit critique en même temps que leurs capacités d'analyse. Dans le même temps, la plupart des formations de masters incluent aujourd'hui des formations à l'éthique et à la Responsabilité Sociale des Entreprises.

- *Notre enseignement est-il communicatif d'une espérance ?*

Les étudiants dans cette période de fin d'adolescence, construisent et stabilisent leur image de soi. L'estime de soi, la confiance, dépendent en grande partie du regard que les adultes ont su poser sur eux, et des évaluations que des maîtres leur ont renvoyées. On considère par ailleurs que les études permettent une meilleure connaissance du monde. Il est difficile à l'heure actuelle de répondre à cette question tant elle dépend en grande partie de la personnalité des étudiants qui peuvent ressentir différemment la société dans laquelle ils vivent, on peut simplement affirmer que les enseignements reçus et la construction de leur projet professionnel leur ouvrent de belles perspectives et leur donnent des solutions pour bâtir un monde meilleur.

- *L'université permet-elle aux étudiants d'être créatifs ?*

On se pose souvent la question de savoir si l'étudiant est considéré comme un simple sujet d'un savoir à acquérir et d'un projet professionnel préconçu ou au contraire doit-il faire preuve d'une certaine créativité. Plusieurs établissements ont inclus dans leur cursus des modules que l'on pourrait qualifier de « décalés », mais qui ont pour unique but de révéler voire de développer la créativité de chaque étudiant.

- *Une université catholique, lieu de conviction , de proposition de la foi ;*

L'affirmation de ce dernier objectif correspond parfaitement aux préceptes figurant dans la Constitution apostolique « *Ex Cordae Ecclesiae* ». L'Université Catholique de Lille réaffirme la place importante du secteur théologique, des centres d'éthique, de l'aumônerie qui se doivent d'être ouverts à tous en étant un lieu d'échange, de dialogue inter-religieux, de débats philosophiques, de rencontre entre des personnes de culture et de convictions diverses, à l'image de la société. L'Université Catholique de Lille s'est efforcée de fournir à l'étudiant qui exprimait sa foi de pouvoir l'approfondir à travers la participation aux activités de l'aumônerie en même temps que la participation aux cérémonies religieuses ou en s'inscrivant à des modules ou des parcours en Faculté de Théologie.

La prise en compte de la catholicité dans la stratégie des universités nous conduit à examiner plus attentivement le concept d' « éducation intégrale » mis en œuvre au sein des universités catholiques, tel est l'objet de la dernière section.

Section 3 : L'enseignement de l'« économie intégrale » dans les universités catholiques

En 2018, la Fédération internationale des universités catholiques (FIUC) a publié un rapport final portant sur les résultats de l'enquête internationale menée auprès des recteurs et de leurs équipes de direction entre Mars et Mai 2018. Cette enquête portait sur les pratiques et les défis des universités catholiques en matière d'éducation intégrale et sur l'accompagnement de leurs étudiants et sur la réalisation de leur mission universitaire. Cette étude commanditée par la FIUC reposait au préalable sur quatre réflexions préalables :

- « Parvenons-nous à former de jeunes adultes « aux talents d'apprentissage remarquables, prêts à partager et à affronter les fardeaux des plus lourds fléaux sociaux, et à être témoins de la foi dans ce monde » ? ;
- « Enrichissons-nous, par une éducation et une recherche innovante, l'héritage de la tradition intellectuelle catholique dans sa quête vers « l'intégration (…) et une synthèse supérieure du savoir », cet idéal de quête de la vérité résidant en Dieu, accessible uniquement au carrefour entre recherche scientifique, philosophique morale, théologie anthropologique catholique, et admiration de la beauté et du mystère intrinsèque de la Création » ? ;
- « Que pouvons-nous faire de mieux pour construire une « communauté universitaire authentiquement et pleinement catholique » afin de remplir la mission spécifique des universités catholiques au sein de l'œuvre évangélisatrice de l'Église » ? ;
- « Comment y parvenir avec nos forces et nos faiblesses, dans notre contexte universitaire et culturel bien spécifique » ? .

Dans un premier paragraphe, nous définirons plus précisément le concept d'éducation intégrale et dans un deuxième paragraphe, nous illustrerons ce concept par certains exemples mis en avant par certaines universités qui composent la FIUC.

§ 3.1) Le concept d'éducation intégrale

« L'éducation intégrale », encore appelée « *education of the whole person"* en anglais est un concept traditionnel de l'éducation catholique qui n'apparaît pas comme telle dans la Constitution apostolique *Ex corde Ecclesiae* ou dans les textes liés au catholicisme social. Les représentants des universités ayant participé à l'étude ont fini par donner une définition de l'éducation intégrale « comme étant une éducation s'adressant à « toutes les dimensions de la personne », à visée « transformative », cherchant à former de jeunes adultes « aux talents d'apprentissage remarquables, prêts à partager et à affronter les fardeaux et les plus lourds fléaux sociaux, et à être témoins de la foi dans ce monde ». L'éducation intégrale a ainsi vocation à s'adresser à tous les étudiants, quels que soient leurs choix disciplinaires.

D'une manière générale, on considère que l'éducation intégrale couvre traditionnellement plusieurs champs, le rapport de la FIUC mentionne respectivement :

- « l'intellect, avec le développement de l'esprit critique et du *« problem solving »*, qui demande une appétence et des compétences spécifiques à débloquer » ;
- « l'éthique et la morale » ;
- « le corps, via la sensibilisation ou l'éducation en matière de santé (premiers secours, fonctionnement cognitif, pratiques à risques, etc.), des cours d'éducation physique, une éducation vis-à-vis des mœurs, notamment sexuelles, etc. » ;
- « l'émotionnel et l'interpersonnel, visant à la fois à encourager l'altruisme, la collaboration et le travail en groupe, la générosité, l'accueil de la différence, de la fragilité et de la souffrance, et à savoir se confronter à la violence, via par exemple l'apprentissage des notions essentielles de psychologie, du leadership humaniste, de la communication non-violente, de l'écoute active, des méthodes de résolution ou de transformation des conflits, ou encore par la connais-

sance des actions à accomplir en cas de corruption, d'atteintes aux personnes, etc. » ;

- « les relations sociales, via le développement des compétences en négociation utiles pour les futures relations employeur/employé, la connaissance des droits élémentaires, notamment pour les femmes et les minorités, et à l'initiation aux droits et devoirs spécifiques liés au monde du travail, à la famille, à la citoyenneté, etc. » ;
- « la relation à la nature, aussi bien celle qui nous habite qu'aux êtres vivants et non-humains, via par exemple une initiation aux sciences écologiques, aux enjeux de l'Anthropocène, et aux interrogations philosophiques liées » ;
- « la vision esthétique du monde, notamment via la pratique d'un ou plusieurs arts, le développement de la créativité et des pratiques contemplatives » ;
- la spiritualité, via l'initiation aux grands textes bibliques et d'autres religions, les débats et réflexions introspectives, etc. ».

A la différence d'une éducation à vocation humaniste qui se focalise sur l'éthique, l'éducation intégrale apparaît résolument holistique en prenant en compte toutes les dimensions de l'Homme. Il convient à présent d'illustrer la manière dont l'éducation intégrale a été déclinée dans les programmes de certaines universités.

§ 3.2) Quelques exemples de la mise en application de l'éducation intégrale par les universités

Plusieurs initiatives ont été développées par plusieurs universités catholiques, respectivement :

- *L'Université Catholique de Toulouse ;*

L'Université Catholique de Toulouse a créée l'école ESQESE (l'Ecole Supérieure pour la Qualité, l'Environnement, et la Sécurité en Entreprise) qui obéit aux principes de l'éducation intégrale. L'école développe une pratique pédagogique professionnalisante active : les étudiants sont amenés à répondre à un ou plusieurs cas de situations professionnelles réelles en réalisant des audits pour les grandes entreprises françaises partenaires de l'école. Dans le même temps, l'école développe également une pédagogie innovante et créative en accordant une place privilégiée à l'intelligence émotionnelle à travers la médiation artistique et musicale, l'organisation fréquente de jeux pédagogiques sérieux, et des cours de développement personnel et d'efficacité collective permettant aux étudiants de partager leurs émotions et ressentis en lien avec leur future activité professionnelle.

- *L'Université Catholique de Lille ;*

Depuis Septembre 2018, l'Université Catholique de Lille a mis en place l'école 360 qui prend aujourd'hui le nom de USCHOOL et qui permet aux étudiants d'obtenir deux masters en 3 ans, le premier disciplinaire en deux ans au choix de l'étudiant, l'autre pluridisciplinaire en un an en management de l'innovation. Cette nouvelle école « pionnière dans ce domaine » consiste à « former les leaders d'influence de demain, des personnalités agiles, instinctives, précurseurs de tendances et humbles, capables de concevoir, manager et conduire des projets complexes, dynamiques et innovants ». Cette formation a été élaborée conjointement avec les différentes facultés de l'Université Catholique de Lille, USCHOOL enseigne le management et la stratégie de l'innovation, le *design thinking*, l'art appliqué et la créativité, le numérique, les humanités et les langues, avec une forte dimension internationale assurée par un partenariat avec la Hope University de Liverpool ainsi que d'autres partenaires étrangers. Sa dimension transversale permettra aux étudiants de bénéficier et de participer au travail des autres institutions innovantes de l'université.

- *L'Universidad Catolica de Costa Rica ;*

L'Universidad Catolica de Costa Rica a développé une politique ambitieuse, mais jugée encore insuffisante à leurs yeux, en matière d'accompagnement des étudiants concernant le sens de leurs études et de leur futur métier. Elle a mis en place une unité d'orientation vocationnelle et personnelle, travaillant en étroite collaboration avec la faculté de pédagogie de l'université, offrant à tous les étudiants volontaires des sessions de coaching assurées par des psychologues et des mentors. Parallélement à cette action sur le campus, des représentants de cette université interviennent au sein des lycées salésiens afin d'inciter les lycéens à se poser les questions pertinentes au niveau de leur orientation.

- *L'Université La Salle de Mexico;*

L'Universidad La Salle de Mexico a adopté pour sa part, un accompagnement assez complet des étudiants, notamment en matière de santé qui peuvent ainsi recevoir un accompagnement et un coaching en termes d'orientation scolaire, ainsi que des conseils nutritionnels voire des soins en cas d'anorexie ou de boulimie fournis par un programme consacré aux troubles de l'alimentation . Des conseils psychologiques sont également accessibles pour tous les étudiants qui en font la demande. L'université dispose également d'un programme de prévention de la toxicomanie.

- *L'Université Antonine de Baabda au Liban ;*

L'Université Antonine a développé un « Centre d'écologie relationnelle » qui a pour vocation d'encourager le développement humain intégral de tous les membres de la communauté universitaire, notamment par une approche relationnelle et « expérientielle »

Comme nous venons de le voir, la prise en compte de la catholicité dans les stratégies des universités découlent en grande partie des différentes Constitutions apostoliques et autres documents d'orientation, chaque université à sa manière s'efforce ensuite de les décliner en tenant compte du contexte local. Il convient à présent d'examiner la problématique du ranking universitaire en même temps que l'application des principes de la RSE au sein d'une université.

CHAPITRE 18 : LE RANKING UNIVERSITAIRE , LA MISE EN ŒUVRE DE LA RSE ET L'UTILISATION D'UNE MÉTHODE DE RANKING ALTERNATIF AU SEIN DES UNIVERSITÉS

La concurrence qui se développe de plus en plus au niveau international entre les universités nécessite que l'étudiant puisse juger de la qualité de chaque offre universitaire , bien qu'il existe une multitude d'indicateurs possibles permettant de faire la comparaison entre les différentes universités, une méthode à la fois simple et facilement compréhensible par l'étudiant s'est développée depuis le début des années 2000, celle du ranking qui consiste tout simplement à établir un classement entre toutes les universités en fonction d'un certain nombre d'indicateurs. Le principe du ranking tient une place importante dans la stratégie d'une université tant les enjeux d'un bon classement apparaissent essentiels pour elle, car celui-ci n'a pas pour seul impact l'augmentation du nombre d'étudiants inscrits, mais apparaît susceptible d'accroître en même temps les contrats de recherche octroyés par les entreprises. Pour autant, le principe du ranking même s'il apparaît séduisant au premier abord souffre d'un certain nombre de limites dont la principale souvent évoquée par les observateurs réside dans un déséquilibre au profit des universités de langue anglaise en raison du choix des indicateurs de référence. Une autre limite et non des moindres trouve sa source dans une mauvaise prise en compte des considérations sociales voire sociétales et environnementales dans les méthodes de ranking qui se focalisent principalement sur les performances académiques de chaque université. Dans un contexte planétaire marqué par le réchauffement climatique et l'impact des problèmes environnementaux, les étudiants et au-delà les parties prenantes qui gravitent à l'intérieur et dans l'environnement proche de l'université sont de plus en plus sensibles à cette problématique et une université qui ne l'intégrerait pas dans sa stratégie pourrait courir le risque de voir les étudiants se détournaient d'elle. De ce fait, la Responsabilité Sociale des Entreprises plus connue sous l'acronyme de RSE qui s'est développée dans les entreprises depuis le début des années 2000 doit également s'appliquer à l'université. Dans cette optique, la prise en compte de la RSE dans les stratégies des universités et son importance grandissante dans les années à venir nous conduit à reconsidérer les choix des indicateurs actuels et par la même occasion les méthodes de ranking utilisées actuellement et d'envisager alors d'autres méthodes qui les intégreraient et faire ainsi apparaître des méthodes de ranking présentant un caractère alternatif. Dans cette optique, dans une première section, nous mettrons en lumière l'importance et les limites des méthodes actuelles de ranking des universités. Dans une deuxième section, nous nous interrogerons sur la manière dont une université peut appliquer les méthodes de la RSE en s'inspirant de certaines expériences un peu innovantes pour l'occasion. Pour finir, dans une troisième et dernière section, nous mettrons en lumière, une méthode de ranking alternatif proposée par l'auteur et qui prend en compte les trois composantes du développement durable qui dans le cas présent englobe finalement assez bien le concept de RSE. Cette méthode de ranking repose sur la prise en compte d'un nombre d'indicateurs beaucoup plus importants que les méthodes classiques utilisées habituellement, mais qui permet toutefois d'établir un classement entre les universités et de procéder ainsi à des analyses de « benchmarking ».

Section 1 : L'importance et les limites des méthodes actuelles de ranking des universités

Les méthodes de ranking ont fait l'objet d'un certain nombre d'articles qui ont comme points communs de recenser les principales méthodes de ranking en même temps que d'en souligner les limites , on peut citer Liu et Cheng (2005) ; Van Raan (2006) et Dehon ; Jacobs ; Vermandele et alii (2009). Dans un premier paragraphe, nous examinerons les caractéristiques générales des méthodes de ranking en mettant en exergue les deux méthodes les plus connues du milieu universitaire : respectivement le classement de l'Université Jiao Tong de Shanghai plus connu sous le vocable de « classement de Shanghai » et le classement des écoles de commerce en Europe effectué par le *Times*.

§ 1.1) Les caractéristiques générales des méthodes de ranking

Dehon, Jacobs, Vermandele et alii (2009) ont consacré un ouvrage complet aux méthodes de ranking en s'interrogeant par ailleurs sur leurs avantages et leurs limites. Pour commencer, ils partent du postulat que les premières méthodes de ranking s'appuient totalement sur des données quantitatives pour juger de la qualité de la recherche et dans cette optique, plusieurs questions se posent :

- « Est-ce que les chercheurs qui évaluent la recherche ne devraient-ils pas avoir une meilleure utilisation des données quantitatives » ?
- « Ne devrions-nous pas orienter nos efforts vers la mise en œuvre d'un indicateur plus quantitatif pour évaluer la recherche ? Est-ce que les indicateurs quantitatifs utilisés habituellement par les méthodes de ranking sont-ils toujours pertinents ? Existe-t-il des biais ? Quelles sont les limites possibles à leur utilisation » ?
- « Est-ce que les instruments de mesure utilisés par les méthodes de rankings peuvent s'appliquer à tous les champs disciplinaires » ?
- « Comment peut-on apprécier les relations entre une évaluation et son impact » ?
- « Est-ce que des recherches portant sur plusieurs champs disciplinaires pourraient être évaluées correctement par les méthodes actuelles de ranking » ? .

Ce questionnement laisse poindre une certaine forme de scepticisme sur la pertinence des méthodes de ranking sans pour autant totalement les remettre en cause, mais il nous faut analyser dans un premier temps, les principes de construction d'une méthode de ranking.

Tout d'abord, le ranking s'efforce à travers l'utilisation de certaines statistiques de résumer certains aspects de la politique universitaire comme la recherche en tout premier lieu. Dans le même temps, toutes les méthodes d'évaluation reposent sur deux types de situation qu'il faut bien distinguer :

- les performances d'une université peuvent se référer à une norme qui s'applique à l'ensemble du milieu universitaire. Dans cette optique, on peut parler d'évaluation absolue dans la mesure où les performances seront comparées à ce standard. Ainsi si l'on estime que le taux moyen de réussite en première année dans une discipline est de 50%, alors une université serait considérée comme très performante si son taux de réussite se situait à un niveau supérieur et moins performante en cas de taux inférieur à cette norme ;
- les performances d'une université peuvent être comparées avec celles des principales concurrentes par rapport à certains indicateurs, dans ces conditions, on parle d'évaluation relative. Si l'on reprend notre exemple précédent , une université qui a un taux de réussite de 60% est considérée comme plus performante qu'une université qui n'a qu'un taux de 55%. Le lecteur considérera cela comme une évidence, mais cette distinction a une importance dans la mesure où l'étudiant accorde souvent plus d'importance à cette évaluation relative qu'à une évaluation absolue souvent par méconnaissance des normes en vigueur.

Cette distinction entre l'évaluation absolue et relative trouve un autre intérêt dans le fait qu'un certain nombre de méthodes de ranking utilisent l'évaluation absolue comme le système d'accréditation Equis qui décerne un label international de qualité aux écoles de commerce, d'autres comme les méthodes de ranking utilisées par l'Université de Shanghai ou le Times optent au contraire pour une évaluation relative. Compte tenu de l'importance plus forte accordée par les étudiants à l'évaluation relative, il convient d'examiner plus attentivement ces deux méthodes de ranking[43] :

- *le classement de Shanghai ;*

Le classement de Shanghai se base alternativement selon les situations sur quatre, cinq voire six critères que l'on s'efforce de prendre en compte pour chaque université :

[43] Le terme ranking est couramment utilisé aujourd'hui dans les pays francophones, toutefois on lui préférera sa traduction française de classement pour décrire les deux méthodes les plus connues dans le monde universitaire, celle de Shanghai et celle du Financial Times.

- le premier des critères qui mesure la qualité de l'enseignement repose sur le fait d'avoir compté parmi les anciens étudiants des lauréats du Prix Nobel ou de la médaille Fields. Un ancien étudiant est considéré comme tel s'il a obtenu au moins un diplôme dans cette université, il faut noter par ailleurs, que l'on pondère le fait que l'étudiant a effectué ses études au cours d'une période récente ou ancienne. Ainsi, un étudiant qui aurait obtenu un prix Nobel et qui aurait fréquenté l'université après 1990 se verrait obtenir la note de 1 ; la note de 0,9 s'il était étudiant entre 1980 et 1990 et seulement la note de 0,1 s'il avait effectué ses études entre 1900 et 1910. Le fait d'avoir des prix Nobel ou des titulaires de la médaille Fields relativement jeunes renforce encore le caractère performant de l'université en matière d'enseignement ;
- le deuxième critère mesure la qualité des enseignants au sein de l'université dans la mesure où il prend en compte le nombre de prix Nobel et de médaillés Fields qui enseignent au sein de l'université. La pondération décroit en fonction de l'ancienneté en même temps qu'un calcul complexe est effectué lorsqu'un professeur intervient dans plusieurs universités. On applique par ailleurs une pondération différente si le lauréat a été récompensé en même temps que d'autres collègues ;
- le troisième critère recense le nombre d'enseignants-chercheurs qui sont parmi les 250 cités par rapport à vingt et une disciplines sur une période donnée par exemple, les auteurs mentionnent ici l'évaluation de 2006 et qui prend en compte la période qui s'étale de 1981 à 2003. Les données nécessaires au calcul de ce critère dépendent du Thomson Scientific, une entreprise basée à Philadelphie ;
- le quatrième critère repose sur le nombre d'articles publiés par les enseignants-chercheurs de l'université dans les revues Nature and Science depuis moins de cinq ans, avec un système de pondération si l'article a fait l'objet d'une copublication. Il faut noter que si une université n'est pas active dans ce domaine, ce critère n'entre pas dans le calcul final, c'est le cas notamment de la London School of Economics, un établissement de qualité, mais qui est clairement spécialisé dans les sciences humaines et sociales ;

- le cinquième critère est le nombre d'articles publiés par l'Université pour une période donnée dans le Science Citation Index et le Social Science Citation Index. Cette source d'information provient pour l'occasion de l'organisme Thomson Scientific qui établit des statistiques d'articles qui ont été cités dans d'autres publications ;
- le sixième et dernier critère ne figurait pas initialement dans le classement de Shanghai qui n'en comportait que cinq pour les universités couvrant toutes les disciplines et seulement quatre pour les universités qui relevaient des sciences humaines, mais il est apparu que les critères précédents ont un lien plus ou moins direct avec la taille de l'université, ce qui a conduit les concepteurs de ce classement à pondérer les quatre ou cinq premiers critères par le nombre d'enseignants-chercheurs évoluant au sein de cette université, le sixième critère découle directement de ce calcul.

- *le classement du Times ;*

Le classement connu sous le nom de *Times Higher Éducation Supplement* est publié annuellement par une firme commerciale, filiale de The News International Publishers Limited, une société qui diffuse respectivement le *Times* et le *Sunday Times* , il repose par ailleurs sur cinq critères, respectivement :

- le premier critère repose sur une étude relative à la notoriété des universités. On fait appel en fait à plusieurs centaines de scientifiques de différents pays qui sont invités à recenser les universités qu'ils considèrent être les meilleures dans leurs champs de compétence, plus tard, cette étude sera étendue aux employeurs potentiels des étudiants diplômés. À partir de ces deux études, les concepteurs de ce classement établissent un classement qui comptent pour la moitié de la note finale ;
- le deuxième critère mesure l'impact de la recherche universitaire à travers le nombre de publications des enseignants-chercheurs avec un poids de 20% de la note finale, ces publications émanent de la base de donnée *Thomson Scientific* ;
- le troisième critère s'appuie sur le ratio : Nombre d'étudiants inscrits/Nombre d'enseignants-chercheurs avec un poids de 20% ;

- le pourcentage d'étudiants étrangers avec une pondération de 5% ;
- le pourcentage d'enseignants-chercheurs étrangers avec une pondération de 5%.

Comme nous pouvons le constater, les deux types de classement bien qu'ils soient différents dans leur calcul font ressortir le poids important de la recherche comme élément de comparaison entre les universités, même si ces méthodes de classement apparaissent toujours autant scrutées tant par les entreprises, les journalistes et les étudiants, il apparaît qu'elles renferment un certain nombre de critiques qui réduisent leur portée.

§ 1.2) Les limites des méthodes de ranking

Dehon, Jacobs, Vermandele et alii (2009) mettent en lumière un certain nombre de critiques par rapport à l'élaboration et à la nature même des méthodes de ranking , respectivement :

- *Le fait de comparer des établissements de l'enseignement supérieur qui ont des statuts juridiques identiques ;*

Cette première critique peut sembler étrange lorsque l'on compare des établissements d'enseignements supérieurs dans les pays anglo-saxons qui ont tous le statut d'université et qui englobent toutes les disciplines à commencer par le management et les sciences de gestion. Dans cette optique, un étudiant qui suit un MBA à Harvard présente les mêmes caractéristiques qu'un étudiant d'une école de commerce en France alors qu'il évolue dans une université. Hors, c'est précisément cette distinction qui peut poser problème, car dans un pays comme la France, on distingue très nettement les formations proposées par les écoles de commerce et les écoles d'ingénieurs de celles qui émanent des universités, la recherche dans ce type d'établissement peut ne pas être aussi développée qu'au sein d'une université, notamment dans des établissements moins côtés. De la même manière, il existe certains centres de recherches totalement autonomes des universités et qui sont par ailleurs très performants, mais qui échappent de fait à l'évaluation et sont susceptibles ainsi de minorer la qualité de la recherche dans certaines universités ;

- *Les rankings ignorent en grande partie l'aspect qualitatif de l'offre universitaire ;*

La plupart des méthodes de ranking ignorent en grande partie le caractère qualitatif d'une université en préférant se focaliser sur l'aspect quantitatif à travers l'utilisation de multiples indicateurs. Bien que l'on doive admettre qu'il est plus facile de faire un diagnostic de la performance d'une université si l'on dispose d'éléments facilement mesurables, il n'en demeure pas moins que l'on peut également à travers certaines techniques mesurer des aspects plus qualitatifs ;

- *Les rankings accordent une place trop importante à la recherche ;*

Une autre critique récurrente aux méthodes de ranking se focalisent sur la place trop importante de la recherche dans les évaluations, même si l'on peut considérer que cette dernière demeure essentielle pour juger de la qualité de l'université, il existe au moins deux autres aspects de sa mission qui doivent également être pris en considération : l'éducation des étudiants (la diffusion du savoir) ; le service à la société (la valorisation et l'utilisation du savoir). Bien que l'on puisse trouver des indicateurs que l'on pourrait facilement intégrer dans des méthodes de ranking, il apparaît souvent que ces deux autres aspects sont soit absents, soit minorés pour l'occasion ;

- *L'absence de prise en compte des préoccupations sociétales ;*

La plupart des méthodes de ranking ignorent le plus souvent des éléments comme la politique sociétale d'une université et la déclinaison de ces actions en son sein. On peut mettre en avant le fait que la politique sociétale d'une université relève du caractère plutôt qualitatif et de fait plus difficilement mesurable, mais surtout qu'elle ne constitue pas pour l'occasion un critère de performance dans l'esprit de beaucoup d'observateurs ;

- *Une perception relative de la part des étudiants au regard des méthodes de ranking ;*

Beaucoup d'étudiants peuvent minimiser l'importance du ranking et préférer choisir une université plus petite et moins prestigieuse, mais qui favorise des interactivités plus faciles avec les enseignants, de la même manière qu'un étudiant pourra privilégier une université qui présente l'avantage d'être située non loin de son domicile ;

- *L'avantage relatif d'être une université de langue anglaise ;*

Le dernier argument que l'on peut avancer qui relativise la portée des méthodes de ranking est liée au fait qu'elle avantage plutôt les universités de langue anglaise, car la plupart des publications scientifiques se font en anglais et sont répertoriées comme telles dans les rankings. Dans le même temps, les meilleures publications sont le plus souvent ces publications anglo-saxonnes en tout cas, celles qui sont reconnues unanimement par la communauté scientifique internationale et le fait d'appartenir à ces universités favorisent en quelques sortes les publications de ces chercheurs, ce qui apparaît nettement moins évident si vous venez d'une université au sein de laquelle une autre langue d'enseignement est dominante comme le français ;

- *L'avantage relatif des universités orientées vers les sciences dures ;*

Le choix des critères dans la plupart des méthodes de ranking repose massivement sur l'importance des publications au sein de chaque université, hors ces publications sont recensées par un organisme privé comme Thomson Scientific, mais qui présente la particularité de ne prendre en considération sur les vingt-et-une disciplines scientifiques que trois disciplines qui relèvent des sciences humaines respectivement : la psychologie ; la psychiatrie et les sciences économiques et le management. Des disciplines comme les sciences sociales, la philosophie, l'histoire, le droit et les sciences politiques sont tout simplement absentes. Dans cette optique, des universités qui se seraient focalisées sur ces domaines et qui auraient par la même occasion seraient parvenues à développer une réputation internationale n'auraient aucune chance de figurer en bonne place dans ce classement ou en mauvaise place, ce qui relativise fortement la méthode de ranking pour l'occasion.

Comme nous avons pu le voir, même si les méthodes de ranking continuent à produire des classements observés attentivement par de multiples acteurs, les critiques récurrentes que l'on peut faire par rapport aux méthodes de construction notamment l'absence de prise en compte des principes de la Responsabilité Sociale et environnementale : la RSE, nous conduit dans un premier temps à mieux cerner la prise en compte de ce concept par les universités, tel est l'objet de la section suivante.

Section 2 : Le concept de RSE appliqué aux universités

La montée des préoccupations environnementales observée chez les citoyens de plus en plus sensibles à la problématique du réchauffement climatique, en même temps que la participation massive des lycéens aux manifestations qui revendiquent d'avoir une croissance moins intensive et plus durable et cela dans tous les pays doivent conduire les universités à intégrer la problématique du développement durable et sa déclinaison pratique matérialisée par la responsabilité sociale et environnementale. De la même manière, le souhait de plus en plus affirmé de la part des salariés d'évoluer dans un environnement professionnel agréable et sécurisé oblige les entreprises comme les universités à prendre en compte cet aspect. Pour répondre à ces questions, nous examinerons dans un premier paragraphe, les principes de base de la RSE, dans un deuxième paragraphe, nous nous appuierons sur les travaux de Breuzard (2021) qui préfère parler de « permaentreprise » plutôt que de RSE en mettant en avant les éléments permettant de mettre en œuvre les principes de la permaculture à une entreprise. Pour terminer, dans un troisième et dernier paragraphe, nous présenterons les vingt-trois objectifs d'impact incontournables à mettre en œuvre dans le cadre d'une démarche de « permaculture ».

§ 2.1) Les principes de base de la RSE

La RSE est un concept apparu aux États-Unis à travers les travaux de Bowen (1953) qui fut le premier à employer l'expression *corporate social responsability* qui s'est traduite en français par la « responsabilité sociale des entreprise ». Ce concept découle de la volonté du courant évangélique aux États-Unis de trouver un pendant à la doctrine sociale de l'église catholique. La conception évangélique qui a prévalu dans la conception du concept se réfère aux principes bibliques de *stewardship principle* qui repose sur la gestion responsable de la propriété sans atteinte aux droits des autres et du *charity principle,* c'est-à-dire l'obligation aux personnes fortunées de venir en aide aux personnes démunies. Dans l'optique américaine, l'individu est au centre de toute chose et l'éthique définit et « administre » les règles concernant les rapports entre les personnes. Il s'agit dans le cas présent de combattre les mauvaises conduites et l'immoralité, mais en s'affranchissant de la contrainte de la réglementation publique, considérée par beaucoup comme limitant la liberté individuelle et entrainant le cas échéant des effets pervers. Depuis les travaux précurseurs de Bowen, la RSE s'est développée progressivement dans les entreprises de l'ensemble des pays capitalistes à partir du début des années 2000 pour s'étendre progressivement à des pays un peu moins développés au cours du vingt-et-unième siècle. Comment peut-on définir concrètement le concept de RSE de manière claire. L'organisme de certification internationale connu sous l'acronyme ISO (International Standard Organisation) s'est emparé de la problématique de la RSE en établissant des lignes directrices regroupées sous le label ISO 26000, en s'appuyant sur ce label, Capron et Quairel-Lanoizelée (2016) définissent la RSE comme « la responsabilité d'une organisation vis-à-vis des impacts de ses décisions et de ses activités sur la société et sur l'environnement ». De cette définition découle plusieurs principes qui se traduisent par un comportement transparent et éthique, respectivement :

- « contribuer au développement durable, y compris à la santé et au bien-être de la société » ;
- « prendre en compte les attentes des parties prenantes » ;
- « respecter les lois en vigueur tout en étant en cohérence avec les normes internationales de comportement » ;

Derrière ces principes, on voit apparaître le rôle important du développement durable que l'on confond trop souvent avec la RSE alors que les concepts ne sont pas identiques, mais plutôt complémentaires. Capron et Quairel-Lanoizelée (2016) considère que « le développement durable est un concept macroéconomique et macrosocial à l'échelle planétaire, qui ne peut s'appliquer directement à une entité particulière et ce n'est pas parce qu'une entreprise est durable, c'est-à-dire pérenne, qu'elle contribue nécessairement au développement durable ». Pour sa part, la RSE est plutôt d'essence microéconomique et « elle constitue les modalités de réponse de l'entreprise aux interpellations sociétales en produisant des stratégies, des dispositifs de management, de conduite de changement et des méthodes de pilotage, de contrôle, d'évaluation et de reddition incorporant (du moins en principe) de nouvelles conceptions de performances ».

Le concept de RSE peut s'appliquer non seulement à une entreprise, mais plus généralement à toutes les organisations comme une université. Si l'on reprend les trois principes énoncés précédemment, la contribution de l'université au développement durable, à la santé et au bien-être de la société se matérialise déjà à travers la mise en œuvre d'actions visant à promouvoir la troisième révolution industrielle comme c'est déjà le cas notamment pour l'Université Catholique de Lille. Dans le même temps, les projets décrits dans le chapitre sur la catholicité nous montrent qu'une Université Catholique comme celle de Lille à travers ces hôpitaux contribue à améliorer la santé des habitants de son voisinage.

De la même manière, comme nous avons eu l'occasion de le mentionner dans la première partie de cet ouvrage, une université est en lien étroit avec différentes parties prenantes et elle se doit de prendre en considération leurs attentes du mieux possible dans le respect de ces missions. Pour terminer, on ne peut imaginer qu'une université se situe au-dessus des lois et qu'elle doit s'efforcer de les appliquer.

Si l'on s'arrête aux respects des trois principes, on pourrait considérer que beaucoup d'universités les appliquent naturellement en partant du fait qu'elles ne peuvent y échapper dans les faits, pourtant, rien ne permet d'affirmer qu'elles le font toutes et dans cette optique, il peut être intéressant de nous pencher sur la posture de Sylvain Breuzard, chef d'entreprise du Nord de la France et patron de Greenpeace France qui considère que la RSE n'est pour la plupart du temps pas assez développée dans l'entreprise et qui propose un concept réellement novateur, celui de « permaentreprise ». Ce concept pourrait s'appliquer à une université avec succès en lui donnant pour l'occasion un moyen supplémentaire de communiquer auprès des parties prenantes en même temps qu'auprès de ces étudiants de sa volonté de mettre en œuvre les principes de base de la RSE, mais dans le cas présent en choisissant d'aller encore plus loin. Il convient de se pencher d'abord sur la méthodologie visant à appliquer le concept de permaentreprise, tel est l'objet du paragraphe suivant.

§ 2.2) Les principes contribuant à l'application de la « permaentreprise »

Breuzard (2021) distingue six phases par lesquelles une entreprise doit passer pour arriver au stade de la permaentreprise, respectivement :

- phase 0 : « une entreprise ayant pour seule finalité la finalité financière » ;
- phase 1 : « une entreprise ayant une préoccupation RSE, mais dont la finalité prépondérante est financière » ;

- phase 2 : « une entreprise ayant défini une raison d'être, sans l'inscrire dans ses statuts, la finalité financière reste prépondérante, mais sa raison d'être la pousse à prendre en compte des enjeux RSE » ;
- phase 3 : « l'entreprise engagée dans une démarche de performance globale, elle recherche l'équilibre entre les finalités économiques, sociales et environnementales. Bien qu'elle n'ait aucune obligation, sa démarche est de prendre en compte tous les enjeux » ;
- phase 4 : « société à mission : ce statut la pousse à contractualiser ses engagements et à communiquer les résultats d'audits externes. Elle a la liberté de définir l'ambition de ses objectifs sociaux, environnementaux » ;
- phase 5 : « la permaentreprise : ayant une raison d'être/mission avec des principes d'éthique imposés. Ce qui l'oblige à répondre à des enjeux sociaux, sociétaux, environnementaux centrés sur l'amélioration des conditions d'existence des êtres humains sur terre. La mise en œuvre de ses engagements est auditée et communiquée ».

Si l'on examine la dernière phase correspondant à la « permaentreprise » et qu'on la relie avec les missions assignées à l'Université Catholique dans son ensemble et qui ont été rappelées dans la Constitution apostolique *« Ex Cordae Ecclesiae »,* on ne peut que souscrire à ce concept et encourager toutes les universités à s'engager vers ce chemin, pour cela Breuzard (2021) décrit une méthode en douze principes qu'il convient d'examiner en l'appliquant aux universités :

- *Principe numéro 1 : observer et interagir ;*

Il consiste à observer avec attention dans l'université, l'ensemble du personnel et les ressources mise en œuvre, ce qui permet d'améliorer la qualité de l'offre universitaire à travers le renforcement de l'interactivité entre les différentes catégories de personnel en privilégiant une approche *bottom-up* ;

- *Principe numéro 2 : économiser et régénérer les énergies et les ressources non renouvelables ;*

Il consiste pour l'université à faire d'abord une utilisation appropriée des ressources non durables en même temps que de promouvoir encore plus l'économie circulaire qui passe par un recyclage des matières et à terme de viser le zéro déchet ;

- *Principe numéro 3 : obtenir une production ;*

Dans le cadre universitaire, cela passe par l'obligation d'une certaine frugalité en termes d'utilisation des ressources lorsque l'on développe les activités d'enseignement par exemple d'optimiser l'utilisation du papier en s'appuyant sur les ressources numériques. Dans le même temps, il conviendra également de mettre en place une organisation du travail qui satisfait le personnel de l'université en prenant soin de développer le télétravail ;

- *Principe numéro 4 : appliquer l'autorégulation et accepter la rétroaction ;*

Un certain nombre de politiques autonomes et d'expérimentation mise en œuvre au cours des dernières années impliquent que chaque université dispose désormais d'une forte autonomie dans la mise en œuvre de sa pédagogie, de sa recherche, de l'organisation de son campus, ...;

- *Principe numéro 5 : utiliser et valoriser les énergies et les ressources renouvelables ;*

La valorisation des énergies et des ressources renouvelables comme le soleil notamment doit être un des axes de développement de la politique énergétique d'une université en s'efforçant par exemple d'installer des panneaux solaires sur les nouveaux bâtiments voire sur les bâtiments anciens, ...;

- *Principe numéro 6 : ne produire aucun déchet ;*

Cet objectif demeure très ambitieux et apparaît difficilement réalisable à court terme dans la mesure où la présence d'un grand nombre d'étudiants et de personnels entraine une production importante de déchets notamment au moment du déjeuner, une université peut s'efforcer de réduire ces déchets ;

- *Principe numéro 7 : la conception, des motifs au détail ;*

Derrière cette phrase un peu ambigüe, cela implique pour une université de mesurer l'impact d'un certain nombre de décisions et au-delà d'un certain nombres de projets à moyen et à long terme, une université raisonne en général pour garantir sa pérennité sur le long terme ;

- *Principe numéro 8 : intégrer au lieu de séparer ;*

Ce principe se comprend parfaitement dans la mesure où l'université se doit à la fois de favoriser les relations de coopération entre les salariés en les associant à certains projets en même temps que de développer fortement les relations avec les parties prenantes extérieures ;

- *Principe numéro 9 : utiliser des solutions lentes à petite échelle ;*

Ce principe se décline de deux manières pour une université, d'abord en mettant en place une organisation de l'entreprise qui favorise la proximité humaine, ensuite « en initiant des principes de fonctionnement et des pratiques de management qui permettent aux salariés de se sentir acteurs de l'entreprise, d'avoir une réelle autonomie de décision , en matière d'objectifs de moyens » ;

- *Principe numéro 10 : se servir de la diversité et la valoriser ;*

L'application de ce principe à l'université se traduit par le fait qu'une université se doit de recruter du personnel venant d'horizons divers indépendamment de critères comme : la race ; la religion : le sexe ; l'appartenance politique ; les convictions philosophiques, etc. Dans le même temps, elle consiste pour l'université à favoriser l'accès aux responsabilités pour ces mêmes personnes. La même approche est à appliquer au recrutement des étudiants en déployant des dispositions favorisant l'inclusion sociale, les aides financières et d'accès aux mêmes conditions de logement, de stages, de jobs étudiants, ... en veillant à l'accompagnement pour les remises à niveau académiques, culturelles,...

- *Principe numéro 11 : utiliser les bordures et valoriser les marges ;*

Ce principe suppose dans un premier temps que l'université sorte des sentiers battus et fait le pari de l'innovation voire d'opter pour une stratégie de rupture par exemple en révolutionnant les méthodes d'enseignements. De la même manière, la valorisation des marges implique que l'université avance vers de nouveaux modèles économiques en avançant pas à pas ;

- *Principe numéro 12 : face au changement, cultiver l'inventivité ;*

Pour conclure, une université devra encourager chacun de ses membres à faire preuve d'inventivité par rapport à un monde en complet bouleversement voire même à se remettre en cause le cas échéant.

Ayant défini ces principes, Breuzard (2021) préconise de mettre en place des objectifs d'impacts au sein de l'entreprise, tel est l'objet du paragraphe suivant.

§ 2.3) Les objectifs d'impacts à mettre en place par les universités :

Breuzard (2021) estime qu'une « permaentreprise » pour répondre aux urgences sociales et environnementales de manière efficace se doit de fixer des objectifs qu'il qualifie d'impact en référence à leurs actions attendues sur la société. Ces objectifs peuvent être mesurés à partir de deux sources essentielles :

- « ils peuvent être quantitatifs et facilement mesurables, à l'image de la consommation de matières premières et d'énergies » ;
- « ils peuvent également être le fruit d'une appréciation des collaborateurs, la perception des salariés étant le moyen le plus factuel de mesurer les impacts des actions de l'entreprise les concernant. Se faire évaluer par les salariés constitue une démarche en cohérence avec la vision de la gouvernance d'une permaentreprise ».

Dans le même temps, Breuzard a fixé par rapport à ces objectifs d'impacts trois seuils, respectivement :

- « en initiation » représentant un niveau afin que toute entreprise puisse faire un premier pas et modifier le cas échéant son modèle de développement ;
- « en devenir » signifiant un niveau pour les entreprises déjà bien engagées dans un autre modèle de développement et qui ont besoin d'un peu de temps pour atteindre des objectifs d'impact encore plus élevés ;
- « établie » attestant d'un niveau pour celles qui parviendront à atteindre les seuils les plus exigeants et qui pourront considérer qu'elles ont fait leur part pour contribuer à l'amélioration des conditions d'existence.

Pour finir, considérant que la « permaentreprise » n'est pas un label, Breuzard a limité le choix des indicateurs à 23 en les subdivisant d'abord par rapport à la raison d'être et aux principes éthiques, respectivement :

- la raison d'être ;
- le prendre soin des humains ;
- la préservation de la planète ;
- la fixation des limites et la redistribution des surplus.

Par rapport à ces principes éthiques, il fait apparaître dans le même temps des ressources clés :
- la vision du Monde ;
- les ressources humaines ;
- la gouvernance ;
- le paysage ;
- les matières premières ;
- l'énergie ;
- les innovations ;
- l'argent.

La prise en compte de ces éléments nous conduit à présenter les objectifs d'impact incontournables définis par Breuzard pour une entreprise, mais que l'on peut dans le cas présent tout à fait appliquer à une université.

Tableau 17 : Les 23 Objectifs d'impact incontournables pour chaque principe éthique :

Raison d'être et principes éthiques	Ressources clés	Objectifs d'impact incontournables
Raison d'être	**Vision du monde**	1.Niveau de mise en œuvre de la raison d'être
Prendre soin des humains	**Ressources humaines**	2.Employabilité des salariés : moyens de formation
		3.Employabilité des salariés : perception de l'acquisition des compétences
		4. Régénération physique et mentale des salariés : possibilité de télétravailler
		5. Régénération physique et mentale des salariés : nombre de jours de télétravail par semaine
		6. Régénération physique et mentale des salariés : perception des moyens mis en place
		7. Réduction de l'absentéisme

		8. Écart des salaires : le salaire le plus élevé par rapport au salaire médian
		9. Écart des salaires : le salaire moyen des 10% des salaires ayant les salaires les plus élevés
	Gouvernance	10. Fonctionnement non top-down : la perception des salariés
		11, Fonctionnement non top-down : les moyens
		12. Représentation des salariés dans l'organe de gouvernance de la permaentreprise
Préserver la planète	**Paysage**	13. Réduction des émissions de carbone
		14. Contribution nette positive en carbone
	Matières premières	15. Achats auprès de fournisseurs de proximité et engagés sur le plan social et environnemental
		16. Économie circulaire : réutilisation et recyclage des déchets de production
	Énergie	17. Pourcentage de la consommation électrique en énergies renouvelables
Se fixer des limites et redistribuer les surplus	**Innovations**	18. Innovations produits et services au service des humains et de la planète : perception des salariés
		19. Innovations internes au service des humains et de la planète : perception des salariés
	Argent	20. Pourcentage des résultats affectés aux salariés
		21. Pourcentage des résultats affectés à la société civile après impôts et redistribution aux salariés
		22. Pourcentage des placements dans des fonds ISR
		23. Pourcentage des fournisseurs qui n'utilisent pas les paradis fiscaux

Le tableau 17 nous amène à préciser deux choses par rapport aux choix des indicateurs préconisés par Breuzard (2021). Tout d'abord, la raison d'être pour une université suppose qu'elle doit avoir une préoccupation sociale et environnementale en contribuant ainsi à améliorer les conditions de vie des humains sur une terre habitable. Cette raison d'être doit impérativement figurée dans les statuts d'une université et être périodiquement évaluée par un organisme tiers et ensuite être publiée. Dans un deuxième temps, les indicateurs numéro 20 et 21 ne sont applicables que si une université dégage des profits et fonctionne comme une entreprise privée, ce qui n'est pas le cas, loin s'en faut de toutes les universités et notamment les universités catholiques qui dispose d'un statut associatif. Dans cette optique, on pourra réécrire les indicateurs 20 et 21 de la manière suivante. Ainsi, pour l'indicateur 20, on remplacera le pourcentage des résultats affectés aux salariés par le taux d'augmentation annuelle des salaires, par rapport à l'indicateur 21, on remplacera le pourcentage des résultats affectés à la société civile après impôts et redistribution aux salariés par le montant moyen des primes annuelles attribuées aux salariés et par les moyens engagés pour développer l'université, permettre le déploiement de son action pour le territoire et la société, permettre l'inclusion…

La mise en place d'une permaentreprise ou dans le cas présent d'une permauniversité présente des perspectives intéressantes en permettant de répondre aux graves questions qui se posent par rapport au réchauffement climatique et à une meilleure prise en compte du bien-être des salariés dans l'entreprise. Pour sa part, l'existence d'un tableau de bord permet aux dirigeants des universités de mesurer les efforts accomplis, mais surtout ceux qui reste à accomplir pour atteindre des objectifs ambitieux de sauvegarde de la planète. Cependant, bien que l'approche de Breuzard présente un grand intérêt, elle ne nous permet pas d'avoir une méthode de ranking alternatif à celles qui existent déjà et dont on a pu souligner leur relativité.

Il convient à présent de se pencher sur une méthode de ranking alternatif susceptible de prendre en compte les préceptes du développement durable et de la RSE et de modifier la perception des décideurs et des étudiants sur les performances d'une université, tel est l'objet de la section 3.

Section 3 : L'existence d'une méthode de ranking alternatif : l'indicateur du campus durable ;

La mise en place d'une méthode de ranking alternatif aux classements comme celui de Shanghai et du Times nous conduit dans un premier paragraphe à préciser la méthodologie utilisée pour construire ce que l'on qualifiera d'indicateurs synthétiques , dans un deuxième paragraphe, nous expliciterons la manière de calculer les indices simples correspondant à chaque indicateur, pour finir dans un troisième et dernier paragraphe, nous fournirons la méthode pour calculer l'indice synthétique du campus durable.

§ 3.1) Méthodologie visant à la mise en place d'un indicateur synthétique du campus durable

Les travaux de recherche réalisés par l'auteur au début des années 2010 dans le but d'obtenir son habilitation à diriger des recherches l'on conduit à élaborer un indicateur synthétique du campus durable alors qu'il exerçait ses fonctions au sein de l'Institut du Développement Durable et Responsable de l'Université Catholique de Lille. La mise en place de cet indicateur a donné lieu à une publication dans un journal spécialisé *Ecological Indicators*, Olszak (2012) en même temps qu'il a donné lieu à une parution dans une autre revue pluridisciplinaire, *l'Europe Unie,* Olszak (2012).Optant résolument pour une approche plutôt « bottom-up » à travers la mise en place d'un certain nombre de réunions d'enseignants-chercheurs venant des différents établissements de l'Université, il fut décidé d'abandonner assez vite une démarche visant à construire un tableau de bord spécifique à l'Université Catholique de Lille, mais de s'orienter plutôt vers la mise en place d'un indicateur synthétique du campus durable permettant à la fois de faire apparaître un chiffre unique plutôt qu'une multitude de données. Cet indicateur synthétique permettant ainsi de comparer plus aisément l'Université à la fois dans le temps et dans l'espace au regard d'une démarche de benchmarking, Boulanger (2004) et Boutaud (2010) dans leurs contributions respectives apportent un éclairage intéressant sur le choix entre ces deux méthodes. Le tableau de bord permet d'appréhender un concept de manière exhaustive, mais ne permet pas de fournir une donnée agrégée alors que l'indice synthétique présente les caractéristiques inverses, il n'est pas exhaustif, car reposant sur quelques indicateurs, mais il permet de produire un chiffre. Dans cette optique, construire un indicateur synthétique du campus durable nous confrontait à trois obstacles majeurs : trouver le nombre adéquat d'indicateurs capables de mesurer le concept de manière exhaustive d'abord, calculer ensuite les indicateurs ou « indices » simples et finalement définir avec précision le poids des coefficients de pondération. Par rapport au premier obstacle, il fut décidé de limiter le nombre d'indicateurs à 30 au maximum après en avoir envisagé initialement 42. Ce chiffre nous paraissait compatible avec les objectifs que l'on pouvait qualifier d'antinomiques, être exhaustif en même temps qu'être synthétique. Dans ces conditions après de nombreuses discussions, il fut décidé que chaque indicateur aurait les caractéristiques suivantes en nous référant pour l'occasion aux travaux de Shriberg (2002), ainsi un indicateur se devait d'être :

- compatible avec les principes du développement durable ;
- mesurable ;
- facilement disponible ;
- compréhensible par l'ensemble des parties prenantes de l'Université ;

Derrière ces quatre caractéristiques, il fut décidé également que chaque composante du développement durable telle qu'elles furent définies dans le rapport Brundtland aurait le même poids par rapport au nombre total d'indicateurs, soit 10 indicateurs pour chaque pilier. Les démarches ayant conduit au choix de chaque indicateur s'appuyaient pour l'occasion sur un travail sensiblement identique mené par Zuindeau et l'auteur visant à construire des indicateurs du développement durable applicable à l'entreprise, les 3 Suisses en l'occurrence, l'un des leaders mondiaux de la Vente Par Correspondance situé à Roubaix. La démarche divergeait cependant par le fait qu'il ne s'agissait pas dans ce cas d'établir un indicateur synthétique, mais seulement un tableau de bord, Olszak, Zuindeau (1999). Le tableau suivant met en évidence les différents éléments à intégrer dans le choix final d'indicateurs et constitue ainsi une bonne grille de lecture :

Tableau 18 : mise en place d'une grille de lecture pour les indicateurs du campus durable

Indicateur numéro	Nom de l'indicateur
Composante du développement durable	Pilier du DD auquel se réfère l'indicateur
Domaine lié au campus durable	Par exemple : Energies et ressources naturelles ; Fournitures et gestion des déchets ; Déplacements ; Aménagements, constructions et espaces verts ; Vie économique de l'Institution ; Enseignement et recherche ; Vie étudiante ; Formation au développement durable ; Diversité, santé et vie sociale ; Gouvernance et relations avec les parties prenantes
Définition	Calcul de l'indicateur
Signification et pertinence par rapport au développement durable	Signification des variations de l'indicateur et justification du choix de l'indicateur
Mesure et applicabilité	Problèmes éventuels de mesure et Direction compétente au sein de l'Université susceptible d'effectuer cette mesure
Champs d'application au sein de l'Université	Définition du champ d'applicabilité, à l'échelle de l'université ou à l'échelle d'un établissement
Sous indicateurs	Existence de sous indicateurs pertinents
Limites à l'utilisation	Mise en évidence de certaines limites à l'utilisation d'un tel indicateur
Évolution possible de l'indicateur et objectifs affichés	Évolution de l'indicateur à la hausse ou à la baisse voire au maintien, définition d'un objectif précis par rapport à l'état initial

En construisant cette grille de lecture, il est apparu qu'une applicabilité à l'échelle de l'Université Catholique de Lille semblait exclue, car l'établissement étant formé d'une multitude d'établissements ayant pour la plupart des fonctionnements autonomes. Il convenait de scinder l'évaluation en distinguant d'un côté, l'Institut Catholique de Lille ou ICL formé de cinq facultés homogènes avec une multitude de services communs, d'autre part, en considérant chacune des autres écoles et établissements de manière autonome. Dans le cas présent, la méthodologie proposée au lecteur apparaît à la fois autant applicable à l'ICL qu'à un établissement comme une école de commerce ou d'ingénieurs par exemple. Dans le même temps pour des raisons de compréhension, nous ne ferons pas apparaître les services concernés par la mesure de ces différents indicateurs, nous avons pris le soin de vérifier au préalable qu'ils étaient d'accord pour le faire. Dans le même temps, concernant le champ d'application, nous considérerons ici que chaque indicateur sera appliqué au niveau de l'ICL qui désormais constituera notre établissement pilote. De la même façon, nous avons choisi de ne pas mentionner de sous-indicateurs, ni de faire apparaître les évolutions et les objectifs affichés. Notre approche se limitera plutôt à une analyse statique visant à mettre en place une méthodologie de calcul. Dans cette optique, nous avons choisi de retenir pour les évaluations, les indicateurs suivants, le tableau 16 mentionne le nom de l'indicateur ainsi que la composante du développement durable à laquelle il se rattache.

Tableau 19 : Les indicateurs du campus durable

Intitulé de l'indicateur	**Composante du développement durable**
Emission de CO2 par tête	Prudence environnementale
Consommation d'eau par tête	Prudence environnementale
Consommation d'énergie par tête	Prudence environnementale
Part des énergies renouvelables utilisées	Prudence environnementale
Consommation de papier par tête	Prudence environnementale
Part des produits verts utilisée	Prudence environnementale
Quantité de déchets par tête	Prudence environnementale
Part des salariés n'utilisant pas leur voiture pour se rendre au travail	Prudence environnementale
Part de l'immobilier certifié HQE	Prudence environnementale
Part d'espaces verts	Prudence environnementale
Part des fournitures utilisées issues du commerce équitable	Efficacité économique
Taux de variation annuelle des effectifs étudiants	Efficacité économique
Taux de placement des étudiants diplômés après 6 mois	Efficacité économique
Part des étudiants boursiers	Efficacité économique
Taux de variation du résultat net comptable	Efficacité économique
Part des financements publics dans les recettes	Efficacité économique
Taux d'encadrement moyen des étudiants : rapport entre le nombre d'étudiants inscrits par rapport au	Efficacité économique

nombre d'enseignant-chercheurs	
Nombre de publications scientifiques internationales annuelles	Efficacité économique
Part des enseignants chercheurs HDR	Efficacité économique
Nombre de contrats de recherches par an	Efficacité économique
Consultations médicales universitaires par étudiants	Équité sociale
Proportion d'étudiants participant à des associations environnementales et humanitaires	Équité sociale
Proportion d'étudiants disposant d'un logement en résidence universitaire	Équité sociale
Proportion de cours portant sur le développement durable et la RSE	Équité sociale
Heures de formations portant sur le développement durable et la RSE dispensées au personnel	Équité sociale
Proportion d'étudiants étrangers	Équité sociale
Nombre de jours d'arrêt maladie par personne	Équité sociale
Part des travailleurs handicapés	Équité sociale
Indicateur de dispersion des salaires par tête	Équité sociale
Nombres d'heures de réunion organisés avec les parties prenantes	Équité sociale

Ayant défini les différents indicateurs du campus durable, il convenait dans un deuxième temps de préciser les modalités de calculs de chaque indicateur ou indices, tel est l'objet du paragraphe suivant.

§ 3.2) Les modalités de calculs des indices simples du campus durable

Nous avions choisi d'attribuer la note de 20 à chaque indicateur ce qui constitue habituellement la référence pour juger du travail d'un étudiant. Dans cette optique, le tableau 20 fait apparaître pour chaque indicateur des modalités de calculs différents.

Tableau 20 : Les modalités de calculs des indices simples du campus durable

Indicateurs du campus durable	**Modalités de calcul de l'indice simple**
Emission de CO_2 par tête	Fixation d'un montant maximum de CO_2 et d'un montant minimum, toute

	valeur supérieure observée au montant maximum se voit attribuer la note de 0, toute valeur inférieure observée au montant minimum se voit attribuer la note de 20. Valeur Max – Valeur Min /20
Consommation d'eau par tête	Même modalité de calcul que l'émission de CO2 par tête
Consommation d'énergie par tête	Idem, mais on ramène la consommation d'énergie en TEP
Part des énergies renouvelables utilisées	On divise le pourcentage obtenu par 5 pour obtenir une note sur 20
Consommation de papier par tête	Même modalité de calcul que l'émission de CO2, on fait apparaître ici des kilos de papier utilisés
Part des produits verts utilisée	On divise le pourcentage obtenu par 5 pour obtenir 20
Quantité de déchets par tête	Même modalité de calcul que l'émission de CO2, on fait apparaître ici des kilos de déchets
Part des salariés n'utilisant pas leur voiture pour se rendre au travail	On divise le pourcentage obtenu par 5 pour obtenir 20
Part de l'immobilier certifié HQE	On divise le pourcentage obtenu par 5 pour obtenir 20
Part d'espaces verts	On considère raisonnablement qu'un campus ne peut avoir plus de 50 % d'espace verts. Dans cette optique, on divise ce pourcentage plafond par 20 et l'on considère que 2,5% de la surface totale représente un point de moyenne
Part des fournitures utilisées issues du commerce équitable	Même remarque que précédemment, il apparaît difficile d'avoir 100% des fournitures issues du commerce équitable, 50% nous semble être un pourcentage butoir. Dans cette optique, on divise le pourcentage maximal par 20 en considérant que 2,5% représente ainsi un point d'indice.
Taux de variation annuelle des effectifs étudiants	Dans le cas présent, on considérera qu'une stabilisation de l'effectif constitue la moyenne avec une borne supérieure à +10% et une bonne inférieure à – 10%. Ainsi, une variation nulle correspond à la note de 10, + 10 % et au-delà à 20 et -10% et au-delà à 0 .
Taux de placement des étudiants diplômés après 6 mois	On divise le pourcentage par 5 pour obtenir 20.

Part des étudiants boursiers	On considérera que le pourcentage maximal d'étudiants boursiers ne dépassera pas 50%, on divise ce pourcentage par 20 et l'on considère que 2,5% représente un point de moyenne.
Taux de variation du résultat net comptable	On considérera qu'une variation nulle du résultat net comptable constitue la moyenne, toute augmentation de 10 % ou plus se voit attribuer la note de 20, toute diminution au-delà de 10% se voit attribuer la note de 0
Part des financements publics dans les recettes	L'Institut Catholique de Lille ayant le statut d'association, elle pourrait percevoir des subventions d'État supérieures à 50%. On considérera cependant que 50 % constitue le seuil maximal. Dans cette optique, on divise le pourcentage par 20 et l'on admet qu'un pourcentage de 2,5% représente 1 point de moyenne.
Taux d'encadrement moyen des étudiants : rapport entre le nombre d'enseignants-chercheurs par rapport au nombre d'étudiants inscrits	Dans le cas présent, on considérera un ratio moyen caractéristique du secteur universitaire, une université qui dispose d'un taux moyen d'encadrement semblable aux autres universités se verra attribuer la note de 10 chaque augmentation d'un pour cent contribuera à augmenter la note d'un point à chaque fois, toute diminution d'un pour cent entrainera la perte d'un point par rapport à la moyenne.
Nombre de publications scientifiques internationales annuelles	Dans le cas présent, on considère qu'un enseignant chercheur publie un article par an dans une revue internationale, de ce fait, on recense le nombre d'enseignants chercheurs de l'ICL pour obtenir la borne supérieure. On calcule ensuite le nombre de publications effectives par rapport au nombre total susceptible d'être atteint.
Part des enseignants chercheurs HDR	Dans le cas présent, on peut considérer que le nombre d'enseignants chercheurs titulaires d'une HDR représente la moitié de la totalité des enseignants chercheurs, on divise ce pourcentage par 20 en considérant que 2,5 % constitue un point de moyenne
Nombre de contrats de recherches par	Il apparaît difficile de considérer qu'un

an	chercheur isolé décroche facilement un contrat de recherche, il faut plutôt raisonner en termes de laboratoires. Dans cette optique, on peut considérer que chaque laboratoire décroche en moyenne 5 contrats de recherche par an. Il suffit dans un premier temps de multiplier le nombre de laboratoires existant au sein de l'ICL par ce chiffre, on compare ensuite le nombre de contrats totaux par rapport à ce chiffre.
Consultations médicales universitaires par étudiants	Concernant cet indicateur, on admettra qu'un étudiant consultera en moyenne un médecin universitaire une fois par an (visite médicale exclue, car obligatoire). Dans cette optique, la moyenne est égale au nombre d'étudiants présent à l'ICL, par exemple 1000, on divise alors ce chiffre par 10, 100 visites représentant 1 point de moyenne. Si le nombre total de visite est inférieure à 1000 alors l'établissement se verra attribuer une note entre 10 et 20, si ce chiffre est supérieur, il se verra attribuer une note entre 0 et 10.
Proportion d'étudiants participant à des associations environnementales et humanitaires	On peut admettre fort logiquement que tous les étudiants ne vont pas s'insérer dans ce type d'association, un chiffre de 50% constitue ainsi un seuil butoir. On divise alors ce seuil par 20 et l'on considère qu'un pourcentage de 2,5% représente un point de moyenne.
Proportion d'étudiants disposant d'un logement en résidence universitaire	On peut faire la même remarque que pour l'indicateur précédent, compte tenu de la situation urbaine du campus, un seuil de 50% constitue une bonne supérieure acceptable, on procède ensuite de la même manière que précédemment.
Proportion de cours portant sur le développement durable et la RSE	On retrouve ici un cas de figure identique, il apparaît irréaliste d'imaginer 50 % de cours orientés vers le développement durable. Dans cette optique, il apparaît que 10 % de la totalité des cours constitue une borne butoir, ainsi 0,5% de la totalité des cours représente un point de moyenne.

Heures de formations portant sur le développement durable et la RSE dispensées au personnel	On peut estimer qu'en moyenne un salarié suit 30 heures de formation annuelle. Dans ces conditions, on multiplie le nombre de salariés par le nombre d'heures de formation et l'on calcule ensuite le nombre d'heures de formation estampillées développement durable par rapport à ce chiffre et l'on divise par 5 pour obtenir une note sur 20.
Proportion d'étudiants étrangers	On se retrouve également face à un seuil, on peut estimer qu'un pourcentage de 20% constitue ainsi un seuil maximal. 1% représente ainsi un point de moyenne.
Nombre de jours d'arrêt maladie par personne	On peut estimer en moyenne qu'une personne arrête cinq jours par an au niveau de la maladie. Dans ce cas, on multiplie le nombre de salariés par 5, ce qui constitue la borne inférieure. De la même manière que l'on peut considérer qu'un salarié ne s'arrête pas plus que 25 jours, en multipliant par le nombre de salariés, on obtient la bonne supérieure. Ainsi on obtient un nombre moyen de jours d'arrêt maladie (25-5 x nombres de salariés) on divise ensuite ce chiffre par 20, sachant que plus on se rapproche de la bonne supérieure, plus on se rapproche de 0.
Part des travailleurs handicapés	La part des travailleurs handicapés étant fixée en France à 6% des effectifs totaux, ce seuil représente ainsi la nôtre de 10 et 0,60% représente ainsi 1 point de moyenne.
Indicateur de dispersion des salaires par tête	Dans le cas présent, on considérera que la norme est représentée par un écart type de 30 % qui constitue la moyenne, on admettra ainsi qu'un écart-type peut se situer entre 20 et 40%, 20 % et moins représentant une note sur 20 et au-delà de 40%, l'établissement se voit attribuer la note de 0. Chaque variation de 2% entre 20 et 40% correspond à un point de moyenne.
Nombres d'heures de réunion organisés avec les parties prenantes	Si l'on prend comme point de repère 200 jours de travail et si l'on considère

	qu'en moyenne on peut organiser 3 heures de réunion par jour alors on obtient un nombre d'heures maximale de 600, au-delà de ce seuil l'établissement se voit attribuer la note de 20 et 30 heures correspond à un point de moyenne.

Ayant fait apparaître ces modalités de calculs pour chaque indicateur, il convient à présent pour mettre la touche finale à notre indice de fixer les coefficients de pondération, tel est l'objet du dernier paragraphe.

§ 3.3) Les modalités de calcul de l'indice synthétique du campus durable

Certaines contributions comme celle de Cole (2003) et celle de Rodrigues, Ramos et Mendés (2009) évoquent cette méthodologie en mettant en évidence une formule de calcul très simple que l'on peut définir de la façon suivante :

Indice Synthétique du Campus Durable = Σ αi Ii ou α représente le coefficient de pondération de l'indicateur simple i et I représente l'indicateur simple.

À ce stade de la présentation de notre méthodologie, il nous apparaît utile d'indiquer au lecteur notre volonté d'avoir un indice allant d'une échelle de 0 à 20. Chaque indice simple étant calculé par rapport à 20, la multiplication par les coefficients se doit de préserver ce seuil. Dans ces conditions chaque coefficient de pondération se verra attribuer un chiffre compris entre 0 et 1. Face au choix des coefficients de pondération, trois solutions sont possibles :

- l'appel à des experts qui vont définir les coefficients de pondération ;
- la mise en place d'une démarche participative visant à demander aux salariés leurs sentiments par rapport aux choix des coefficients ;
- le choix d'attribuer des coefficients de pondération identiques.
- La première solution se réfère explicitement à une approche « top down », elle aurait pu faire l'objet d'un appel d'offre à un cabinet de consultants spécialisé dans ce type de dé-

marche, elle a été abandonnée compte-tenu des moyens encore faibles dont disposait l'Institut.

La deuxième approche s'inspire directement des approches visant à mettre en place des indicateurs de communauté comme on a pu le mentionner précédemment. Elle fait référence également à l'expérience tentée au sein de la Communauté d'Agglomération d'Hénin-Carvin conduisant à la mise en place d'un indicateur participatif de bien-être économique ou IPBE. Cette approche résolument « Bottom-up » a conduit à interroger les habitants de cette collectivité et ensuite à attribuer en fonction du nombre de réponses obtenues des coefficients à chaque item concerné, on trouvera un descriptif de la démarche dans la contribution de Lipovac et Zuindeau (2008). Cette solution, un instant envisagée fut abandonnée en raison d'une certaine méconnaissance du concept chez la plupart des salariés de l'Institut Catholique de Lille. C'est finalement la troisième voie qui a été choisie, même si de prime abord, elle peut apparaître contestable, il n'en demeure pas moins qu'on considère depuis le rapport Brundtland que chaque pilier du développement durable dispose d'une égale importance, dans cette optique, chacun se voyant attribuer la note de 0,33. En poursuivant notre analyse, on peut estimer également que chaque indicateur demeure tout aussi important au regard de la problématique du développement durable entrainant ainsi un coefficient de pondération par indice égale à 0,033333, ce qui nous conduit à faire apparaître ici le calcul suivant :
Indice synthétique du campus durable : 30 x 0,03333 x Indice simple = 20.

Bien que nous ayons fait le choix initialement de faire apparaître un indice gradué de 0 à 20 en nous référant aux méthodes de rankings les plus utilisées comme le classement de Shanghai ou celui du Times, nous avons pris la décision d'y apporter une transformation afin de le graduer de 0 à 100 en multipliant l'indice synthétique du campus durable par 5.

Comme nous avons pu le souligner par ailleurs, il existe une multitude de méthodes de rankings qui sont observés attentivement par de nombreux acteurs et qui conditionnent en partie leurs stratégies de développement, mais aucune n'apparaît véritablement satisfaisante et fait l'objet de nombreuses critiques à commencer par une place trop importante accordée à la recherche et aux publications en langues anglaises, on pourrait rajouter à ces critiques l'existence avérée d'un désavantage comparatif pour les universités orientées vers les sciences humaines. Dans le même temps, à l'heure où les populations lycéennes et étudiantes sont de plus en plus sensibilisées aux problèmes environnementaux globaux en même temps qu'à une meilleure prise en compte de la personne humaine dans l'entreprise, Sylvain Breuzard à travers la promotion du concept « innovateur » de permaentreprise nous fournit des éléments permettant d'envisager des modes de développement alternatifs en allant encore plus loin que l'application des préceptes de la RSE, pour autant ce concept bien qu'intéressant ne prend pas en compte le caractère universitaire d'une activité. La construction par l'auteur d'un indicateur synthétique du campus durable permet à la fois de faire la synthèse des différents déterminants de l'attractivité d'une université en même temps qu'il permet d'établir un classement à l'instar de ceux existants par ailleurs, mais en s'efforçant d'intégrer les problématiques sociales et environnementales.

Ayant mis en évidence l'importance des méthodes de ranking, il convient pour terminer d'aborder un autre phénomène de nature à bouleverser considérablement le secteur universitaire : celui de la digitalisation de l'enseignement supérieur, tel sera l'objet de notre dernier chapitre.

CHAPITRE 19 : L'ÉVOLUTION VERS L'UNIVERSITÉ DIGITALE

Le développement des micro-ordinateurs à partir du milieu des années 1980 ; l'apparition et le développement d'Internet auprès du grand public au milieu des années 1990 et le développement des outils numériques d'apprentissage depuis le début des années 2010 ont considérablement bouleversé les méthodes traditionnelles de transmission du savoir aux étudiants. Le modèle classique reposant depuis l'apparition des universités au Moyen Age sur l'existence de cours magistraux et de travaux dirigés transmis en présentiel par les professeurs à leurs étudiants semble de plus en plus remis en question par d'autres méthodes où l'enseignement distanciel semble prédominer en même temps qu'il utilise les technologies de l'information et de la communication. Une multitude d'articles et d'ouvrages traitant de la problématique de la digitalisation de l'enseignement supérieur ont été publiés depuis plus d'une décennie, sans les citer tous, l'auteur a puisé un grand nombre de ses réflexions dans les contributions suivantes, Charlier, Deschryver et Peraya (2006) ; Davidson et Goldberg (2009) ; Kolikant (2010) ; Ghoziane ; Deville et Dumez (2016) ; Khalid ; Ram ; Soliman, Ali, Khaleel et Islam (2018) ; Bhateja, Tyagi, Tyagi, Ismatullaevich (2019) ; Ugur (2020). Dans le même temps, si le développement des technologies de l'information et des communications a modifié en partie la manière d'enseigner, il a également eu comme conséquence de modifier la manière de concevoir les techniques marketing conduisant à l'apparition du concept de l'inbound Marketing, Truphème et Gastaud (2018). Pour terminer, l'apparition de la crise du COVID 19 a eu pour effet d'accélérer la digitalisation de l'université et d'envisager de nouvelles perspectives stratégiques à la fois dans la manière de faire face aux futures crises sanitaires et d'envisager les coopérations entre les chercheurs au niveau national et international, Marinoni, Van't Land et Jensen (2020). Répondre à ces trois problématiques nous conduit dans une première section à faire l'analyse SWOT de la digitalisation de l'enseignement supérieur. Dans une deuxième section, nous mettrons en évidence une nouvelle technique marketing qui s'appuie totalement sur les nouvelles technologies de l'information et de la communication : l'inbound marketing. Pour finir, dans une troisième et dernière section, nous verrons en quoi la crise du COVID 19 a bouleversé un certain nombre d'éléments dans la gestion quotidienne d'une université.

Section 1 : L'analyse SWOT de la digitalisation de l'université

La digitalisation de l'université est sans nul doute l'élément le plus important survenu dans l'environnement du secteur universitaire dans son ensemble depuis le début du XXIème siècle dans la mesure où elle a bouleversé la manière de transmettre les connaissances en même temps qu'elle a fait apparaître de nouvelles techniques marketing pouvant être mises en place pour attirer de nouveaux étudiants. Dans la présente section , nous nous concentrerons uniquement sur les seules activités d'enseignements en laissant de côté, l'évolution des techniques de marketing que nous aborderons dans la section suivante. Dans les faits, la digitalisation suscite de nombreux débats qui mettent en avant tantôt les avantages, tantôt les inconvénients de sa propagation, l'analyse SWOT que nous avions préalablement utilisée dans la première partie pour analyser les forces et les faiblesses de même que les menaces et les opportunités d'une université en particulier nous semble un outil adéquat pour examiner les multiples impacts de la digitalisation de l'enseignement supérieur.

§ 1.1) Les forces de la digitalisation de l'université

Beaucoup d'observateurs ont tendance à considérer que la digitalisation de l'enseignement à l'heure où nous vivons dans une civilisation du numérique ne représente que la suite logique d'un mouvement qui se traduira par la pénétration de la digitalisation dans tous les domaines de la vie quotidienne, l'enseignement supérieur n'échappe pas naturellement à cette règle. Derrière cette tendance qui semble irréversible, il existe au regard des différentes contributions mentionnées, un certain nombre d'avantages à la digitalisation qu'il nous faut examiner :

- *La digitalisation de l'enseignement correspond aux attentes de la génération Z ;*

Le premier argument que l'on met le plus souvent en avant est lié entièrement au fait que les étudiants qui fréquentent actuellement l'université appartiennent tous à la génération Z que l'on appelle familièrement les « digitales natives », Gentina (2015) ; Ollivier et Tanguy (2017 ; 2021). Cette génération, nous l'avons déjà mentionné dans la deuxième partie du présent ouvrage présente la particularité d'être née et d'avoir grandi avec les techniques numériques qu'elle sait particulièrement utiliser dans le cas présent. En effet, l'usage d'Internet, des smartphones et de différents logiciels n'ont plus aucun secret pour ces étudiants qui les manipulent à longueur de journée et dont ils connaissent pour la plupart d'entre eux les différentes utilisations. Dans cette optique, les méthodes d'enseignements qui s'appuient totalement sur les techniques numériques ont toutes les chances de recueillir l'assentiment des étudiants appartenant à la génération Z. Il faut souligner par ailleurs que les étudiants qui entrent actuellement à l'université ont eu l'occasion dès leur plus jeune âge d'avoir eu des cours qui les familiarisent avec l'utilisation de ces mêmes moyens informatiques, une utilisation massive qui continue à l'université et qui ne peut que correspondre alors à leurs attentes.

- *La possibilité pour les étudiants d'adapter leurs modes d'apprentissage ;*

Une deuxième caractéristique de la digitalisation réside dans le fait que les étudiants ont la possibilité d'adapter leurs modes d'apprentissage en fonction de leurs besoins dans la mesure où l'accès à des capsules, à des podcasts et aux autres plateformes d'autoapprentissage contribue à faire que chaque étudiant peut choisir comme il l'entend d'utiliser ou pas ces outils en fonction de certaines difficultés de compréhension qui ne manquent pas de subvenir tout au long de leur cursus. L'étudiant en dehors des cours obligatoires qu'il doit suivre peut compléter en fonction de ces attentes et de sa curiosité ses connaissances que lui permettent justement de passer par l'utilisation des moyens numériques. De leur côté, les enseignants ont par ailleurs la possibilité de voir quels sont les étudiants qui se connectent ou pas à ces plateformes sur lesquelles peuvent être déposées des documents de cours, des exercices corrigés ou encore des quizz visant à mesurer les connaissances et les acquis des cours. Le lecteur pourrait nous rétorquer que le contrôle possible de l'enseignant sur le travail de son étudiant limite d'une certaine manière son choix de travailler plus ou moins selon sa volonté , il n'en demeure pas moins que l'accès à des plateformes d'e-learning lui laisse la possibilité de travailler plus ou moins intensivement indépendamment de la contribution de ces enseignants.

- *L'existence d'une certaine souplesse dans l'organisation de l'enseignement ;*

Un autre élément qui découle en partie de l'élément précédent implique que la digitalisation permet sous certaines conditions à l'étudiant d'optimiser l'organisation de son temps et cela de plusieurs manières :

- l'étudiant gagne un temps précieux en n'étant plus obligé de se déplacer sur place pour assister au cours dans le cas d'une formation administrée totalement à distance ou sous forme hybride que l'on appelle « blended learning » ;
- l'étudiant peut choisir de se connecter à certains cours qui figurent sur une plateforme d'échange lorsque ceux-ci ne sont pas forcément administrés en direct, mais déposés au fur et à mesure sur une plateforme par l'enseignant et ceux pour une durée déterminée ;
- l'étudiant peut suivre des formations à distance en soirée ou durant les weeks-ends après son activité professionnelle ;
- l'étudiant peut choisir de suivre accessoirement des cours administrés à la fois à distance et en présentiel lorsqu'il est confronté à un empêchement (grèves ; maladie ; panne de voiture ; perturbations climatiques, etc.).

- *La possibilité d'introduire plus facilement des innovations pédagogiques ;*

Un autre avantage lié à la digitalisation réside dans le fait qu'elle permet beaucoup plus facilement d'introduire dans les enseignements des innovations pédagogiques à travers de nouveaux outils, c'est le cas notamment des « serious games » qui permettent aux étudiants d'être confrontés à des situations proches du monde réel en utilisant des logiciels informatiques adéquats. De la même manière, les différents cours disponibles sur Internet gratuitement ou pas font souvent appel à des illustrations numériques et à l'usage d'interface graphique de haute qualité qui peut en partie se substituer à un cours en présentiel. Pour terminer, la possibilité d'accéder à des quizz de contrôle des connaissances et à disposer ensuite d'une correction permet à l'étudiant de juger de son niveau de manière plus efficace et plus régulière.

- *Le fait de pouvoir administrer une formation avec un minimum de locaux nécessaires ;*

Une autre force de la digitalisation d'une université tient au fait que celle-ci n'est plus dans l'obligation de disposer de locaux importants pour accueillir les étudiants si une majorité des formations voire certains cours dans d'autres formations sont assurés désormais à distance. Le problème des locaux peut rapidement se révéler problématique pour une université qui multiplie son offre de formation ou qui voit son nombre d'étudiants augmenter considérablement. Ces deux éléments sont normalement corrélés, mais pas forcément lorsque certaines formations notamment de premier cycle comme les licences accueillent toujours plus d'étudiants d'année en année. Outre les problèmes de locaux d'enseignements qui se posent assez vite, on peut rajouter également les problèmes de logements et par extension les problèmes de circulation en même temps que ceux de coexistences « pacifiques » avec la population locale qui ne manquent pas de se poser. Toute diminution du nombre d'étudiants sur le campus permet alors de réduire considérablement les tensions liées à l'aménagement de l'espace en même temps qu'elle permet de geler à terme les opérations de construction jugées parfois trop coûteuses par les administrateurs de l'université. Bien que ce problème d'aménagement se pose beaucoup plus si l'université est située dans les zones urbaines plutôt que dans des zones péri-urbaines ou rurales là où les problèmes d'aménagements spatiaux se posent beaucoup moins.

- *La réduction des coûts de production d'une formation et par extension de ceux de l'université ;*

Le développement de la digitalisation à l'ensemble du secteur universitaire a eu comme conséquence pour les universités de réduire à la longue leurs frais de fonctionnement et cela à travers la diminution de toute une série de coûts de production : diminution des supports de cours sous formes papiers, locations des salles, réduction de la facture d'eau, de la facture d'électricité et de chauffage, à terme une diminution des frais de personnels permettant d'assurer le même volume de formation. Même si on ne peut imaginer qu'une université qui est présente depuis longtemps au sein d'un territoire puisse à terme n'offrir que des formations à distance, le passage progressif à des formations hybrides pourrait à moyen ou à long terme prendre inexorablement ce chemin. Pour finir, si l'on compare une formation administrée en présentiel avec la même en distanciel, il apparaît évident que la seconde coûte moins chère même si l'administration en ligne n'est pas gratuite loin s'en faut, l'économie de coûts est toutefois bien réelle.

Si la digitalisation de l'université présentes des avantages ou des forces, elle présente dans le même temps, un certain nombre d'inconvénients ou des faiblesses qu'il nous faut examiner à présent.

§ 1.2) Les faiblesses de la digitalisation de l'université

Même si beaucoup d'observateurs considèrent que la digitalisation de la vie quotidienne continuera à se poursuivre sans que l'on puisse en fixer aujourd'hui les limites qui seront atteintes dans un futur plus ou moins lointain, certains considèrent également que le développement de l'intelligence artificielle ouvrira des perspectives jusqu'alors encore mal connues, mais qui bouleverseront sans doute notre vie quotidienne, pour autant, est-ce que la digitalisation de l'enseignement supérieur ne bute-t-elle pas sur certains obstacles en même temps qu'elle fait apparaître quelques faiblesses ? Ainsi :

- *L'inadéquation de certains cours voire de certaines formations par rapport au mode d'administration à distance ;*

L'hypothèse consistant à tabler sur des formations qui seraient totalement administrées à distance dans un futur proche se heurterait naturellement à certaines questions techniques qui se matérialiseraient par une inadéquation entre le contenu de certaines formations et l'administration à distance, notamment lorsque la formation suppose d'avoir des travaux dirigés ou des travaux pratiques qui nécessitent la manipulation d'objets et de matières premières comme pour certaines formations techniques et scientifiques. On pourrait faire le même constat des formations médicales ou paramédicales qui nécessitent d'intervenir directement sur le corps humain. De la même manière, on peut estimer que certaines formations en économie ou en finance qui engendrent des calculs parfois complexes sont plus facilement assimilables lorsqu'un enseignant dispense son cours face aux étudiants, même si l'on peut admettre que ces cours peuvent quand même faire l'objet d'une administration à distance, la transmission du savoir n'est pas optimale pour l'occasion.

- *Les difficultés rencontrées pour mesurer le contrôle des connaissances ;*

L'administration des cours à distance se heurte à un autre obstacle de taille dans la mesure où le contrôle des connaissances qui est nécessaire à la validation de toutes les formations est rendu plus difficile ou en tout cas plus complexe lorsqu'il passe par l'utilisation des techniques numériques, ainsi plusieurs obstacles apparaissent, respectivement :

- l'obligation d'adapter les examens suivant un certain format limitant les problèmes de tricherie ;
- l'augmentation des risques de tricherie liés à l'absence de contrôle direct de l'étudiant qui compose, ainsi, les échanges d'informations par SMS ou par téléphone ou le fait de se faire aider par un tiers ne peuvent absolument pas être contrôlées par les surveillants à l'inverse des examens passés en présentiel ;
- les problèmes techniques susceptibles de se poser lors de l'administration des examens en réseaux qui arrivent parfois lorsque le nombre d'étudiants passant des épreuves sur le même créneau horaire est trop élevé.

- *La moins grande interactivité entre les enseignants et les étudiants à distanciel ;*

La plupart des étudiants lorsqu'on les interroge mettent en avant leur satisfaction de pouvoir échanger le plus possible avec leurs enseignants tout au long de leur cursus, ce sentiment est encore plus renforcé lorsque ces mêmes étudiants s'acquittent de frais d'inscription particulièrement élevés, car l'accessibilité vis-à-vis des enseignants est un élément de différenciation significatif de la satisfaction étudiante. Le problème des enseignements en distanciel entraine que ces interactions, même si elles existent par l'intermédiaire de l'écran de l'ordinateur à travers des logiciels comme Zoom ou Team ou encore en s'appuyant sur la messagerie électronique apparaissent en quelques sortes comme indirectes. Cette diminution de la qualité des échanges est parfois mal vécue par les étudiants en même temps que par les enseignants qui regrettent cette situation.

- *L'existence d'une certaine lassitude à la longue de la part des étudiants ;*

L'auteur qui a eu l'occasion d'enseigner totalement à distance depuis le début du mois de Novembre 2020 a pu mesurer quotidiennement les réactions de ses étudiants avec qui il échangeait par écran interposé sur leurs satisfactions à pouvoir continuer à avoir leur cours dans des conditions acceptables compte tenu des circonstances rendues particulières par la crise sanitaire. Au début de la période de confinement, les étudiants ne se livraient pas forcément à des commentaires négatifs sur leur situation vécue, mais au bout de quelques mois, une lassitude commençait à se faire sentir et celle-ci n'a fait que s'accentuer jusqu'à la fin des cours, le sentiment qui prédominait à ce moment précis consistait à vouloir impérativement retrouver le « monde d'avant » marqué par un retour des cours en présentiel. Même si l'on peut estimer que certains étudiants ont pu apprécier ce mode d'administration, leurs réactions ont été majoritairement en faveur d'un retour des cours en présentiel, le principal argument qui transparaissait dans leur propos résidait dans la rupture d'une certaine forme de lien social si importante dans l'esprit des jeunes d'aujourd'hui.

- *L'inégalité des étudiants devant la digitalisation des formations ;*

Les débats qui ont eu lieu durant le confinement notamment en France afin de savoir s'il fallait fermer ou pas les universités en même temps que les écoles, les collèges et les lycées impliquent que l'un des arguments le plus souvent avancé est lié au fait que les étudiants en l'occurrence ne sont pas tous logés à la même enseigne face à l'utilisation des moyens numériques pour suivre leur cours, plusieurs cas de figure peuvent exister :

- le fait que certains étudiants ayant choisi de rejoindre le domicile parental ont été confrontés à des problèmes d'accès au réseau informatique à cause d'une localisation de leur habitation dans des zones blanches ou dans des zones non équipées encore de la 4G qui facilite la transmission des cours à distance ;
- le fait pour certains étudiants de ne pas disposer d'un matériel informatique performant voire dans certains cas de ne pas en disposer du tout ;
- le fait de suivre des cours dans des locaux non isolés des autres membres de la famille, par exemple lorsque la famille loge dans un petit appartement où les parents sont en télétravail et avec des frères et des sœurs qui suivent en même temps des cours à distance.

- *L'obligation de former les enseignants aux nouvelles formes de transmission pédagogiques ;*

La digitalisation du monde universitaire s'accompagne d'une contrainte que les universités ne peuvent ignorer et qui les obligent à mettre en place des programmes ambitieux de formation en direction de leurs enseignants qui pour la plupart n'ont pas été initiés aux techniques numériques et encore moins aux nouvelles formes de pédagogie qui en découlent. Dans cette optique, deux cas de figure sont possibles lorsque l'université parie sur les nouvelles technologies numériques, soit les enseignants rechignent à adopter les nouvelles formes de pédagogie et choisissent de rester dans des formats traditionnels de cours, si l'université les y autorisent. Soit, les enseignants peuvent au contraire se remettre en cause et opter pour faire des cours en utilisant ces nouveaux dispositifs, mais en exigeant d'être formés comme il se doit à l'utilisation de ces nouveaux modes d'enseignements, ce qui peut de surcroit entrainer des dépenses importantes si l'université décide de lancer des programmes ambitieux de formations.

Si la digitalisation de l'université présente des forces et des faiblesses, son développement peut faire naître un certain nombre de menaces en même temps qu'elle peut susciter l'apparition de nouvelles opportunités. Dans un premier temps, nous examinerons les menaces suscitées par la digitalisation des universités.

§ 1.3) Les menaces liées à la digitalisation de l'université

Bien que la digitalisation de l'université soit considérée comme prometteuse dans un proche avenir, il n'en demeure pas moins qu'elle peut sous certaines conditions constituer une menace pour sa stratégie, ainsi :

- *La digitalisation permet à de petits groupes privés de pénétrer le marché universitaire ;*

Nous avions mis l'accent dans la quatrième partie sur la menace constituée par les produits de substitution aux enseignements en présentiel tels qu'ils sont enseignés habituellement dans les universités. Ces modes d'enseignement émanent des Edtechs que l'on peut définir comme de petites sociétés qui prennent le plus souvent la forme de start-ups et qui proposent des formations entièrement axées sur les techniques digitales. Ces techniques digitales ont la particularité d'être proposées non pas par des universités mêmes petites, mais par de petites sociétés qui profitent du faible investissement au regard de ceux habituellement attendus dans le milieu universitaire pour proposer alors des formations aux étudiants, ce qui a pour conséquence qu'elles entrent ainsi directement en concurrence avec les universités déjà existantes. Dans cette optique, l'irruption et le développement de groupes privés spécialisées dans l'offre de formation diplômante pourrait déstabiliser considérablement de nombreuses universités en remettant en cause leur « Business model » qui repose encore largement sur l'administration des cours en présentiel.

- *L'irruption potentielle des GAFAM dans le milieu universitaire ;*

Si l'apparition et le développement des groupes privées dans le milieu de l'enseignement supérieur constitue déjà une menace pour la stabilité du secteur, une autre menace pourrait être plus importante encore lorsque l'on considère la puissance constituée par les GAFAM[44]. En effet, ces cinq sociétés sont aujourd'hui parmi les plus puissantes sociétés du Monde, mais surtout leur puissance dans l'environnement numérique n'est plus à démontrer tant elles possèdent tous les atouts pour pénétrer le secteur universitaire si elles le décidaient, car elles maîtrisent parfaitement toutes les techniques de numérisation et pourraient ainsi proposer à l'instar des Edtechs des formations diplômantes même si l'on peut imaginer que leurs formations ne soient pas reconnues comme diplômantes dans chaque État. Toutefois, la réputation de ces sociétés est telle dans l'esprit des étudiants qu'un diplôme délivré par MICROSOFT ou GOOGLE aurait toutes les chances de leur offrir des débouchés notamment dans les domaines relevant des industries numériques. Si on rajoute à cela, le fait que les services marketing appartenant à ces groupes développent des algorithmes permettant de connaître assez bien les comportements des étudiants par ailleurs consommateurs de services numériques, on peut imaginer qu'ils sauront mieux à même de proposer des formations correspondantes à des besoins spécifiques. Même si certaines formations plus centrées sur les sciences humaines pourraient échapper en partie à cette concurrence, le danger de devoir lutter en partie contre ces géants du numérique dans un proche avenir constitue une

[44] Derrière cet acronyme se cache en fait les initiales des plus grandes sociétés du monde numérique que l'on trouve actuellement dans le Monde, respectivement : GOOGLE ; AMAZON ; FACEBOOK, APPLE et MICROSOFT.

menace bien réelle que les universités devront prendre en compte à un moment donné.

- *Le danger d'une « low-costisation » du secteur universitaire ;*

Si nous avons mis l'accent sur une concurrence potentielle de la part des groupes d'enseignements supérieurs privés par rapport aux universités présentes dans le secteur, il apparaît que cette concurrence pourrait prendre une forme particulière si elle émanait des petites sociétés qui en pénétrant ce secteur, opteraient résolument pour une stratégie de « low-cost ». Cette stratégie « low-cost » serait rendue d'autant plus facile si l'on administrait totalement les cours à distance en s'abstenant d'avoir besoin de locaux importants. De ce fait, l'absence de barrières à l'entrée symbolisée par la non obligation de devoir investir dans la construction de bâtiments en même temps que d'embaucher un nombre important de salariés pourraient conduire ces sociétés à proposer des formations nettement moins onéreuses que celles proposées habituellement par les universités classiques.

- *Le problème de la sous-utilisation des équipements universitaires liées à un développement de la digitalisation ;*

Une autre menace liée au développement de la digitalisation du milieu universitaire réside dans le fait qu'un accroissement significatif des formations à distance implique en contrepartie une moindre utilisation des équipements universitaires existants comme les salles de cours ou les lieux communs. Dans cette optique, nous savons que le fait de disposer d'un campus important engendre des coûts fixes considérables que les universités se doivent de prendre en charge, même si on peut estimer par ailleurs que certaines salles qui ne seraient plus occupées par les étudiants pourraient être réutilisées à d'autres fonctions

- *La pression exercée par les étudiants suivant des cours à distance pour forcer l'université à diminuer leurs frais d'inscriptions ;*

Une dernière menace existe et se matérialise par le fait que certains étudiants qui suivent des formations majoritairement à distance ou encore totalement à distance peuvent finir par faire pression sur les universités en leur demandant de baisser significativement leurs frais d'inscription. En effet, il ne faut pas oublier que les étudiants acceptent en général de payer un prix élevé s'ils ont le sentiment qu'ils pourront bénéficier d'un soutien important en même temps que d'un accompagnement lors de leur cursus universitaire. Même si l'on peut estimer que des formations totalement administrées à distance n'empêchent pas un suivi des étudiants par les enseignants, cela n'a pas la même valeur symbolique qu'en face à face. La question qui peut alors se poser est la suivante : puis-je baisser les frais d'inscription d'une formation à distance ? L'analyse coût-avantage peut être alors utilisée par l'université pour décider du mode d'administration souhaitable. Une autre question plus importante se pose : puis-je être compétitif pour un enseignement à distance au regard de l'offre déployée par beaucoup d'opérateurs ? Et de ce fait : comment m'organiser pour assurer une offre en présentiel ou en hybride qui apporte un meilleur service et qui renforce ma compétitivité ?

Pour terminer, la digitalisation offre certaines opportunités pour les universités qu'il convient d'analyser.

§ 1.4) Les opportunités liées à la digitalisation de l'université

Si la digitalisation de l'université présente quelques menaces, elle offre par la même occasion quelques opportunités à plus ou moins long terme, respectivement :

- *La possibilité d'attirer de nouveaux publics d'étudiants ;*

La première opportunité que l'on peut mettre en évidence pour une université de développer la digitalisation est qu'elle permet d'attirer de nouveaux étudiants qui peuvent trouver un intérêt à suivre des formations à distance plutôt qu'en présentiel. En effet, on peut être confronté à deux types d'étudiants : le premier est un étudiant qui dispose de peu de moyens pour envisager de poursuivre des études supérieures surtout si celles-ci sont onéreuses, si l'on rajoute aux frais d'inscription ; les coûts du logement ; les frais de restauration ; les frais de transports et les autres frais généraux , le coût total d'une année universitaire peut se révéler totalement prohibitif pour ce type d'étudiant. Dans cette optique, des formations ayant un prix moindre ainsi que la possibilité en restant chez soi d'économiser des dépenses substantielles pourraient alors attirer ce profil d'étudiant. Le deuxième type d'étudiant quant à lui exerce déjà un métier et souhaiterait reprendre ses études qui ont pu être interrompues pour de multiples raisons dans un passé plus ou moins lointain. L'étudiant qui choisit de reprendre ses études sera d'autant plus enclin à privilégier les formations à distance si elles lui permettent de concilier la poursuite de ces mêmes études en même temps que de continuer à occuper un emploi.

Cette catégorie d'étudiant habituellement ignorée par les services marketing de nombreuses universités pourrait constituer un marché intéressant susceptible de se développer grâce à l'apparition des formations à distance.

- *La possibilité de développer des formations orientées vers le secteur du numérique ;*

La digitalisation de l'enseignement supérieur même si elle entraine des impacts importants en termes de fonctionnement pourrait constituer une opportunité intéressante pour développer des formations dans le domaine du numérique surtout si l'université apparaît pionnière dans ce domaine et si elle dispose par ailleurs de chercheurs reconnus dans ce domaine. On considère aujourd'hui que le domaine de l'intelligence artificielle constituera dans un avenir proche une source importante de débouchés en créant de nouveaux métiers qui n'existent pas encore, on peut alors penser que les formations à distance qui conduiraient les étudiants de finir par maîtriser parfaitement les techniques numériques liées à l'apprentissage de ces nouveaux savoirs s'orienteraient dans ce sens.

- *La possibilité de s'affranchir des frontières en matière d'offre de formations ;*

Un élément parfois ignoré des observateurs, mais que la digitalisation permet de réaliser facilement implique pour une université de s'affranchir des frontières physiques en recrutant ainsi des étudiants susceptibles de venir des quatre coins du Globe dans la mesure où un étudiant peut maintenant suivre une formation offerte par une université sans avoir besoin de mettre les pieds physiquement sur le campus. Ce qui a été rendu possible, il y a plus de trente ans avec le développement d'Internet en réduisant artificiellement les distances culturelles entre les individus pourrait se reproduire à l'avenir avec l'offre de formations. Ainsi des étudiants qui ne se connaissent pas pourraient suivre simultanément la même formation en étant situés à des distances très longues, les échanges pourraient ainsi exister si des heures de cours étaient spécialement dédiées à ces échanges entre les individus d'une même promotion. Bien que l'on doive admettre que toutes les universités n'ont pas la capacité à attirer tous les étudiants venant d'horizons géographiques éloignés, ce privilège reste aujourd'hui encore l'apanage des universités classées en tête du classement de Shanghai, il apparaît que le marché potentiel de chaque université s'élargit en cas de développement des formations à distance.

- *Le développement de nouvelles techniques de marketing pour recruter les étudiants ;*

L'un des symboles de la digitalisation de l'université réside dans l'utilisation de nouvelles techniques de marketing destinées à augmenter les chances de recrutement de leurs étudiants. En effet, alors que les jeunes lycéens appartenant à la génération Z font un usage abondant et régulier des réseaux sociaux, l'université se doit d'intégrer dans sa stratégie marketing ce nouveau canal de communication qu'elle se doit d'ajouter à ceux existants déjà et qui sont couramment utilisés dans la mise en œuvre de la politique de communication. Même si l'utilisation d'Internet n'est pas une idée nouvelle dans l'esprit des recruteurs universitaires, la manière dont les universités s'appuient désormais sur les opportunités offertes par la digitalisation les ont conduites à imaginer une nouvelle forme de technique marketing que l'on appelle l'Inbound marketing et que nous allons examiner à présent dans une deuxième section.

Section 2 : La mise en place de l'inbound marketing au sein de l'université

L'évolution de la digitalisation de l'université a entrainé l'apparition de nouvelles techniques marketing comme l'Inbound marketing . Dans un premier paragraphe, nous analyserons les principes de base de l'Inbound marketing, dans un deuxième paragraphe, nous mettrons en avant les conditions qu'une université doit réunir pour réussir une stratégie d'Inbound marketing, dans un troisième et dernier paragraphe, nous mettrons en exergue certaines techniques digitales utilisées par les universités pour attirer et finaliser les inscriptions de leurs étudiants.

§ 2.1) Les principes de base de l'Inbound marketing :

Il existe un certain nombre d'ouvrages consacrés plus généralement au marketing digital qui laisse une place importante à l'Inbound marketing en même temps que l'on trouve des ouvrages dédiés directement à ce concept, Lejealle et Delecolle (2017) ; Truphème et Gastaud (2018) ; Chaffey ; Ellis-Chadwick ; Isaac et Mercanti-Guérin (2020).

Truphème et Gastaud (2018) définissent l'Inbound marketing comme une technique qui « vise à attirer les clients grâce à la diffusion de contenus de qualités qui informent, éduquent, voire qui inspirent. On parle de marketing entrant par opposition aux techniques de marketing traditionnelles qui cherchent à capter l'attention des consommateurs de manière intrusive en utilisant notamment le canal publicitaire (marketing sortant ou Outbound marketing).

Si l'on applique cette technique dans une université, celle-ci doit désormais prendre en compte le fait que les étudiants qui utilisent massivement les réseaux sociaux prennent leur décision de s'inscrire de façon autonome ,ce qui conduit les offres de formations des universités à être visibles des étudiants, là où ils ont l'habitude de se connecter et de puiser l'information nécessaire. Cette présence universitaire sur les réseaux sociaux doit se matérialiser par la fourniture d'informations au moment où les étudiants commencent à sélectionner les différentes offres possibles. Cette démarche qui apparaît de surcroit assez logique dans un contexte de digitalisation accrue est à la base de l'Inbound marketing.

À partir de l'instant où l'université considère que chaque étudiant est un « consommateur unique » et qui présente des spécificités, elle doit concevoir des messages qui sont susceptibles de retenir plus facilement leur attention, on passe d'une certaine manière d'un marketing de masse qui est matérialisé en l'occurrence par l' « Outbound marketing » à un marketing personnalisé que les anglo-saxons appellent « le marketing one-to-one » qui l'oppose au marketing « one-to-many » qui correspond au marketing classique. À ce stade, il nous faut préciser un élément important, il ne s'agit pas pour une université d'abandonner ses méthodes de communication traditionnelle comme la publicité qui s'appuie sur les différents médias et qui délivre un message que l'on peut qualifier d'unique en la substituant par l'envoi de messages totalement personnalisés, ce qui reviendrait de fait à concevoir des dizaines de milliers de messages différents vers les étudiants potentiels. Dans les faits, cela consiste pour une université de faciliter les échanges éventuels avec les étudiants potentiellement intéressés par son offre en s'appuyant massivement sur les réseaux sociaux qui permettent une très forte interactivité entre les responsables de la communication et les étudiants potentiels. L'Inbound marketing se décline en quatre étapes que l'on peut sans problème appliquer à l'université, successivement : attirer ; convertir ; conclure et enchanter.

- *Attirer l'étudiant potentiel ;*

Cette première phase implique pour l'université de produire des contenus que l'on peut qualifier de pédagogiques ou d'informatifs dans le but ensuite de les partager, dans ces contenus, l'étudiant doit pouvoir trouver une quantité importante d'informations sur toutes les questions qu'il est susceptible de se poser avant de procéder à son choix final, par exemple : l' offre de formations ; les frais d'inscription ; les modalités de paiement ; les services annexes proposés par les universités, les taux de réussite et les taux de placement, etc...

Il apparaît fondamental à ce stade de veiller à fournir une information de qualité en même temps que de soigner le support de diffusion de son message : site Internet, blog, newsletter.

- *Convertir l'étudiant ;*

Cette deuxième étape consiste en quelques sortes à inciter l'étudiant, une fois qu'il s'est connecté à communiquer ses coordonnées au service communication, soit de l'université, soit le plus souvent vers celui des facultés. La fourniture de leurs coordonnées leur permettra ensuite d'accéder à ce que l'on appelle les *contenus premiums »* que l'on peut définir comme la page d'un site web auquel on ne peut accéder qu'en fournissant des informations précises sur son profil. À titre indicatif, la plupart des écoles de commerce et des universités anglo-saxonnes disposent d'un site web généraliste sur lequel les étudiants potentiellement intéressés peuvent se connecter, une fois sur ce site, l'étudiant doit fournir des informations pour recevoir une brochure détaillée d'une formation spécifique comme un MBA par exemple. Afin de convertir l'étudiant, un service communication peut utiliser respectivement *le call-to-action* que l'on peut définir comme l'art de faire passer à l'action les étudiants qui visitent le site de l'université pour aller plus loin dans la découverte de l'offre universitaire, par exemple, le fait d'appuyer sur un bouton ENTREE sur une page d'accueil.

Le service de communication peut s'appuyer ensuite sur le principe de *la landing page* qui est une page d'accueil qui est accessible uniquement en cliquant sur un lien. Dans le cadre universitaire, *la landing page* permet de générer des *leads* que l'on définit par le fait qu'un étudiant a émis un signal d'intérêt plus ou moins affirmé pour les formations offertes par l'université en choisissant de fournir ses coordonnées afin de participer éventuellement à un événement organisé par elle.

- *Conclure un accord avec l'étudiant afin qu'il s'inscrive ;*

Cette troisième étape consiste avec l'étudiant qui a fourni ses coordonnées d'entretenir et d'approfondir la relation qui s'est nouée entre lui et le service communication de façon à ce qu'il finisse par s'inscrire. Pour atteindre cet objectif, deux outils peuvent être utilisés dans le cadre universitaire : *le lead nurturing* et le *lead scoring*. Le *lead nurturing* consiste pour une université à essayer de persuader un étudiant qui a entrepris une première démarche de choisir finalement de s'inscrire, il est faux de penser qu'un étudiant qui a engendré un lead choisira pour autant de finaliser son inscription quelques temps après. Aujourd'hui l'étudiant a tendance à murir sa décision et éprouve le besoin de compléter ses informations initiales par d'autres qui viendront ou pas modifier ses premières impressions, le *lead nurturing* sera alors utilisé par le service communication pour le faire évoluer vers sa décision finale en le conduisant à s'inscrire. Dans le même temps, un autre outil peut être utilisé et qui complète parfaitement le précédent, celui du *lead scoring* que l'on peut définir comme une technique qui consiste à attribuer une note ou tout du moins une priorité à certains leads par rapport aux autres. Dans cette optique, le service communication d'une université ou d'une faculté doit admettre que tous les étudiants ayant communiqué leurs adresses ne s'inscriront pas forcément, ce que l'on vient de préciser par ailleurs. Cependant, si l'on se place dans le cadre d'une université catholique, parmi les étudiants potentiels, il en existe certains qui sont plus susceptibles de l'intégrer, par exemple, les étudiants qui viennent d'établissements catholiques et ceux issus de familles aisées, notamment. Le *lead scoring* consistera à attribuer des notes ou des ordres de préférence à ces étudiants qui présentent ces caractéristiques et à orienter les actions de communication prioritairement vers ces cibles.

- *« Enchanter » l'étudiant ;*

Ce dernier élément d'une politique d'*Inbound marketing* concerne plutôt les étudiants qui sont déjà inscrits et dont on cherche à en faire en quelques sortes des ambassadeurs de l'université auprès d'étudiants potentiellement intéressés dans un futur proche pour intégrer l'université, l'enrichissement du site web d'une université peut y contribuer.

Ayant défini les principes de base de l'Inbound marketing, il convient dans le paragraphe suivant de mettre en avant les conditions de réussite d'une stratégie d'Inbound marketing.

§ 2.2) Les conditions de réussite d'une stratégie d'inbound marketing

Truphème et Gastaud (2018) mettent en évidence quatre éléments sur lesquels doit s'appuyer une stratégie d'Inbound marketing pour être couronnée de succès, respectivement : la définition des *personas* ; le déploiement d'une stratégie de *content marketing ;* la prise en compte du concept de *tunnel de conversion* et la fixation d'objectifs matérialisés par l'utilisation d'indicateurs de performances.

- *La définition des personas d'une université ;*

Dans le cas d'une université, *le persona* est une représentation fictive qui permet à l'université de connaître précisément les motivations et les comportements de leurs étudiants qui choisissent de s'y inscrire. *Le persona* est rendu possible par l'exploitation des données démographiques et accessoirement par des données comportementales si elles existent. La prise en compte du *persona* permet au service communication de l'université d'adapter le cas échéant leur communication sur leur site web en fonction des attitudes et des questions posées par les étudiants. Un persona se définit par les caractéristiques suivantes :

- Quelles sont les problématiques similaires que l'on retrouve chez les étudiants ?

Qu'est-ce qui pousse un étudiant à s'inscrire dans une formation que l'université lui propose et quels sont les éléments qui le poussent à faire ce choix plutôt que d'opter pour une formation proposée par une université concurrente.

- Quels sont les facteurs clés de succès que recherchent les étudiants ?

Quels sont les résultats concrets que les étudiants attendent lorsqu'ils s'inscrivent dans notre université ?

- Quels sont les freins à l'inscription ?

Quels sont les facteurs qui poussent finalement les étudiants à choisir une autre université plutôt que la nôtre ?

- Quels sont les éléments qui jalonnent la décision de l'étudiant ?

Quels sont les éléments qui vont interférer sur la prise de décision de l'étudiant de s'inscrire tout au long de son cheminement intellectuel ?

- Quels sont les critères de décision essentiels ?

Quels sont les éléments à mettre en œuvre pour persuader l'étudiant de choisir notre offre plutôt qu'une autre ?

- *Le content marketing ;*

On peut définir le *content marketing* comme une stratégie développée par l'université consistant à créer et à promouvoir des contenus dans le but d'attirer, de convertir et de fidéliser ses étudiants. On utilise essentiellement le *content marketing* pour promouvoir l'image d'une université autrement qu'en utilisant les modes classiques de communication comme la publicité. Truphème et Gastaud (2018) considèrent que le content marketing passe obligatoirement par cinq étapes, successivement : identifier ses cibles et ses besoins ; planifier les contenus, concevoir les contenus, promouvoir les contenus et mesurer.

- Identifier ses cibles et leurs besoins ;

Les contenus des sites web de l'université ne doivent pas être uniquement concentrés sur ce qu'elle est, mais sur ce qu'elle peut apporter à l'étudiant en fonction de ses caractéristiques.

- Planifier les contenus ;

Certaines universités s'efforceront en même temps de recruter des lycéens désireux d'entreprendre des études supérieures et des étudiants ayant déjà effectué plusieurs années dans d'autres universités, les attentes de ces étudiants étant différentes, l'université devra intégrer ses différences de profils dans leurs contenus informatifs.

- Concevoir les contenus ;

Le service de communication de l'université s'efforcera le mieux possible de concevoir des messages en direction des étudiants qui soient simples à lire à la fois sur leurs ordinateurs et leurs smartphones en même temps qu'il veillera à être bien référencé dans les moteurs de recherche ainsi que par les médias sociaux de façon à favoriser les échanges.

- Promouvoir les contenus ;

Une fois que les contenus du site web sont conçus, il s'agit d'en assurer la promotion la plus large auprès des étudiants potentiels.

- Mesurer la visibilité d'un site web ;

Le service communication devra prendre en considération le nombre de visites, mais principalement le nombre de leads des étudiants potentiels et les inscriptions.

- *Le tunnel de conversion ;*

Le tunnel de conversion encore appelé funnel marketing permet de visualiser le parcours d'un étudiant sous la forme d'un entonnoir inversé qui laisse apparaître trois éléments :

1. TOFU : *Top of the funnel* ; attirer les étudiants potentiels en créant de la valeur ;
2. MOFU : *Middle of the funnel* ; les étudiants s'intéressent à votre offre de formations ;
3. BOFU: *Bottom of the funnel*; les étudiants potentiels choisissent finalement de s'inscrire.

Trois étapes caractérisent le funnel marketing : attirer, considérer et convertir :

- Attirer (« Awareness »)

L'action d'attirer symbolise le haut du tunnel connu sous l'acronyme de TOFU qui suppose que les universités doivent générer du trafic par rapport à l'ensemble de ses moyens de communication digitaux en attirant le maximum d'étudiants potentiels.

- Considérer (« Considération »)

L'action de considérer correspond au milieu du tunnel connu sous l'acronyme de MOFU, les étudiants potentiels commencent alors à s'intéresser aux formations proposées par les universités , à ce stade , les étudiants évaluent les diverses solutions proposées.

- Convertir (« Conversion »)

Convertir correspond au bas du tunnel connu sous l'acronyme BOFU et qui correspond à l'étape où l'université doit transformer ses contacts en inscription définitive.

- *Le choix des indicateurs de performance par les universités ;*

L'université doit lorsqu'elle met en œuvre des stratégies d'Inbound marketing tester l'efficacité de sa stratégie digitale, dans cette optique, elle s'appuie sur des indicateurs clés de performance que l'on connaît sous l'acronyme KPI qui signifie *Key Performance Indicators* liés à la présence en ligne, Chaffey et Smith (2008) distinguent plusieurs types d'indicateurs, respectivement :

- le nombre de visiteurs uniques, en fait le nombre de visiteurs individuels distincts sur le site ou sur une application mobile ;
- le nombre total de sessions ou de visites enregistrées ;
- le nombre de visites répétées, c'est-à-dire le nombre moyen de visites par personne ;
- la durée, en fait le temps moyen passé sur le site ;
- le taux d'abonnement, qui nous renseigne sur le nombre de visiteurs qui s'inscrivent à des services offerts par l'université comme une newsletter ;
- le taux de conversion , le pourcentage des étudiants potentiels qui choisissent finalement de s'inscrire ;
- le taux d'abandon qui symbolise le fait qu'un étudiant ayant commencé une procédure d'inscription choisit finalement de ne pas s'inscrire ;
- le taux d'attrition , c'est-à-dire le pourcentage d'étudiants qui choisissent de quitter l'université après quelques années.

Après avoir examiné les éléments à mettre en œuvre pour réussir efficacement les stratégies d'inbound marketing, il convient d'illustrer à présent certaines techniques utilisées par les universités pour attirer et finaliser les inscriptions des étudiants.

§ 2.3) Les techniques digitales utilisées par les universités pour attirer et finaliser les inscriptions des étudiants :

Parmi les techniques digitales qu'une université puisse utiliser pour attirer les étudiants, l'une d'entre elles retient tout particulièrement notre attention ; les webinars. Truphème et Gastaud (2018) définissent le webinar comme un mot-valise qui regroupe en même temps les mots web et séminaire et qui se matérialise à travers un séminaire ou une conférence que l'on peut suivre en direct ou en différé sur Internet à partir du moment où l'on a procédé à une inscription. Le webinar apparaît simple à mettre en œuvre même si un processus séquentiel apparaît souhaitable pour l'occasion à travers un certain nombre de questions que l'on peut se poser :

- *Quelle est la thématique abordée durant l'événement ?*

Pour une université, elle peut concerner les opportunités offertes en termes de formations ou alors concerner un champ académique particulier comme le Droit voire à l'intérieur de ce champ, une thématique consacrée par exemple aux métiers liés au Droit Public ;

- *Qui animera le webinar ?*

Dans le cas présent, l'animateur peut être un enseignant spécialisé dans le domaine, mais qui peut s'appuyer ou non sur un modérateur souvent lié au service communication de l'université ou d'une faculté ;

- *Quelles sont les cibles visées ?*

Celles-ci peuvent être multiples en fonction de la thématique de la conférence, on ciblera des étudiants potentiels venant d'horizons divers si l'on veut augmenter le volume des étudiants dans les filières de licence ;

- *Quelle est la date ?*

Ce détail peut apparaître anodin pour autant il importe lors du processus de recrutement de ne pas tarder à faire ces webinars lorsque les étudiants potentiels commencent à réfléchir à la suite de leur parcours.

- *Comment en faire la promotion ?*

Le service communication d'une université peut utiliser l'ensemble des moyens digitaux, notamment les réseaux sociaux pour assurer la promotion d'un tel événement.

- *Quelle plateforme logicielle utiliser ?*

Le choix d'une plateforme logicielle doit être la plus efficace possible pour assurer le succès du Webinar.

- *Comment capitaliser sur l'événement une fois ce dernier terminé ?*

L'enregistrement du webinar doit être mis en ligne pour générer de nouveaux leads. Les inscrits et les présents doivent être remerciés et relancés par le service communication de l'université.

La stratégie d'Inbound marketing constitue une nouvelle forme de politique marketing qui vient s'ajouter aux politiques mises en œuvre dans le cadre du marketing-mix, on ne saurait être totalement exhaustif si on ne prenait pas en compte l'impact de la crise du COVID 19 sur l'évolution de la digitalisation de l'université, tel est l'objet de la dernière section de ce chapitre.

Section 3 : L'impact de la crise du COVID 19 sur les stratégies de digitalisation de l'université

La crise du COVID 19 ayant surgi brutalement et de manière inattendue a eu comme conséquence de bouleverser considérablement le mode de fonctionnement des universités entrainant dans beaucoup de cas, leur fermeture pendant une durée plus ou moins longue. Cette crise a obligé les universités à s'adapter à ce nouveau contexte et à accélérer la plupart du temps le processus de digitalisation qui étaient déjà amorcé en partie durant les années précédentes.

L'International Association of Universities connue sous l'acronyme IAU et qui a été fondée en 1950 sous l'égide de l'UNESCO est l'association la plus importante qui regroupe les universités de plus de 120 pays et dont la mission principale consiste à échanger et à apporter des solutions aux questions relatives à la gestion des universités. L'IAU a adressé à ses membres un questionnaire relatif à l'impact de la crise du COVID 19 sur l'enseignement supérieur (2020), elle a reçu 576 réponses émanant de 424 universités et autres établissements de l'enseignement supérieur en provenance de 109 pays différents. Les réponses provenant massivement des présidents d'université et des doyens. L'intérêt de ce questionnaire est qu'il balaye l'ensemble de l'activité d'une université et s'efforce de mesurer l'impact du COVID 19 sur cette activité. Nous allons examiner respectivement chacune des réponses aux questions posées par l'enquête :

- *Comment la crise du COVID 19 a-t-elle affecté votre institution ?*

59 % des universités ont arrêté totalement leurs activités ; 30 % des universités sont restées partiellement ouvertes tout en subissant d'importantes perturbations ; 10 % des universités sont restées ouvertes, mais en généralisant les gestes barrières pour endiguer l'épidémie et pour terminer 1% des universités ont continué leurs activités sans apporter aucun changement et mettre en place des mesures contre le COVID 19. Il apparaît indéniable que le COVID 19 a impacté fortement le fonctionnement des universités.

- *Disposez-vous d'infrastructures pour communiquer facilement avec les étudiants et le personnel ?*

91 % des universités ont déclaré disposé d'infrastructures adéquates destinées à communiquer les informations essentielles vers les salariés et les étudiants, ce qui témoigne pour l'occasion d'une digitalisation déjà présente massivement dans la plupart des universités à l'exception des universités africaines qui pour un tiers d'entre elles ne disposaient pas encore des moyens de communication nécessaires pour communiquer efficacement avec les étudiants et les enseignants.

- *Pensez-vous que le COVID 19 a eu un impact significatif sur les inscriptions de l'année 2021/2022 ?*

46% des universités ont répondu qu'il y a eu un impact significatif à la fois sur les inscriptions des étudiants locaux et internationaux ; 27 % ont répondu qu'il y a eu un impact significatif sur les étudiants internationaux uniquement ; 5 % ont répondu qu'il y a eu un impact significatif sur les étudiants locaux et pour finir, 22 % d'entre elles ont répondu qu'il n'y a eu aucun impact. On peut estimer que le COVID 19 a affecté considérablement les universités par rapport à l'évolution de leurs inscriptions.

- *Est-ce que les membres de la direction de l'université ont été consultés par les Autorités Publiques sur la mise en œuvre des politiques de lutte contre le COVID 19 ?*

65 % des universités ont répondu avoir été consultées ; 17 % ont répondu non et 18 % n'ont pas apporté de réponses. Il apparaît évident que les Autorités Publiques ont pris le soin de consulter massivement les universités dans la mesure où elles se sont révélées être la source importante de clusters.

- *Est-ce que le Ministère de l'éducation a indiqué qu'il aiderait l'université au regard des perturbations subies en raison du COVID 19 ?*

48 % des universités ont répondu oui ; 24 % ont répondu non et 28 % n'ont pas souhaité répondre. Dans le cas présent, on constate que la volonté des gouvernements d'aider d'une manière ou d'une autre les universités ne représentent même pas la moitié des réponses, ce qui peut être liée à la structure de l'échantillon composée massivement d'universités privées.

- *Quel type d'aide le gouvernement vous a offert par rapport aux ennuis causés par la crise du COVID 19 ?*

67 % des universités ont répondu que le Ministère de l'éducation lui a apporté son soutien afin qu'elles puissent achever sans encombre l'année universitaire ; 31% ont répondu que le Ministère avait fourni des solutions pour compenser les crédits relatifs aux cours qui n'ont pu avoir lieu et qui demeurent indispensables à l'obtention du diplôme ; 13 % ont indiqué qu'elles avaient perçu des subventions de l'État destinées à compenser leur perte de revenu et enfin 29 % des universités ont répondu qu'elles avaient reçu des aides sans mentionner lesquelles. Nous devons souligner que les universités avaient le choix entre plusieurs réponses. Dans le cas présent, on doit noter que le soutien est plutôt d'ordre administratif que financier

- *Est-ce que le COVID 19 a affecté vos partenariats ?*

64 % des universités ont répondu oui ; 36 % ont répondu non. Manifestement les restrictions de circulation ont affecté sensiblement les partenariats des universités.

- *Comment le COVID a-t-il affecté vos partenariats ?*

51 % des universités ont indiqué que le COVID 19 avait réduit les partenariats en les concentrant plutôt sur des partenariats locaux, 31 % d'entre elles ont indiqué qu'il avait créé de nouvelles opportunités entre les partenaires à travers les mobilités virtuelles des enseignants et le partage de certaines informations ; 18 % ont souligné le fait que les partenariats se sont renforcés dans le but de coordonner leurs efforts pour répondre aux défis lancés par le COVID 19. Il apparaît que pour une majorité d'universités, les partenariats ont pu être affectés par la crise du COVID 19.

- *Comment le COVID a-t-il affecté l'enseignement et les études ;*

67 % des universités ont répondu que les cours en présentiel ont été remplacés par des cours à distance ; 24 % des universités ont répondu que leurs activités avaient été momentanément suspendues, mais que l'université s'efforçait d'une manière ou d'une autre d'assurer la continuité pédagogique ; 7 % ont indiqué que les cours ont été purement annulés et 2 % ont indiqué que les cours n'ont été aucunement affectés. La lecture de ces chiffres nous montre que pour une majorité des universités, la digitalisation a permis de basculer facilement sur des cours à distance.

- *Y-a-t-il eu un impact du COVID 19 sur la mobilité internationale des étudiants ?*

89 % des universités ont répondu oui et 11 % non. Il apparaît évident même sans faire d'enquêtes que la mobilité internationale des étudiants a subi un impact significatif lié à l'impossibilité de se déplacer dans les pays étrangers.

- *Quel a été l'impact sur la mobilité internationale des étudiants ?*

Les universités pouvaient choisir de donner plusieurs réponses pour l'occasion. 47 % des universités ont répondu que les étudiants internationaux ont continué à suivre des cours dans l'université d'accueil ; 37 % d'entre elles ont indiqué que leurs étudiants ont achevé leur année d'étude dans une université étrangère ; 39 % d'entre elles ont indiqué que les étudiants étrangers avaient choisi d'interrompre leurs études chez elles ; 43 % d'entre elles ont souligné que les échanges avec quelques pays avaient été annulés et pour finir 33 % d'entre ont indiqué que tous les échanges d'étudiants avaient été annulés. L'analyse de ces chiffres nous indique que le COVID a réduit considérablement les échanges internationaux.

- *Y-a-t-il eu des plans d'urgence mis en place ?*

36 % des universités ont indiqué qu'elles avaient élaboré un plan d'urgence en liaison étroite avec leurs partenaires étrangers ; 34 % des universités ont indiqué qu'elles avaient initié un tel plan, mais sans concertation avec les partenaires étrangers ; 3 % ont souligné que la mise en place d'un tel plan a été pris à l'initiative de l'université partenaire et pour finir 27 % des universités ont mentionné le fait qu'il n'y avait pas de plans prévus. On peut constater que les universités se sont efforcées le mieux possible de répondre à cette problématique.

- *Est-ce que le COVID a suscité des solutions alternatives à la mobilité des étudiants ?*

60 % des universités ont indiqué qu'elles avaient développé une forme de mobilité virtuelle en renforçant les cours en ligne ; 34 % des universités n'ont rien entrepris ; 4 % d'entre elles disent y réfléchir, 1% affirment développer des solutions dans ce sens et 1% d'entre elles n'ont pas répondu à cette question. Les chiffres illustrent une fois de plus la digitalisation grandissante des universités.

- *Pensez-vous pouvoir organiser vos examens comme cela avait été prévu avant la crise du COVID 19 ?*

45 % des universités ont répondu oui, mais avec quelques ajustements ; 14 % ont indiqué que les examens auront lieu normalement et d'autres seront reportés ; 13 % ont répondu que les examens seront probablement reportés ; 11 % ont répondu que les examens seront certainement annulés, 6% ont répondu que les examens auront lieu comme d'habitude et 11 % n'ont pas donné de réponses. Les chiffres montrent de manière indéniable une perturbation majeure dans l'organisation des examens pour les universités.

- *Des stratégies sont-elles en cours de discussion pour résoudre la question des examens ci-dessus ;*

89 % des universités ont répondu oui et 11 % non, ce qui apparaît assez logique dans le cas présent, car la question du passage des examens conditionne l'obtention du diplôme.

- *Est-ce que le COVID 19 a affecté la recherche au sein de votre institution ?*

80 % des universités ont répondu oui et 20 % non, la question suivante précise un certain nombre de choses.

- *Comment la crise du COVID 19 a-t-elle affecté votre recherche au sein de votre université ?*

Plusieurs réponses étaient possibles. 83 % des universités ont répondu que les échanges internationaux de chercheurs ont été annulés ; 81 % des universités ont répondu que les colloques scientifiques initialement prévus ont été soit annulés, soit reportés ; 52 % des universités estiment que les projets de recherche courent le risque de ne pas être achevés ; 21 % des universités soulignent le fait que toutes les activités de recherche ont été totalement arrêtées.

Les chiffres nous montrent que les activités de recherche à l'instar des activités d'enseignements ont été singulièrement affectées par la crise du COVID 19 et les restrictions drastiques concernant les déplacements ont sans nul doute amplifié ce mouvement.

- *Est-ce que votre université est impliquée dans la recherche sur le COVID 19 ?*

59 % des universités ont répondu non et 41 % oui, cette majorité de réponses négatives de la part des universités est assez logique dans la mesure où les recherches en virologie apparaissent souvent concen-

trées sur quelques universités spécifiques ce qui explique en grande partie, ce pourcentage.

- *Est-ce que les chercheurs au sein de votre institution contribuent à faire avancer les politiques publiques au sein de votre université ?*

86 % des universités ont répondu oui et 14 % des universités ont répondu non. Ce pourcentage de réponse positive très élevée s'explique par le fait que la quasi-totalité des universités possèdent des enseignants-chercheurs qui appartiennent à plusieurs disciplines et qui sont susceptibles dans leurs recherches de s'intéresser plus ou moins directement aux conséquences multiples engendrées par le COVID 19 sur la société et sur les moyens d'y remédier.

- *Comment le COVID 19 a-t-il impacté l'engagement sociétal de votre université ?*

45 % des universités ont répondu que cela a augmenté leur engagement sociétal ; 31 % ont affirmé le contraire, 6% ont répondu que cela n'a rien changé pour eux et 19 % des universités n'ont pas donné de réponses. Quelques universités semblent avoir augmenté leur engagement sociétal même si elles ne constituent pas la majorité pour autant.

- *Menez-vous des activités dans le cadre du COVID 19 ?*

58 % des universités ont répondu oui ; 31 % des universités ont répondu non et 11% d'entre elles n'ont pas apporté de réponses. Une majorité d'universités s'efforcent de mettre en place des actions dans le cadre de la crise sanitaire, ce qui est corrélé avec leur engagement sociétal, la dernière question nous fournit des précisions sur ces actions.

- *Quelles sont les activités que vous menez ?*

Plusieurs réponses étaient possibles , ainsi, 22% des universités ont répondu que leur hôpital universitaire s'efforce de soigner les patients affectés par le COVID 19 ; 28 % ont répondu que les étudiants et les médecins vont prodiguer des soins aux personnes à domicile ; 40 % des universités établissent des diagnostics médicaux ; 49 % développent des actions dans le domaine des sciences de la communication ; 52 % d'entre elles augmentent leurs actions sociétales et 27 % d'entre elles mentionnent d'autres actions sans préciser lesquelles par ailleurs. L'analyse de ces chiffres nous montrent que les actions mises en œuvre relèvent en grande partie du domaine médical ce qui est assez logique en cas de crise sanitaire.

L'étude détaillée de l'enquête montre que la quasi-totalité des universités ont été impactées de manière plus ou moins directe par la crise du COVID 19 qui n'a épargné par ailleurs ni les activités d'enseignements ni les activités de recherche. Par ailleurs, l'enquête nous montre à quel point les universités qui ont fait le pari initial de s'engager sur la voie de la digitalisation ont pu faire face beaucoup mieux à la crise sanitaire que celles qui accusaient un retard au moment de son déclenchement. L'impact de cette digitalisation s'est fait sentir à la fois par rapport aux activités d'enseignement comme pour les activités de recherche. Sur les activités d'enseignement tout d'abord en permettant aux universités d'assurer efficacement la continuité pédagogique pour l'occasion, la plupart des cours passant assez facilement d'une administration en présentiel vers une administration en distanciel. Bien que d'autres universités, sans doute moins bien dotées se sont efforcées d'envisager d'autres solutions alternatives à l'administration des cours à distance, les solutions qu'elles ont envisagées peuvent être qualifiées par ailleurs de sous-optimales au regard de celles rendues possibles par la digitalisation. Pour terminer, certaines universités ont tout simplement été dans l'impossibilité d'assurer la continuité des cours et cela au détriment de leurs étudiants qui de fait ont subi un préjudice majeur. Dans cette optique, le renforcement de la digitalisation dans toutes les universités devrait être l'objectif majeur à très court terme si l'on part du principe que la pandémie n'aura pas disparue au cours des prochaines années et qu'il faudra s'efforcer de vivre avec, même si l'on peut estimer que l'amélioration constatée de la situation dans les mois à venir écarte en partie le danger de revivre la situation apparue brutalement en Mars 2020. Les activités d'enseignement ne sont pas les seules à être impactées, comme nous avons pu l'observer, les activités de recherche sont aussi affectées par la crise sanitaire qui a réduit les interactions entre les chercheurs en même temps qu'elle a annulé un certain nombre de manifestations scientifiques pourtant indispensables à l'évolution de la recherche dans un champ disciplinaire particulier. Une fois encore, les universités qui se sont engagées vers la digitalisation ont sans doute mieux résisté à ces contraintes en continuant à travers les réseaux numériques à sauvegarder en partie ces interactions et l'échange d'informations indispensables à la réussite de projets de recherche communs à plusieurs universités. Pour finir, la fermeture totale de nombreuses universités n'a pas interrompu leurs activités de gestion quotidienne qui ont dû continuer à faire face à un certain nombre de problèmes concernant le respect du règlement des études obligeant les étudiants à valider un certain nombre de crédits universitaires pour l'obtention de leur diplôme, cette validation des diplômes passant obligatoirement par le passage d'examens partiels comme finaux. Dans cette optique, la plupart des universités ont dû faire preuve d'imagination pour envisager des solutions alternatives à la tenue des examens, une fois encore, les universités disposant d'infrastructures adéquates ont pu proposer à leurs étudiants des examens en distanciel qui ont nécessité une logistique importante au niveau de l'administration des réseaux numériques. Bien que l'on doive admettre qu'un examen administré à distance ne permet pas d'assurer une totale transparence au regard de certains comportements d'étudiants potentiellement tentés par la fraude face à l'absence d'une surveillance direct, il n'en demeure pas moins que les universités dans leur ensemble ont réussi à assurer leurs missions initiales.

CONCLUSION DE LA CINQUIÈME PARTIE

Indépendamment des techniques et des politiques marketing mises en œuvre par les universités, celles-ci sont confrontées à certains paramètres qu'elles ne peuvent ignorer et qui n'ont qu'un lien indirect avec leur politique marketing, mais qui peuvent constituer des éléments qu'elles s'efforcent d'intégrer ensuite dans leur stratégie marketing respective. Pour les universités catholiques, un élément reste spécifique au fait qu'une partie importante de leur fonctionnement ne découle pas de textes nationaux, mais directement du Saint-Siège à travers les Constitutions apostoliques publiées par la Congrégation de l'Enseignement Catholique sous l'égide du Saint-Père. Même si les textes ne sont pas totalement contraignants, mais demeurent plutôt incitatifs, il n'en demeure pas moins qu'une université catholique ne peut les ignorer faute de voir son évaluation par la Congrégation mentionnait des observations et des processus à corriger. En ce qui concerne le ranking, comme nous avons pu le souligner la plupart des méthodes reposent sur des critères qui apparaissent pour le moins insuffisants voire en partie inadaptés, cela avantage ainsi les grandes universités principalement anglo-saxonnes. Parmi les éléments que ne prennent pas en compte les méthodes de ranking, il convient de noter ceux de la RSE alors que cette problématique devient de plus en plus importante dans l'esprit des jeunes amenés à intégrer l'université et au moment où l'ONU affiche explicitement différents objectifs en lien avec le développement durable connus sous l'acronyme d'ODD. Certaines méthodes empruntées au concept de permaentreprise en même temps que celles proposées par l'auteur pour calculer la contribution de l'université aux préceptes du développement durable constituent des alternatives possibles aux méthodes de ranking habituellement utilisées. Pour terminer, les évolutions technologiques qui ont affecté le milieu universitaire depuis les années 1980, avec l'apparition et le développement des ordinateurs dans un premier temps, d'Internet dans un deuxième temps et plus récemment grâce à la multiplication des logiciels permettant de faciliter l'administration des cours à distance et la tenue de réunions sont autant d'éléments qui ont commencé à modifier les méthodes d'enseignements jusque-là traditionnelles. La digitalisation de l'université devrait être amenée à se développer encore plus au cours de la prochaine décennie. Elle devrait prendre plusieurs formes, soit alternatives, soit complémentaires avec des approches d'hybridation et selon des modalités différentes mêlant le présentiel et l'enseignement à distance. Elle devrait aussi voir le développement d'autres acteurs que les universités elles-mêmes, des Edtechs, …jusqu'aux GAFAM. Cette évolution est inéluctable, car même si celle-ci ne peut être considérée comme la panacée, car si elle présente beaucoup d'avantages notamment avec le développement véritablement qualitatif et scénarisé des enseignements (jeux vidéo intelligents, scénarisation très pédagogique voire interactive, …), elle a également beaucoup d'inconvénients à commencer par la distanciation sociale alors même que les étudiants recherchent la rencontre, la vie de groupes, … Les approches hybridées ou distancielles définies très rapidement du fait de la crise sanitaire se sont révélées insatisfaisantes, en fait un pis-aller souvent mal vécue à la fois par les étudiants et les enseignants, elles ont cependant apporté des enseignements qui conduiront inéluctablement à une évolution des approches pédagogiques. La crise sanitaire a fait apparaître également un clivage lié au niveau de développement des pays, les universités situées dans les pays pauvres ont eu beaucoup plus de difficultés à continuer à assurer leur mission auprès de leurs étudiants par rapport aux universités situées dans les pays riches lors de la crise du Covid 19, mais toutes tireront des enseignements importants pour l'avenir.

CONCLUSION GÉNÉRALE : LE MARKETING, UN OUTIL INDISPENSABLE AU DÉVELOPPEMENT DES UNIVERSITÉS

Les premières lignes de cet ouvrage laisseraient penser aux lecteurs que l'offre de formations émanant des universités échapperait à l'utilisation des techniques marketing en étant assimilée de fait à la fourniture d'un service non marchand à l'instar de la culture. De la même manière, pour les universités catholiques, le fait de relever de l'enseignement catholique accentuerait encore cette tendance dans la mesure où l'idée même de mettre en œuvre une politique marketing pourrait apparaître comme iconoclaste voire inutile ou inapplicable du fait des missions assignées et des principes définis dans les différentes constitutions apostoliques. Toutefois, toute université se doit d'élaborer une stratégie qui lui permette d'assurer en permanence la qualité visée et sa pérennité et que cette stratégie passe nécessairement par le recrutement d'un nombre d'étudiants suffisant au regard de son modèle économique et de la mission qu'elle entend assurer. Par ailleurs, si l'on admet qu'un étudiant est confronté à une offre multiple de formations lorsqu'il veut bâtir son projet professionnel et son projet de vie, il prendra soin d'examiner attentivement toutes les caractéristiques de chacune de ces formations, de chacun des campus, ... comme il pourrait le faire au moment d'acheter un produit quelconque et l'un des éléments importants dans le choix final reste le coût et l'accessibilité financière en fonction des éventuels dispositifs proposés. Aucune université et plus particulièrement les universités catholiques ne peuvent ignorer le coût d'un parcours universitaire et donc d'une certaine manière son caractère commercial. Dans cette optique et face à ces contraintes multiples, une université est nécessairement conduite à utiliser les techniques marketing à l'instar de n'importe quelle entreprise. Dès lors une question se pose : est-ce que le marketing mis en œuvre apparaît spécifique au point de constituer une nouvelle branche du marketing ou n'est-il que la transposition des techniques existantes, mais à adapter au secteur universitaire ?

L'auteur s'est efforcé de répondre à cette question tout au long de l'ouvrage en s'appuyant sur des outils existants que ce soit pour procéder à l'analyse stratégique d'une université, pour étudier le milieu qui l'environne, pour étudier son marché et pour la mise en œuvre des éléments constituants de sa politique de marketing-mix. Il apparaît clairement que la plus grande partie des techniques marketing qui sont utilisées dans d'autres secteurs d'activités s'appliquent également au secteur universitaire. Un autre élément doit être également pris en considération celui de l'intégration d'une démarche marketing par les universités. En effet, si l'on admet que les universités anglo-saxonnes ont toutes intégré dans leur stratégie de développement une démarche marketing en y allouant des moyens particulièrement conséquents en ressources humaines, il n'en va pas de même de la plupart des universités situées partout dans le monde qui la plupart du temps font du marketing sans le savoir. Elles ont obtenu dans un contexte de demande croissante de bons résultats en termes de recrutement, mais arrivant aujourd'hui dans une phase de transition très rapide, elles devront inéluctablement structurer leur démarche marketing.

Un élément que l'on doit souligner réside dans le fait que les quelques publications scientifiques consacrées au marketing stratégique des universités ont la particularité d'être publiées uniquement en anglais et majoritairement aux États-Unis et à un degré moindre au Royaume-Uni. Face à ce constat implacable démontrant une certaine faiblesse visant à la mise en place des politiques marketing au sein de nombreuses universités, l'auteur préconise de décliner concrètement la mise en place d'une politique marketing à travers dix axes , respectivement :

- mettre en place au sein des universités une direction consacrée totalement au déploiement du marketing stratégique ;
- intégrer clairement dans chaque business model d'une université l'obligation de s'appuyer sur une démarche marketing ;
- sensibiliser le personnel de l'université à tous les niveaux d'avoir une démarche marketing ;

- mettre en place des formations internes en marketing stratégique sous la forme de modules permettant aux salariés de connaître tous les aspects d'une démarche de marketing stratégique ;
- mettre en place des outils d'évaluation de la satisfaction des étudiants d'un point de vue quantitatif et qualitatif ;
- généraliser le principe des « focus groups » constitués d'étudiants au sein de chaque établissement de l'université ;
- mettre en place des modèles de prévision des effectifs en même temps que des modèles permettant de mesurer le comportement des étudiants face à certaines décisions prises par l'université à l'instar de certains modèles de prévisions macroéconomiques ;
- mettre en place un observatoire des comportements de l'étudiant permettant de mieux comprendre leurs attitudes et leurs motivations ;
- développer les échanges de bonnes pratiques concernant le marketing entre les universités relevant d'un même groupe, par exemple celles appartenant à la FIUC ou à l'UDESCA ;
- encourager le développement de travaux d'enseignants-chercheurs sur la thématique du marketing stratégique en les reliant notamment à la thématique de la prospective appliquée à un cadre universitaire.

Toutes les universités ne s'engageront pas forcément dans ce type de démarche, certaines s'efforceront d'appliquer quelques préceptes, d'autres les appliquent déjà. Quelques universités opteront pour ces modalités dans un délai très court parce qu'elles seront convaincues du bien-fondé d'une telle démarche alors que d'autres mettront plusieurs années pour le faire. Pour les universités catholiques, il pourrait être intéressant de relayer cette démarche auprès des Conférences épiscopales nationales en leur expliquant la nécessité d'une telle démarche devenue aujourd'hui indispensable pour se positionner et assurer leur pérennité face à un environnement global en grande transition (rankings, numériques, nouveaux entrants, nouvelles approches, nouvelles demandes…). Cela sans oublier de placer toujours le développement de la personne humaine au centre de leur contenu.

POSTFACE

Modèle PESTEL, analyse SWOT, matrice BCG, les cinq forces de Porter… certains seront sans doute surpris de voir ces concepts et modèles bien connus de la stratégie d'entreprise introduits dans le champ de l'enseignement supérieur, et plus précisément celui des universités catholiques. N'y-a-t-il pas là pour elles le risque, en s'adaptant aux attentes du marché, de dévier de leur mission ?

Et pourtant, alors que l'irruption de la génération Z, qui a toujours connu le numérique et aux comportements parfois déconcertants, bouscule les habitudes, il est important de mieux comprendre les attentes des étudiants et des familles. Les théories du comportement du consommateur peuvent y contribuer.

Et pourtant, dans un monde universitaire devenu de plus en plus concurrentiel, il serait dangereux de ne pas analyser les atouts et faiblesses de nos établissements, de ne pas se doter d'outils d'analyse de notre environnement, afin de pouvoir adapter notre offre de formation, de recherche et de services à la société en conséquence.

Cela fait d'ailleurs maintenant plus de dix ans que plusieurs établissements de l'Université Catholique de Lille se sont lancés dans des démarches de marketing leur permettant de cerner les besoins et les aspirations des étudiants. Cet ouvrage d'Éric Olszak constitue ainsi une forme de témoignage de quinze ans de réalisation d'études marketing.

Mais ce marketing universitaire ne consiste pas à vendre n'importe quoi aux étudiants. Il a pour but, en cohérence avec la mission des universités catholiques de servir l'humanité au nom de l'Evangile, d'essayer de bâtir des formations qui leur donnent les bases et compétences nécessaires à l'accomplissement de leurs métiers – dont certains sont encore inconnus et qui tous évolueront –, et de construire avec eux les voies d'un mieux-vivre ensemble, d'une culture du dialogue attentive à prendre également en compte les enjeux éthiques, environnementaux, sociaux et sociétaux de notre monde.

Il convient donc désormais, à l'instar des universités anglo-saxonnes, d'utiliser tous les outils disponibles du marketing et la rédaction de cet ouvrage constitue un bon moyen de sensibiliser les multiples composantes de l'université (enseignants et administratifs) à la démarche « marketing ».

Au travers des dix-neuf chapitres qui constitue cet ouvrage, Éric Olszak dresse un panorama du marketing stratégique des universités qui ne peut que susciter l'intérêt du lecteur francophone, peu habitué à l'idée que l'enseignement puisse faire l'objet d'une analyse en termes de marketing. Mais le lecteur attentif percevra qu'une telle analyse ne réduit pas pour autant l'enseignement à un « bien marchand » parmi d'autres. Le marketing dont il est ici question n'a pas pour but de « vendre », dans une perspective stratégique ou opérationnelle, de la « formation » à des « clients ». Bien au contraire, l'auteur nous démontre combien le marketing stratégique peut-être une clé de compréhension pour l'élaboration d'une nouvelle offre de formation et un formidable levier pour penser de manière différente la gestion de nos universités. Pari ambitieux, mais réussi !

Patrick SCAUFLAIRE, Président-Recteur de l'Université Catholique de Lille

BIBLIOGRAPHIE

Allouche J., Schmidt G., 2020, « Bruce Henderson (Boston Consulting Group/BCG) L'irruption des consultants dans la production de connaissances en stratégie » in *Les grands auteurs en stratégie*, collection les grands auteurs, 2ème édition dirigée par Thomas Loilier, Albéric Tellier, Editions Management et Société, p. 286-309.

Altbach P., Knight J., 2007, « The Internationalisation of Higher Education: Motivations and Realities", *Journal of Studies in International Education* 11 (3-4): p. 290-305.

Ansoff I., 1957, « Strategies for Diversification », *Harvard Business Review,* sept-oct, p. 113-124.

Ansoff I., 1968, *Stratégies du développement de l'entreprise* ,Editions Hommes et Techniques, Paris.

Armstrong G., Kotler P., Le Nagard-Assayag E., Lardinoit T., 2010, *Principes de marketing*, Editions Pearson, 10ème édition.

Ayadi SD., 2003, *La théorie des parties prenantes, théorie empirique ou théorie normative ? identification et maîtrise des risques : enjeux pour l'audit, la comptabilité et le contrôle de gestion »* , May, Belgique.

Ayoubi RM., Massoud HK., 2007, « The strategy of internationalization in universities: a quantitative evaluation of the intent and implementation in UK universities", *International Journal of Educational Management,* 21(4): p.329-49.

Baines P., Fill C., Page K., 2012, *Le marketing, des fondamentaux à la pratique contemporaine,* Adaptation française et avant-propos de Jacques Dioux, Editions De Boeck.

Ball S., Davies S., David M., Reay D., 2002, «Classification and Judgement: social class and the "cognitive structures" of choice in Higher Education", *British Journal of Sociology of Education, 32, (1):* p.51-72.

Bardon P., Libaert T., 2012, *Le lobbying*, Collections Les Topos, Editions Dunod.

Batat W., et alii., 2017, *Comprendre et séduire la génération Z, comportements de consommation et relations des post-millenials avec les marques*, Editions Ellipses.

Bhateja R., Tyagi A., Tyagi M., Ismatullaevich S., 2019, « Waves of Digitalisation in Higher Education", April, *Volume 9, Special Issue,* 4th International Conference on Recent Trends in *Humanities, Technology, Management § Social Development* (RTHTMS 2K19), KIET School of Management, Ghaziabad, UP, India.

Beitone A., Cazorla A., Hemdane E., 2016, *Dictionnaire de science économique*, Edition Armand Colin.

Berle A., Means G., 1932, *The modern Corporation and The Private Property*, New York, Mac Millan.

Boulanger PM., 2004, « Les indicateurs de développement durable : un défi scientifique, un enjeu démocratique », Les séminaires de l'Iddri, n°12, Institut pour un développement durable, Belgique, 24 p.

Boulocher V., Flambard S., Jean S., 2003, *L'analyse d'un marché*, Vuibert Gestion Editions.

Boutaud A., 2010, « Les indicateurs de développement durable à l'échelle des territoires ». Développement durable et territoires fragiles, Edition du Septentrion, p.83-96.

Bowen H., 1953, *Social Responsabilities of the Businessman*, Harper and Brothers, New York.

Brée J., 2004, *Le comportement du consommateur*, Collection Les Topos, Editions Dunod.

Breuzard S., 2021, *La permaentreprise, un modèle viable pour un futur vivable, inspiré de la permaculture*, Edition Eyrolles.

Bruat M., 2016, *L'éducation privée : un enjeu public, la qualification d'EESPIG, quels enjeux pour l'enseignement supérieur privé ? Illustration au sein de l'Université Catholique de Lille »*Mémoire de fin d'étude en vue de l'obtention du Master 2 Droit Comptable et Financier sous la co-direction d'Éric OLSZAK et Maryline ROUSSELLE.

Brulhart F., Favoreu C., Gherra S., 2015, *Stratégie* , Collection Openbook, DUNOD Editeur , p. 6-11.

Buser T., Niederle M., Osterbeek H., 2014, « Gender, competitiveness, and career choices", *Quarterly Journal of Economics,*129, (3): p.1409-1447.

Capron M., Quairel-Lanoizelée F., 2016, *La responsabilité sociale d'entreprise*, Collection Repères, Edition La Découverte.

Caroll A., 1989, Business and Society: Ethics and Stakeholder Management, OH, South Western, Cincinatti.

Cazal D., 2013, « Parties prenantes » in Dictionnaire critique de la RSE, Postel, Sobel (dir) et Alii, Editions du Septentrion , p.353-355.

Chaffey D., Ellis-Chadwick F., Isaac H., Mercanti-Guérin M., 2020, Marketing Digital, Edition Pearson, 7ème édition.

Chaffey D., Smith P., 2008, E Marketing, Excellence, planning and optimizing your digital marketing, Routledge Editions.

Chapleo C., 2004, "Interpretation and implementation of reputation/brand management by Uk university leaders", Case International Journal of Educational Advancement, 5 (1): p.7-23.

Chapleo C., 2005, "Do Universities have "successful" brands"? The International Journal of Education.

Charlier B., Deschryver N., Peraya D., 2006, "Apprendre en présence et à distance », Distances et savoirs , 4 (4) p. 469-496.

Cho SJ., Hudley C., Lee S., Barry L., Kelly M., 2008," Roles of gender, race, and SES in the college choice process among first-generation and non-first-generation students", Journal of Diversity in Higher Education, 1, (2): p.95-107.

Clarkson MBE., 1995, « A Stakeholder Framework for Analyzing and Evaluating Corporate Social Performance », Academy of Management Review, 20 (1), p.92-117.

Cole L., 2003, "Assessing Sustainability on Canadian University Campuses: Development of a Campus Sustainability Assessment Framework", Thesis submitted in partial fulfillment of the requirements for the degree of Master of Arts in Environment and Management, Royal Roads University, May, 66 p.

Congrégation pour l'Education Catholique., 2017, "Eduquer à l'Humanisme Solidaire, pour construire une civilisation de l'amour 50 ans après l'encyclique Populorum Progressio »,Document d'orientation, Cité du Vatican, p 18.

Cummings J., Doh J., 2000, « Identifying who matters: mapping key players in multiple environments », California Management Review, Vol.42, n°2, p.83-104.

Darpy D., Guillard V., 2020 , Comportements du consommateur, tous les principes et outils à connaître, 5ème édition, Edition Dunod.

Davidson C., Goldberg T., 2009, « The Future of Learning Institutions in a Digital Age", MIT Press.

De Baynast A., Lendrevie J., 2014, Publicitor, publicité on line offline, TV.Presse.Internet.Mobiles.Tablettes…, 8ème édition, Edition Dunod.

De Baynast A., Lendrevie J., Levy J., 2017, Mercator, tout le marketing à l'ère digitale ! 12ème édition, Edition Dunod.

Dehon C., Jacobs D,, Vermandele C., et alii ., 2009, Ranking universities, Editions de l'Université de Bruxelles.

De Wit H., 2010, Internationalisation of Higher Education in Europe and its assessment, trends and issues, NVAO, The Hague.

Dickès C., et alii., 2013, Dictionnaire du Vatican et du Saint-Siège, Collection Bouquins, Edition Robert Laffont.

Doyle P., 2002, Marketing Management and Strategy, London, Prentice Hall.

Drucker P., The Practice of Management, 1954, New York, Harper and Row Publishers, Inc, p.37.

Fédération internationale des Universités Catholiques., 2018, Etude « Campus Intégral, Enquête sur les pratiques et les défis des Universités Catholiques en matière d'éducation intégrale, d'accompagnement de leurs étudiants, et de réalisation de leur mission universitaire, 2018, 50 p.

Ferrandi JM., Lichtle MC., et alii., 2014, Marketing, Collection Openbook, Dunod Editeur.

Frazier B., Young C,, Fuller E., 2012, « Non-traditional adult masters degree students and their choice of programme of study", Academy of Educational Leadership Journal, 16 (3) p.79-98.

Freeman E R., 1984, Strategic Management: À Stakeholder Approach, Pitman, Boston,

Garrette B., Durand R., Dussauge P., et alii., 2019, Strategor, La référence en stratégie, de la start-up à la multinationale, Dunod, 8ème édition.

Gentina E., 2015, Marketing et Génération Z : Nouveaux modes de consommation et stratégies de marque, « Marketing/Communication » , Edition Dunod.

Ghoziane S., Deville A., Dumez H., 2016, « Enseignement supérieur : mythes et réalités de la révolution digitale »,Annales des Mines – Gérer et comprendre, p. 28-38.

Giboin B., 2012, La boite à outil de stratégie, Edition Dunod.

Giannelloni JL., Vernette E., 2019, Études de marché, Collection Vuibert Gestion.

Gollain V., 2014, Réussir sa démarche de marketing territorial. Méthodes, techniques et bonnes pratiques »,Territorial Editions, Voiron.

Harker D., Slade P., Harker M., 2001, « Exploring the decision process of school leaver and mature students in university choice", Journal of Marketing for Higher Education, 11, (2): p.1-20.

Hemsley-Brown J., Goonawardana S., 2007, "Brand harmonization in the international higher education market", Journal of Business Research, (60): p.942-948.

Hemsley-Brown J., 2015, « Getting into a Russell Group university: high scores and private schooling", British Educational Research Journal, 41, (3): p.398-422.

Hemsley-Brown J., Oplatka I., 2016, Higher Éducation Consumer Choice, Palgrave-Mac Millan Editions.

Holbrook M., 1999, Consumer Value. A Framework for Analysis and Research, Routledge Editions.

Holdsworth P., Nind D., 2005, "Choice Modeling New Zealand high school seniors preferences for university education», Journal of Marketing for Higher Education, 15, (2): p. 81-104.

Johnson G., Whittington K., Scholes R., Fréry F., 2019, Stratégique, Editions Pearson.

Khalid J., Ram BR., Soliman M,, Ali AJ., Khaleel M., Islam MS., 2018, "Promising digital university: a pivotal need for higher education transformation», International Journal Management in Education, Vol 12, N°3, p.264-275.

Kirp D., 2003, Shakespeare, Einstein and the Bottom Line, The marketing of Higher Education, Harvard University Press, 328 p.

Kolikant YBD., 2010, "Digital Natives, better learners? Students' beliefs about how the Internet influenced their ability to learn", Computers in Human Behavior, 26(6), p. 1384-1391.

Kotler P., Fox K., Strategic Marketing for Educational Institutions, 1995, 2nd, ed, Prentice Hall, Englewood Cliffs, NJ.

Kotler P., Keller K., Manceau D., Hemonnet A., 2019, Marketing Management, Pearson Editions.

Lambin JJ., De Moerlose C., 2016, Marketing stratégique et opérationnel, la démarche marketing dans l'économie numérique, 9ème édition, Editions Dunod.

Learned EP., Christensen C., Andrews KR., Guth WD., 1965, Business Policy, text and cases,1965, Richard De Irwin.

Lebrun T., Sailly JC., Soyez S., 2019, Humanicité, une autre ville est-elle possible ? Ateliersgalerieseditions, 304 p.

Lehu JM., 2012, L'encyclopédie du marketing commentée et illustrée, Editions Eyrolles.

Lejealle C., Delecolle T., 2017, Marketing digital, aide-mémoire, Editions Dunod.

Levitt T., 1974, "Innovative imitation », Harvard Business Review. 44 (5): p.63-71.

Lipovac JC., Zuindeau B., 2008, « Elaboration d'un Indicateur Participatif de bien-être (IPBE) : l'exemple du territoire d'Hénin-Carvin (Nord-Pas de Calais) », 2008, EcoRev, n°31, p.62-69.

Liu NC., Cheng Y., 2005, "The academic ranking of world universities", 2005, Higher Education in Europe, 30(2): p.127-136.

Mannheim K., 1952, Essays on the knowledge, Routledge et Kegan Paul: London.

Maringe F., Gibbs P., 2009, Marketing Higher Education, Theory and Practice, Mac Graw Hill Editions.

Marinoni G., Van't Land H,, Jensen T., 2020, "The Impact of Covid-19" on Higher Education around the World", IAU Global Survey Report, published by The International Association of Universities, May 2020, 48 p.

Mastekaasa A., Smeby JC., 2008, "Educational choice and persistence in male-and female-dominated fields", Higher Education ,55, (2): p.189-202.

Mayrhofer U., 2020, 100 fiches pour comprendre le marketing, Edition Bréal.

Michon C., et Alii., 2010, Le Marketeur, Fondements et nouveautés du marketing, Editions Pearson.

Mighall R., 2009, « What exactly is the purpose of branding the university", conference presentation at Discovering Futures, 23 Avril, London.

Moakler M , Kim M., 2014, « College major choices in stem: revisiting confidence and demographic factors", Career Development Quarterly, 62, (2): p.128-142.

Monroe K., 1973, "Buyers Subjective Perceptions of Price", Journal of Marketing Research (February 1973), p.70-80.

Monroe K., 1979, Pricing: making profitable decisions, Mac Graw-Hill, New York.

Ollivier D., Tanguy C., 2017, Générations Y et Z, Le grand défi intergénérationnel. Editions De Boeck Supérieur.

Ollivier D., Tanguy C., 2021, Entreprise : les Z arrivent, comment les recruter, les manager et les fidéliser ,De Boeck Supérieur.

Olszak E., Zuindeau B., (dir), 1999, Indicateurs du développement durable et entreprise : propositions d'application aux 3 Suisses » , travail réalisé dans le cadre de la recherche-action intitulée « Développement durable et entreprise : élaboration d'indicateurs et définition d'un plan de mise en œuvre et de validation », commanditée par les 3 Suisses et l'Agence régionale de développement Nord-Pas de Calais, Juillet.

Olszak E., 2012, « Composite Indicators for a sustainable campus – design rationale and methodology : the case of the Catholic University of Lille »,Ecological Indicators, Volume 23, December, p.573-577.

Olszak E., 2012, « Les indicateurs du campus durable aux USA et dans l'Union européenne : une nouvelle forme d'indicateurs de communauté », L'Europe unie, Revues d'études européennes, N°6, Juillet, p.167-174.

Olszak E., 2017, « Les lanceurs d'alerte au regard de l'économiste » in Les lanceurs d'alerte, quelle protection juridique ? quelles limites ? sous la direction de Mathieu Disant et Delphine Pollet-Panoussis,LGDJ Editions.

Olszak E., 2020, Résilience et avenir des anciens territoires miniers, l'exemple de Loos-en-Gohelle, Communauté d'Agglomération de Lens-Liévin »,Editions L'Harmattan.

Olszak E., 2021, « L'analyse du macro et du mésoenvironnement des universités au sein de l'Union européenne », L'Europe Unie, Revues d'études européennes, N°17, Juillet, p.1-11.

Osborne M., Marks A., Turner E., 2004, « Becoming a mature student: how adult applicants weigh the advantages and disadvantages of higher education", Higher Education, 48, (3): p.291-315.

Pape François., 2015, Laudato Si, Lettre encyclique du Pape François sur la sauvegarde de la Maison Commune ,192 p.

Pape François., 2015, Veritatis Gaudium, Constitution apostolique sur les Universités et les Facultés ecclésiastiques, 61 p.

Pape François., 2020, Fratelli Tutti, Lettre encyclique du Pape François sur la fraternité et l'amitié sociale, 216 p.

Pape Jean-Paul II., Ex corde ecclesiae, Constitution apostolique du Pape Jean-Paul,51 p.

Pendergast D., 2010, "Getting to know the Y Generation", in: Beckendorff et al (eds) Tourism and Generation Y. CABI Publisher, Australia, p.1-16.

Philipps R., Freeman RE., Wicks A., 2003, «What stakeholder theory in not », Business Ethics Quarterly, 13 (4), p.479-502.

Porter M., 1980, Competitive Strategy: Techniques for Analyzing Industries and Competitors, The Free Press. Traduction française: Choix stratégiques et concurrence, Economica, 1982.

Post J., Preston L., Sachs S., 2002, Redefining the Corporation: Stakeholder Management and Organisational Wealth, Stanford University Press.

Reay D., Ball S., David M., 2002, "It's taking on me a long time but I'll get there in the end": mature students on access courses and higher educations choice», British Educational Research Journal, 28, (1): p.5-19.

Richard-Lanneyrie S., 2015, Les Clés du marketing, tout le marketing en 138 fiches; Collection les mémentos, Genie Editeur.

Ries A., Trout J., 1981, Positioning: The Battle for your Mind, New York, Mac Graw-Hill.

Rieunier P., Volle S., 2002, « Tendances de consommation et stratégies de différenciation des distributeurs », Décisions Marketing , p.19-30.

Rodrigues D., Ramos RA., Mendes J., 2009, "Multi-dimensional evaluation model of Quality of Life in Campus. WSEAS Transactions on Information Science and Applications", Issue 12, Volume 6, December, p.1882-1892.

Rosen C., 2008, « Le mythe du multitâche »,La nouvelle Atlantide, numéro 20, printemps 2008, p.105-110.

Simard S., 2016, Générations X@Z , Comment fidéliser les employés et les clients des nouvelles générations »,Edition Un Monde Différent.

Shriberg M., 2002, "Institutional assessment tools for sustainability in higher education. Strengths, weaknesses, and implications for practice and theory. International», Journal of Sustainability in Higher Education; 3, 3; Research Library, p.254-270.

Solomon M., Tissier-Desbordes E., Heilbrunn B., 2004, Comportements du consommateur, PEARSON EDUCATION, 6ème édition.

Sturdivant F., 1979, « Executives and Activists: Test of Stakeholder Theory », California Management Review, 22 (1), p.53-59.

Truphème S., Gastaud P., 2018, La boîte à outils de l'Inbound marketing et du Growth Hacking, Edition Dunod.

UNESCO/USIS/OECD., 2003, Financing Education Investments and Returns: Analysis of the World Education Indicators, Paris.

Urban G., Hauser J., 1980, Design and Marketing of New Products, Englewood Cliffs, NJ: Prentice Hall, p.33

Ugur N., 2020, "Digitalization in Higher Education: A Qualitative Approach", International Journal of Technology in Education and Science (IJTES), 4(1), p.18-25.

Van Raan A., 2006, "Challenges in the ranking of universities", In J. Sadlak and N.C. Liu, editors, World Class University and Ranking: Aiming Beyond Status, p.81-123, Bucharest, UNESCO-CEPES, ISBN 92-9069-184-0.

Veblen T., 1899, "The theory of the leisure class", réédité par New American Library, Arial, NY, Ètats-Unis, 1953.

Vernon R., 1966, « International Investment and International Trade in the Product Cycle », Quarterly Journal of Economics, 2, p.190-207.

Youssef L., 2014," Globalisation and higher education: from within-border to cross-border", Open Learning: The Journal of Open, Distance and e-Learning, 29:2, p.100-115.

Waerass A., Solbakk N., 2008, "Defining the essence of a university: lessons from higher education branding", Higher Education, 57 (4): p.449-462.

Wilson R., Gilligan C., 2002, Strategic, Marketing Management: Planning, Implementation and Control, London: Butterworth.

Wind Y., 1982, Product Policy: Concepts, Methods and Strategy, Addison, Wesley Publishing Co, 666 p.

Zafar B., 2013, "College major choice and the gender gap», Journal of Human Resources, 48, (3): p.545-595.

LISTE DES TABLEAUX

TABLE DES MATIERES

Structures éditoriales du groupe L'Harmattan

L'Harmattan Italie
Via degli Artisti, 15
10124 Torino
harmattan.italia@gmail.com

L'Harmattan Hongrie
Kossuth l. u. 14-16.
1053 Budapest
harmattan@harmattan.hu

L'Harmattan Sénégal
10 VDN en face Mermoz
BP 45034 Dakar-Fann
senharmattan@gmail.com

L'Harmattan Cameroun
TSINGA/FECAFOOT
BP 11486 Yaoundé
inkoukam@gmail.com

L'Harmattan Burkina Faso
Achille Somé – tengnule@hotmail.fr

L'Harmattan Guinée
Almamya, rue KA 028 OKB Agency
BP 3470 Conakry
harmattanguinee@yahoo.fr

L'Harmattan RDC
185, avenue Nyangwe
Commune de Lingwala – Kinshasa
matangilamusadila@yahoo.fr

L'Harmattan Congo
67, boulevard Denis-Sassou-N'Guesso
BP 2874 Brazzaville
harmattan.congo@yahoo.fr

L'Harmattan Mali
ACI 2000 - Immeuble Mgr Jean Marie Cisse
Bureau 10
BP 145 Bamako-Mali
mali@harmattan.fr

L'Harmattan Togo
Djidjole – Lomé
Maison Amela
face EPP BATOME
ddamela@aol.com

L'Harmattan Côte d'Ivoire
Résidence Karl – Cité des Arts
Abidjan-Cocody
03 BP 1588 Abidjan
espace_harmattan.ci@hotmail.fr

Nos librairies en France

Librairie internationale
16, rue des Écoles
75005 Paris
librairie.internationale@harmattan.fr
01 40 46 79 11
www.librairieharmattan.com

Librairie des savoirs
21, rue des Écoles
75005 Paris
librairie.sh@harmattan.fr
01 46 34 13 71
www.librairieharmattansh.com

Librairie Le Lucernaire
53, rue Notre-Dame-des-Champs
75006 Paris
librairie@lucernaire.fr
01 42 22 67 13

www.ingramcontent.com/pod-product-compliance
Lightning Source LLC
LaVergne TN
LVHW021136061026
849535LV00002B/258
* 9 7 8 2 3 4 3 2 4 5 0 6 5 *